Glaube und Eid

# Schriften des Historischen Kollegs

Herausgegeben
von der
Stiftung Historisches Kolleg

Kolloquien
28

R. Oldenbourg Verlag München 1993

# Glaube und Eid

Treueformeln, Glaubensbekenntnisse und
Sozialdisziplinierung zwischen Mittelalter und Neuzeit

Herausgegeben von
Paolo Prodi
unter Mitarbeit von
Elisabeth Müller-Luckner

R. Oldenbourg Verlag München 1993

Die Stiftung Historisches Kolleg hat sich für den Bereich der historisch orientierten Wissenschaften die Förderung von Gelehrten, die sich durch herausragende Leistungen in Forschung und Lehre ausgewiesen haben, zur Aufgabe gesetzt. Sie vergibt zu diesem Zweck jährlich bis zu drei Forschungsstipendien und ein Förderstipendium sowie alle drei Jahre den „Preis des Historischen Kollegs". Die Forschungsstipendien, deren Verleihung zugleich eine Auszeichnung für die bisherigen Leistungen darstellt, sollen den berufenen Wissenschaftlern während eines Kollegjahres die Möglichkeit bieten, frei von anderen Verpflichtungen eine größere Arbeit abzuschließen. Professor Dr. Paolo Prodi (Bologna) war – zusammen mit Professor Dr. Johannes Fried (Frankfurt/Main), Professor Dr. Jean-Marie Moeglin (Paris) und Professor Dr. Heinrich August Winkler (Freiburg/Breisgau, jetzt Berlin) – Stipendiat des Historischen Kollegs im elften Kollegjahr (1990/91). Den Obliegenheiten der Stipendiaten gemäß hat Paolo Prodi aus seinem Arbeitsbereich ein Kolloquium zum Thema „Treueformeln, Glaubensbekenntnisse und Sozialdisziplinierung zwischen Mittelalter und Neuzeit" vom 8. bis 11. Juli 1991 im Historischen Kolleg gehalten. Die Ergebnisse des Kolloquiums werden in diesem Band veröffentlicht.
Die Stiftung Historisches Kolleg wird vom Stiftungsfonds Deutsche Bank zur Förderung der Wissenschaft in Forschung und Lehre und vom Stifterverband für die Deutsche Wissenschaft getragen.

*Die Deutsche Bibliothek – CIP-Einheitsaufnahme*

**Glaube und Eid**: Treueformeln, Glaubensbekenntnisse und
Sozialdisziplinierung zwischen Mittelalter und Neuzeit / hrsg.
von Paolo Prodi unter Mitarb. von Elisabeth Müller-Luckner. –
München: Oldenbourg, 1993
  (Schriften des Historischen Kollegs: Kolloquien; 28)
  ISBN 3-486-55994-X
NE: Prodi, Paolo [Hrsg.]; Historisches Kolleg (München): Schriften
  des Historischen Kollegs / Kolloquien

Gesamtherstellung: R. Oldenbourg Graphische Betriebe GmbH, München
ISBN 3-486-55994-X

# Inhalt

## Paolo Prodi

# Der Eid in der
# europäischen Verfassungsgeschichte

## Zur Einführung

### I.

Gegenstand meiner Forschungen ist seit einigen Jahren der Eid als die Grundlage des politischen Vertrags in der abendländischen Geschichte sowie der Endpunkt dieser Entwicklung, der sich konkret am Wandel des Verhältnisses zwischen Sakralität und Macht verfolgen läßt. Ich möchte hier einige für unsere Überlegungen zentrale Fragen herausstellen[1]. Ausgangspunkt der Untersuchung soll dabei die Feststellung sein, daß wir uns heute nicht mehr nur einer Krise der Politik und ihrer institutionellen Mechanismen gegenübersehen, sondern einer Krise, die den Menschen selbst – als *zoon politikon* verstanden – erfaßt hat, einer Krise, die nicht nur die Regeln des Rechtsstaats, des liberalen und demokratischen Staats, sondern auch die gesamte Entwicklung des westlichen politischen Systems in Gefahr bringt. Wir sind die erste Generation, für die der Eid – trotz der Bewahrung von Formen und Riten der Vergangenheit – nicht mehr seine Funktion als feierliche, im Sakralen verankerte, umfassende Bindung an einen politischen Organismus und Ausdruck der Zugehörigkeit zu diesem besitzt. Wir erleben in unserer Zeit den Übergang vom *pro patria mori* (der letzten Metamorphose der eidlichen Bindung) zu Formen von Verbindungen und Zusammenschlüssen, die eher Miteigentümerverträgen und Hausordnungen ähneln als einer Bindung auf Leben und Tod. Der Umstand, daß in einigen europäischen Staaten dabei das Bewußtsein für die besondere öffentliche Funktion der eidlichen Bindung noch durchaus vorhanden ist, scheint mir nicht gegen besagte deutlich erkennbare Tendenz zu sprechen. Man muß jedoch klarstellen, daß für diesen Wandel nicht – oder nicht allein – die Krise der traditionellen Staaten als alleinige Souveränitätsträger, die Weltwirtschaft oder die Herrschaft der Supermächte verantwortlich sind. Bedeutsam ist auch, daß diese Veränderungen nicht nur das Staatssystem, wie es sich in den letzten Jahrhun-

---

[1] Leicht veränderter Wiederabdruck eines Textes, dessen erste Fassung unter dem Titel „Dall'-analogia alla storia. Il sacramento del potere" im „Jahrbuch des italienisch-deutschen historischen Instituts in Trient" 14 (1988) 9–38 erschien, sowie in ebenfalls ausführlicherer Version unter dem jetzigen Titel in der Schriftenreihe des Historischen Kollegs, Vorträge 33 (1992). – Für genauere Belege verweise ich auf mein Buch „Il sacramento del potere. Il giuramento politico nella storia costituzionale dell'Occidente" (Bologna 1992).

derten entwickelt hat, sondern das europäische politische Leben in seiner Gesamtheit betroffen haben. Nicht von ungefähr ist nach dem Zusammenbruch des traditionellen, auf dem Treue-Prinzip basierenden Systems als Folge des Untergangs des deutschen Kaiserreichs im Ersten Weltkrieg die Diskussion über den politischen Eid entflammt.

Ein Schüler von Carl Schmitt, Ernst Friesenhahn, hat Ende der 20er Jahre in einem neuen Ansatz das Problem des politischen Eides thematisiert[2]. Die Diskussion wurde dann vor allem in den 60er Jahren wiederaufgenommen und konzentrierte sich in erster Linie auf die Weimarer Republik und ihre Nachfolgezeit sowie auf den Treueeid, der dem ‚Führer' zu leisten war. So wurde auch die Problematik der Gewissensentscheidung, im speziellen Fall der Gewissensentscheidung der Deutschen, miteinbezogen und die Frage nach der Bedeutung des Eides unter ethischem und religiösem Aspekt behandelt, nicht zuletzt in Zusammenhang mit dem noch nicht abgeschlossenen Laisierungsprozeß; dies betrifft den politischen Eid im engeren Sinn, d. h. den Eid auf die Verfassung wie den Amtseid, den Fahneneid und auch den Prozeßeid.

Wir besitzen bis jetzt jedoch keine historisch-systematischen Abhandlungen über den Eid; dies gilt für seinen verfassungsgeschichtlichen Aspekt ebenso wie für die theologische und politische Eideslehre und für seine rechtsgeschichtliche Bedeutung. Mit meinen Überlegungen möchte ich die Entwicklungslinien des Eides im Abendland nachzeichnen, wobei ich das Problem der Säkularisierung des politischen Vertrags anhand der Wandlungen des Eides bis hin zu seiner letztlichen Ausschließung aus dem die kollektive Realität begründenden Akt verfolgen will. Die komplexen technisch-juristischen Probleme des Prozeßeides sollen nur insofern gestreift werden, als sie den Gesellschaftsvertrag betreffen. Auch die traditionelle Unterscheidung der Eidesformen im Kanonischen Recht und im Zivilrecht in promissorischen und assertorischen Eid oder Zeugeneid *(de veritate, in iudicio)* interessieren mich hier nur in zweiter Linie. Meine Aufmerksamkeit richtet sich darauf, die theologischen und verfassungsgeschichtlichen Wertigkeiten des Eides in verschiedenen historischen Kontexten vor allem am Übergang vom Spätmittelalter zur Neuzeit aufzuzeigen.

Ich halte mich daher auch nicht mit einer anthropologischen oder linguistischen Analyse des Eides auf, sondern beschränke mich darauf, seine generelle und ahistorische Definition zu nennen. Danach ist der Eid die Anrufung der Gottheit als Zeuge und Garant der Wahrheit einer Aussage oder Behauptung oder eines Versprechens bzw. der Verpflichtung, in Zukunft bestimmte Handlungen zu vollführen (oder ein bestimmtes Verhalten beizubehalten). Mit der eidlichen Anrufung begründet der einzelne nicht nur eine Sozialbindung zu anderen Personen, sondern auch zu der ganzen Gruppe, der er angehört; entsprechend allgemeiner Glaubensvorstellungen, die die Sphäre des Politischen überschreiten, setzt er dabei sein physisches und spirituelles Leben zum Pfand[3]. Meiner Überzeugung nach ist es jedoch nicht angemessen, den

[2] *Ernst Friesenhahn,* Der politische Eid (Bonn 1928, Nachdruck mit einem neuen Vorwort, Darmstadt 1979).
[3] Vgl. zusammenfassend *Henri Lévy-Bruhl,* Reflexions sur le serment, in: Etudes d'histoire offerts à P. Petot (Paris 1959) 385–396, ferner den Sammelband: Le serment. Recueil d'études anthropologiques, historiques et juridiques (Paris 1989) (Centre droit et culture, Université de Paris X-Nanterre. Der Band vereinigt erste Ergebnisse einer Arbeitsgruppe um R. Verdier).

Eid als eine Institution anzusehen, die im Lauf der Geschichte – von der Prähistorie bis in die Jetztzeit – keinen Veränderungen unterworfen gewesen wäre. Im Abendland hat er verschiedene Bedeutungen angenommen, die von den theologischen und kulturellen Direktiven des westlichen Christentums sowie von dem institutionellen Dualismus geprägt wurden, der sich zwischen der Kirche und den politischen bzw. staatlichen Organismen, v.a. seit der Gregorianischen Kirchenreform im 11. Jahrhundert herausgebildet hatte. Meine zentrale These ist, daß die Einrichtung des Eides sich im Abendland durch ihre Beziehung zum Christentum zu einer festumrissenen historischen Realität entfaltet hat, die sich nicht nur von vergleichbaren Phänomenen in anderen Kulturen unterscheidet, sondern auch eine Eigendynamik und innere Entwicklung besitzt.

## II.

Ich gehe nun schematisch nach einzelnen Punkten vor.

Der Eid wird im europäischen Frühmittelalter ein christliches Sakrament, in dem antike und jüdisch-christliche Traditionen zusammenfließen; auch Elemente germanischer Rechtsgewohnheiten werden von Einrichtungen wie Ordalien und Gottesurteil, die erst in einem mühsamen Prozeß vom Eid abgelöst werden sollten, übernommen.

Anhand von drei Textstellen lassen sich die Traditionen zusammenfassen, die im europäischen früheren Mittelalter im Eid als einem christlichen Sakrament zusammengeflossen sind. Ein Passus bei Lykurg zeigt die Wichtigkeit des Eides am Beginn der abendländischen Kultur, in der griechischen Polis: „... Der Eid ist das, was die Demokratie zusammenhält. Denn aus drei Elementen setzt sich das politische Leben zusammen: dem Herrscher, dem Richter, dem gemeinen Manne. Jeder von ihnen leistet denselben Schwur" (Lykurg, Rede gegen Leokrates n. 79). Der Eid ist das fundamentale Bindeglied jeder Form des Gemeinschaftslebens, von den Einzelpersonen bis zu den Bündnissen zwischen Staaten. Die Präsenz des Eides in den öffentlichen und privaten Institutionen könnte man in allen Einzelheiten bei Platon und Aristoteles belegen. Hier möchte ich nur betonen, daß von Anfang an die Kraft des Eides und das Maß seiner Sakralität in Wechselbeziehung stehen. Schon Platon trauerte den alten frommen Zeiten nach, in denen ein Eid ausreichte, und verglich sie mit seiner Gegenwart, in der Eide geradezu eine Inflation erlebten und ihre Abwertung die Gesellschaft des fundamentalen Bindegliedes beraubte. *Fides* und *religio* verhinderten den Meineid auch gegenüber Feinden und seien der Garant für die Beziehung von Menschen auch außerhalb der politischen Gruppe, der sie zugehören, erklärt Cicero und erzählt zur Illustration die Episode von Attilius Regulus, der freiwillig zu den Feinden zurückgekehrt sei, wo ihn der Tod erwartete, um seinen Eid als das *supremum bonum* zu halten: *est enim iusiurandum affirmatio religiosa ... iam enim non ad iram deorum quae nulla est, sed ad iustitiam et ad fidem pertinet* (De officiis XXVIII, 103). Dieser Satz Ciceros, der vom hl. Augustinus aufgegriffen und kommentiert wird, sollte in die christliche Tradition einfließen und zur Basis der neuen Sakramentalität werden. Die Praxis des Eides im Recht und im öffentlichen Leben der römischen Antike würde eine sehr lange Erörterung erfordern. Die ursprüngliche Verwendung des Wortes *sacramentum* im Prozeßverfahren des archaischen Rechts *(sacramento te provoco)* repräsentiert beinahe eine Vorwegnahme des mittelalterlichen Ordals – die später nach Vervollkommnung des Prozeßverfahrens und des Rechts außer Gebrauch kam: Nicht der Eid beendet den Rechtsstreit, sondern der religiöse Akt an sich, der Ritus. Das *sacramentum,* das im Prozeßwesen schließlich infolge einer stärkeren Betonung des rationalen Elements an den Rand gedrängt wird, erhält hingegen in der öffentlichen Sphäre Roms, in der hohen Politik, eine wesentliche Rolle: Es dient dem Bestreben nach Legitimierung der Macht und ist ein konstitutives Element jeder *militia legitima;* es legitimiert den Krieg und nimmt die neue Bedeutung eines Treueides gegenüber dem Kaiser als dem Träger der Macht an.

Die Einrichtung des Eides im Alten Testament kann teilweise anhand eines Deuteronomiumverses beleuchtet werden: „Jahwe, deinen Gott sollst du fürchten, ihm dienen, ihm anhangen und bei seinem Namen schwören!" (Deuteronomium 10,20). Das ist die andere Seite des Verbots, „den Namen Gottes eitel zu nennen". Man kann und darf einzig und allein im Namen Gottes schwören; die Einzigkeit Gottes überträgt sich in gewissem Sinn auf den politischen Vertrag und macht ihn zu etwas einzigem, in Entsprechung zur gesamten frühen indo-europäischen Tradition, aber doch mit einer wesentlichen Verstärkung. Das innovative Element besteht darin, daß der Gott der Juden der einzige ist, der persönlich gemeinsam mit seinem Volk einen Eid leistet, während in allen anderen antiken Kulturen die Götter nur Zeugen und Rächer sind: Der auf dem Eid gegründete, unauflösliche Vertrag bzw. Bund wird auf diese Weise zum Angelpunkt des gesamten politischen und religiösen Lebens des jüdischen Volkes.

Das ausdrückliche Verbot des Eides im Neuen Testament (Matthäusevangelium, Jakobusbrief) steht in Zusammenhang mit dem neuen Dualismus, der durch Christus in die Geschichte eingeführt wird. „Ferner habt ihr gehört, daß zu den Alten gesagt wurde: ‚Du sollst keinen Meineid schwören, sondern du sollst dem Herrn deine Schwüre halten.' Ich aber sage euch, ihr sollt überhaupt nicht schwören, weder beim Himmel, denn er ist der Thron Gottes, noch bei der Erde, denn sie ist der Schemel seiner Füße, noch bei Jerusalem, denn sie ist die Stadt des großen Königs. Auch bei deinem Haupte sollst du nicht schwören; denn du vermagst nicht, ein einziges Haar weiß oder schwarz zu machen. Vielmehr soll eure Rede (so) sein: Ja (sei) Ja, Nein (sei) Nein. Was darüber hinausgeht, ist vom Bösen" (Mt. 5, 33–37). Ungeachtet aller im Laufe der Jahrhunderte unternommenen exegetischen Versuche, diese Bibelstellen abzumildern, bleibt das Verbot radikal[4]. Die seit den Kirchenvätern bis in unsere Zeit immer wieder angeführten Paulusworte sind noch komplexer, stehen jedoch nicht im Widerspruch zu besagtem Verbot: Der einzig wahre Eid ist der Bund Gottes mit den Menschen (Hebr. 7,20–28), obgleich die Funktion des Eides in der *civitas terrestris,* Konflikte zu schlichten, von Paulus anerkannt wird (Hebr. 6,16: *homines enim per maiorem sui iurant, et omnis controversiae eorum finis, ad confirmationem, est iuramentum).*

---

[4] Für die Entwicklungsgeschichte des kanonischen Eides vgl. *Bernard Guindon.* Le serment, son histoire, son caractère sacré (Ottawa 1957). Über den Eid im Mittelalter ist jetzt heranzuziehen *Lothar Kolmer,* Promissorische Eide im Mittelalter (Regensburg 1989).

Gewiß stellt sich den ersten Christengemeinden das Problem, ob der von einer äußeren politischen Autorität zur Verpflichtung gemachte Eid erlaubt ist. Soll das Verbot nur als Reaktion auf das Pharisäertum und auf die Kasuistik der Rabbiner und Talmudgelehrten gedeutet werden, oder stellt es radikal das Verhältnis von Sakralität und Macht in Frage? In der Tat müßte das bis jetzt noch nie untersuchte Problem der Ablehnung des Eides in den ersten Jahrhunderten des Christentums in engem Zusammenhang gesehen werden mit der Ablehnung der Ämterlaufbahn, des Militärdienstes und der Macht an sich im weitesten Sinne. Das einzige, auf dramatische Weise im frühen Christentum zutage tretende Problem ist anscheinend, ob es erlaubt ist, sich einem von oben kommenden Druck zu unterwerfen, um Verfolgungen zu entgehen. Erst seit der entscheidenden Wende in der Geschichte des Christentums im 4. Jahrhundert wird der Eid zu einer Komponente des christlichen Machtbegriffs und als notwendig für das Fortbestehen des öffentlichen Lebens erachtet.

Die Auffassungen der Kirchenväter sind in jedem Fall ziemlich eindeutig, wobei die griechischen und lateinischen Väter verschiedene Standpunkte einnehmen. Im Osten setzt sich eine Tradition durch, deren wichtigster Vertreter der hl. Johannes Chrysostomos ist und die bis Photios reicht: Sie betrachtet den Eid als einen Akt, der dem weltlichen Leben zugehört und daher von allen, die sich zum religiösen Leben verpflichten wollen, als sündhaft zu meiden ist oder allenfalls nur unter Zwang geleistet werden darf. In der lateinischen Welt bedeutet der Übergang vom Standpunkt Tertullians, der das *sacramentum fidei* dem römischen *sacramentum militiae* gegenüberstellt, zur Position des hl. Ambrosius, der die religiöse Deutung des Eides in das christliche Weltbild integriert, ihn aber wegen der Eventualität eines Meineides für gefährlich erachtet, einen radikalen Auffassungswandel. Bereits mit dem hl. Hieronymus und dem hl. Augustinus kristallisieren sich die grundlegenden Ideen heraus, auf die sich die Morallehre bei ihrer Behandlung des Eides bis in unsere Tage stützt: Hieronymus zählt die Charakteristiken (die drei *comites*) des christlichen Eides auf: *veritas, iudicium et iustitia;* Augustinus gibt den Christen Verhaltensregeln im Hinblick auf den Eid: *falsa iuratio exitiosa est, vera iuratio periculosa est, nulla iuratio secura est.*

In dieser Entwicklungsphase zeigt sich im öffentlichen Leben des spätantik-christlichen Römischen Reichs folgendes Erscheinungsbild: Die Kaiser setzen den Eid nicht nur im zivilen und kirchlichen Prozeßwesen als wesentliches Institut ein, sondern auch als Basis der Verwaltung des Staates selbst (z. B. mit dem Eid der Provinzgouverneure, den Justinian einführt); wie für andere analoge Einrichtungen (Militärdienst etc.) beginnt die Praxis, die Kleriker von der Eidespflicht zu entbinden. Die kanonische Gesetzgebung scheint in ihrer ersten Entwicklungsphase noch bemüht, den Angehörigen des Klerus das Privileg der Entpflichtung von der Leistung des Eides zu sichern. Interessant ist in diesem Zusammenhang, daß die *Regula S. Benedicti* dem Mönch das Schwören verbietet: Der Eid ist demnach mit dem Stand der Vollkommenheit nicht vereinbar.

Eine entscheidende Wende tritt mit den Konzilien des 5. bis 7. Jahrhunderts ein, deren Entscheidungen in die ersten Bußbücher einfließen und von den *Ordines* des Pontificale Romanum wieder aufgenommen werden: Verurteilt werden lediglich der pagane und der *per creaturas* geleistete Eid, während der christliche Eid erhalten bleibt und eine fest umrissene sakrale und liturgische Bedeutung erhält. Vor allem auf den westgotischen Konzilien von Toledo (besonders auf dem IV. Toledanum vom Jahr 633, dem V. vom Jahr 636 und dem VIII. vom Jahr 653) wird der dem König zu leistende Treueid als verpflichtend und bindend erklärt; er wird damit zur Basis des neuen Souveränitätsbegriffs, der seine reifste Verwirklichung in karolingischer Zeit findet: In den Kapitularien Karls d. Gr. hält der König das Monopol des Eides; der auf alle Untertanen ausgedehnte Eid (der sogenannte Untertaneneid) wird zu einem Instrument, das bei der Errichtung des neuen politischen Organismus eine grundlegende Funktion hat. Auf kirchlicher Ebene entwickelt sich der Eid schließlich ebenfalls zu einem Angelpunkt der neuen Ordnung, wie einige Kanones der kirchenrechtlichen Sammlung des Burchard von Worms (10. Jahrhundert) bezeugen: als *sacramentum*, das der Befragung der Synodalen vorangeht[5]. Verurteilt werden hingegen der fahrlässige Eid sowie der Meineid, der in allen Bußbüchern zu den schwersten Sünden gerechnet wird; im Zentrum steht dabei der politische Eid, das *sacramentum regis*[6], unter direktem Bezug auf die Konzilien von Toledo.

Sowohl im öffentlichen wie im kirchlichen Bereich ist der Eid die Basis jeder Autorität und normativen Gewalt, die metapolitische Wurzel des Rechts, der Verbindungspunkt der unsichtbaren Welt und der Menschenwelt, ein echtes Sakrament, das zu den Grundlagen des christlichen Lebens gehört wie Taufe, Eucharistie und Firmung; das *sacramentum iuris* wie Paschasius Radbertus im Hinblick auf den Rechtseid in einem für unser Thema wichtigen Passus ausführt: *Est sacramentum iuris in quo post electionem partium iurat unisquisque quod suo pactu decreverit. Unde et sacramentum dicitur quod secretius fides invisibilis per consecrationem invocationis Dei vel alicuius sacri teneatur ex eo quod foris visu vel audito vox iurantis sentitur*[7].

---

[5] Burchardus von Worms, Decretorium libri viginti, lib. I, cap. 94 (PL Bd. 140, col. 573): *Post datum sacramentum episcopus illos qui juraverunt ita alloquatur: ‚Videte, fratres, ut Domino reddatis juramenta vestra: non enim homini jurastis, sed Deo creatori vestro. Nos autem, qui ejus ministri sumus, non terrenam substantiam vestram concupiscimus, sed salutem animarum vestrarum requirimus. Cavete ne aliquid abscondatis, et ex alterius peccato vestra fiat damnatio.'*

[6] Ebd., lib. XII, cap. 21 (PL Bd. 140, col. 880): *Si quis laicus juramentum violando prophanat quod regi et domino suo jurat, et postmodum perverse ejus regnum, et dolose tractaverit, et in mortem ipsius aliquo machinamento insidiatur: quia sacrilegium peragit, manum suam in Christum Domini mittens, anathema sit ... Episcopus vero, presbyter vel diaconus, si hoc crimen perpetraverit, degradetur.*

[7] Radbertus Pascasius, De corpore et sanguine Domini, Turnholti 1969 (Corpus Christianorum, Continuatio Medievalis n. 16) S. 23f. (cap. III): *Sacramentum igitur est quicquid in aliqua celebratione divina nobis quasi pignus salutis traditur, cum res gesta visibilis longe aliud invisibile intus operatur quod sancte accipiendum sit. Unde et sacramenta dicuntur aut a secreto, eo quod in re visibili divinitas intus aliquid ultra secretius efficit per speciem corporalem, aut a consecratione sanctificationis, qui Spiritus Sanctus manens in corpore Christi latenter haec omnis sacramentorum mystica sub tegumento visibilium pro salute fidelium operatur. Magis igitur vis divina ex hoc mentes credentium ad invisibilia instruit ac si visibiliter ea monstraret quae interius praestat ad effectum salutis: Per fidem enim ambulamus et non per speciem.*
*Sunt autem sacramenta Christi in ecclesia baptimus et chrisma, corpus quoque Domini et sanguis quae ob hoc sacramenta vocantur, quia sub eorum specie visibili quae videntur secretius virtute divina caro consecratur, ut hoc sint interius in veritate quod exterius creduntur virtute fidei. Est sacramentum iuris in quo post electionem partium iurat unisquisque quod suo pactu decreverit. Unde et*

Als größter Theoretiker der zentralen Funktion des Eid-Sakraments erweist sich einige Jahrzehnte später Hinkmar von Reims. Für ihn wird der Eid, der auch die Funktion des Gottesurteils in sich aufnimmt, zur Basis des menschlichen Zusammenlebens auf ziviler und politischer Ebene und verbindet auf geheimnisvolle Weise die Gestalten des *rex* und des *sacerdos,* die nur in Christus zu wahrer Einheit verschmelzen, aber in jedem Christen angelegt sind, der als solcher gleichzeitig König und Hirte ist[8].

Es gibt aber keinen *privatus,* keinen „Privatmann", denn jeder Mensch, oder, besser gesagt, jeder „Gläubige" ist Teil des öffentlichen Lebens, ist „Hirte" und hat daher politische Funktion. Das Eid-Sakrament, das alle vollziehen, ist die fundamentale Bindung, die im Rahmen eines christlichen Universums, das von der göttlichen Vorsehung gedeutet wird, die das Unsichtbare sichtbar werden läßt und in diesem und im jenseitigen Leben das Gute belohnt und das Böse bestraft, zwischen allen, vom König und Bischof bis zum gemeinen Mann, ein wechselseitiges Abhängigkeitsverhältnis begründet, entsprechend der Funktion und Berufung jedes einzelnen. Auch wenn Gott nach seinem unerforschlichen Ratschluß zuläßt, daß ein Eid durch einen Meineid gebrochen wird, so kann dies der Gültigkeit des Sakraments selbst keinen Abbruch tun, ebensowenig wie ein Mißbrauch der Taufe der Gültigkeit der katholischen Taufe Abbruch tun kann: *Et si ad probationem fidei nostrae acciderit ... de divinis non causemur judiciis, quae interdum occulta sunt, sed nunquam injusta.* Der Reinigungseid im Gerichtsverfahren des früheren Mittelalters tritt an die Stelle des Gottesurteils und entwickelt nach Überwindung der ursprünglichen Formen des Ordals die neuen Prozeßformen, vom Solidaritätseid der *conjuratores* bis zu den späteren und reiferen Formen des Zeugeneides und der Einrichtung der Geschworenen. Außerhalb der Gerichte bildet der Eid die Grundlage für die Konsolidierung des neuen politischen Systems durch die wechselseitige Verpflichtung zu Hilfe und Schutz im Rahmen eines Gehorsamsgelöbnisses. Die Gewähr für dessen Einhaltung liegt in der Ehrfurcht vor dem Sakrament, die das Gewissen der christlichen Gemeinschaft beherrscht, und wird Gott selbst anheimgestellt.

---

*Fortsetzung Fußnote von Seite 12*

*sacramentum dicitur quod secretius fides invisibilis per consecrationem invocationis Dei vel alicuius sacri teneatur ex eo quod foris visu vel auditu vox iurantis sentitur.*

[8] Hincmari Rhemensis Archiepiscopi, De divortio Lotharii et Tetbergae (PL Bd. 125, 660, 661, 885): *...Qua de re ad investiganda ac comprobanda, et quasi oculato visui praesentanda quae dubia vel obscura, quae ex lege judiciario ordini comprobari vel convinci non possunt, duo sanxit auctoritas, judicium scilicet, et juramentum, quod usitato nomine appellatur et sacramentum, quia in eo illud oculis fidei pervidetur, quod corporis oculis non conspicitur ... Jurare est, inquit Cassiodorus, hominum, sub testatione divina aliquid polliceri. Jurare enim dictum est, quasi jure orare, id est juste loqui. Tunc autem quispiam juste loquitur, quando ea quae promittit implentur ... Non enim soli pastores, episcopi, presbyteri, et diaconi, monasteriorum rectores sunt intelligendi, sed et omnes fideles qui vel parvulae suae domus custodiam gerunt pastores recte vocantur, in quantum suae domi in sollicita vigilantia praesunt. Et quicumque saltem uni vel duobus fratribus quotidiano regimine praeest, pastoris eisdem debet officium, quia in quantum sufficit, pascere hortando, increpando, arguendo, corrigendo debet. Imo unusquisque, qui etiam privatus vivere creditur, pastoris officium tenet et spiritalem pascit gregem.*

### III.

Ein anderer Punkt, auf den ich hinweisen möchte, ist die neue Entwicklung, die seit dem 11. Jahrhundert zutage tritt: Die römische Kirche nimmt ausdrücklich für sich allein die Kompetenz im Bereich der Sakramente in Anspruch und daher auch im Hinblick auf das Institut, das in der Sprache der Laien das *sacramentum* schlechthin ist, das Sakrament der Macht, den Eid; die Kirche beansprucht und besitzt bekanntlich nicht nur die Macht, die Untertanen vom Gehorsamseid gegenüber einem – für unwürdig erklärten – Herrscher zu entbinden, sondern sie ermöglicht auch durch die Kontrolle über das Sakrament die Begründung neuer Gehorsams- und Bindungsverhältnisse, die Entstehung neuer Herrschaften. Die Gregorianische Reform, die kürzlich als „päpstliche Revolution" definiert wurde[9], die erste der großen Revolutionen im Abendland, von der zum großen Teil die Dynamik des Verfassungsrechtes ihren Ausgang nimmt, die den Okzident von den Vorgängerkulturen unterscheidet, diese Gregorianische Reform erhält einen ihrer Grundpfeiler gerade dadurch, daß sie die Verwaltung des Eid-Sakraments den Machthabern entzieht.

Ohne damit auf den gewaltigen Fragenkomplex der Gregorianischen Reform und des Investiturstreits eingehen zu wollen, bin ich der Überzeugung, daß der bereits mit den Anfängen des Christentums in die Geschichte eintretende dualistische Ansatz, der sich im Rahmen der organischen Gesellschaftsstruktur der abendländischen Christenheit des Mittelalters (nicht nur, wie Berman meint, bei der Bildung eines *populus christianus*) in der Theologie und Ethik weiterentwickelt, sich erstmals an der Wende vom 11. zum 12. Jahrhundert zu einem deutlich ausgeprägten institutionellen Dualismus entfaltet, dessen beide Pole gleichermaßen Machtstrukturen und ein im Entstehen begriffenes Rechtssystem aufweisen.

Gerade weil der Prozeß der „Entzauberung" des Politischen und der Politisierung der Kirche als Trägerin eines „Amtscharismas" (um Begriffe von Max Weber zu verwenden, die mir auch heute noch, abgesehen von allen Begrenztheiten der Interpretation durch die Schematisierung der Idealtypen oder die zu starke Betonung der protestantischen Ethik als anregend erscheinen) in Bewegung gekommen war, vermochte dieser institutionelle Dualismus sich zu konkretisieren und zu einem historischen Faktor zu werden. Es handelt sich dabei nicht in erster Linie um die Ausbildung eines Herrschaftsmodells im kirchlichen Bereich und seine Übertragung auf die politisch-säkulare Sphäre, sondern um das Entstehen einer konkurrierenden Spannung zwischen zwei Polen der Macht, von denen jeder nach der Hegemonie über die – noch als Einheit empfundene – Christenheit strebt. Wir können das Phänomen als Institutionalisierung eines immerwährenden Dualismus bezeichnen, bei der das Meta-Politische (im westlich-profanen Sinn verstanden) seinerseits politisch wird und sich als solches durchsetzt. Der Prozeß der Auseinanderentwicklung und gleichzeitigen Verflechtung der sakralen und politischen Sphäre, der mit der Gregorianischen Reform und dem Investiturstreit beginnt, erscheint in höchstem Maße komplex: Einerseits hat die – nunmehr als Institution organisierte – Kirche das Vorbild für die politische Ver-

[9] H. J. *Berman*, Law and Revolution. The western legal Tradition (Cambridge/Mass., London 1983).

fassung der weltlichen Staaten geliefert (durch die Entwicklung der Konzepte ‚Körperschaft‘, ‚Repräsentanz‘ und ‚Souveränität‘, durch Formierung einer Rechtsordnung, eines Berufsbeamtentums, eines Gerichtswesens mit einem Instanzenweg usw.), andererseits hat sie umgekehrt die Politik in die religiöse Sphäre integriert und damit deren Ausdehnung auf das persönliche, familiäre und gesellschaftliche Leben legitimiert, das bislang der politischen Sphäre entzogen war. Diese wechselseitige Verflechtung beginnt sich allerdings parallel zu einem Dualismus neuen Typs zu entwickeln, bei dem jeder der beiden Pole die Tendenz hat, seine Macht mit der Mission zu legitimieren, den Menschen in seiner Gesamtheit, von der Geburt bis zum Tode, zu „disziplinieren". Immer weniger kann von einer Unterscheidung zwischen geistlicher und weltlicher Macht gesprochen werden – so sehr auch die theoretischen Spekulationen darüber ins Gewicht fallen mögen. Vielmehr muß von einer Unterscheidung zweier konkurrierender Institutionen gesprochen werden, die beide zum gesetzten Recht im modernen Sinn tendieren, obgleich ihre Wurzeln im Römischen Gemeinen Recht und im Germanischen Recht liegen. Mag auch die Kritik von G. Le Bras und von St. Kuttner an der These von R. Sohm, daß es vor dem 12. Jahrhundert kein Kirchenrecht gegeben habe, fundiert sein, so bleibt meiner Ansicht nach doch die Grundthese Bermans gültig, wonach die „päpstliche Revolution" den Übergang bedeute von einer statischen Rechtsauffassung, die auf der Tradition gründet, daß die Regierungsgewalt sich nur als die – sogar unbegrenzte – Möglichkeit äußert, Dispensen und Ausnahmen zu gewähren, zu einer neuen Konzeption eines dialektischen Rechts, das immer in Bewegung ist und die Grundlage für die Institution selbst schafft. Die Sakramentengesetzgebung – zum Beispiel im Hinblick auf die Ehe – wird zum Austragungsfeld der Konkurrenz der beiden Mächte. Noch auf dem Konzil von Trient wird dies einer der strittigsten Punkte sein.

Gelingt der Plan der römischen Kirche auch nicht, den Eid wirklich in ein „achtes Sakrament", das Sakrament des politischen Lebens, zu verwandeln, so hinterläßt die dualistische Spannung doch deutlich sichtbare Spuren in der Gestion der aus dem Lehnswesen stammenden traditionellen Obödienzbindungen wie auch in den neu entstehenden kollektiven Phänomenen, etwa den Gottesfriedensbewegungen und den Kommunen, die sich als souverän konstituieren und keinen Oberherrn anerkennen. Ich kann hier nicht auf die Entwicklungsformen der eidlichen Versprechen bei der Kaiser- bzw. Königswahl und Krönung, bei der Weihe der Herrscher und beim Handgang eingehen. Über diese Themen gibt es eine Fülle von Literatur. Ich glaube aber, daß eine erneute Beschäftigung damit unter dem Blickwinkel der Evolution des Eides als Institut, zwar vielleicht nicht zu neuen Ergebnissen führen, aber doch zumindest der Wiederholung gleicher Interpretationsschemata ein Ende bereiten könnte. Ein Bruch des Monopols des Eides als Quelle der Souveränität stellt die gesamte Reichsverfassung in Frage. Der Begriff *coniuratio* verliert allmählich die für die Gesetzgebung und das Denken der früheren Jahrhunderte kennzeichnende negative Konnotation von „Rebellion", wird schließlich in den ersten Jahrzehnten des 11. Jahrhunderts die Grundlage des – unter dem Schutz der Bischöfe und Synoden stehenden – Gottesfriedens und konstituiert neue feste politische Strukturen auf städtischer Ebene sowie regionale Bündnisse und Ligen. Die städtischen Verfassungen, ja die Ent-

wicklung der Kommunen an sich, basieren auf der *coniuratio,* nicht nur im Sinne des
konstitutiven Akts, sondern auch in ihren verschiedensten Formen als Ausdruck der
Identifikation und Zugehörigkeit, der Verantwortlichkeit, Repräsentanz, Regierung
und Amtsführung. Der kollektive Eid stand jahrhundertelang im Zentrum des politischen Lebens des Abendlandes; an einigen Orten ist der ‚Schwörtag‘ ein echtes Bür-
ger- und Volksfest bis weit in die Neuzeit hinein geblieben[10].

An dieser Stelle erinnere ich nur an ein Vorläuferphänomen, die kollektiven Eide
der Mailänder Laien, die sich gegen den simonistischen Klerus verbanden; in ihnen
sieht Cinzio Violante mit Recht das grundlegende Element für die Begründung und
Organisation der Pataria-Bewegung, die unter dem Schutz und mit Billigung des Heiligen Stuhls entstand[11]. Um ein lebendiges Bild davon zu vermitteln, zitiere ich die
Schlußworte des Berichts über die Legation, die Petrus Damiani 1059 im Auftrag Nikolaus' II. in Mailand ausführte; in dem von der Kirche von Rom bekräftigten Eid
*(evangelicum sacramentum)* des Erzbischofs, des Klerus und von mehr als tausend
Bürgern und Bewohnern der Vorstädte liegt die eigentliche Hoffnung, die Häresie der
Simonie und des Nikolaitismus überwinden zu können[12].

Die Kraft dieser *coercitio,* die aus dem von der römischen Kirche garantierten und
kontrollierten Sakrament erwächst, sollte nicht nur Häresien bekämpfen, sie sollte
auch in den folgenden Jahrzehnten und Jahrhunderten dazu dienen – eingesetzt und
weiter verstärkt vom Reformpapsttum –, die politischen und kirchlichen Strukturen
des Abendlandes mitzuformen.

Als der Eid schließlich seine volle rechtliche, formale und konzeptuelle Systematisierung im klassischen Kanonischen Recht und in der Scholastik erhält, bedeutet dies
nur die offizielle Sanktionierung eines im kirchlichen Leben und in der Christenheit
generell bereits vollzogenen Wandels. Auf die kirchlichen Strukturen übertragen, wird
er als Obödienzeid, den die Bischöfe – insbesondere die Metropoliten – dem Papst leisten, zum Grundpfeiler der Hierarchie.

Diese Form des Eides bestand bereits vor der Mitte des 11. Jahrhunderts, wird aber
seit dieser Zeit allgemein üblich – in Parallele zum Handgang des Lehnsrechts, jedoch
ohne sich mit diesem gleichzusetzen – und ermöglicht die Entstehung einer autono-
men geistlichen „Souveränität"[13]. Durch das Eid-Sakrament gewinnt die Kirche nach
ihrer Reform eine vorher nie gekannte Kontrollmöglichkeit über die politische Ge-

[10] Vor allem *Wilhelm Ebel,* Der Bürgereid als Geltungsgrund und Gestaltungsprinzip des deutschen mittelalterlichen Stadtrechts (Weimar 1958), *Uwe Prutscher,* Der Eid in Verfassung und Politik italienischer Städte (Gießen 1980).
[11] *C. Violante,* I laici nel movimento patarino, jetzt in: Studi sulla cristianità medievale (Milano
1972) 174–178.
[12] Petrus Damianus, Actus Mediolani, de privilegio Romanae Ecclesiae, ad Hildebrandum S. R.
E. cardinalem archidiaconum (PL Bd. 145 coll. 80–98): ... *Unum autem per omnipotentis Dei cle-
mentiam spero, quia post tot jurationum genera, quibus archiepiscopus haec promissa firmavit, post
sacramenta tam multiplicis populi per Evangelium data, post juramenta certe omnium clericorum
ante sanctum altare litteris, et proprio ore prolata, utraeque istae haereses sic in illa ecclesia sunt per
argumenta providae coercitionis attritae, ut auctore Deo nostris Temporibus non sint ad rediviva cer-
tamina reparandae.*
[13] *Theodor Gottlob,* Der kirchliche Amtseid der Bischöfe (Bonn 1936).

walt, da der Eid als *res sacra* schlechthin in ihre Kompetenz fällt: Nur die kirchliche
Autorität kann letztlich bestimmen, ob ein politischer Vertrag nicht eingehalten
wurde, und sie allein kann daher den Schritt vom passiven Gehorsam zum aktiven
Widerstandsrecht und zu den verfassungsmäßigen Beschränkungen der monarchischen Gewalt rechtfertigen[14]. Im Leben des gemeinen Mannes gewinnt der Eid – vom
Prozeßeid bis zu dem Eid, der immer häufiger Verträge bekräftigt – eine fundamentale
Bedeutung für die Gültigkeit bestimmter Handlungen des Alltags, im öffentlich-privaten *continuum,* das für das gesellschaftliche Leben dieser Jahrhunderte charakteristisch
ist; dies gilt für die Entwicklung der *universitates* ebenso wie für die Ausbildung des
Konzepts und der Praxis der „Vertretung"[15]. An der Spitze der Machtpyramide verpflichten sich die Kandidaten bei der Wahl zum Papst, zum Kaiser, zum Bischof und
zum Kirchenfürsten durch Wahlkapitulationen – eidliche Verträge –, im Falle, daß sie
gewählt werden, zu bestimmten Verhaltensweisen und setzen dadurch von vorneherein ihrer Souveränität gewisse Schranken.

## IV.

Ein weiterer wichtiger Schritt in der Geschichte des Eides ist gekennzeichnet durch
das Scheitern der jahrhundertelangen Bemühungen, die Politik in einem dualistischen, in dauernder Spannung stehenden System mit Hilfe des Eides zu sakralisieren;
auf der Ebene der Macht kommt es nie – auch nicht im Zuge der Sakramentendefinition des Konzils von Trient – zur Annahme eines „achten Sakraments", wie es vom
klassischen Kanonischen Recht und von der scholastischen Theologie bereits in Ansätzen vorbereitet wurde. Man hält bei der Siebenzahl inne, betritt zwar mit dem Sakrament der Ehe die Schwelle zum sozialen Leben, geht aber nicht weiter.
  Die natürliche Legitimierung der Politik, die sich im Rahmen des institutionellen
Dualismus entwickelt und zur Investitur neuer Staaten und Herrschaften durch die
Kirche – die außerhalb der Politik und über ihr steht – geführt hat, entfaltet nunmehr
eine Eigengesetzlichkeit und Eigendynamik und prägt ihrerseits die Kirche in ihrem
Aspekt als Institution. Gehen wir von der Richtigkeit dieser Annahme aus, so ergeben
sich verschiedene und über das traditionelle Deutungsspektrum hinausgehende Interpretationsmöglichkeiten des Prozesses, der in den folgenden Jahrhunderten des Übergangs vom Mittelalter zur Neuzeit vor sich geht: Man müßte demnach eine Neubewertung der Bemühungen der politischen Theologie des 14. und 15. Jahrhunderts um
den Ausgleich zwischen den schon auseinanderstrebenden Polen vornehmen und den
Konziliarismus als letzten Versuch ansehen, einen Ausgleich der Gegensätze innerhalb der Sozialstruktur zu bewirken. Mitte des 15. Jahrhunderts wird bereits deutlich,
welche Richtung die Entwicklung der päpstlichen Monarchie und der Landeskirchen
einschlägt: Konkurrenz und Konflikte sind nunmehr kanalisiert durch einen Prozeß
der Vereinheitlichung, in dem das Papsttum – wenn auch auf andere Weise als in der

[14] *Fritz Kern,* Gottesgnadentum und Widerstandsrecht im frühen Mittelalter. Zur Entwicklungsgeschichte der Monarchie (Darmstadt ²1954).
[15] *Pierre Michaud-Quantin,* Universitas. Expressions du mouvement communautaire dans le
Moyen-Age latin (Paris 1970).

Vergangenheit – weiterhin Vorbild und Partner des werdenden neuzeitlichen Staates bleibt. Abgesehen vom traditionellen Bild der Beziehungen zwischen Kirche und Staat und der rechtlichen Problematik gibt es jedoch auch einen anderen Aspekt, den wechselseitigen Austauschprozeß, der seit dem 11. Jahrhundert vor sich geht: Politisierung und Säkularisierung des Papsttums und der Kirche, Sakralisierung des Staates, Bildung der Landeskirchen. Die Staaten gewinnen an Macht und stellen bekanntlich das Papsttum selbst in Frage: „Gefangenschaft" in Avignon, abendländisches Schisma, Scheitern der konziliaren Theorie als Versuch, den Universalismus auf der Basis kollegialer Kirchenregierung zu verwirklichen, und Sieg des neuzeitlichen Staates, der zur Okkupation der Kirche – die ihn in gewisser Weise ja mitgeschaffen hatte – tendiert; damit führt der Weg zur zweiten großen Phase, das heißt zur Entstehung der Landeskirchen vom 15. bis zum 18. Jahrhundert. Im katholischen Ambiente sind wir nur allzusehr daran gewöhnt, die protestantische Reformation als Revolution gegen die mittelalterliche Kirche, deren Mißstände und Korruption aufzufassen. Die Reformation bildet jedoch den Gipfelpunkt eines Prozesses, der bereits vor der eigentlichen Reformation im Gange war; wäre er nicht so weit fortgeschritten gewesen, hätte Luther, ein Professor an einer kleinen, noch sehr jungen deutschen Universität, nie diese Bedeutung gewinnen können. Alle unsere gewohnten Sehweisen wie ‚protestantische Reformation', ‚katholische Vorreformation', ‚Gegenreformation' usw. sind ein wenig obsolet. Man muß sich darüber klar werden, daß es einen Zyklus gibt, der die Kirche in den Mittelpunkt der ersten großen Auseinandersetzungen des neuzeitlichen Staates stellt. Mit einem Wort, die erste Nationalisierung, die vom modernen Staat durchgeführt wird, betrifft die Kirche. Es handelt sich dabei um einen Absorptionsprozeß, und zwar um eine innerliche Absorption, nicht bloß um eine Aneignung des Kirchenguts. Die Nation, der Nationalstaat selbst, wird zur Kirche und verlangt die Verwandlung der „Untertanen" in „Gläubige", die dem Staat angehören und von ihm ihr ganzes Leben lang kontrolliert und diszipliniert werden: Ganze Sektoren des sozialen Lebens gehen von der Kirche auf den Staat über, von der Fürsorge bis zum Schulwesen und vielen anderen Bereichen. Das *pro patria mori* wird das Martyrium der Neuzeit; seit einigen Jahrhunderten gilt derjenige als Märtyrer, der für das Vaterland stirbt. Ich glaube, daß dieser Grundsatz heutzutage nicht mehr gilt, zumindest nicht bei unseren Wehrpflichtigen, man kann aber sagen, daß bis zur Generation unserer Väter die „Vaterlandsreligion", verbunden mit einer Sakralisierung der bereits im theologischen und kanonistischen Umkreis erarbeiteten Ideen, das Bindemittel des politischen und bürgerlichen Lebens war und damit den Organismus des neuzeitlichen Staates konstituierte.

Um aber beim spezifischen Thema des Eides zu bleiben: Man könnte seine Entwicklung in dieser Übergangszeit folgendermaßen schematisch darstellen: Er wird – sozusagen von der Linken – vom radikalen Flügel des christlichen Humanismus und der Reformation angegriffen, gleichzeitig aber auch von der Rechten als gefährlich für die neue monarchische Orientierung des Staates und der Kirche attackiert.

Die neue Spiritualität der *devotio moderna* und des Humanismus stellt zwangsläufig das Institut des Eides in Frage, da man sich einerseits wiederum auf das Gebot des Evangeliums in seiner reinen, ursprünglichen Form berief, andererseits die Rolle des Eides als Träger und Angelpunkt der Sakralisierung einer nunmehr als zutiefst degeneriert und korrupt angesehenen politischen und sozialen Ordnung historisch-kritisch analysiert. Diese ablehnende Haltung gegenüber dem Eid scheint besonders im 15. Jahrhundert verbreitet zu sein. In ihrer spirituellen Form zeigt sie sich als Sorge um das persönliche Seelenheil in einer Welt, in der das Dickicht von Gelübden und Eiden, die stets die Gefahr des Meineids und der daraus erfolgenden ewigen Verdammnis in sich bergen, für den armen Christenmenschen geradezu einen Albdruck darstellen muß. Man versucht daher zumindest, gegen die inflationäre Abwertung der Eide anzukämpfen. So vermeiden es etwa die Laienbruderschaften möglichst, die Frömmigkeit, das religiöse Leben der Mitbrüder mit zahlreichen Eiden festzulegen. Das tiefgehende spirituelle Mißtrauen gegenüber dem Eid, das diese Epoche durchzieht, wird noch bei Erasmus und den Erasmianern sichtbar.

Auf anderer Ebene wird der Eid, der zur Zeit des Schismas und vor allem des Konziliarismus praktisch die Grundlage jedes Versuchs bildete, das Problem der Einheit der Kirche auf vertraglicher Basis, durch Betonung des repräsentativen oder korporativ-kollegialen Elements zu lösen, im Gefolge des Niedergangs des Konziliarismus und der Behauptung des monarchischen Prinzips im Papsttum als gefährlich für die Autorität und Souveränität des Papstes innerhalb der Kirche erachtet. Es entwickeln sich auf diese Weise sowohl im Bereich der Spiritualität und Frömmigkeit als auch auf politisch-kirchlicher Ebene zwei konträre Meinungen über das Institut des Eides: „Von rechts" sucht man die Gültigkeit aller Anwendungsformen des Eides, die als Bedrohung der *potestas absoluta* des Papsttums und des Staates gelten können, zu unterminieren; in den theoretischen Abhandlungen dieser Zeit und in der zivilen und kanonischen Gesetzgebung wird das Prinzip der eidlichen Bekräftigung eines Vertrags mit aller Härte bekämpft. „Von links" will man im Eid das Herz der Macht in ihrer Sakralität treffen: Von Wycliff und Hus bis zum radikalen Flügel der Reformation und zu den Wiedertäufern, Bewegungen, in denen religiöse und politische Motive eng verbunden sind, wird die Berufung auf das im Evangelium ausgesprochene Verbot des Eides bewußt als Rebellion gegen die Staatsordnung eingesetzt, eine Rebellion, die auch von den Kirchen, die im Zuge der Reformation entstanden sind, deutlich erkannt und unterdrückt wird, womit sie in diesem Punkt mit der römischen Kirche völlig konform gehen. Letztendlich erleiden alle diese Protestbewegungen eine Niederlage, und der Eid erreicht gerade in der Zeit der konfessionellen Aufspaltung eine so starke Position wie danach nie mehr. Das Institut des Eides hat jedoch anscheinend am Ende dieses Zyklus eine Wandlung erfahren; es hat sich von dem institutionellen Dualismus losgelöst, in dem es seit der Gregorianischen Reform in einem spannungsreichen Verhältnis der Zugehörigkeit zu beiden Polen fungierte, und sich lediglich in ein Instrument verwandelt, das in den neu entstandenen Staaten und Landeskirchen die Sakralität auf die politische Ebene und das politische Element auf die sakrale Ebene überträgt. So gesehen kann man meiner Meinung nach behaupten, daß das 20. Reformdekret der XXV. Session des Konzils von Trient, das Dekret der sogenannten „Fürstenreform"[16], gerade in seinem Schweigen den eigentlichen Verzicht der

---

[16] G. *Alberigo*, La riforma dei principi, in: Il Concilio di Trento come crocevia della politica europea, a cura di *Hubert Jedin – Paolo Prodi* (Bologna 1979) 161–177.

Kirche auf eine Kontrolle über den Eid als Sakrament darstellt. In der Geltendma-
chung von Immunitäten und Privilegien als spätem Resultat der jurisdiktionellen
Kontroversen erschöpft sich letztendlich das lange Bemühen, eine staatliche Souveränität anzufechten, zu deren Entwicklung das Papsttum selbst beigetragen hatte.

## V.

Die erste große Wandlung des Eides geht also in der frühen Neuzeit vor sich, in der
Zeit der konfessionellen Aufspaltung: Der Eid verliert nicht nur seinen institutionell-
dualistischen Charakter der früheren Jahrhunderte, sondern wird im politischen Bereich mit einem ideologisch-doktrinären Inhalt, wie er für Glaubensbekenntnisse typisch ist, befrachtet, während im kirchlichen Bereich das Glaubensbekenntnis erstmals in der Kirchengeschichte Züge des Eides annimmt. Der Eid schlägt eine Brücke
von der Ebene des Gewissens zur Ebene der Politik und umgekehrt; äußerliche Verhaltensweisen und die Sphäre des Innerlichen beeinflussen einander wechselseitig. Er
verliert auch allmählich seine Charakteristik als sakramental-metapolitische Bekräftigung eines Vertrages und verwandelt sich in eine dem Souverän geleistete einseitige
eidliche Bekräftigung einer Amtsbindung. Zwar bleiben die Wurzeln einer persönlichen Bindung nach lehnsrechtlichem Typus erhalten, auf sie wird jedoch das neue
Element der Unpersönlichkeit des Staates übertragen; das monarchische Prinzip wird
selbst (in seinen konkreten Verkörperungen Vaterland, Nation usw.) zum Träger der
Sakralität, zugleich Objekt und Zweck des Eides, der den Charakter eines Vertrages
oder Bundes nun völlig verliert.

Im Treue- und Gehorsamseid gegenüber dem König von England als Souverän und
Oberhaupt der Kirche *(oath of allegiance)* sollte künftig, wie man sehen wird, diese
Entwicklung ihren reifsten Ausdruck finden. Auf sozusagen privatistischer Ebene
(nachdem die Verknüpfung von Privatem und Öffentlichem, die für die früheren Jahrhunderte kennzeichnend gewesen war, sich gelöst hatte) entwickelt sich der Eid-
schwur bei der eigenen Ehre, der für dieses pseudo-ritterliche Zeitalter typisch ist. Der
Eid trägt nun nicht mehr die Züge eines Paktes, sondern beruft sich auf das fiktive
Verhältnis des Menschen zu einem imaginären „anderen Ich" (das von zunehmend
starreren und komplexeren Gesetzen beherrscht wird), das die Rolle der Gesellschaft
festlegt und garantiert. Eine Abhandlung des Ehrbegriffs würde über unseren Rahmen
hinausgehen, obgleich diese Frage stets im Hintergrund gegenwärtig bleiben muß, um
die allgemeine Entwicklung der politischen und ideengeschichtlichen Tragweite des
Eids zu verstehen.

Ein anderer grundlegender Wandel, der mit dem ersten in Zusammenhang steht,
betrifft den Inhalt des Eides, das Objekt des eidlichen Versprechens. Während dieses
zuvor nur in der Verpflichtung zur Treue gegenüber dem Herrn, zur Einhaltung der
Statuten und Übereinkommen bestand, einer Verpflichtung, die sich in jedem Fall auf
konkrete und überprüfbare Handlungen bezog (Hilfe, Rat, Geheimhaltung usw.), die
in rechtlichen Termini verifizierbar waren, besteht nun die Tendenz, innere Haltungen, mentale Konzeptionen, Doktrinen miteinzubeziehen und so die Gewis-
senssphäre selbst zu berühren. Damit überschreitet man die Grenzlinie zwischen *fo-*

*rum internum* und *forum externum,* die einen der Angelpunkte des klassischen Kanonischen Rechts des Mittelalters gebildet hatte.

Erste Ansätze zu dieser Wandlung sind deutlich in einem Brauch erkennbar, der sich im Spätmittelalter im universitären Bereich durchsetzt. Während in der frühen Phase der Universitäten der Zweck des Eides darin bestand, äußerliche Verhaltensweisen festzulegen, wie die Einhaltung der Statuten und den Gehorsam gegenüber den jeweiligen Autoritäten, es sich also um einen promissorischen Eid im Sinne des klassischen Kanonischen Rechts und des Zivilrechts handelte, so strebt man nun danach, auch die Zugehörigkeit zu einer Schule oder Lehre in den Eid hineinzunehmen. In einer Zeit, in der doktrinäre Kontroversen zunehmen, die Christenheit durch die Übersiedlung der Kurie nach Avignon und durch das große abendländische Schisma in Aufruhr gerät und die Universitäten und ihre Gutachten und Lehrmeinungen während der Auseinandersetzungen immer größere Bedeutung gewinnen, tendiert der akademische Eid immer stärker dazu, auch zu einer festen Schulmeinung und nicht nur zur Einhaltung bestimmter Verhaltensnormen zu verpflichten. Als Beispiel möchte ich anführen, daß man das Schema der *abiuratio,* das sich in diesen Jahrzehnten im Inquisitionsprozeß gegen Häretiker herausgebildet hat, in umgekehrter Form auf die akademische Welt überträgt. Man beschränkt sich nicht darauf, die Bejahung eines gemeinsamen Credo vorauszusetzen, sondern verlangt mit einer Fülle von Eiden ausdrückliche Stellungnahmen zu den Thesen, die die eine oder die andere Seite aufstellt. Die Statuten der theologischen Fakultät der Universität Bologna aus dem Jahre 1364 verlangen z. B., daß die künftigen Lektoren drei Eide abzulegen haben und die Licentiaten sogar sechs. Der Wortlaut des ersten Eides lautet *quod semper fidelitatem reverentemque obedientiam habebunt domino N. divina providentia sanctae Romanae ac universalis ecclesie pape suisque successoribus rite ac canonice intrantibus.* Als es infolge des Schismas verschiedene päpstliche Obödienzen gibt und schließlich verschiedene Wege vorgeschlagen werden, die Kirche wieder zu einigen (Absetzung der Päpste, Einberufung eines Konzils usw.), spiegelt sich diese Zerrissenheit auch in der universitären Welt wider, die scheinbar zu dieser Zeit den größtmöglichen Einfluß ausübt, in Wirklichkeit aber auf den Konzilien der ersten Hälfte des 15. Jahrhunderts im Hinblick auf ihre Struktur als eidlich verbundene Körperschaft ihre erste große Einbuße erlebt.

Die These, um die es mir hier geht, lautet, daß sich unter dem Druck dieser Kräfte nicht allein das Wesen des akademischen Eides verändert, sondern daß die neue Form des politischen Eides, die damit in der Universität entsteht, Modellcharakter für die westliche politische Welt gewinnt. Dieser Eid entspricht nicht mehr dem juristischen Schema des „promissorischen Eides" des feudalkorporativen Typus, sondern schließt die bedingungslose Übernahme einer Ideologie mit ein, die mit einer Macht verbunden ist, die den Inhalten der Doktrin nicht mehr neutral gegenübersteht. Diese Entwicklung betrifft (neben der Artistenfakultät, die stets allem Neuen besonders aufgeschlossen erscheint) nicht nur die theologische, sondern auch die juristische und medizinische Fakultät und setzt sie mannigfachen Pressionen aus. Der Druck geht nicht nur direkt von der politischen Gewalt aus, sondern rührt auch von der ethisch-politischen Relevanz her, die der neuen Rolle des Akademikers zukommt.

Auch die große Auseinandersetzung zwischen *via antiqua* und *via moderna* wird zu einem verfassungsgeschichtlichen Problem, wenn man sie unter dem Blickwinkel der geographischen Verteilung der Universitäten im Europa des 15. Jahrhunderts und ihrer internen Strukturierung betrachtet. Als das Papsttum die konziliaristische Krise überwindet und in seine Verurteilung der konziliaristischen Bewegung einen Großteil der universitären Welt, der den alten Ideen anhängt, einbezieht, setzt es auf universitäre Neugründungen, um seinen Anspruch des päpstlichen Primats theoretisch zu untermauern. Bezeichnenderweise folgt der Bulle Pius' II. *Execrabilis* vom 18. Januar 1459, die die erste ausdrückliche Verurteilung der noch der konziliaren Ideologie verhafteten Universitäten beinhaltet, im *Bullarium Romanum* die Gründungsbulle der Universität Nantes, in der jede Beschränkung der *Studia generalia* durch apostolische Konstitutionen oder durch frühere Eide aufgehoben wird.

Der neue Typus des Eides, der in Verbindung mit den *professiones fidei* zur Basis der politischen Macht, der bürokratischen Strukturen und der Gesellschaftsordnung der Territorialstaaten der frühen Neuzeit wurde, hat in den Universitäten des 15. Jahrhunderts seine Wurzeln. Ich beziehe mich dabei auf eine Studie von K. Schreiner über das *iuramentum religionis,* erschienen 1985[17]. Ich kann hier nicht darauf eingehen, welche wichtigen Anstöße diese neue historische Sichtweise gibt, die in der Forschung gängigsten stereotypen Auffassungen über die Reformation und Gegenreformation zu revidieren. Grundlegend ist, daß der ursprünglich auf den engen Kreis des akademischen Lehrkörpers und der Intellektuellen beschränkte Typus des Eides mit dem promissorischen Eid feudaler Provenienz der Staatsdiener und Amtsträger verschmilzt und sich auf diese Weise zu einem – bis dahin unbekannten – Instrument entwickelt, das die Gesellschaft zu einem geschlossenen Gefüge zusammenzwingt. Dieses Phänomen tritt gleichermaßen in den protestantischen wie in den katholischen Staaten auf. Anhand der fundamentalen Untersuchung von K. Schreiner und der Forschungen anderer Gelehrter vorwiegend aus dem deutschen Sprachraum könnte man die einzelnen Stadien der Verflechtung der protestantischen Konfessionsbekenntnisse seit der *Confessio Augustana* mit den akademischen Eiden verfolgen, die in den Universitäten üblich waren, die sich der Reformation angeschlossen hatten oder durch sie entstanden waren, bzw. auf der Gegenseite in den Universitäten, die während der Gegenreformation gegründet worden waren. Was die katholische Welt betrifft, so bleibt zumeist noch zu untersuchen, wie die im 2. Reformdekret der XXV. Session des Konzils von Trient vom 3. bis 4. Dezember 1563 festgelegte Verpflichtung der Universitäten zur jährlichen Ablegung eines Eides in die Praxis umgesetzt wurde[18].

---

[17] *Klaus Schreiner,* Iuramentum religionis. Entstehung, Geschichte und Funktion des Konfessionseides der Staats- und Kirchendiener im Territorialstaat der frühen Neuzeit, in: Der Staat 24 (1985) 211–246. Vgl. auch *Paolo Prodi,* Il giuramento universitario tra corporazione, ideologia e confessione religiosa, in: Sapere e/è potere. Discipline, dispute e professioni nell'università medievale e moderna (Bologna 1990) Bd. 2, 23–35.

[18] Conciliorum Oecumenicorum Decreta, curantibus *J. Alberigo* – *P. P. Joamou* – *C. Leonardi* – *P. Prodi* (Freiburg i.Br. ³1973) 785: *Ad haec omnes ii, ad quos universitatum et studiorum generalium cura, visitatio et reformatio pertinet, diligenter curent, ut ab eisdem universitatibus canones et decreta huius sanctae synodi integre recipiantur, ad eorumque normam magistri, doctores et alii in eisdem universitatibus ea, quae catholicae fidei sunt, doceant et interpretentur, seque ad hoc institu-*

In der Bulle Pius' IV. vom 13. November 1564, die dieses Dekret mit der Definition der *professio fidei* zur Ausführung bringt, schließt die – bis auf das Tridentinum ausgedehnte – traditionelle Aufzählung der wahren Glaubenslehren, zu denen man sich bekennen muß, und der Häresien, die zu verwerfen sind, mit der eidlichen Verpflichtung, alles, wozu man sich bekannt hat, bis an das Lebensende zu ehren und ihm Ehre zu verschaffen, es zu lehren und zu predigen, wobei der Wortlaut dem traditionellen promissorischen Eid folgt: *Ego idem N. spondeo, voveo ac iuro, sic Deus me adiuvet, et haec sancta Dei Evangelia*[19].

## VI.

Die Kontroverse, die zu Beginn des 17. Jahrhunderts über den *oath of allegiance* ausbricht, den Jakob I. nach der Pulververschwörung von seinen Untertanen verlangt und der den europäischen Kontinent und auch die neuen Kolonien in Amerika betrifft, bedeutet das endgültige Ende des traditionellen Eides durch die Verkündung der Pluralität der politischen Eide. Ihr Schema wird von Francesco Suarez in seiner polemischen Schrift gegen Jakob I. *De iuramento fidelitatis* dargeboten[20].

Interessant ist hier – abgesehen von der Einnahme einer apologetischen Position im Hinblick auf die päpstliche Gewalt –, daß an dieser Stelle deutlich unterschieden wird zwischen einem *iuramentum civile*, das die rein weltlichen Belange regelt, und einem *iuramentum sacrum*, das den kirchlichen und spirituellen Bereich betrifft. Es scheint sich der Zug zum Dualismus im Umkreis der neuen Ekklesiologie der indirekten Gewalt in ein paralleles System zweier Obödienzen zu verwandeln, das von den Anhängern der monarchischen Gewalt abgelehnt, hingegen von den Theoretikern der zweiten Scholastik vertreten wird, die gerade durch besagte Spaltung in zwei Eide das traditionelle Ordnungssystem umstürzen und daher mit den Puritanern vergleichbar sind *(papist puritans)*. Der politische Eid im *oath of allegiance* schließt eine sakrale Bindung mit ein, die weder einer Kontrolle von außerhalb unterliegen, noch auf eine

---

*Fortsetzung Fußnote von Seite 22*

tum initio cuiuslibet anni solenni iuramento abstringant, sed et si aliqua alia in praedictis universitatibus correctione et reformatione digna fuerint, ab eisdem, ad quos spectat, pro religionis et disciplinae ecclesiasticae augmento emendentur et statuantur. Quae vero universitates immediate summi Romani pontificis protectioni et visitationi sunt subiectae, has sua beatitudo per eius delegatos, eadem quae supra ratione et prout ei utilius visum fuerit, salubriter visitari et reformari curabit.

[19] Magnum Bullarium Romanum IV/2 (Romae 1755) 201–204.

[20] Corpus Hispanorum de pace XIX (Madrid 1978) cap. I, S. 32 f.: *Ut proprium huius disputationis scopum statumque controversiae prae oculis proponamus varia iuramenti genera, quae a rege temporali exigi possunt et ex dictis colliguntur, distinguere oportet: Unum dici potest civile iuramentum, quia est solius obedientiae civilis in rebus mere temporalibus et ad regis potestatem vere pertinentibus. Aliud est iuramentum sacrum seu ecclesiasticum scilicet, solius obedientiae ecclesiasticae seu spiritualis regi temporali exhibendae, tanquam supremam potestatem ecclesiasticam seu spiritualem habenti. Per quod iuramemtum consequenter Pontificis potestas eique debita obedienta abiurantur. Tertium dici potest iuramentum mixtum clare et aperte, quia per illud expresse fit professio utriusque potestatis in temporali rege et utraque obedientia illi promittitur et consequenter utraque etiam Pontifici abiuratur. Quartum dici potest mixtum palliatum, quia per illud obedientia civilis expresse iuratur, tecte autem et sub verbis minus claris obedientia Pontifici debita negatur et regi tribuitur.*

einfache Vertragsfunktion reduziert werden darf. Wenn Suarez mit logischer Konsequenz beweisen will *Quod si hoc rex intendit et ad hanc fidem suos abligat, fateatur necesse est in hoc iuramento non pro temporali tantum iurisdictione sed pro primatu spirituali pugnare*[21], berührt er in Wahrheit den innersten Kern der Politik und des neuzeitlichen Staates: Der Kampf geht um den Primat im spirituellen Bereich, und im Mittelpunkt dieses Streites steht der Eid. Während die Vertragslehre dazu neigt, nicht mehr den Eid als Grundlage anzusehen und im Naturrecht und im Vertrag neue Wurzeln zu finden, tendiert nun der neue Typus des Eides seinerseits dazu, seine fundamentale Qualifikation als eines Vertrages zwischen Personen zu verlieren, der unter der Garantie einer (institutionell-)äußeren oder metapolitischen Präsenz des Sakralen abgeschlossen wird. Das Sakrale wird nun direkt mit dem Politischen gleichgesetzt. Diese Wandlung des Eides von der Mitte des 17. bis zum Ende des 18. Jahrhunderts scheint mir eine der interessantesten Phasen der Entwicklungsgeschichte des Eides zu sein, angefangen mit der These von Hobbes, daß „durch Eid der Verpflichtung nichts hinzugefügt wird. Denn wenn ein Vertrag rechtmäßig ist, so verpflichtet er von Gott her gesehen ohne Eid genauso wie mit ihm, und wenn er gesetzwidrig ist, so verpflichtet er überhaupt nicht, selbst wenn er mit einem Eid bekräftigt wird"[22].

Von Spinoza über Locke bis zu Kant kreist die Diskussion über den Eid um zwei Angelpunkte; das innere Gewissen und die Sakralität der politischen Verpflichtung, ohne daß es gelingt, ein tragfähiges juristisches Gerüst zu errichten. Noch interessanter sind vielleicht die vielen Dissertationen, die in dieser Zeit an den theologischen und juristischen Fakultäten der deutschen Universitäten disputiert werden. Es läßt sich dabei in dieser Entwicklungsphase anscheinend folgende Schlußfolgerung ziehen, die in allen Einzelheiten noch zu belegen ist: Der Eid verliert im sozialen Leben ständig an Gewicht, da sich seine Bedeutung im Gerichtswesen zunehmend verringert; hingegen wächst seine Bedeutung als Grundlage der politischen Verpflichtung, als Akt der kollektiven Identifikation neuen Typs, bei dem der Gemeinwille als Ausdruck der kollektiven Person an die Stelle des traditionellen Gesellschaftsvertrags tritt. Der Prototyp dieser Form des Eides, der dann mit der Französischen Revolution mit Ungestüm in die Geschichte Europas eindringt und im 19. Jahrhundert mit der organologischen Staatstheorie weiterentwickelt wird, kann in dem Vorschlag von J. J. Rousseau für die Verfassung von Korsika gesehen werden[23]:

*Formule du serment prononcé sous le ciel et la main sur la Bible:*

*Au nom de Dieu tout puissant et sur les saints Evangiles par un serment sacré et irrévocable je m'unis de corps, de biens, de volonté et de toute ma puissance à la nation corse pour lui appartenir en toute propriété, moi et tout ce qui dépend de moi. Je jure de vivre et mourir pour elle, d'observer toutes ses loix et d'obeir à ses chefs et magistrats légitimes en tout ce qui sera conforme aux loix. Ainsi Dieu me soit en aide en cette vie et fasse misericorde à mon ame. Vive à jamais la liberté, la justice et la Republique des Corses. Amen.*

---

[21] Ebd., cap. V, S. 99.

[22] *Thomas Hobbes,* Leviathan oder Stoff, Form und Gewalt eines kirchlichen und bürgerlichen Staates. Herausgegeben und eingeleitet von *Iring Fetscher,* übersetzt von *Walter Euchner* (Frankfurt/M. [4]1991) 109 (Tl. 1, cap. 14).

[23] *Jean Jacques Rousseau,* Œuvres complètes (Paris 1964) Bd. 3, 943.

*Et tous tenant la main droite élevée repondront: Amen.*
Der neue politische Eid scheint mithin nicht so sehr ein beschworener Vertrag als vielmehr ein säkularisiertes politisches Gelübde zu sein.

## VII.

Es bleibt zu fragen, welchen Veränderungen das kirchliche Leben unterlag, als die aus der politischen Sphäre (in Zusammenhang mit der Entwicklung des konfessionellen Absolutismus) überkommene Verpflichtung zu bestimmten Verhaltensweisen und Meinungen in die kirchliche Eidpraxis Eingang fand. Es geht also um die Geschichte des neuen promissorischen Eides in der Ausführung der *professio fidei Tridentinae* – aber nicht allein dabei – bis zum Codex des Kanonischen Rechts aus dem Jahr 1917 und zu dem heute gültigen. Ich möchte noch einmal unterstreichen, welche radikale Veränderung diese Innovation in der Kirche bewirkt, als man nicht mehr als einziges Glaubensbekenntnis vom Christen das Aufsagen des Credo verlangt und dazu übergeht, ihn in der Eidpraxis ähnlich wie einen Häresieverdächtigen im Mittelalter oder einen unmündigen Untertan zu behandeln. Dieses Problem betrifft zwar nicht direkt das Thema der politischen Theologie, ich meine jedoch, daß man sich damit beschäftigen muß, weil sich im Gefolge dieser Entwicklung in der Kirche ein Mechanismus etabliert hat, der in Parallele zum Mechanismus der Ausübung der Macht im neuzeitlichen Staat zu setzen ist. In den Jahrhunderten nach dem Verlust der sakramentalen Kontrolle über den Zivileid entwickelt sich in der Kirche eine Art Konkurrenzmodell, wobei alle Eide des Garantie- und Vertrags-Typus (wie die eidlich beschworenen päpstlichen und bischöflichen Wahlkapitulationen) eliminiert werden, während – neben dem Prozeß- oder Zeugeneid, der in der kirchlichen ebenso wie in der staatlichen Gerichtsbarkeit weiterhin seinen Platz hat – nur der Gehorsamseid gegenüber der Hierarchie erhalten bleibt, der nicht nur den Episkopat umfaßt, sondern auch auf immer weitere Kategorien ausgedehnt wird und allmählich auch die vom kirchlichen Lehramt ausgearbeiteten Definitionen miteinbezieht. Mittels des Eides und durch die Aufhebung der traditionellen Unterscheidung zwischen Gelübde und Schwur errichtet man ein hierarchisches Kontrollsystem, in dem die Ausübung der Macht innerhalb der Kirche den Aspekt eines Herrscher-Untertan-Verhältnisses annimmt.

Dieser Prozeß erreicht offenbar seinen Höhepunkt in dem antimodernistischen Eid, den Pius X. (*motu proprio Sacrorum antistitum* vom 1. September 1910) verlangt. Die allgemeinen Vorschriften über den Eid cc. 1316–1327 des Codex von 1917 werden durch die Vorschriften cc. 1406–1408 näher definiert, welche die *professio fidei* und die Personenkategorien festlegen, die sie ablegen müssen. Diese Vorschriften scheinen im wesentlichen in dem neuen Codex von 1983 cc. 1199–1201 und c. 833 wiederaufgenommen zu sein. Es ist interessant zu beobachten, daß nur für die künftigen Bischöfe in beiden Codices ausdrücklich die *professio fidei* und das *iusiurandum fidelitatis* gegenüber dem Heiligen Stuhl vorgeschrieben sind, in der Formel, die vom apostolischen Stuhl approbiert und aus dem Mittelalter überkommen ist (c. 332 im Codex von 1917 und in fast identischen Ausdrücken im c. 380 des heutigen Codex).

Der interessante Punkt ist, daß ein Dekret der Glaubenskongregation, das am 1. März
1989 in Kraft getreten ist, auf alle Personenkategorien, die zur *professio fidei* verpflichtet sind (von den Teilnehmern an Konzilien und Synoden und deren Vorsitzenden bis
zu den Dozenten von Lehrfächern, die mit Glaubensdingen und Moral zu tun haben,
bis zu den Vorstehern religiöser Einrichtungen), auch die Verpflichtung zum *iusiurandum fidelitatis in suscipiendo officio nomine ecclesiae exercendo* im Sinne einer Vervoll-
ständigung der *professio fidei* ausdehnt. Ich glaube, es ist wichtig, die Aufmerksamkeit
auf diese Neuerung zu lenken, deren Bedeutung bis jetzt in der theologischen und kanonistischen Forschung anscheinend nicht genug beachtet wurde. Ich bin der Meinung, daß die römische Kirche sich in ihrer Eidpraxis völlig an den Amtseid angepaßt
hat, der vom modernen Staat entwickelt wurde (gerade während dieser anscheinend
definitiv in eine Krise gerät). Dabei ergeben sich nicht gering zu erachtende Konsequenzen für den Status des Christen durch die Unterscheidung zwischen denjenigen,
die den Treueid leisten müssen (nicht mehr allein die Bischöfe, sondern verschiedene
Kategorien von Gläubigen) und denen, die nicht dazu verpflichtet sind. Vor allem im
Hinblick auf den Status des Theologen, der in diesen Tagen so stark diskutiert wird,
scheint diese Hinzufügung des Treueides eine Umwälzung der tausendjährigen kirchlichen Tradition zu bedeuten, indem sie aus ihm eine Art Beamten und berufsmäßi-
gen Glaubensverkünder macht.


## VIII.

Zusammenfassend läßt sich wohl dies sagen: Durch den Niedergang des politischen
Eides stellt sich zwangsläufig auch das Problem des Verhältnisses von Christentum
und Politik in der heutigen Zeit. Bereits vor mehr als hundertfünfzig Jahren schrieb
Antonio Rosmini in seiner Analyse der Rolle des Eides in der Geschichte der abendländischen Kultur: „Im wesentlichen war die pagane oder, wenn man so will, die natürliche Monarchie absolut; erst das Christentum ließ sie konstitutionell werden."[24]
    Auf den ersten Blick könnte diese Behauptung simplifizierend wirken. Sie kann
und muß jedoch im Lichte der heutigen Problematik gesehen werden: Kann es ohne
Eid eine politische Identität geben, die nicht auf dem immanenten „Terror", von dem
Sartre spricht, oder der „Freund-Feind-Theorie" Carl Schmitts beruht? Kann die Freiheit, wie sie sich in der abendländischen Kultur ausgebildet hat, ohne einen Neuan-
satz des christlichen Dualismus in einem neugestalteten Verhältnis von Kirche und
Macht überhaupt weiterbestehen?
    Welche Konsequenzen hat besagtes neues Verhältnis innerhalb der Kirche und in
der politischen Theologie? Was bedeutet in dieser historischen Situation das Wiederaufleben von Fundamentalismen, die das Sakrale und die Macht „kurzschließen" wollen und damit anscheinend das Mysterium des sakralen Bundes zwischen dem Sicht-
baren und dem Unsichtbaren verleugnen?

---

[24] *Antonio Rosmini,* Le cinque piaghe della Chiesa (Milano 1943) 187.

Unter dem Eindruck der furchtbaren Abirrungen der modernen Machtapparate schrieb Romano Guardini: „Der Staat bedarf zum Beispiel des Eides. Er ist die verbindlichste Form, in welcher der Mensch eine Aussage macht oder sich zu einem Tun verpflichtet. Das geschieht, indem der Schwörende seine Erklärung ausdrücklich und feierlich auf Gott bezieht. Wenn aber – wohin die neuzeitliche Tendenz ja doch geht – der Eid diese Beziehung auf Gott nicht mehr erhält? Dann bedeutet er nur noch die Erklärung des Schwörenden, er nehme zur Kenntnis, daß er mit Zuchthaus bestraft werde, wenn er die Wahrheit nicht sage – eine Formel, die nur noch wenig Sinn und sicher keine Wirkung mehr hat. Jedes Seiende ist mehr als es selbst. Jedes Geschehnis bedeutet mehr als seinen direkten Vollzug. Alles bezieht sich auf etwas, das über oder hinter ihm liegt."[25]

Zur gleichen Zeit entwickelte auf der anderen Seite Jean Paul Sartre eine Theorie des „Terrors, des Schreckens", der dem Eid innewohnt und notwendig ist, um die soziale Gruppe zu stabilisieren, aber keiner äußeren und transzendenten Macht bedarf. „Unter diesem Gesichtspunkt besagt es wenig, ob der Eid als materielle Operation ein transzendentes Wesen ins Spiel bringt (das Kreuz, die Bibel, Gott selbst) oder ob er in der gemeinsamen Immanenz bleibt. In jedem Fall ist nämlich die Transzendenz in der vereidigten Gruppe als absolutes Recht aller auf jeden gegenwärtig … Deshalb fügen Gott oder das Kreuz diesem Merkmal nichts hinzu, das, wenn man will, zum erstenmal ein Setzen des Menschen als absolute Macht des Menschen über den Menschen in Wechselseitigkeit ist. Umgekehrt aber, wenn der Eid in einer grundlegend religiösen Gesellschaft sich unter den Augen Gottes vollzieht und göttliche Züchtigungen (Verdammung usw.) für denjenigen verlangt, der ihn verletzt, so ist diese Verpflichtung gegenüber Gott nur ein Ersatz für die immanente Integrierung. Gott macht sich zum Scharfrichter der Gruppe, er ist, wenn man will, der Vertreter des Henkers."[26]

Ich glaube, daß bei einer Reflexion über unsere Zukunft die politische Theologie nicht auf die Ebene der Analogie beschränkt werden darf. Man muß dieses schwierige Verhältnis von Sichtbarem und Unsichtbarem, das sich in der Institution der Kirche verkörpert, als historischen Faktor zur Kenntnis nehmen. Dieses Verhältnis hat verschiedene Phasen durchlaufen, wie wir in Umrissen zu zeigen versucht haben. Nun gilt es, die neuen Formen zu begreifen, in denen der vom Christentum eingeführte, fundamentale Dualismus sich in naher Zukunft als fruchtbar erweisen kann: allerdings weder in nostalgischer Sehnsucht nach einer „christlichen Welt" – wie sie im übrigen nie in dieser Form bestanden hat – noch in der „immanenten Integrierung", die den Alpdruck unserer Gegenwart darstellt.

\* \* \*

[25] *Romano Guardini,* Das Ende der Neuzeit. Ein Versuch zur Orientierung (Würzburg ⁷1950) 103.
[26] *Jean Paul Sartre,* Kritik der dialektischen Vernunft. 1. Bd.: Theorie der gesellschaftlichen Praxis. Deutsch von *Traugott König* (Reinbek bei Hamburg 1967) 460.

Ernst Friesenhahn schloß 1980 seinen letzten Beitrag „Zur Problematik des politischen Eides"[27], indem er an die Worte Siegfrieds aus dem Nibelungenlied „Wo bleibt
nun der Eid?" in der von Grimm gebrauchten mittelhochdeutschen Fassung *War sind
die eide chomen?* erinnerte. Ich möchte diesen Pluralbegriff „die Eide" ebenfalls hervor-
heben, aber ihn unter einem anderen Aspekt sehen. Trifft es zu, daß das Institut des
Eides keine starre Einrichtung ist, sondern in der abendländischen Verfassungsgeschichte in seiner Funktion als Knotenpunkt des Verhältnisses von Politik und Sa-
kralsphäre verschiedene Formen angenommen hat, trifft es ferner zu, daß dieses Institut trotz der Versuche, theokratischen oder politisch-autokratischen, transzendentali-
stischen oder immanentistischen Einflüssen nachzugeben, im Abendland einem Dualismus die Bahn bereitet hat und daher zur Entsakralisierung der Politik, zur Modernisierung und damit zur Demokratie beigetragen hat, so muß sich uns nun die Frage
stellen „Wo bleibt nun die Politik?" Da das zentrale Problem der Politik die Macht ist
und der Gedanke, die Politik an den Rand drängen zu können, als handle es sich dabei bloß um eine Art Hausordnung, eine Illusion bleibt, müssen wir versuchen, uns
darüber klar zu werden, ob und in welchen neuen Formen der Eid in Zukunft dazu
dienen kann, einerseits einer nostalgischen Sehnsucht nach einer „christlichen" Vergangenheit, die es so nie gegeben hat, und andererseits der „immanenten Integrierung" zu entkommen, von der Sartre spricht, einer Integrierung, die in Europa die Generation vor uns verwirrt hat und nun, unter dem Druck neuer Fundamentalismen,
Gefahr läuft, das Ende der Kultur und der Verfassung des Abendlandes, und damit
seiner innersten Seele, herbeizuführen.

In den Erörterungen der politischen Krise des Abendlandes, die in den letzten
Jahrzehnten angestellt wurden, läßt sich bekanntlich ein Wiederaufleben der Theorien
über den Gesellschaftsvertrag beobachten; aber weder die Theoretiker, wie John
Rawls, noch die Historiker, die sich mit dem Kontraktualismus der Neuzeit befassen,
haben die Dynamik des Eides und seine Wandlung thematisiert. Ist der Treueid des
„vertikalen" Typus (gegenüber dem Monarchen, auf die Verfassung, den Staat usw.)
völlig säkularisierbar und auf eine feierliche persönliche Verpflichtung (auf die Ehre,
auf das Gewissen usw.) reduzierbar, denn das höhere Element, auf das er sich beruft,
kann mit dem absoluten Recht oder mit der politischen Gewalt zusammenfallen, so
wird der „horizontale" Eid hingegen, der Vertrag zwischen Einzelpersonen bzw. zwischen Gruppen, stets eines Garanten bedürfen, der außerhalb der politischen Gewalt
steht; er muß sich auf etwas Metapolitisches berufen können, auf etwas, das außerhalb
des individuellen Gewissens liegt. Mit anderen Worten: Sollten die Mechanismen im
demokratischen System ausreichen, die Rechte des einzelnen gegenüber der Kollekti-
vität zu garantieren, dann ist der Eid nutzlos geworden und hat sich überlebt – auch
wenn noch rudimentär Spuren von ihm erhalten bleiben –, nehmen wir aber an, daß
es zu Konflikten mit der politischen Macht kommen kann (wie die jüngste Vergangenheit auf tragische Weise gezeigt hat), dann kann nicht einzig und allein die Berufung auf das individuelle Gewissen und die Ehre besagte Garantie übernehmen. Unser
Thema berührt hier das umfassendere Problem der Säkularisierung, mit dem es, wie

---

[27] Zeitschrift für Schweizerisches Recht N. F. 99 (1980) 1–29.

wir gesehen haben, in enger historischer Verbindung steht. Wenn es richtig ist, daß die Entsakralisierung der Politik ein Produkt des abendländischen Christentums ist, so bedeutet das Prinzip der doppelten Zugehörigkeit, das Prinzip der zwei Ordnungen, unsere Tragödie, aber vielleicht auch unsere Rettung.

# Verzeichnis der Tagungsteilnehmer

Prof. Dr. Heinz Angermeier, Regensburg
Prof. Dr. Hans-Jürgen Becker, Regensburg
Prof. Dr. Antony Black, Dundee
Prof. Dr. Dr. Ernst-Wolfgang Böckenförde, Karlsruhe
Prof. Dr. Harald Dickerhof, Eichstätt
Prof. Dr. Gerhard Dilcher, Frankfurt/Main
Prof. Dr. Reinhard Elze, München
Prof. Dr. Martin Heckel, Tübingen
Dr. André Holenstein, Bern
Prof. Dr. Ronnie Po-chia-Hsia, New York
Prof. Dr. Peter Johanek, Münster
Prof. Dr. Robert M. Kingdon, Madison/Wisc.
Prof. Dr. Helmut G. Koenigsberger, London
Priv.-Doz. Dr. Lothar Kolmer, Regensburg
Prof. Dr. Hans Maier, München
Prof. Dr. Aldo Mazzacane, Rom
Prof. Dr. Jürgen Miethke, Heidelberg
Dr. Elisabeth Müller-Luckner, München (Historisches Kolleg)
Prof. Dr. Otto Gerhard Oexle, Göttingen
Prof. Dr. Paolo Prodi, Bologna (Stipendiat des Historischen Kollegs (1990/91)
Prof. Dr. Adriano Prosperi, Pisa
Prof. Dr. Diego Quaglioni, Trento
Prof. Dr. Konrad Repgen, Bonn
Prof. Dr. Mario Sbriccoli, Macerata
Prof. Dr. Gottfried Seebass, Heidelberg
Prof. Dr. Meinrad Schaab, Stuttgart
Prof. Dr. Pierangelo Schiera, Trento
Prof. Dr. Heinz Schilling, Gießen
Prof. Dr. Reinhard Schwarz, München
Prof. Dr. Tilman Struve, Wuppertal
Prof. Dr. Eberhard Weis, München

## Hans-Jürgen Becker

# Pacta conventa (Wahlkapitulationen) in den weltlichen und geistlichen Staaten Europas

Der Dualismus von Herrscher und Ständen, der die europäische Verfassungsgeschichte so nachhaltig geprägt hat, fand in den Wahlmonarchien eine spezifische Ausprägung. Anders als in der Erbmonarchie bildete hier der Tod des Regenten nicht nur eine Zäsur in der Herrschaft, sondern er erzwang ein mehr oder weniger langes Interregnum. Diese Unterbrechung der Herrschaftsausübung führte regelmäßig zu kritischen Situationen in der politischen Realität. Zugleich aber brachte diese gefahrvolle Situation für die politische Theorie die Chance, schon sehr früh transpersonale Staatsvorstellungen zu entwickeln. Das Bild vom Staatsschiff, das Konrad II. den Pavesen nach der Zerstörung der Königspfalz entgegenhielt, ist ein guter Beleg dafür: „Si rex periit, regnum remansit, sicut navis remanet, cuius gubernator cadit."[1]

Sobald sich der Wahlkörper stabilisiert und nach außen abgeschlossen hatte, lag es nahe, daß sich die Mitglieder des Wahlgremiums als homogene Gruppe verstanden. Die Körperschaft der Wähler hatte das Privileg, dem regierenden Monarchen *consilio et consensu* zur Seite zu stehen. Im Interregnum wuchs die Macht dieses Wahlkörpers deutlich an, da er versuchte, als Stellvertreter des fehlenden „gubernator" aufzutreten, und sich außerdem bemühte, schon beim Wahlgeschäft die politische Zukunft mitzugestalten. Das Mittel, mit dem man auf den künftigen Regenten Einfluß auszuüben sich bemühte, waren *pacta iurata*, also beschworene Vertragsurkunden. Im folgenden kann es nicht darum gehen, die komplizierte Entstehungsgeschichte und den vielfältigen Inhalt der Wahlkapitulationen zu erörtern. Vielmehr soll gezeigt werden, mit welchen Mitteln man es erreichte, den Wahlkörper über den Anlaß des eigentlichen Wahlaktes hinaus zu einer politischen Körperschaft zusammenzuschließen, und wie man ferner versuchte, den Elekten in den erzielten Konsens einzubinden. Dabei wird es zweckmäßig sein, die drei wichtigsten Erscheinungsformen der *pacta conventa* zu unterscheiden, nämlich die fürstlichen, die bischöflichen und die päpstlichen Wahlkapitulationen.

Im weltlichen Bereich begegnen wir bereits in fränkischer Zeit Wahlzusagen und Wahlversprechungen, in denen der Wahlkandidat einzelnen Wählern oder Wählergruppen Vorteile für den Fall seiner Wahl zusagt. Hierbei handelt es sich jedoch nicht um jene Rechtstexte, die hier im Vordergrund stehen sollen. Zur Unterscheidung der

---

[1] Das Zitat aus den „Wiponis Gesta Chuonradi II. imperatoris" nach *Karl Kroeschell*, Deutsche Rechtsgeschichte, Bd. 1 (bis 1250) (Reinbek 1972) Nr. 38, 148.

Wahlkapitulationen von bloßen Wahlversprechungen wird man folgende drei Kriterien beachten müssen[2]: Zunächst kommt es auf den materiellen Gehalt solcher Zusagen an, die sich zwar an die einzelnen Wähler richten, sich aber nicht auf die Begün-
stigung für den einzelnen Wähler beschränken, sondern darüber hinausgehen. Es geht
in den Wahlkapitulationen also nicht darum, Absprachen über den Kandidaten zu
treffen. Es geht auch nicht darum, durch die Gewährung von Vorteilen die Stimme eines einzelnen Wählers zu gewinnen. Vielmehr handelt es sich bei den *pacta conventa*
um Zusagen des künftigen Herrschers im Hinblick auf die Ausübung der Herrschaft.
Ferner ist auf den Kreis der Versprechensempfänger zu achten. Sie verstehen sich als
eine Gruppe, die die Anliegen des Regnums vertritt und die die verfassungsrechtliche
Stellung des Regenten in den Blickpunkt stellt. Man kann sagen, daß ein verfassungs-
rechtliches Sachprogramm angestrebt wird. Und schließlich ist für die Wahlkapitulation die Form der Zusage durch Erstellung einer Urkunde und durch förmliche Bestätigung typisch.

Diese Kriterien erfüllt im Bereich des Heiligen Römischen Reiches zum ersten Mal
die Wahlkapitulation Karls V. von 1519[3]. Zeitlich an der Spitze liegen die *promissio-
nes,* die der Doge in Venedig seit 1192 abgeben mußte[4]. In Ungarn spricht man bereits
von 1387 an[5], in Polen seit 1573 von Wahlkapitulationen der Könige. Auch Däne-
mark, Schweden und Böhmen zählen zu jenen Monarchien, deren Verfassungen
durch *pacta conventa* ausgestaltet wurden.

Im kirchlichen Bereich setzen die Wahlkapitulationen im 13. Jahrhundert ein. Im
12. Jahrhundert wurde der Kreis der Wähler bei der Bischofswahl auf das Domkapitel
beschränkt[6]. Im folgenden Jahrhundert begegnen wir sodann an vielen Bischofssitzen
des Reiches den ersten Wahlkapitulationen[7]. Der Kreis der Domkapitel, die Wahlkapitulationen aufstellen, wächst im 14. und 15. Jahrhundert an. Auch nach der tridentinischen Reform blüht das bischöfliche Wahlkapitulationswesen weiter, um erst im
18. Jahrhundert nach und nach an Bedeutung zu verlieren.

[2] *Gerd Kleinheyer,* Die kaiserlichen Wahlkapitulationen. Geschichte, Wesen und Funktion (Studien und Quellen zur Geschichte des deutschen Verfassungsrechts A 1, Karlsruhe 1968) 20.
[3] *Otto Waltz,* Die Wahlverschreibung Karls des Fünften in ihrer Genesis (Forschungen zur
Deutschen Geschichte 10/2, Göttingen 1870); *Fritz Hartung,* Die Wahlkapitulationen der deutschen Kaiser und Könige, in: HZ 107 (1911) 306–344, insbes. 321 ff.; *Kleinheyer,* (wie Anm. 2)
45 ff.
[4] *Eugenio Musatti,* Storia della promissione ducale (Padua 1888).
[5] *András Kubinyi,* Die Wahlkapitulationen Wladislaws II. in Ungarn (1490), in: *Rudolf Vierhaus*
(Hrsg.), Herrschaftsverträge, Wahlkapitulationen, Fundamentalgesetze (Veröffentlichungen des
Max-Planck-Instituts für Geschichte 36, Göttingen 1977) 140–162.
[6] *Klaus Ganzer,* Zur Beschränkung der Bischofswahl auf die Domkapitel in Theorie und Praxis
des 12. und 13. Jahrhunderts, in: Zs. der Savigny-Stiftung, Kanonistische Abteilung 88 (1971)
22–82 und 89 (1972) 166–197; *Hans-Jürgen Becker,* Senatus episcopi: Die rechtliche Stellung der
Domkapitel in Geschichte und Gegenwart, in: Jahres- und Tagungsberichte der Görres-Gesell-
schaft (1989) 33–54.
[7] *Josef Oswald,* Das alte Passauer Domkapitel: Seine Entwicklung bis zum 13. Jahrhundert und
sein Wahlkapitulationswesen (München 1933) 97 ff.; *Reinhard Rudolf Heinisch,* Die bischöflichen Wahlkapitulationen im Erzstift Salzburg 1514–1688 (Wien 1977); *Konstantin Maier,* Das
Domkapitel von Konstanz und seine Wahlkapitulationen (Stuttgart 1990).

Die päpstlichen Wahlkapitulationen schließlich setzen im Jahre 1352 ein[8]. Nach einer Unterbrechung werden 1431 und jedenfalls wieder 1458 Wahlkapitulationen im Konklave anläßlich der Papstwahl errichtet. Seitdem gehört die Errichtung von *pacta conventa* zum regelmäßigen Programm einer Papstwahl, bis der Brauch an der Wende vom 17. zum 18. Jahrhundert zu Ende geht.

So unterschiedlich der Inhalt und die Zielsetzung dieser drei Gattungen von Wahlkapitulationen ist, die Grundlage für ihre Geltungskraft ist allein der Eid des Elekten. Gemeint ist der Eid auf die *pacta conventa,* der diesen den verfassungsrechtlichen Rang gibt. Der Herrschereid steht jedoch nicht isoliert da, sondern stellt den Endpunkt von verschiedenen Eidstufen dar, deren Verflechtung die Bindungswirkung der *pacta iurata* verstärkt. Wenden wir uns nun diesen drei Ebenen zu, dem Herrschereid, der Verschwörung des Wahlkörpers und dem eigentlichen Kapitulationsschwur.

I. Die älteste und dauerhafteste Stufe ist der Herrschereid. *Professio* und *promissio* des weltlichen Regenten sind bereits bei den Karolingern in Übung[9]. In späterer Zeit, als der Krönungseid zu einem stets wiederkehrenden Teil des Ordo der Königsweihe geworden war[10], hat sich der Inhalt des Herrschereides sicher gewandelt. Die allgemeine Verpflichtung zur getreuen Amtsführung wird beispielsweise mit dem Versprechen ergänzt, das Reichsgut zu erhalten und, falls es verlorengegangen sein sollte, zurückzugewinnen. Doch nimmt der Krönungseid niemals den Charakter einer Wahlkapitulation an. Das gleiche gilt für jenen Eid, den der Kaiser anläßlich seiner Krönung ablegte. Nach den Ordines der Kaiserkrönung kann man idealtypisch Sicherheits-, Schutz- und Römereid des Kaisers unterscheiden, wobei davon auszugehen ist, daß die Inhalte des Eides bei jeder Kaiserkrönung modifiziert und aktualisiert worden sind[11]. Wie der Königseid blieb jedoch auch der kaiserliche Eid im Allgemeinen und enthielt kein konkretes Verfassungsprogramm. Bezeichnenderweise blieb der Herrschereid anläßlich der Krönung auch dann noch bestehen, als der Eid auf die Wahlkapitulationen zur ständigen Übung geworden war.

Beim Bischofseid liegen die Dinge sehr ähnlich. Auch hier ist es so, daß eine *professio* des Bischofs anläßlich seiner Weihe zu einer Zeit bereits in Übung ist, die lange

---

[8] Vgl. vorläufig *Jean Lulvès,* Päpstliche Wahlkapitulationen. Ein Beitrag zur Entwicklungsgeschichte des Kardinalats, (Quellen und Forschungen aus italienischen Archiven und Bibliotheken 12, 1909) 212–235; *Hans-Jürgen Becker,* Primat und Kardinalat. Die Einbindung der plenitudo potestatis in den päpstlichen Wahlkapitulationen, in: Akten des 26. Deutschen Rechtshistorikertages 1986 (Frankfurt a.M. 1987) 109–127.

[9] *Hans Schreuer,* Die rechtlichen Grundgedanken der französischen Königskrönung. Mit besonderer Rücksicht auf die deutschen Verhältnisse (Weimar 1911) 43 ff.; *Siegfried Haider,* Die Wahlversprechungen der römisch-deutschen Könige bis zum Ende des 12. Jahrhunderts (Wien 1968). Inwieweit der fränkische Herrschereid auf antike Vorbilder zurückgeht, bedarf noch der Untersuchung. Zum Treueid der römischen Herrscher vgl. *Peter Herrmann,* Der römische Herrschereid. Untersuchungen zu seiner Herkunft und Entwicklung (Göttingen 1968).

[10] *Percy Ernst Schramm,* Die Krönung in Deutschland bis zum Beginn des Salischen Hauses (1028), in: Zs. der Savigny-Stiftung, Kanonistische Abteilung 24 (1935) 184–332, insbes. 240 ff.; *Kleinheyer,* (wie Anm. 2) 21 ff.

[11] *Reinhard Elze,* Die Ordines für die Weihe und Krönung des Kaisers und der Kaiserin (Fontes iuris Germanici antiqui IX, Hannover 1960) XXXII ff.; *Lothar Kolmer,* Promissorische Eide im Mittelalter (Kallmünz 1989) 306 ff.

vor dem Auftauchen der ersten Wahlkapitulationen liegt[12]. Von Form und Inhalt her ist der Bischofseid von den *pacta conventa* weit entfernt.

Auch die *professio fidei* des Papstes darf nicht mit einem Eid auf die Wahlkapitulation verwechselt werden. Seit Papst Leo II. pflegen die Päpste beim Antritt ihres Amtes einen Eid abzulegen, der in der Formelsammlung des *Liber diurnus* überliefert ist. Zu Unrecht hat man den Ursprung der päpstlichen Wahlkapitulation mit einer *professio fidei* Papst Bonifaz' VIII. in Verbindung gebracht, bei der es sich vermutlich um eine Fälschung aus der Zeit zu Beginn des 15. Jahrhunderts handelt[13]. Immerhin hat das Basler Konzil den Versuch unternommen, die *professio fidei* des Papstes mit dem Inhalt einer Wahlkapitulation in Verbindung zu bringen. Das Reformdekret vom 26. März 1436[14] übernahm nicht nur einen Teil der programmatischen Forderungen der Wahlkapitulation Eugens IV. von 1431, sondern ordnete im Hinblick auf künftige Papstwahlen an, daß der Nachfolger Petri vor seinem Amtsantritt zusammen mit der *professio fidei* das Versprechen abgeben müsse, für den Schutz des Glaubens, die Abwehr von Häresien, die Reform der Sitten und die Sicherung des Friedens einzutreten. Auch sollte der Elekt auf die Einhaltung der Basler Dekrete über die Einberufung künftiger Generalkonzilien und über die Konfirmation von gewählten Bischöfen vereidigt werden. Dieses Versprechen sollte nach den Vorstellungen der Basler Konzilsväter Jahr für Jahr dem Papst in Erinnerung gerufen werden. Den Kardinälen wurde die Aufgabe übertragen, mit der nötigen Reverenz die Einhaltung der *professio* zu kontrollieren und nötigenfalls anzumahnen. Falls dieser Plan zur Ausweitung der *professio fidei* Erfolg gehabt hätte, so wäre vermutlich der Charakter der päpstlichen Wahlkapitulationen verändert worden. Doch sind bekanntlich die Reformanstrengungen der Basler Konzilsväter vergeblich geblieben, so daß auch beim Papst die *professio fidei* als Form eines Herrschereides und der Eid auf die Wahlkapitulation unterschiedliche Wege gingen.

II. An zweiter Stelle ist die Errichtung der Wahlkapitulation und ihre Befestigung durch den Eid des Wahlkörpers anzusprechen. Innerhalb der Wahlverfahren hat die Errichtung der Kapitulation stets einen breiten Raum eingenommen. Noch bevor die Person des Kandidaten zum Thema der Aussprache gemacht wurde, galt es, den Wahlkörper zu einen und – unter Berücksichtigung der gemachten Erfahrungen in der vergangenen Herrschaftsperiode – den verfassungsrechtlichen Rahmen für die Zukunft ins Auge zu fassen. Bei den kaiserlichen Wahlkapitulationen entwickelte sich auf der Grundlage der Vorgänge im Jahre 1519 ein Verfahren, das mit geringfügigen Ergänzungen bis zum Ende des Reiches praktiziert wurde[15]. Punkt für Punkt wurde der Text, der in der Regel auf dem vorherigen *pactum* aufbaute, besprochen und abgestimmt. Den Abschluß bildete der Eid des Wahlkörpers auf die Übereinkunft: Jeder Wähler gelobte, daß er für den Fall seiner Erwählung zum König bzw. Kaiser die Ka-

---

[12] *Theodor Gottlob*, Der kirchliche Amtseid der Bischöfe (Kanonistische Studien und Texte 9, Stuttgart 1936, Nachdr. Amsterdam 1963).

[13] *Jean Lulvès*, Die Entstehung der angeblichen „professio fidei" Papst Bonifaz VIII., in: Mitt. des Instituts f. Österreichische Geschichtsforschung 31 (1910) 375–391.

[14] Dekret „Quoniam salus", Conciliorum oecumenicorum decreta (³1973) 494 ff.

[15] *Kleinheyer*, (wie Anm. 2) 7.

pitulation nach der Wahl erneut eidlich beschwören und in allen Punkten vollziehen
wolle. Dieser erste, von allen Kurfürsten geleistete Eid darf nicht mit dem allgemeinen Wahleid verwechselt werden, der nach der Goldenen Bulle von 1356 zu Beginn
des Wahlverfahrens – nämlich am Schluß der Messe zum Heiligen Geist – abzulegen
war und der nur die Einhaltung der Wahlregeln zum Inhalt hatte[16].

Die *confoederatio*, die mit dem Eid der Kurfürsten auf die Wahlkapitulation entstand, findet ihr Vorbild in den bischöflichen *pacta conventa*[17]. Die eidliche Einung
(*unio*) der wahlberechtigten Domkapitulare, worin sich jeder für den Fall seiner Wahl
zur Einhaltung der beschworenen Punkte verpflichtete, findet sich z.B. in Eichstätt
schon 1259, in Trier 1286. Auch im päpstlichen Konklave ist dieses Verfahren eingehalten worden. Jeder Kardinal bekräftigte mit seiner Unterschrift und einem promissorischen Eid, daß er die *capitula* im Falle seiner Erwählung zum Papst einhalten
werde. Die Schwurvereinigung der Wähler, seien es Kurfürsten, Domkapitulare oder
Kardinäle, hatte naturgemäß das Ziel, den künftigen Regenten bereits vor seinem
Amtsantritt in die *confoederatio* einzubinden. Zugleich aber wurde auch der Wahlkörper in die angestrebte Verfassung eingebunden und so zu einer Übereinstimmung in
grundlegenden Fragen der Regierung gebracht.

III. Auf dritter und entscheidender Stufe findet sich der Eid des Elekten auf die
Wahlkapitulation. Im weltlichen Bereich wurde der Eid regelmäßig vor der Krönung
abgelegt. Auch Karl V. mußte sich diesem Zeremoniell unterziehen[18], obgleich seine
Gesandten bereits wenige Tage nach seiner Erwählung am 3. Juli 1519 diesen Eid *in
anima*, d.h. stellvertretend für ihn, geleistet hatten. Am Vorabend seiner Krönung be-
schwor der Elekt am 22. September 1520 in Aachen in eigener Person die im vergangenen Jahr errichtete Wahlkapitulation. Dieses Verfahren der Beeidigung der *pacta
conventa* wurde bis zum Ende des Reiches genau eingehalten. Die von ihm beschworene Kapitulation bestätigte der Gewählte seinen Wählern urkundlich, wobei jedem
einzelnen Kurfürsten eine eigene Ausfertigung übergeben wurde.

Bei den bischöflichen Wahlkapitulationen ist zur Verbindlichkeit gleichfalls der Eid
des Gewählten erforderlich. Nachdem die *litera unionis* der Domkapitulare errichtet
worden war, wurde sie auch dann, wenn der Erwählte den Eid bereits als Mitglied des
Wahlkörpers geleistet hatte, vom Bischof ein weiteres Mal beschworen. Besonders
weitgehend ist diese Prozedur in der Passauer Wahlkapitulation von 1451 ausgestaltet:
Der Elekt hatte das *pactum* nicht nur zweimal – wie sonst üblich – zu beschwören,
sondern sogar dreimal: Der zweite Eid war 15 Tage nach der Wahl, der dritte nach er-
langter päpstlicher Konfirmation zu leisten[19].

Auch die päpstliche Wahlkapitulation erhielt ihre Geltungskraft erst durch die Eid-
leistung des gewählten Papstes. Dies erkennen die Texte der *capitula iurata* auch an,
da die Kardinäle denjenigen aus ihrer Mitte, der gewählt werden würde, in der Kapi-

[16] Goldene Bulle II.2, Quellen zur Verfassungsgeschichte des römisch-deutschen Reiches im
Spätmittelalter (1250–1500) hrsg. v. *Lorenz Weinrich* (Darmstadt 1983) 334.
[17] *Hans Erich Feine*, Die Besetzung der Reichsbistümer (Kirchenrechtliche Abhandlungen 97/
98, Stuttgart 1921, Nachdr. Amsterdam 1964) 335 ff.; *Kleinheyer*, (wie Anm. 2) 52 ff.
[18] *Waltz*, (wie Anm. 3) 233; *Kleinheyer*, (wie Anm. 2) 11.
[19] *Oswald*, (wie Anm. 7) 125.

tulation verpflichten, noch vor Verkündung seiner Wahl den Text erneut zu beeiden und zu unterzeichnen[20]. Über diese Vorgänge sollten Notariatsinstrumente errichtet werden. Innerhalb einer bestimmten Frist sollte der Pontifex eine Bulle mit dem Inhalt der Wahlkapitulation erlassen, was in der Tat in einer Reihe von Fällen auch geschehen ist, so durch Eugen IV., Sixtus IV. und Pius IV.

Mit dem Eid des Amtsinhabers auf die seine Regierungszeit gestaltende Wahlkapitulation war die Grundlage für ihre Geltungskraft als Verfassungsgesetz gelegt. War damit aber zugleich ihre Verbindlichkeit – sei es in tatsächlicher, sei es in rechtlicher Hinsicht – gesichert? Daß die Frage, ob der Herrscher die *pacta conventa* einhalten werde, auch eine machtpolitische Seite hatte, war den Beteiligten klar. Die Sanktion bestand wesentlich im Eid und seiner heiligen Unverbrüchlichkeit. Auffallend ist jedoch, daß stets darüber hinaus versucht wurde, die Durchsetzung der Wahlkapitulation auch mit anderen Mitteln abzusichern. Im weltlichen Bereich enthielten alle kaiserlichen Wahlkapitulationen eine kassatorische Klausel, nach der eine Regierungsmaßnahme des Herrschers nichtig sein sollte, falls sie gegen eine Anordnung der Kapitulation verstoße[21]. Die Nichtigkeitserklärung der betreffenden Regierungshandlung wird verstanden als eine vom Kaiser selbst bereits in der Kapitulation im voraus verfügte Anordnung. Natürlich konnte diese Klausel nur dort greifen, wo es um konkrete Regierungshandlungen ging, auf deren Vornahme der Kaiser in der Kapitulation verzichtet hatte. Bloße Versprechen, bestimmte Maßnahmen durchführen zu wollen, konnten auf diese Weise nicht durchgesetzt werden.

Eine zusätzliche Möglichkeit, die Beachtung der Wahlkapitulation abzusichern, boten die Kurvereine[22]. Schon zwei Jahre nach Errichtung der ersten kaiserlichen Wahlkapitulation vereinigten sich 1521 die Kurfürsten zu einer *unio electorum,* die die Aufgabe hatte, auf die Einhaltung der Kapitulation in gleicher Weise wie auf die Beachtung der anderen Grundgesetze des Reiches zu achten. Auch die Kurvereine der späteren Zeit halten an diesem Ziel fest.

Im Bereich der bischöflichen Wahlkapitulationen hat man gleichfalls versucht, über die Sanktionskraft des Bischofseides hinaus weitere Sicherheiten zu erlangen. So haben viele Bischöfe eine Kaution stellen müssen[23]. Andere hatten Bürgen zu stellen, die sich selbstschuldnerisch für die Einhaltung der Kapitulationsartikel verpflichten mußten. Manche Kapitulationswerke sahen ein Recht des Kapitels vor, jährlich über die Einhaltung der Kapitulation Rechenschaft verlangen zu können. Besonders stark dürfte aber der Druck auf die Familie des Regenten gewesen sein, soweit sich das betreffende Kapitel standesmäßig abgeschlossen hatte. Ein Bischof, der ohne ausreichende Absicherung gewagt hätte, die Kapitulation beiseite zu schieben, hätte nämlich damit rechnen müssen, daß weitere Kandidaten aus der Familie bei späteren Bischofswahlen chancenlos geblieben wären.

[20] So z. B. bereits in der Wahlkapitulation für Papst Innozenz VI. von 1352, cap. 10.
[21] *Kleinheyer,* (wie Anm. 2) 112.
[22] *Kleinheyer,* (wie Anm. 2) 113 f.; *ders.,* Kurverein und Kurkolleg, in: Festschrift für Werner Flume zum 70. Geburtstag, hrsg. v. *H. H. Jacobs* u. a. (Köln 1978) 125–135; *Hans-Jürgen Becker,* Art. „Kurverein", in: Handwörterbuch zur deutschen Rechtsgeschichte, Bd. 2 (1978) 1310–1314.
[23] Beispiele für Sicherheiten bei *Oswald,* (wie Anm. 7) 125 und 157.

Die Absicherungen in den päpstlichen Wahlkapitulationen sind in vielen Einzelheiten sehr ähnlich. Vielfach wurde vorgesehen, daß der Text der *capitula iurata* wiederholt im Konsistorium verlesen und ihre Einhaltung überprüft werden sollte. 1523 gingen die Kardinäle sogar so weit, sich in der Kapitulation eine Ermächtigung zu erteilen, notfalls gegen den die Kapitulation mißachtenden Papst ein Konzil einzuberufen und das *bracchium saeculare* für Hilfeleistungen in Anspruch zu nehmen[24].

Was die rechtliche Verbindlichkeit einer Wahlkapitulation betrifft, so stellt sich die Frage, wie die *maiestas* eines Monarchen mit der Bindung an eine Kapitulation zu vereinbaren sei. Bekanntlich hatte Jean Bodin diese souveräne *maiestas* definiert als „summa in cives ac subditos legibusque soluta potestas"[25]. Da der Kaiser an Gesetze und Bedingungen wie die Wahlkapitulation gebunden war, schienen Zweifel an dessen *maiestas* angebracht. Hiergegen ist zunächst festzuhalten, daß im weltlichen wie im geistlichen Bereich die Wahlkapitulation nicht als Bedingung in dem Sinne verstanden werden darf, daß bei deren Nichteinhaltung der Regent seine Herrschergewalt eingebüßt hätte. Zum anderen ist zu beachten, daß die Wahlkapitulation ihre Verbindlichkeit nicht nur durch einen aufgelegten Eid allein erhielt. Vielmehr sind die oben aufgezeigten Eidstufen zu beachten. Der Kapitulationsinhalt wurde durch die vertragliche *confoederatio* oder *unio* festgelegt. Der künftige Regent war, soweit er – wie dies bei den Kurfürsten und Kardinälen regelmäßig der Fall war – dem Wahlkörper angehörte, an der Schwurvereinigung beteiligt. Allerdings bezog sich die Verpflichtung des Elekten zunächst nur darauf, nach seiner Erwählung die durch die Kapitulation angestrebte Bindung durch Eid zu begründen. Die Übernahme der Pflichten durch den Eid auf die Kapitulationsurkunde stellt sich somit als eine im Vertragswege begründete Selbstbindung des Herrschers dar.

Bezüglich der kaiserlichen Wahlkapitulationen hatten die Vertreter des *ius publicum* in der Regel auch keine Bedenken, sie als mit den Majestätsrechten vereinbar aufzufassen. Der Angriff Bodins wird in der Reichspublizistik wiederholt mit dem Hinweis abgewehrt, der Kaiser sei durch seinen Wahlkapitulationseid gebunden „non civili ratione, ut lege civili, sed ut conventione quaedam"[26]. – Bei der Frage der rechtlichen Verbindlichkeit der bischöflichen Wahlkapitulationen war die Situation insofern anders, als hier ein Gericht, nämlich der Papst, angerufen werden konnte, um nachprüfen zu lassen, ob durch die Wahlkapitulation das episkopale Amt in unzulässiger Weise eingeschränkt werde. Daß hier für die Durchsetzbarkeit der *pacta iurata* erhebliche Risiken lagen, zeigen die zahlreichen Fälle, in denen der Papst bischöfliche Wahlkapitulationen für unwirksam erklärte, zeigen aber auch jene anderen Fälle, in denen die Domkapitel in den Text der Wahlkapitulation die Verpflichtung des Elekten aufnahmen, niemals beim päpstlichen Stuhl um Dispens vom Wahleid nachzusuchen[27]. Der Unwille Roms über das Kapitulationswesen entlud sich unter Inno-

---

[24] Diese Bestimmungen sind in den „Capitula publica" in den Abschnitten 23–25 enthalten.
[25] Jean Bodin knüpft damit an ältere Lehren zur Souveränität an; vgl. *Walter Ullmann*, The Development of the Medieval Idea of Sovereignty, in: The English Historical Review 64 (1949) 1–33.
[26] Anton Coler, zitiert nach *Kleinheyer*, (wie Anm. 2) 103 Anm. 5.
[27] Vgl. *Oswald*, (wie Anm. 7) 125.

zenz XII. in der berühmten Konstitution „Ecclesiae catholicae" vom 22. September 1695, in der alle vor der Bischofswahl eingegangenen Kapitulationen verboten und für nichtig erklärt wurden[28]. Alle nach der Wahl erfolgten Absprachen sollten der vorherigen Prüfung und Bestätigung durch die Kurie unterworfen werden. Der Erfolg der „Innocentiana" blieb bekanntlich sehr gering. Noch im gesamten 18. Jahrhundert wurden bischöfliche Wahlkapitulationen aufgerichtet.

Bei den päpstlichen *capitula iurata* war die Frage, wann die Grenzen des Erlaubten überschritten seien, im Hinblick auf den Primat und die damit verbundene *plenitudo potestatis* besonders kritisch. Bereits der erste Papst, der eine Wahlkapitulation unterzeichnet hatte, holte sich nachträglich Rat bei den *iuris periti*, ob er sich aus seiner Bindung wieder lösen könne[29]. Während des Großen Schismas wurden diese Fragen im Hinblick auf die Verbindlichkeit jener beschworenen Wahlzusagen der Päpste beider Obedienzen diskutiert, gegebenenfalls im Interesse der Einheit der Kirche vom Amt zurückzutreten. Dutzende von Juristen haben sich um die Wende vom 14. zum 15. Jahrhundert mit dieser Problematik beschäftigt[30]. Faktisch hat sich, wie die Begründungen der Papstabsetzungen in Pisa und Konstanz zeigen, die Lehre von der Verbindlichkeit des Wahleides durchgesetzt. Der Streit um die Vereinbarkeit von Wahlkapitulationen mit der päpstlichen *plenitudo potestatis* ist immer wieder aufgelodert. Bedeutende Kanonisten haben die Bindung des Papstes geleugnet. Hier sind insbesondere Andrea de Barbatia[31] und Teodoro de'Lelli[32] zu nennen, die zu den juristischen Wegbereitern der verfestigten Papstmonarchie des 15. Jahrhunderts gehören. Eine vermittelnde Position, wie sie zum Beispiel von Domenico de'Domenichi und von Niccolo dei Tudeschi vertreten wurde, will die einzelnen Artikel der Kapitulation jeweils daraufhin überprüfen, ob sie in Anbetracht der päpstlichen Souveränität neutral oder ob sie „in praeiudicium dignitatis pontificalis" wirkten. Die Mehrzahl der Kanonisten, die sich zu diesem Problem geäußert haben, halten aber grundsätzlich die päpstlichen Wahlkapitulationen für gültig und verbindlich; genannt seien Bartholomeo da Saliceto, Philippo Decio und Domenico Jacobazzi.

Obgleich im 17. Jahrhundert die Zeit der päpstlichen Wahlkapitulationen zu Ende geht, häufen sich noch einmal die Stimmen, die nicht nur die Verbindlichkeit von päpstlichen Wahlkapitulationen bejahen, sondern ihren Wert für Erhaltung und Reform der Kirchenverfassung betonen. De Luca, einer der produktivsten Kanonisten des 17. Jahrhunderts, weist mit Recht darauf hin, daß man in der juristischen Erörterung berücksichtigen muß, daß ein Teil der Kapitulationsartikel auf den Kirchenstaat, ein anderer Teil auf die Verwaltung der Weltkirche bezogen ist. Gegen eine eidliche

---

[28] Bullarium Romanum (Taurinensis Editio), Bd. 20 (Turin 1870) Nr. CXVII, 716–721.
[29] Widerruf der Wahlkapitulation durch die Bulle „Sollicitudo pastoralis", hrsg. von *P. Gasnault* u. *M.-H. Laurent*, Innocent VI (1352–1362). Lettres secrètes et curiales, Bd. 1 (Paris 1960) Nr. 435, 137f.
[30] Vgl. insbesondere *Noël Valois*, La France et le Grand Schisme d'Occident, Bd. 3 (Paris 1901, Nachdr. Hildesheim 1967) 69ff.
[31] *Walter Ullmann*, The Legal Validity of the Papal Electoral Pacts, in: Ephemerides iuris canonici 12 (1956) 246–278.
[32] *Johann Baptist Sägmüller*, Ein Traktat des Bischofs von Feltre und Treviso. Teodoro de'Lelli über das Verhältnis von Primat und Kardinalat (Rom 1893) insbes. 163ff.

Selbstbindung bezüglich des *dominium temporale* gebe es jedenfalls keine kanonistischen Bedenken.

Die Epoche der herrscherlichen Wahlkapitulationen dauerte vom 13. bis zum Beginn des 19. Jahrhunderts. Kaiser und Könige, Päpste und Bischöfe regierten in dieser Zeit *consilio et consensu* der Mitglieder jenes Wahlkörpers, der sie gewählt hatte. Die *pacta conventa* stellen – sieht man von Wucherungen und Fehlentwicklungen ab – den Versuch dar, diese Formel *consilio et consensu* für einen Teilbereich mit realem Gewicht zu versehen und damit dem ständischen Interesse, aber darüber hinaus auch dem Interesse des gesamten Regnums zu dienen. In den Wahlkapitulationen geht es nicht um die Ableitung der Herrschaftsgewalt im Sinne der *Lex Regia* oder der Volkssouveränität. Es geht zunächst um die Einbindung der monarchischen Spitze, ohne das Fundament des monarchischen Prinzips in Frage zu stellen. Das Problem scheint so schwierig wie das der Quadratur des Kreises. Man hat das Problem zu lösen versucht, indem man die Einbindung des Herrschers durch ein gestuftes System von Eiden anstrebte, um damit eine auf Konsens beruhende vertragliche Einung herzustellen.

Noch mehr aber ging es den verschiedenen Wahlkörpern darum, die Position des jeweiligen Standes innerhalb des politischen Systems zu sichern und die bereits errungenen Privilegien auch für die Zukunft festzuschreiben. Die *pacta conventa* haben somit dazu beigetragen, die politische Situation der ständischen Gesellschaft zu stabilisieren. Insbesondere waren sie geeignet, die monarchische Spitze daran zu hindern, die Staatsgewalt in absoluter Form zu konzentrieren. Die Einbindung des Herrschers in ein gestuftes System von Eiden und seine Einbeziehung in eine auf Konsens beruhende vertragliche Einung erwies sich aber regelmäßig nicht – trotz der wiederholten Beteuerungen – als Element der Erneuerung. Durchgreifende reformerische Ansätze sind von den Wahlkörpern – jedenfalls in der Neuzeit – nicht ausgegangen. Das System der *pacta conventa* mußte sein Ende finden, sobald es dem Monarchen gelang, die Stände beiseite zu schieben und zur absoluten Herrschaft zu gelangen. Das Wahlkapitulationswesen mußte aber auch seine Existenzgrundlage einbüßen, sobald es durch gesellschaftliche Umbrüche möglich wurde, den Weg zu einer konstitutionellen Staatsverfassung zu eröffnen.

*Meinrad Schaab*

# Eide und andere Treuegelöbnisse in Territorien und Gemeinden Südwestdeutschlands zwischen Spätmittelalter und Dreißigjährigem Krieg

In den Ordnungen des Klosters Zwiefalten wird 1568 die Treue zum Eid für das Höchste und Ehrenvollste gehalten, das von einem Menschen gesagt werden kann. Doch soll man „solchen hochsten glauben in guetem bedacht und ehren haben und die ober- und unterambtleuth nit leichtlichen bei dem aid nit gebieten"[1]. Trotz dieser auch in anderem Zusammenhang und schon früher in Südwestdeutschland anzutreffenden Hochschätzung des Eides und dem Bestreben, ihn nicht durch zu häufigen Gebrauch abzuwerten, sind unsere territorialen und kommunalen Quellen voll von Eiden, welche die Untertanen und Gemeindeglieder bei allen möglichen Gelegenheiten, soweit es hier interessiert, hauptsächlich bei Eintritt und Änderung im Verhältnis zur Herrschaft als Untertanen, Amtsträger oder Diener zu schwören hatten[2]. Häufig wer-

---

[1] WLR 2, 681.

[2] Der Untersuchung liegen hauptsächlich die gedruckten Weistümer und Dorfordnungen folgender Editionen zugrunde:

HDO = Hohenlohische Dorfordnungen. Bearb. von *Karl* und *Marianne Schumm* (Veröffentlichungen der Kommission für geschichtliche Landeskunde in Baden-Württemberg A 37, Stuttgart 1985);

ORhStR = Oberrheinische Stadtrechte. Hrsg. von der Badischen Historischen Kommission I (Heidelberg 1895);

WLR = Württembergische ländliche Rechtsquellen. Hrsg. von der Württembergischen Kommission für Landesgeschichte, 3 Bde. (Stuttgart 1910, 1922 und 1941);

Wt Eberbach = Die Weistümer der Zenten Eberbach und Mosbach. Bearb. von *Karl Kollnig* (Veröffentlichungen der Kommission geschichtliche Landeskunde in Baden-Württemberg A 38, Stuttgart 1985);

Wt Kirchheim = Die Weistümer der Zent Kirchheim. Bearb. von *Karl Kollnig* (Veröffentlichungen der Kommission für geschichtliche Landeskunde in Baden-Württemberg A 29, Stuttgart 1979);

Wt Reichartshausen = Badische Weistümer und Dorfordnungen: Reichartshauser und Meckesheimer Zent. Bearb. von *Carl Brinkmann* (Badische Weistümer und Dorfordnungen I, 1, Heidelberg 1917);

Wt Schriesheim = Die Weistümer der Zent Schriesheim. Bearb. von *Karl Kollnig* (Veröffentlichungen der Kommission für geschichtliche Landeskunde in Baden-Württemberg A 16, Stuttgart 1968).

Hinzu kommt ungedrucktes Material aus den wichtigsten Staatsarchiven:

GLA = Generallandesarchiv Karlsruhe

den solche Eide sogar jährlich geleistet. Die Spanne reicht vom Huldigungseid des
Untertanen über den Amtseid der gemeindlichen Leitungsorgane bis hin zu dem des
Hirten und Nachtwächters und vom höchsten Beamten der Herrschaft bis zum geringsten Diener in der herrschaftlichen Hofhaltung oder dem reitenden Boten auf
dem Land.

Weitgehend ausgeklammert bleibt hier der Bürgereid der Reichsstädte, nicht nur,
weil über ihn schon eine Untersuchung vorliegt[3], sondern auch deshalb, weil er zurückgeht auf die coniuratio als Beginn einer Autonomie und sich damit deutlich ab-
hebt vom hier behandelten Eid als Instrument territorialer Herrschaft und Kontrolle
der Gemeinden. Dagegen werden miteinbezogen die Eide der Kirchendiener und
sonstigen Amtsträger im kirchlichen Bereich, die gerade im konfessionellen Zeitalter
dem Beamteneid vergleichbare Treueverpflichtungen enthalten, darüber hinausge-
hend aber auch Bindungen im Bereich des jeweiligen Bekenntnisses zu schaffen versuchen[4]. Alle diese Eide haben gemeinsam, daß in ihnen der Herrschaft Treue geschworen wird und diese Treue meist damit umschrieben ist, daß man Anordnungen
und Gebote ausführt, die Herrschaft vor Schaden warnt oder gar bewahrt und ihr Interesse und ihren Nutzen fördert. Gerade beim Huldigungseid kommt die Wechselseitigkeit eines mittelalterlichen Treueverhältnisses darin zum Ausdruck, daß solche
Huldigung die Zusicherung des Herren für Schutz und Schirm und die Bestätigung
der bisherigen Freiheiten voraussetzt[5]. Darüber hinaus konnte die Herrschaft gleichsam „Verfassungsgarantien" in solche Huldigungen einbauen. In der Kurpfalz z.B. war
schon im Spätmittelalter üblich, daß Städte und Untertanen erst huldigten, wenn der
neue Herrscher die Erhaltung des ungeteilten Grundbestandes des Territoriums, des

*Fortsetzung Fußnote von Seite 11*

HStAS = Hauptstaatsarchiv Stuttgart.
Längst nicht alle parallelen Quellenstellen können in den folgenden Anmerkungen zitiert werden, sondern immer nur eine Auswahl aus den zahlreichen Belegen. Neueste Zusammenfassung
der Literatur bei *Lothar Kolmer,* Der promissorische Eid im Mittelalter (Regensburger Historische Forschungen 12, Kallmünz 1989).
[3] *Wilhelm Ebel,* Der Bürgereid als Geltungsgrund und Gestaltungsprinzip des deutschen mittelalterlichen Stadtrechts (Weimar 1958).
[4] Außer den in Anm. 2 genannten Editionen sind hier für die Kirchenordnungen ertragreich:
KO = Die evangelischen Kirchenordnungen des 16. Jahrhunderts. Hrsg. bzw. begründet von
*Emil Sehling*
Bd. 14: Kurpfalz. Bearb. von *J. F. Gerhard Goeters* (Tübingen 1969);
Bd. 15: Württemberg I. Grafschaft Hohenlohe. Bearb. von *Gunther Franz* (Tübingen 1977).
[5] *André Holenstein,* Die Huldigung der Untertanen. Rechtskultur und Herrschaftsordnung (800–
1800) (Quellen und Forschungen zur Agrargeschichte 36, Stuttgart, New York 1991). Das Buch
erschien während der Vorbereitung dieses Referats und stellt das Problem so umfassend dar, daß
hier nicht mehr ausführlich auf den gesamten Komplex der Huldigung, sondern nur auf spezielle
Erscheinungen der südwestdeutschen Territorialwelt eingegangen wird. Der Autor, der weit vor
das Zeitalter der Territorien zurückgreift, holt seine Beispiele für Spätmittelalter und Frühneuzeit aus der archivalischen Überlieferung für das Herzogtum Württemberg, das Territorium der
Stadt Bern, das Bistum Augsburg, die Abtei Rot und die Ritterherrschaft Schliz, also mit Ausnahme letzterer aus dem südwestdeutschen Bereich. Seine Ergebnisse decken sich mit den hier
herangezogenen Huldigungsakten für Kurpfalz (GLA 77/4053–4168; 67/844; 926), die Markgrafschaft Baden (GLA 74/5002–5046) und Vorderösterreich (GLA 79/1503–1563 passim).

sogenannten Kurpräzipuums, des Generalstudiums in Heidelberg und die Ausweisung der Juden aus dem Land garantiert hatte. Auch Beamte wurden in ihren Diensteiden auf solche Grundelemente der Territorialverfassung verpflichtet[6]. Im 16. Jahrhundert kamen Garantien des Besitzes, schließlich auch des Konfessionsstandes der Angehörigen der reformierten Fremdgemeinden hinzu[7]. Auch die Eide der Amtsinhaber und Diener ziehen den Schutz des Herrn, die der Diener auch eine entsprechende Entlohnung nach sich, gelten also nur, solange die wechselseitige Verpflichtung auch von seiten der Herrschaft eingehalten wird[8]. Dies soll allgemein vorausgesetzt werden und wird im folgenden nicht mehr im einzelnen hervorgehoben, weil es in diesem Zusammenhang ja um die bindende und ordnende Wirkung der Eidesleistung bei Untertanen und Dienern geht.

Huldigungs-, Amts- und Diensteide sind eidliche Verpflichtungen, von nun an etwas zu tun bzw. etwas zu leisten. Es gibt auch ein gleichsam negatives Pendant, die eidliche Verpflichtung, in Zukunft etwas zu unterlassen oder zu meiden, das ist die sogenannte Urfehde[9]. Ursprünglich wurde sie nach einem Vergehen und darauf erfolgter Strafe geschworen und hatte den Sinn, daß der Bestrafte für alle Zukunft versprach, keine Vergeltung für die erlittene Unbill zu üben. Das Urfehdewesen wurde aber seit Ende des Mittelalters sehr viel weiter ausgebaut und umfaßte alle möglichen Verpflichtungen, nicht nur die, sich nach einer Strafe ruhig zu verhalten, sondern auch die, statt einer Strafe sich ruhig zu verhalten oder statt einer schwereren Strafe das Land auf Zeit oder Dauer zu meiden oder andere Beschränkungen der Freizügigkeit wie die Verbannung in einen Ort auf sich zu nehmen. Die Urfehde entwickelte sich also von ihrer ursprünglichen Bedeutung weiter zu einer Form der Begnadigung. Man schwor, bisherige Haltungen und Handlungen zu unterlassen, in schwereren Fällen auch durch den Wegzug in die Fremde als Straffälliger nicht mehr in Erscheinung zu treten. Gerade in konfessionellen Auseinandersetzungen sollte diese Form der Urfehde erhöhte Bedeutung erhalten.

---

[6] Vgl. *Meinrad Schaab*, Geschichte der Kurpfalz, Bd. 1 (Stuttgart 1988); *Karl-Heinz Spieß*, Erbteilung, dynastische Räson und transpersonale Herrschaftsvorstellung. Die Pfalzgrafen bei Rhein und die Pfalz im späten Mittelalter, in: *Franz Staab* (Hrsg.), Die Pfalz. Probleme einer Begriffsgeschichte vom Kaiserpalast auf dem Palatin bis zum heutigen Regierungsbezirk (Speyer 1990) 159–181, vor allem 169.

[7] *Meinrad Schaab*, Geschichte der Kurpfalz, Bd. 2 (Stuttgart 1992) 174.

[8] Handwörterbuch zur deutschen Rechtsgeschichte. Hrsg. von *Adelbert Erler* und *Ekkehard Kaufmann*, Bd. 1 (Berlin 1971) 341.

[9] *Wilhelm Ebel*, Die Rostocker Urfehden (Veröffentlichungen aus dem Stadtarchiv der Seestadt Rostock 1, Rostock 1938); *Gregor Richter*, Urfehden als rechts-, orts- und landesgeschichtliche Quellen. Beobachtungen an Haigerlocher Beispielen im Staatsarchiv Sigmaringen, in: Zeitschrift für Hohenzollerische Geschichte 101 (1978) 63–76; *ders.*, Sittsam und fleißig, gehorsam und fromm. Der brave Untertan im Spiegel landesherrlicher Verordnungen des 16. Jahrhunderts, in: Beiträge zur Landeskunde, regelmäßige Beilage zum Staatsanzeiger für Baden-Württemberg (1990) Nr. 4, hier 10 f. Wichtigster Bestand HStAS A 44.

# Untertaneneide

Feierlichste Form des Untertaneneids war die Huldigung, wie sie beim Regierungsantritt eines Fürsten oder Herrn, ursprünglich oft beim persönlichen Umritt, entgegengenommen wurde. Doch ließen sich die Herren schon früh auch über bevollmächtigte Vertreter huldigen[10]. Sie waren stets bestrebt, alle Untertanen zu erfassen. Es gab also zahlreiche Nachhuldigungen aus den verschiedensten Anlässen. Die Untertanen hatten die Pflicht, diejenigen anzuzeigen, die noch nicht gehuldigt hatten[11]. Im Lauf des Spätmittelalters ging man immer konsequenter dazu über, daß jeder Gemeindsmann und Bürger gleich beim Eintritt ins Bürgerrecht in der Stadt wie in der Landgemeinde huldigte und dieses schriftlich festgehalten wurde[12]. Eine ursprünglich rein mündliche Form der Verpflichtung der Untertanen war schon seit dem 15. Jahrhundert dabei, immer stärker verschriftlicht zu werden, wobei sich aber die mündlichen Elemente Handtreue und gesprochener Eid bis weit ins 18. Jahrhundert gehalten haben[13]. Zusätzlich zu den allgemeinen, schon genannten Formen mußten sich die Untertanen in der Zeit endgültiger territorialer Konsolidierung verpflichten, keinen anderen Schirmherrn oder ein fremdes Gericht anzurufen, Kriegsdienste und Steuern zu leisten und nicht ohne Erlaubnis und entsprechende Ledigung wegzuziehen[14]. Zuwanderer, die ins Stadtbürgerrecht eintreten wollten, mußten zusätzlich bei der Aufnahme ins Bürgerrecht beeiden, daß sie keinen nachfolgenden Leibsherrn hatten und keine ungelösten Rechtshändel mit in die Stadt brachten. Bisweilen findet sich auch der Vorbehalt, daß sie als Stadtbürger und Untertanen des Stadtherrn nicht eigenwillig Bündnisse und Bruderschaften eingingen bzw. neue Statuten setzten[15].

Die Nichtabzugsverpflichtungen wurden bisweilen als Ursprung der Huldigung angesehen[16]. Das dürfte nicht generell zutreffen, könnte aber bei der Verschriftlichung der Huldigung durchaus mitgespielt haben. Ältester greifbarer Sinn der Huldigung ist die Rugpflicht, also die Anzeigepflicht des Untertanen für alle Rechtswidrigkeiten

[10] Beispiele aus der Regierungszeit König Ruprechts in: RPR = Regesten der Pfalzgrafen am Rhein. Hrsg. von der Badischen Historischen Kommission, Bd. I: 1214–1400. Bearb. von *Adolf Koch* und *Jakob Wille* (Innsbruck 1894); Bd. II: König Ruprecht. Bearb. von *Graf Lambert von Oberndorff* (Innsbruck 1939); hier Bd. II, Nr. 248; 279; 642; 1413.
[11] So 1400 in Gelnhausen (RPR II, Nr. 239); 1585 werden in Pforzheim diejenigen Häuser, in denen die Pest ausgebrochen war, bei der Huldigung ausgelassen, aber aufgezeichnet, damit man diesen Akt nachholen konnte (GLA 74/5018). Auch sonstige durch Krankheit Verhinderte wurden zur Ersatzhuldigung später vorgeladen. Anzeigepflicht für solche, die nicht gehuldigt haben 1428 in Wertheim (ORhStR I, 23).
[12] ORhStR I, 135 f. (Mergentheim 1380); 220 (Amorbach 1395); 186 (Lauda 1500); 792 (Boxberg 1546/61).
[13] Im badischen Amt Gräfenstein nahm z. B. 1645 der Amtmann anläßlich der Huldigung von jedem Untertanen einzeln die Handtreue und ließ anschließend kollektiv den Eid schwören (GLA 74/5009).
[14] ORhStR I, 142 (Mergentheim 1425); 1041 (Osterburken 2. H. 15. Jh.); WLR 2, 771 (Ramsberg 1556).
[15] ORhStR I, 844 (Bruchsal 1362); 1106 (Sinsheim 1602); GLA 77/4053 (Heidelberg um 1508).
[16] *Hans-Martin Maurer*, Masseneide gegen Abwanderung im 14. Jahrhundert. Quellen zur territorialen Rechts- und Bevölkerungsgeschichte, in: Zeitschrift für württembergische Landesgeschichte 39 (1980) 30–99.

und Verbrechen bei den ursprünglich ja nur seltenen Gerichtstagen. Sie geht bis in die Zeit Karls des Großen zurück und hatte ungebrochen bis ins 18. Jahrhundert Bestand[17].

Bei der Vielfalt mittelalterlicher Herrschaftsverhältnisse hatten die Huldigungseide einen sehr vielfältigen Bezug. Nur im Regelfall galten sie einem einzigen Herrn. Häufig mußte schon die Huldigung Teilung und Überschneidung von Herrschaftsrechten bedenken und entweder für Kondominatsherren gemeinsam geleistet oder mit Erlaubnis der anderen Teilhaber an der Herrschaft für den Teilbereich eines Herrn angenommen werden[18]. Über- oder unterlagernde Herrschaftsrechte wurden durch entsprechende Formulierungen ausgeklammert oder vorbehalten[19]. Selbstverständlich haben die Untertanen aus solchen Situationen auch Nutzen gezogen und die ihnen genehmere Herrschaft zu begünstigen versucht. Bei einigermaßen gleich starken Condomini bedeutete die Mehrherrigkeit aber in der Regel die Konservierung und nicht die Modernisierung eines Rechtszustandes.

Das Bestreben, Huldigungsverpflichtungen lückenlos zu halten, ließ die jeweilige Eidesleistung der Untertanen auch auf die Erben und Nachkommen erweitern. Sonderverhältnisse zeitlich befristeter Herrschaft wie Vormundschaft, Wittum und Pfandschaft machten eigene Huldigungsformeln nötig. Maximilian übernahm 1486 wegen der Krankheit seines Vetters Sigmund die Tiroler und vorderösterreichischen Lande. Der Huldigungseid wurde ihm dabei unter dem Vorbehalt geschworen, daß der Eid auch für Sigmund gelte, wenn er wieder genese, und ebenso für seine Leibserben, wenn er solche noch hinterlasse[20].

Bei Wittumsverschreibungen wurde nur auf Lebenszeit der Witwe gehuldigt, zur Morgengabe verschriebene Orte huldigten zur Absicherung gegenüber den Beauftragten des Brautvaters[21]. Daß die Einwohner von Pfandschaften nur für die Dauer der Verpfändung huldigten und vielfach dabei auch noch der Vorbehalt des Öffnungsrechtes für die Pfandgeber gemacht wurde, liegt im Wesen des Pfandgeschäftes. Erstaunlich lange haben sich solche Huldigungsvorbehalte in den Reichspfand-

---

[17] *Holenstein*, (wie Anm. 5) 127–138 und 164–172.
[18] In GLA 67/844 eine Sammlung der Huldigungseide, die in der Pfalz vom Normalfall abwichen. Kondominatshuldigungen für beide Herren gemeinsam, z. B. ORhStR I, 1693 (Ladenburg 1387); Wt Kirchheim 102 (Kirchheim bei Heidelberg 1432); ebenda 256 (Dallau bei Mosbach 1691). 1508 wurden die Mitkondominatsherren der Pfalz nur von der Vornahme der Huldigung verständigt (GLA 77/4053). In Kreuznach schwor 1544 der Kurfürst vor der Huldigung der Untertanen, daß er sich an den Burgfrieden, d. h. das Kondominat mit Baden und Pfalz-Simmern, halten werde. Die Huldigungen gegenüber dem Wormser Bischof in der Kondominatsstadt Ladenburg wurden um 1600 unter der Voraussetzung geleistet, daß das den pfälzischen Gerechtsamen nicht abträglich sein solle. Zum der Huldigung anschließenden Essen wurde der anwesende pfälzische Sekretär eingeladen (GLA 77/4093).
[19] So z. B. bei den Zenthuldigungseiden für die Pfalz im erbachischen Dorf Ritschweier (Wt Schriesheim 24 f.) oder im umgekehrten Fall bei der Huldigung der Eschelbronner gegenüber ihrem Dorfherrn mit dem Vorbehalt der pfälzischen Zenthoheit (GLA 77/4053). Die nur unter loser pfälzischer Oberhoheit stehenden Einwohner von Holzfeld und Hirzenach am Mittelrhein huldigten 1556 Ottheinrich als dem „natürlichen Erbherrn und Landesfürsten" (GLA 77/4054, 49).
[20] GLA 79/1506.
[21] RPR II, Nr. 610; 2122; 5250.

schaften der Kurpfalz gehalten[22]. Die Eventualhuldigung sollte den Übergang an den bevorzugten Erben oder Käufer in strittigen Fällen sichern. So ließ Graf Dieter von Katzenelnbogen die Beamten in der Obergrafschaft bereits der Kurpfalz für den Fall huldigen, daß seine Erbtochter Ottilie den Kurprinzen Philipp heirate. Dies ist freilich an Philipps Weigerung gescheitert[23]. Unmittelbar nach kriegerischer Eroberung ließ sich der siegreiche Herr auch schon vor Abschluß eines Friedensvertrages huldigen, wogegen der zeitweilig Unterlegene unter Umständen mit Repressalien vorging[24].

Landes- und Ortsherren verlangten seit dem Ausgang des 15. Jahrhunderts und mit dem immer stärker werdenden Gedanken einer einheitlichen Orts- und Gerichtsherrschaft die Huldigung nicht nur von den vollen Gemeindegliedern und Bürgern, sondern auch von Einwohnern minderen Rechts sowie den nur befristet im Ort ansässigen Dienstboten. In Ertingen bei Riedlingen an der Donau schworen 1484 Hintersassen und Beiwohner „gebot und ordnungen zu halten". Wer dort einen Knecht dingte, mußte ihn innerhalb von acht Tagen vor den Amtmann bringen, damit dieser „mit seiner trüin aides wys lobe, als vil als ain hintersaß gehorsam ze sind"[25]. Die Huldigungseide der Dienstboten enthalten einen etwas reduzierten Katalog von Pflichten, namentlich was Kriegsdienst und Steuer angeht, aber auch sie wurden darauf festgelegt, keine fremden Gerichte anzurufen, besonders seit dem Bauernkrieg vor jedem Aufruhr zu warnen und im Ernstfall der Herrschaft beizuspringen sowie nur mit herrschaftlicher Erlaubnis den Wohnort zu wechseln[26]. Verstöße dagegen konnten zusätzlich unter der Sanktion stehen, daß dann der Dienstherr auch nicht den vollen Lohn auszahlen mußte[27]. Bisweilen wurde der Nachweis, daß keine Schulden und Strafansprüche mehr bestanden, und die Beibehaltung des Gerichtsstandes für die Dauer eines Jahres zusätzlich verlangt[28].

War so die einheitliche Ortsherrschaft anstelle der ursprünglich sehr divergierenden gerichtlichen, leibrechtlichen und grundherrschaftlichen Loyalitäten auf dem Vormarsch, so haben sich zumal die stärkeren unter den Landesherren die Huldigung ihrer Leibeigenen außerhalb des Territoriums vorbehalten. Solche Leibeigenschaftshuldigung ließ in der Regel Gerichts-, Steuer- und militärische Rechte aus. Die pfälzischen Königsleute und Wildfänge waren aber auch wehr- und steuerpflichtig[29]. Alle Leibeigenen hatten ihren Leibsherrn vor Schaden zu warnen und die Pflicht, nicht mehr bekannte Leibeigene anzuzeigen. Sie durften ohne Erlaubnis des Herrn nicht in

---

[22] Huldigung für die Dauer der Pfandschaft an Kurpfalz, z.B. Bretten 1342 (ORhStR I, 770); Vorbehalt des Öffnungsrechts anläßlich der Verpfändung von Annweiler 1404 (RPR II, Nr. 3510); Huldigung von Reichspfändern für Kurpfalz vorbehaltlich der Wiederlösung 1402 im Amt Oppenheim (RPR II, Nr. 2452); 1477 im Amt Germersheim (GLA 77/4053).
[23] *Schaab*, Geschichte der Kurpfalz, Bd. 1, 189.
[24] So Herzog Ulrich 1519 in Reutlingen, der Schwäbische Bund anschließend in ganz Württemberg (*Friedrich Thudichum*, Geschichte des Eides [Tübingen 1911] 42).
[25] WLR 3, 539. Parallelen: Adelberg 1502 (WLR 2, 14), Oberwachingen (WLR 3, 439).
[26] WLR 1, 771; 2, 229 f.; 3, 344; 714; 756; HDO 430.
[27] WLR 1, 714 f.
[28] WLR 1, 772; 2, 330; 510 f.
[29] *Schaab*, Geschichte der Kurpfalz, Bd. 2, 83 f.; Wt Kirchheim 206; Wt Eberbach 139 f.

Städte oder sonstige leibsfreie Orte ziehen[30] oder nach außerhalb heiraten[31]. Selbst die immer mehr verdinglichten grundherrschaftlichen Bindungen werden auch am Ende des Mittelalters und in der frühen Neuzeit noch unter Eid gestellt. Dies stammt aus der alten Ordnung der Dinghöfe und Hubgerichte. In Dossenheim bei Heidelberg mußten 1475 die Inhaber von Hubgut geloben und einen Eid schwören, „den hern und dem gericht getruw und holt zu sin, iren schaden zu warnen, frommen und bestes zu werben"[32]. Auch dabei ging es um die Rugpflicht der Grundholden am Hubgericht, die vor allen Dingen dafür zu sorgen hatte, daß keine Hubgüter in fremde Hände kamen oder gar verschwiegen wurden[33]. Aber zumal im konservativen Süden des Untersuchungsgebiets wurden immer noch die Pächter und Erbbeständer von Einzelgut durch Eid daran gebunden, die betreffenden Grundstücke in gutem Zustand zu halten, keine Belastungen auf sie aufzunehmen, Abgaben an andere zu tragen und den Verpflichtungen gegenüber dem Gemeinwesen nachzukommen[34], während das im Norden Südwestdeutschlands mehr und mehr nur durch einfache Bestandsbriefe und entsprechende Reverse abgesichert war. In Justingen zeigte sich eine Mischung beider Formen. Aber noch 1771 schworen die Lehnsleute des Klosters Marchtal einen ausführlichen Eid über ihre Pächterpflichten[35].

## Eide kommunaler Amtsträger

Bei den großen Huldigungsaktionen schworen nicht nur die Untertanen, sondern auch die Schultheißen, Schöffen, Ratleute und bisweilen auch die Bürgermeister der Gemeinde. Sie waren natürlich nicht nur durch die Huldigung, sondern durch spezielle Amtseide der Herrschaft verpflichtet. Bei Schultheiß bzw. Amtmann und Gericht bzw. Rat ist ohnehin klar, daß es sich hier nicht einfach um Gemeindeorgane, sondern um von der Herrschaft zum Teil im Zusammenwirken mit der Gemeinde eingesetzte Amtsträger handelt. In ihren Amtseiden werden sie neben den üblichen Treueformeln vor allem auf eine unparteiische und der jeweiligen Rechtslage gemäße Amtsführung verpflichtet[36]. Nach dem Kirchberger (an der Iller) Eidbuch von 1592 machen vier Dinge einen falschen Richter „gabe (nicht glaube), liebe, neyd und forcht"[37]. Sie galt es zu vermeiden. Die Herrschaft legte großen Wert auf eine saubere Abrechnung über die Strafgebühren und eine unverzügliche Ausführung einmal gefällter Urteile. Über die Dauer des Amtes hinaus muß das Amtsgeheimnis bis in den

---

[30] Wt Eberbach 42f.
[31] GLA 66/5137, 201f.
[32] WT Schriesheim 28.
[33] Wt Schriesheim 81; Wt Eberbach 396.
[34] WLR 1, 707f.; 3, 169; Wt Eberbach 299; 381.
[35] WLR 2, 614; 3, 404.
[36] Beispiele: Bruchsal 1452 (ORhStR I, 858), Epfenbach 1518 (Wt Reichartshausen 98), Allmendingen 1532 (WLR 2, 781), Gomaringen 1539 (WLR 2, 402), Spitalorte Biberach 1554 (WLR 3, 129), Rechberg 1558 (WLR 1, 667), Bußmannshausen 1585 (WLR 3, 686), Kirchentellinsfurt um 1600 (WLR 3, 276 und 326).
[37] WLR 3, 276.

Tod gewahrt werden. Im Anfang scheinen Schultheiß und Schöffen, wie z. B. noch
1274 in Wimpfen, einen gemeinsamen Eid geschworen zu haben[38], später werden die
Pflichten genauer ausdifferenziert. Auch hier werden wieder unter Umständen sich
überschneidende Loyalitäten bei allen Formen von Mehrherrigkeit und Oberherr-
schaft berücksichtigt[39]. Die Neuzuwahl von Gerichtsmännern bzw. Schöffen stand unter einem eigenen Eid[40]. Um 1600 wurde in Anhausen im Brenztal in die Eidsformel
aufgenommen, daß ein Gerichtsmann bei verwandtschaftsbedingter Befangenheit am
Urteil nicht mitwirken dürfe[41], eine Regelung, die sicher früher auch bestand, aber
nicht des Eides bedurfte.

Eide verwandten Inhalts schworen die Gerichtsbediensteten, also Gerichtsschreiber
und Büttel jeweils für den Bereich ihrer Pflichten, besonders daß sie ordentliche Protokolle führen bzw. alle Übertretungen zur Anzeige bringen würden[42]. Dem Gerichts-
eid vergleichbar, aber auf den jeweiligen Aufgabenkreis spezialisiert waren die Eide
der Steinsetzer und Untergänger, die zusätzlich zur unparteiischen Amtsführung
schworen, ihre Auftraggeber, zumal wenn es sich um Privatpersonen handelte, mit
Gebühren nicht zu überfordern[43]. Auch die Waisenpfleger und amtlich eingesetzten
Vormünder hatten den Eid zu leisten, mit dem anvertrauten Gut ihrer Mündel un-
eigennützig und im Sinne einer geordneten Vermögensverwaltung umzugehen[44].

Die geordnete Vermögensverwaltung war die wesentliche Aufgabe der eigentlichen
kommunalen Selbstverwaltung, und so wurde dies auch je nach Landschaft durch
Bürger- bzw. Baumeister, Heimbürgen, Gemeindepfleger, Zweier, Dreier, Vierer und
Fünfer gelobt. Ihre Pflichten bestanden darin, die Liegenschaften der Gemeinde in-
stand zu halten, über ihre Finanzen Rechnung zu legen, das Geld der Gemeinde nicht
mit dem eigenen zu vermischen, Übergriffe auf die Liegenschaften zu rügen[45], aber
auch die allgemeine Sicherheit durch eine Feuerschau zu gewährleisten[46]. Ganz analog waren die Kirchenjuraten oder Heiligenpfleger gegenüber dem Vermögen der
Kirche bzw. ihres Heiligen in der Pflicht[47].

Auch wenn es sich bei all diesen Ämtern eher um Selbstverwaltungsaufgaben handelte, so mußte jeweils der Herrschaft Rechnung gelegt und meist auch dem Orts-
herrn bzw. Patronatsherrn geschworen werden. Er nahm in der Regel den Eid auch
im Auftrag der Gemeinde ab. Nur in ganz wenigen Fällen findet sich die Eidesleistung
dieses Kreises von Amtsträgern nur gegenüber der Gemeinde, besonders deutlich im
Bereich der fränkischen Zenten, wo es z. B. 1592 am unteren Neckar heißt, „daß eine

[38] ORhStR I, 65f.
[39] Kirchheim bei Heidelberg 1432 (Wt Kirchheim 102), Dallau 16.Jh. (Wt Eberbach 235),
Kirchberg an der Iller 1592 (WLR 3, 277), Brühl bei Schwetzingen 1647 (Wt Kirchheim 51).
[40] Bönnigheim 1452 (ORhStR I, 102), Eggingen bei Ulm 1531 (WLR 2, 887f.).
[41] WLR 2, 727.
[42] WLR 2, 610; 834; 3, 192; 277; 509; Wt Kirchheim 15; HDO 602.
[43] HDO 416; Wt Eberbach 82.
[44] WLR 1, 687; 2, 729f.; 3, 133f.; 277.
[45] WLR 1, 222; 2, 328; 431; 611; 635; 728; 877; 3, 141; 344; 741.
[46] WLR 2, 728.
[47] Wt Schriesheim 279; Wt Eberbach 337; WLR 2, 328; 635; 726; 3, 741; 812; 834.

ehrsame Zent für sich selbst wohl befugt sei und Gewalt habe ... neue Zentschöffen mit Gelübt und Eid ohne Vorwissen der Amtleute in die Zent anzunehmen"[48].

Wehrhaftigkeit, Sicherheit vor Verbrechen wie vor Feuer und schließlich die Ordnung in Feld und Wald waren der Gegenstand der Eide vielgestaltiger Ämter wie Torwächter, Feuerschauer, Nachtwächter, Feld- und Waldschützen und dergleichen[49]. Sie alle mußten schwören, ihre Aufgaben pflichtgemäß zu erfüllen, Übertreter und Zuwiderhandelnde ohne Ansehen der Person anzuzeigen und in der eigenen Lebensführung sich für diese Aufgaben bereit zu halten. Um all das kümmerte sich letztlich die Herrschaft, indem sie diese Eide von ihren Beauftragten auch im Hinblick auf die Gemeinde ablegen ließ. Ganz ausnahmsweise ist vom hohenlohischen Tiefenbach überliefert, daß dort die Waldschützen der ganzen Gemeinde und also nicht der Herrschaft zu schwören hatten[50]. Wiederum der Herrschaft und mit ihr der Gemeinde schworen sogar die Inhaber der geringsten Gemeindeämter, die verschiedenen Hirten[51]. Der Nachthirte wurde bisweilen, so 1612 im oberschwäbischen Emeringen, in die besondere Pflicht genommen, am Tage zu schlafen, damit er auch seinem nächstlichen Dienst mit voller Aufmerksamkeit nachfolgen konnte[52].

Besondere Eide waren von einzelnen Berufen gefordert, von den Hebammen, daß sie sich ohne Ansehen der Person um alle Kindbetterinnen kümmerten, sich nicht zu einer Schädigung der Geburt hergaben und Bastardgeburten zur Anzeige brachten[53]. Müller und Mühlenknechte standen unter dem Eid, das ihnen anvertraute Mahlgut ohne Unterschleif seinem Bestimmungszweck zuzuführen und dem Kunden wieder als Mehl auszuhändigen sowie nur die vereinbarten Naturalanteile oder Geldbeträge für ihre Arbeit anzurechnen[54]. Noch ausführlicher waren die eidlichen Bindungen für alle diejenigen, die mit dem Wein zu tun hatten. Das sollte Verfälschungen und preisliche Übervorteilungen ausschließen, aber auch das herrschaftliche Umgeld sichern[55]. Im städtischen Bereich gab es noch vielerlei Gewerbeeide, die den Handwerker auf die Konformität mit den Zunftgenossen und ihre Qualitätsvorschriften festlegten. Auf dem Land scheint die herrschaftliche Aufsicht auf das Ehaftgewerbe[56], also alles, was dem herrschaftlichen Gewerbebann unterlag, die eigentliche Triebfeder dieser Eide gewesen zu sein, was selbstverständlich auch eine korrekte Bedienung der diesem Bann unterliegenden Untertanen mit einschloß.

---

[48] Wt Schriesheim 14.

[49] ORhStR 1, 131; WLR 2, 834; 3, 344; 686; 781; Wt Kirchheim 99 f.; 133; 156; 344; 686; Wt Schriesheim 272.

[50] HDO 417. Es bleibt offen, ob das bewußt ausschließlich auf die Gemeinde bezogen wurde oder ob hier nicht nur die Nachlässigkeit eines Schreibers Ursache ist.

[51] HDO 495; 498; WLR 2, 16; 3, 741; Wt Schriesheim 64.

[52] WLR 3, 614.

[53] So in den Dörfern des Spitals Biberach 1554 (WLR 2, 134).

[54] ORhStR I, 1044; WLR 2, 280 f.; 873 f.; 3, 578 f.

[55] HDO 469; 570; WLR 2, 80.

[56] Der Landkreis Biberach, Bd. 1 (Kreisbeschreibungen des Landes Baden-Württemberg, Sigmaringen 1987) 150; Der Alb-Donau-Kreis, Bd. 1 (Kreisbeschreibungen des Landes Baden-Württemberg, Sigmaringen 1989) 154.

## Diener- und Beamteneide

Ähnlich wie Schultheiß und Gericht als die Spitzen der Gemeinden traten bei den Huldigungen die herrschaftlichen Diener als eine geschlossene Gruppe zusätzlich in Erscheinung[57]. Wenn man den Kreis der mit Lehnspflichten und also eine eigene Lehnshuldigung schuldenden Vasallen hier ausnimmt, so bleibt die große Gruppe der herrschaftlichen Beamten im eigentlichen Sinn übrig. So wurden z. B. beim Regierungsantritt des Markgrafen Ernst Friedrich von Baden 1585 der Hof, die Kanzlei, Räte und Diener anläßlich der Erbhuldigung der Pflichten gegenüber dem Vorgänger entbunden und neu in die Pflicht genommen[58]. Sie mußten zusätzlich schwören, solange sie im Dienst standen, die jeweilige Bestallung zu erfüllen. Diese Dienerbestallungen[59] decken ein weites Feld höchst unterschiedlicher Pflichten ab, obwohl sie auch mit den üblichen Formulierungen, getreu und hold zu sein, vor Schaden zu warnen, Frommen und Bestes zu fördern, beginnen. Unbestechlichkeit und Gerechtigkeit gegen jedermann, ohne Ansehen von Person und Stellung, gehörten zu den Loyalitätspflichten aller herrschaftlichen Diener. So gelobte der Amtmann des Klosters Adelberg, „dem gemeinen man, reichen und armen, ein getrewer amtmann zu sein"[60]. Außerdem war von ihnen Verschwiegenheit gefordert. Die Kirchenräte der Pfalz gelobten, „auch unsern rath und heimligkait, weß er yederzeit erfehrt, ewiglichen zu verschweigen"[61]. Auffälligerweise ist diese Verschwiegenheit meist nicht auf die Zeit nach dem Ausscheiden aus dem Dienstverhältnis ausgedehnt[62], wie das ganz deutlich bei den Eiden der Gerichtsangehörigen die Regel ist. Vielleicht war das eine Selbstverständlichkeit, aber Selbstverständlichkeiten hat man doch in diesem Zusammenhang immer wieder unter Eid genommen. In Einzelfällen, wie in der Kurpfalz, als 1583 der lutherische Kanzler zugunsten eines reformierten entlassen wurde, half man sich durch seine Beförderung zum Rat von Haus aus. Damit sollte sein Stillschweigen gewährleistet sein[63].

Die Diensteide vieler kleiner Amtsträger auf dem Land, auch der Pfarrer und Schulmeister, unterschieden sich nicht wesentlich von diesem Bild. Nur waren sie spezifisch auf die jeweilige Aufgabe ausgerichtet. Zur üblichen Loyalität hinzu versprach der beim Mannheimer Festungsbau eingesetzte David Wormser, alles zu tun, was einem Ingenieur zu tun gebührt[64]. Der herrschaftliche Zöllner war darauf festgelegt, keinen Pfennig zu veruntreuen und alle Einnahmen in eine verschlossene Büchse oder Kasse zu stecken[65]. Der pfälzische Hühnerfaut als Verwalter der Leibeigenen schwor, die Leibhühner und Abgaben jährlich einzusammeln und keinen Leibeigenen

[57] Z. B. 1556 in der Pfalz (GLA 67/4054).
[58] GLA 74/5018.
[59] Vgl. z. B. für die Pfalz die Kopialbücher GLA 67/927 sowie 860 f.
[60] WLR 2, 19; GLA 67/861, 140v.
[61] KO 14, 431; 502.
[62] GLA 67/861, 146v; 149v.
[63] *Volker Press*, Calvinismus und Territorialstaat (Kieler Historische Studien 7, Stuttgart 1970) 335.
[64] GLA 67/861, 226.
[65] WLR 2, 902.

zu verschweigen.[66] Entsprechend der Rugpflicht der Untertanen und der Meldepflicht der Leibeigenen mußten die Amtleute auf dem Land alles zur Anzeige bringen, was der Herrschaft schädlich war. So mußte der Amtmann im bischöflich-churischen Großengstingen anzeigen, wenn fremde Handwerker oder andere Arbeitskräfte ohne Erlaubnis der Herrschaft im Amt tätig wurden[67].

Mehr noch als die huldigenden Untertanen wurden die Beamten in der Pfalz als Garanten für die Einhaltung der „Landesgrundgesetze" gebraucht. Sie huldigten erst, wenn diese vom Herrscher beschworen waren[68].

## Formen des Eides, uneidliche Gelöbnisse

Der Normalfall des Eidschwörens war der gestabte und körperliche Eid. Der Vereidigte hob die drei Schwurfinger – die Frau legte bisweilen diese Finger auf die Brust[69] – und sprach die vorgelesenen, also buchstabierten Worte nach[70]. Nur selten wird dabei der Stab benutzt[71]. Das war ja bei Massenvereidigungen auch nicht möglich. Diese geschahen im Sprechchor, aber auch hier ging die einzeln geleistete Handtreue voraus. Der Eid mußte in der Sprache der Schwörenden vorgetragen werden, oder wenigstens mußten diese in ihrer eigenen Sprache bekunden, daß sie verstanden hatten[72]. Das Huldigungsalter schwankt zwischen vierzehn und achtzehn Jahren mit der Tendenz, in der Neuzeit die Huldigung immer mehr erst mit achtzehn zu verlangen[73]. Ebenso wächst die Tendenz ausführlicher Protokollierung der Eidesleistung bis hin zu lückenlosen Verzeichnissen[74]. Komplizierte Ordnungen, die zu beschwören waren,

---

[66] Wt Eberbach 140.

[67] WLR 2, 512 (1658).

[68] *Spieß*, (wie Anm. 6).

[69] Die Zeugnisse sind nicht eindeutig. Aufgehobene Finger in Rechberg 1557 (WLR 1, 710), rechte Hand auf linker Brust in Warthausen 1644 (ebenda 601) und bei der Huldigung der Grafschaft Kirchberg 1724 (Hauptstaatsarchiv München, Mediatisierte Fürsten: Kirchberg-Weißenhorn, Nr. 32).

[70] Das ist die normale Auffassung von Eidstabung, wie sie vor allem aus den pfälzischen Quellen hervorgeht (Wt Eberbach 43; 46; 130; 145; 150; GLA 77/4078 (1683)). Ohne den Namen Eidstabung wird die Tatsache auch in anderen Quellen erwähnt (WLR 1, 772; 2, 163; 300; 512; 3, 377; 600; 781; HDO 292).

[71] So 1658 in Großengstingen (WLR 2, 511).

[72] In Mannheim gab es eine französische Form der Zustimmung für die Bürger welscher Zunge (GLA 77/4078); im Engadin wurde der Huldigungseid in deutscher und welscher Sprache verlesen (GLA 79/1510).

[73] 14 Jahre in Ittingen 1465 (*Bruno Meyer*, Das Augustinerkloster Ittingen, in: Schriften des Vereins für die Geschichte des Bodensees 104 (1986) 41), aber auch 1622 in Laupheim (WLR 3, 78); 15–16 Jahre in Mergentheim 1444 (ORhStR I, 151); 18 Jahre in Wiesensteig 1587 (WLR 2, 657) und in der Zent Schriesheim im 17.Jh. (Wt Schriesheim 144).

[74] Vgl. die Akten wie Anm. 5. Deutlich ausgesprochen in Großengstingen 1685. Dort werden alle „jungen Gesellen" bei der Bürgerannahme in Registern verzeichnet, damit man jederzeit weiß, wer den Eid geleistet hat und wer noch nicht (WLR 2, 493).

ließ man, wo das anging, z. B. von den hohenlohischen Schulmeistern, einfach ab-
schreiben[75].
  Die Lösung von eidlichen Verpflichtungen erfolgte aus verschiedenen Gründen,
regelmäßig bei Wechsel in der Person, der der betreffende Treueid zu leisten war[76],
unter bestimmten Kautelen bei Ausscheiden aus dem Amt oder Dienst[77] bzw. bei der
Entlassung aus dem Untertanenverband. Eine temporäre Lösung vom Huldigungseid
wurde immer dann nötig, wenn Untertanen in Herrschaftsstreitigkeiten Aussagen zu
machen hatten. Für diese sogenannte Kundschaft wurden sie davon befreit, den Nutzen ihres Herrn zu mehren und ihn vor Schaden zu bewahren[78]. Für ihre Kund-
schaftsaussage selbst war dann ein neuer Eid, der Zeugeneid, fällig.
  Eidliche Bindung sollte nicht unnötig gesucht werden. Der Abt von Adelberg sagte
1502 von sich aus, er sei nicht geneigt, um jeder Sache willen beim Eid zu gebieten,
außer wenn die Sache es durch ihre Größe und Wichtigkeit erfordere. Der Abt von
Zwiefalten warb fast mit den gleichen Worten für Zurückhaltung, „damit also der aid
ausser täglichen geboten leuchtlichen nit in übertrettung und verachtung gestellt"
werde[79]. Auch sonst findet sich häufiger die Mahnung, den Eid nicht vorschnell zu
verlangen, was sich hauptsächlich auf Vereidigungen vor Gericht, aber doch auch auf
das Gebot bei Eid bezog[80]. Eidbruch und nicht nur der Meineid galt als schweres Verbrechen, wenn nicht sogar als Malefizsache, und wurde zur Abschreckung aller anderen wenigstens in der Theorie unnachsichtig bestraft[81]. Am deutlichsten stellte die sogenannte Eidstafel die religiösen Folgen des Meineids vor. In Kirchentellinsfurt wird
um 1600 jedem Schwörenden die Schwurfingersymbolik klargemacht. Die drei erho-
benen Finger bedeuten die drei göttlichen Personen, die zwei in die Hand eingeschla-
genen Finger die Seele und den Leib des Schwörenden. Wer einen falschen Eid
schwört, macht die Dreifaltigkeit zum Zeugen, daß er „außgeschlossen und außgesetzt
werde aus der gemeinsame und (sic!) gottheit und christenheit" und daß seine Seele
und sein Leib miteinander am Jüngsten Tag der ewigen Verdammnis verfallen soll[82].
Diese Eidstafel ist erstmals 1422 in Appenzell nachzuweisen[83] und findet sich in der
Frühneuzeit in einer ganzen Reihe schwäbischer Gemeinden, sowohl in katholischen

---

[75] KO 15, 649 (1596).
[76] Bei der Absetzung König Wenzels 1400 entband Erzbischof Johann von Mainz als Reichserz-
kanzler die Untertanen von ihrer geleisteten Huldigung (RPR II, Nr. 81). Als Markgraf Georg
Friedrich 1622 sein Land an seinen Sohn abtrat, sprach er die Untertanen von ihren Eiden ledig
(GLA 74/5011).
[77] In Adelberg mußte 1502 ein Dienstknecht, der seine Entlassung beantragte, den Nachweis
führen, daß er niemandem etwas schuldig sei und keine nachfolgenden Rechtshändel habe (WLR
2, 15).
[78] Beispiele aus dem Bereich der pfälzischen Wälder Mitte des 15. Jahrhunderts (Wt Kirchheim
33; Wt Reichartshausen 29; Wt Schriesheim 40 f.).
[79] WLR 2, 6; 3, 163.
[80] So noch 1760 in Dürrwangen (WLR 2, 356).
[81] WLR 2, 309 (Unterboihingen 1586 ff.); 3, 590 (Dietenheim 1588).
[82] WLR 2, 330 f.
[83] *Eberhard von Künßberg*, Rechtsgeschichte und Volkskunde, in: Jahrbuch für historische
Volkskunde 1 (1925) 80 f.

als auch im von der Reformation erfaßten Bereich[84]. Auf diese Art wurden offensichtlich nicht nur die Zeugen vor Gericht, sondern auch Diener und Bürger, so z. B. in Kirchentellinsfurt, vor den Folgen des Meineids gewarnt. Nicht überall traten für den Meineid obrigkeitliche Strafen ein. Durchaus konnte es sein, daß man den Eidbrecher allein dem Gericht Gottes überließ. In der Regel sah sich die Herrschaft zum Einschreiten gezwungen. Gerade bei den Urfehden zeigt sich jedoch, daß ein mehrmaliger Eidbruch hintereinander möglich war, ohne daß die letzten Meineidsfolgen eintraten. So wurde z. B. einem Dieb in Berghülen bei Blaubeuren zunächst nur die Urfehde abverlangt. Erst nach ihrem Bruch verlor er die drei Schwurfinger, wurde aber bei erneuter Rückfälligkeit wieder zum Schwur gezwungen, jetzt durfte er seinen Wohnort nicht mehr verlassen[85].

Es war schon davon die Rede, daß der Eidesleistung die Handtreue vorausging. Die Handtreue konnte aber auch an die Stelle des Eides treten und für genügend erachtet werden. Schon im Mittelalter findet sich bei Bürgschaften im Zusammenhang mit der Verpflichtung zum Einlager das Gelöbnis an Eidesstatt[86]. In der zweiten Hälfte des 16. Jahrhunderts nahm man bisweilen die Inhaber kleinerer Ämter nur noch durch Handtreue in Pflicht, besonders findet sich das bei den Kirchen- und Schuldienern und der Almosenpflege[87]. Die Haltung der Obrigkeit war nicht eindeutig. Obwohl es durchaus die einfache Handtreue gab, verlangte die pfälzische Kirchenratsordnung von 1564 noch, daß jeder, der einen Eid verweigerte, vom Kirchen- oder Schuldienst ausgeschlossen werden solle. Beim Hofgesinde gab es dagegen 1611 die förmliche Wahl zwischen Eid und Handtreue. Wer sich des Eids „verweigern" wollte, sollte wenigstens durch Handtreue geloben, daß er sich der Gottesfurcht befleißigen, der Pfalz getreu und hold sein und keinen Geheimnisbruch begehen werde. Der pfälzische Agent in Prag übernahm seine Verpflichtungen nur inkraft des Bestallungsbriefs, ohne Eid[88]. Im allgemeinen aber waren damals Bestallung und Revers noch durchaus mit der Eidesleistung verbunden[89]. Die hohenlohische Kapitels- und Visitationsordnung von 1579 sah vor, daß die Kirchendiener, soweit sie noch nicht vereidigt waren, dies nachholten und gleichzeitig den handgeschriebenen Revers auf ihrer Bestallung mitbrachten. In den Revers war die Form des Priestereids aufgenommen[90]. Die pfälzischen Kirchendiener gaben um 1580 Handtreue, schworen einen leiblichen Eid und verpflichteten sich zusätzlich durch eigene Unterschrift. Dies wurde auch noch bis zur Jahrhundertwende beibehalten[91]. Im Hohenlohischen bezog sich 1610 die Unterschrift auf die *formula doctrinae*, Eidesleistung und schriftlicher Revers dagegen auf die Führung des Amtes in Lehre und Predigt[92]. In der Pfalz ist von einer solchen Un-

---

[84] Katholisch Pfauhausen, Dischingen, Söflingen, Dietenheim, Warthausen, Ochsenhausen und Laupheim, evangelisch Kirchentellinsfurt, Bissingen ob Lonetal (WLR 3, 511).
[85] HStAS A 44, 319.
[86] RPR II, Nr. 2138.
[87] KO 14, 438; 609; KO 15, 429; 445; WLR 2, 729.
[88] GLA 67/861, 178 bzw. 147.
[89] KO 15, 91 f.
[90] KO 15, 392.
[91] KO 14, 506–509; 524–527.
[92] KO 15, 674.

terscheidung nichts zu bemerken, dagegen zeigen die weltlichen Dienereide eine
große, nach der Wichtigkeit des Amtes gestaffelte Vielfalt. Der Großhofmeister Ludwig Graf von Sayn gelobte eidlich, daß er sich an alle bestehenden Ordnungen und an
die christliche Disziplin halten werde, und bestätigte dies durch Aufdrücken seines
Petschafts auf den Dienstrevers. Verschiedene höhergestellte Diener leisteten Eid und
Unterschrift, der Universitätskanzler ließ es bei einem einfachen Eid bewenden, bei
den niedrigeren Chargen genügte ein Gelöbnis[93]. Bisweilen hatten solche Gelöbnisse
auch nur den Charakter der Vorläufigkeit, gerade im kirchlichen Bereich, weil man
noch nicht wußte, was zu geloben war. So sah man 1580 in Hohenlohe von einem Eid
auf die Kirchenordnung ab, weil diese noch nicht mit der Konkordientheologie des
Jakob Andreae abgestimmt war, und verlangte von Schuldienern und Pfarrern nur ein
Gelöbnis, damit es nicht scheine, „als wär der heilige Geist in die Kirchenordnung
gebannt"[94].

## Auswirkungen des konfessionellen Zeitalters auf Eid und Gelöbnis

Die religiöse Form des Eides samt ihrer theologischen Begründung blieb über den
Einschnitt der Reformation hinaus weitgehend ungebrochen. In deutlicher Abwehr
der Kritik des Eides aus dem Täufertum erklärt 1563 der Heidelberger Katechismus,
daß der Eid beim Namen Gottes geschworen werden dürfe, wenn es die Obrigkeit von
ihren Untertanen oder sonstige Not erfordere, Treue und Wahrheit zu Gottes Ehre
und des Nächsten Heil dadurch zu fördern. Solche Eidschwüre seien Gottes Wort
gemäß und durchaus im Alten wie im Neuen Testament gebraucht worden. Falsch
schwören sei dagegen eine schwere Sünde, wie es fast keine größere gebe, und erzürne
Gott mehr als die Lästerung seines Namens. Deshalb habe auch Gott befohlen, sie mit
dem Tode zu bestrafen[95]. In dieser Hinsicht unterscheidet sich der Heidelberger Katechismus nicht von der Lehre Luthers und anderer Reformatoren[96]. Wie der Heidelberger Katechismus es ausdrückt, änderte sich die Eidesformel gegenüber früher
insofern, als im reformatorischen Christentum nur die Anrufung Gottes als Wahrheitszeuge zulässig war, nicht aber die von Heiligen oder Sachen.

Tatsächlich findet sich im Mittelalter und weiterhin im katholischen Schwaben des
16. Jahrhunderts der Eid unter Anrufung Gottes und aller bzw. einzelner Heiliger[97].
Vereinzelt werden auch nur die Heiligen ohne Anrufung Gottes als Adressaten des
Schwurs genannt[98]. Es ist wohl kaum in den wenigen bekannten Fällen aus dem
16. Jahrhundert zu klären, ob sich dahinter ein tatsächlicher Brauch oder nur die
Nachlässigkeit des Protokollanten verbirgt. Daß der Eid unter Anrufung der Heiligen
unmittelbar auf vorhandene Reliquien geleistet worden sei, wie das im Mittelalter

[93] GLA 67/860, 38 ff. und passim.
[94] KO 15, 245.
[95] KO 14, 363.
[96] Theologische Realenzyklopädie 9 (1982) 388.
[97] ORhStR I, 226; WLR 1, 772; 2, 277; 305; 511; 3, 377; 781.
[98] So im Diensteid des pfälzischen Kanzlers Florenz von Venningen 1508 (GLA 67/922, 134 v.).

durchaus vorkommt, findet sich in den hier untersuchten Quellen der Frühneuzeit nirgendwo eindeutig belegt. Auszuschließen ist das jedoch auch nicht. Mit seiner Verwerfung des Eides auf Sachen denkt der Heidelberger Katechismus sicher an diesen Gebrauch. Unter den Heiligen spielt die Anrufung der Muttergottes eine besondere Rolle[99]. Ganz merkwürdig ist die Auslegung des Eids im katholischen Söflingen bei Ulm 1560, wo es heißt, daß ein falsch Schwörender damit alle Heiligen und das ganze himmlische Heer verleugnet und sich dem teuflischen Geist, dem Luzifer und seiner Gesellschaft, „anhängig" macht[100]. In den katholischen Gebieten bleibt der Eid unter Anrufung der Heiligen bis zum Ende des 18. Jahrhunderts erhalten. Aber auch dort war das nicht die einzig und allein gebrauchte Eidesformel. Es findet sich fast ebensooft der Eid unter Anrufung Gottes und auf das heilige Evangelium[101]. Obwohl es zunächst anders aussieht, ist diese Eidesformel durchaus mittelalterlicher Herkunft und nicht erst durch die Reformation eingebracht. Sie spielt eine besondere Rolle bei den Eiden, die von Bischöfen zu leisten waren. Vielleicht erklärt sich damit, daß diese Form auch gerade von den österreichischen Prälaten bei ihren Privilegienbestätigungen benutzt wurden[102]. Selbstverständlich haben auch die evangelischen Landesherren diese Eidesformel akzeptieren können, häufig auch in der Abwandlung, daß man zu Gott und auf sein heiliges Wort geschworen hat[103].

Wie schon oben bei dem Beispiel Söflingen angedeutet, wird dem Eidesleistenden bisweilen im Eid selbst klargemacht, welch schlimme Folgen ein Eidbruch nach sich ziehen wird. So heißt es dort, daß „sich die hellischen hund nicht so leichtlich von der unwarheit wegen überwinden lassen". Das Bewußtsein der Verantwortung vor dem Jüngsten Gericht findet sich in gleicher Weise in evangelischen Orten wie in den katholischen, wenn auch nicht in der aus Söflingen bekannten Drastik. Häufiger ist, daß man sich entweder darauf beruft, daß Gott einem beim Jüngsten Gericht helfen wolle, oder sich bewußt ist, am Jüngsten Tag darüber Rechenschaft ablegen zu müssen, oder schwört bei seiner Seligkeit oder darauf, daß sich der Eid bewähren muß beim Lebensende, wenn Leib und Seele sich voneinander scheiden[104]. Die konfessionellen Unterschiede in den Eidesformeln sind insgesamt relativ gering, wie sich das ja auch bei der schon zitierten Eidtafel (s. o.) und den in ihr deutlich gemachten Meineidsfolgen gezeigt hat.

Völlig anders dachten die Täufer über den Eid. Ihre Ablehnung des Eides ist allgemein bekannt. Schon früh bezeichnet Balthasar Hubmaier die Taufe als den eigentlichen Eid des Christen gegenüber Gott[105], woraus folgt, daß sie nicht am Kleinkind

[99] WLR 3, 812.

[100] WLR 2, 872 f.

[101] WLR 1, 218; 222; 3, 510; HDO 509; 524. GLA 77/4093 (Ladenburg für Bischof in Worms 1595, also gemischtkonfessionelle Untertanen).

[102] GLA 79/1509. Zu den Bischöfen vgl. *Philipp Hofmeister,* Die christlichen Eidesformeln, eine liturgie- und rechtsgeschichtliche Untersuchung (München 1957) 53 f.

[103] GLA 67/861 passim; HDO 292; 454; Wt Kirchheim 24 f. Allein auf Gott den Allmächtigen so auch Wt Eberbach 43; 46; 130; 145; 150.

[104] WLR 1, 6627; HDO 277; 292; Wt Kirchheim 33.

[105] *Balthasar Hubmaier,* Schriften. Hrsg. von *Gunnar West* und *Torsten Bergstein* (Quellen und

vollzogen werden darf. Es lag aber auch nahe, angesichts dieses einzigartigen Treuege-
löbnisses und unter Berufung auf entsprechende Schriftstellen jeden Eid gegenüber
weltlicher oder geistlicher Obrigkeit abzulehnen. Trotzdem mußten viele Täufer einen
Eid schwören, als es darum ging, die Verfolgung durch die Obrigkeit wenigstens in
Grenzen zu halten und nicht der Todesstrafe anheim zu fallen. So sind die Urfehden
auf Verlassen des Landes durchaus nicht selten[106]. Im Falle, wo sich Täufer wieder
dem evangelischen Bekenntnis zuwandten, war diese Urfehde mit der Kirchenbuße
gepaart, bei einer katholischen Herrschaft hatten sie im allgemeinen mehr zu fürchten[107]. Urfehden finden sich auch sonst im Zusammenhang mit der Reformationsgeschichte in gleicher Weise bei Abfall vom und Rückkehr zum katholischen Glauben.
So ließ sich die habsburgische Verwaltung 1530 im besetzten Württemberg Urfehde
wegen Abfalls vom katholischen Glauben schwören, etwa in Dettingen unter Teck[108].
Die Urfehde wurde auch dazu benutzt, daß ein katholischer Pfarrer seine Amtspflichten nicht mehr in einem von der Reformation erreichten Filialort ausübte. Der katholische Pfarrer in Dielheim wurde von den Pfälzern dafür eingetürmt, daß er Gottesdienst im benachbarten Baiertal hielt, das noch nicht einmal der pfälzischen Landes-
hoheit unterworfen war. Nur nach Urfehde, „das messifizieren" dort zu unterlassen,
kam er wieder frei[109].

Der ausdrückliche Eid auf das Bekenntnis ist bei den Huldigungen der Untertanen
verhältnismäßig selten. Viel häufiger wird von den Untertanen verlangt, daß sie ihre
Kinder auch nicht als Dienstboten in fremdkonfessionelle Orte geben, daß sie den
Gottesdienst regelmäßig besuchen und daß sie überhaupt die Kinder im Christentum
erziehen und ihre Mitbürger zu christlicher Lebensführung und Gottesdienstbesuch
anleiten[110]. Die Festlegung auf die Konfession des Landesherrn durch die Huldigung
war ja auch ohne ausdrückliche Erwähnung dieser Tatsache gegeben. Nur in Fällen,
wo das nicht zutraf, stellte sich die Frage grundsätzlich. Das umfangreichste Beispiel
ist wohl die Huldigung in der Markgrafschaft Baden-Baden, nachdem diese 1612 wegen ihrer Überschuldung und strittiger Vormundschaftsfragen von Baden-Durlach
besetzt wurde[111]. Der lutherische Markgraf stellte seinen neuen Untertanen die kon-

---

*Fortsetzung Fußnote von Seite 25*

Forschungen zur Reformationsgeschichte 29 = Quellen zur Geschichte der Täufer 9, Gütersloh
1962) 196; 202; 346.

[106] *Claus Peter Clasen*, Die Wiedertäufer im Herzogtum Württemberg und benachbarten Herrschaften (Veröffentlichungen der Kommission für geschichtliche Landeskunde in Baden-Württemberg B 32, Stuttgart 1965) 12; Quellen zur Geschichte der Wiedertäufer, Bd. 2, bearb. von
*Kurt Schönbaum* (Quellen und Forschungen zur Reformationsgeschichte 14, 2, Leipzig 1934)
100 f.; 197.

[107] Quellen zur Geschichte der Wiedertäufer 2, 101; 197; 328 f.

[108] HStAS A 44.

[109] GLA 229/2215.

[110] Völlig ohne Beispiel in Südwestdeutschland ist ein Eid, wie ihn die Genfer Bürgerschaft auf
die calvinische Form der Reformation einschließlich Dogma und Kirchenzucht schwören mußte
(*Eugène Choisy*, La théocratie à Genève au temps de Calvin (Genève 1897) 14). Die südwestdeutschen Beispiele für Kindererziehung, Dienstboten, Gottesdienstpflicht: WLR 1, 687; 3, 738;
HDO 92; 197; 598.

[111] GLA 74/5009.

fessionelle Entscheidung frei, verlangte aber unmittelbar nach der Huldigung eine entsprechende Erklärung. Sie fiel fast in jedem Einzelfall unterschiedlich aus. Viele zeigten sich von solcher Entscheidung überfordert.

Eindeutiger stand es bei der Verpflichtung der höheren Beamten und gar der Geistlichen auf das herrschende Bekenntnis. Auch die Amtseide der Pfarrer hatten bereits ihre Vorläufer im landesherrlichen Kirchenregiment der Vorreformationszeit[112]. Zum in Hohenlohe schon lange geforderten Treueeid kam in der Mitte des 16. Jahrhunderts die feste Verpflichtung zur christlichen Predigt hinzu. Das wurde später bis dahin ausgestaltet, daß eine solche Predigt auch nach ihrem Inhalt und nach ihrer Dauer schon im Interesse der Untertanen geregelt werden mußte[113]. So durfte im Hohenlohischen nicht länger als eine Dreiviertelstunde gepredigt werden.

Wichtiger waren die dogmatischen Festlegungen in den Eiden der Kirchendiener. Die Pfälzer Pfarrer mußten 1564 schwören, „die reine lehr des wort Gottes unverfelscht nach prophetischer und apostolischer lehr und erclerung der uhralten kirchen, so in den dreien symbolis, Apostolico, Nicaeno et Athanasiano begrieffen" zu verkünden und sich aller „verfurische(n) lehr und ceremonien" zu enthalten[114]. In der Zeit der lutherischen Reaktion um 1580 kam die Verpflichtung auf den lutherischen Katechismus, nachher wieder die auf den Heidelberger, allerdings in der Form des „christlichen" Katechismus hinzu[115], während in beiden Fällen die Verpflichtung auf die Augsburgische Konfession erhalten blieb. Schließlich mußten die pfälzischen Pfarrer auch die calvinistische Kirchenzucht anerkennen[116]. Die lutherischen Herrschaften, vor allem Württemberg, legten ihre Kirchendiener, aber auch die weltlichen Beamten auf die Konkordienformel fest, wie dies zwischen 1580 und 1583 auch für die Geistlichen in der Kurpfalz galt. Daß der Heidelberger Kurfürst seine weltlichen Beamten damals nicht auf die Konkordienformel verpflichtete, sollte die Wiedereinführung des reformierten Bekenntnisses sehr erleichtern. Auch den Pfarrern wurde 1584 deutlich gemacht, daß ihre Eidspflicht hinsichtlich der Konkordie nichtig sei. Johann Kasimir wollte damit „alle solche juramenta und dergleichen vermeynte außgangene befelch hiemit abgethan, gentzlichen aufgehoben und cassirt haben"[117]. Die Eide der Kirchendiener umfaßten jedoch viel mehr als solche Bekenntnisfestlegungen und verlangten allgemein, die Kirche vor Schaden zu bewahren und ihr Bestes zu fördern, dem Kirchenrat gehorsam zu sein und die verschiedenen Kirchenordnungen einzuhalten. Auf die Kirchenordnungen wurden auch die hohen weltlichen Beamten, die Schuldiener und die Almosenpfleger verpflichtet[118].

Die Verpflichtung auf das Bekenntnis stand jedoch in der Regel nicht unter Eid. Für die Konkordienformel ist solches im südwestdeutschen Bereich ausdrücklich nur

---

[112] *Richard Lossen*, Pfälzische Patronatspfründen vor der Reformation aus geistlichen Lehenbuch des Kurfürsten Philipp von der Pfalz, in: Freiburger Diözesanarchiv 38 (1910) 180f.

[113] KO 15, 560; 563 f.

[114] KO 14, 424; auch noch 1588 ebd. 523.

[115] KO 14, 506–509; 524.

[116] KO 14, 609.

[117] KO 14, 515.

[118] KO 15, 245; GLA 67/829; 830; 861, 146 f.; KO 15, 644; KO 14, 483.

für Hohenlohe bezeugt[119]. In Württemberg leisteten Kirchendiener und Beamte
ebenso wie die pfälzischen Pfarrer ihre Verpflichtungen nur durch Unterschrift. Dies
blieb bis zum Ende des 18. Jahrhunderts Voraussetzung für die Aufnahme in ein
württembergisches Dienstverhältnis[120]. Dort war auch der Herrscher seit Herzog Ludwig so auf die Konkordie festgelegt, daß er auf das Reformationsrecht schon bei der
Huldigung verzichten mußte[121]. Schon vor der Konkordienformel war es üblich, Verpflichtungen auf das Bekenntnis durch Unterschrift einzuholen. So ließ Herzog Wolfgang von Zweibrücken 1564 alle Pfarrer des Landes die lutherische Bekenntnisformel
des Straßburger Reformators Marbach unterschreiben[122]. Auch die Kurpfälzer arbeite-
ten 1563 beim Übergang zum reformierten Bekenntnis mit Unterschriften. Auf der
Heidelberger Superintendentenkonferenz wurde 1563 verlangt, daß jeder den Heidelberger Katechismus unterschreibe. Einzig und allein der Superintendent von Oppenheim weigerte sich und blieb auch standhaft, als man ihm anbot, wenigstens heimlich
zu unterschreiben[123].

Im konfessionellen Zeitalter war das Gewicht der Unterschrift offensichtlich ebenso
bedeutsam wie das des Eides, wenigstens was die Bekenntnisbindung anbelangte. Für
die Treueverpflichtungen als Untertanen und Diener war dagegen in der Regel der
Eid erforderlich. Bei den Kirchendienern konnte beides zusammentreffen, doch ist
keine einheitliche Praxis erkennbar, in welchen Fällen kein Eid verlangt wurde. Offensichtlich gibt es schon im späten 16. Jahrhundert auch andere Formen der Verpflichtung außer Eid und Unterschrift.

Bei aller Betonung der eidlichen Bindung auch noch in der Reformationszeit zeigt
sich also doch hier ein erstes Abweichen von der strengen Forderung nach dem Eid in
jedem Dienstverhältnis. Man begann, öfter als im Mittelalter doch schon mit uneidli-
chen Formen der Verpflichtung zufrieden zu sein, ganz abgesehen davon, daß das Gewicht der Unterschrift in Zunahme begriffen war. Es sollte bis weit in die Aufklä-
rungszeit hinein dauern, bis die religiösen Formeln eidlicher Verpflichtung bei Untertanen, Amts- und Dienstverhältnissen auf die wenigen ganz wichtigen Fälle beschränkt wurden. Unverkennbar ist trotzdem schon eine gewisse Kritik und Locke-
rung während der Reformationszeit. Freilich hat erst die Not der Wiederbevölkerung
nach dem Dreißigjährigen Krieg der Toleranz gegenüber Eidverweigerern zum vollen
Durchbruch verholfen. Die Mennoniten in der Kurpfalz brachten zum Regierungsantritt eines neuen Herrschers seit Karl Ludwig ihre Glückwünsche vor und unterwarfen

[119] KO 15, 674.
[120] HStAS A 202, 518; *Walter Bernhardt*, Die Zentralbehörden des Herzogtums Württemberg
und ihre Beamten 1520–1629, 2 Bde. (VKBW B 70–71, Stuttgart 1973), hier Bd. 1, 84; *Klaus
Schreiner*, Juramentum religionis. Entstehung, Geschichte und Funktion des Konfessionseides
der Staats- und Kirchendiener im Territorialstaat der frühen Neuzeit, in: Der Staat 24 (1985)
211–246, ist in dieser Hinsicht zu berichten.
[121] HStAS A 202, 512.
[122] *Walther Koch*, Der Übergang von Pfalz-Zweibrücken vom Luthertum zum Calvinismus, in:
Blätter für pfälzische Kirchengeschichte 27 (1960) 26.
[123] *J. F. Gerhard Goeters*, Caspar Olevian als Theologe, in: Monatshefte für evangelische Kirchengeschichte des Rheinlandes 37/38 (1988/89) 338.

sich damit dessen Regierung, nicht ohne daß der Kurfürst seinerseits ihre besonderen Freiheiten, allerdings auch ohne förmliches Gelöbnis, bestätigte[124].

## Zusammenfassende Thesen und Probleme

1. Ab dem Spätmittelalter wird die Eidesleistung immer mehr schriftlich festgehalten, doch dürfte mit der zunehmenden Schriftlichkeit auch eine stärkere Ausdifferenzierung der Eidesinhalte einhergehen. Der ländliche Bereich ist davon hauptsächlich im 16. Jahrhundert erreicht.

2. Die inhaltliche Erweiterung wie die Vermehrung der Huldigungs-, Bürger-, Amts- und Diensteide sind Voraussetzung wie Ergebnis der Verdichtung von Herrschaft, gerade auf der Ebene der Gemeinden. Es geht dabei um die Einbindung aller, auch der Minderberechtigten, Fremdleibeigenen und Dienstboten in die Gerichtspflicht der Orts- und Landesherren.

3. Trotzdem bleiben immer noch alte leibrechtliche und grundherrschaftliche Bindungen bestehen, die von stärkeren Territorialherren dazu benutzt werden, in fremdes Territorium hineinzuwirken.

4. Die einheitlichere territoriale Gerichtsbarkeit und die deutlichere Beschreibung der Pflichten der Gerichtsangehörigen wie der übrigen Gemeindeämter führt zu größerer Rechtssicherheit, natürlich auch zu größerer Kontrolle der Untertanen, und stärkt so nochmals die Bindungen an die Herrschaft.

5. Bei Mehrherrigkeit über das Gericht bleiben die alten Verhältnisse am stärksten festgeschrieben, weil eine Veränderung des Zusammenwirkens aller bedarf. Hier haben auch die Untertanen die Chance, nachteilige Modernisierungen aufzuhalten.

6. Viele Eide örtlicher Amtsträger beziehen sich zwar auf die Pflichten gegenüber der Gemeinde, aber höchst selten ist die Gemeinde der Adressat solcher Eide. In der Regel nimmt die Herrschaft den Eid für sich und die Gemeinde entgegen.

7. Die Reformation bringt eine erweiterte eidliche Verpflichtung der Pfarrer. Wie allgemein in diesem Zeitalter werden mit zusätzlicher Ausgestaltung des Inhalts der Eide ganze Kirchenordnungen und selbst das Konkordienbuch beschworen.

8. Deutlich wird in diesem Zeitraum ebenfalls, daß an die Stelle des Eides andere Formen der Verpflichtung treten, bei der Konkordie aber auch bei Kirchenordnungen häufig die Anerkennung durch einfache Unterschrift. Es müßte noch untersucht werden, wie weit solches Vorgehen mit einer Kritik an allzu vieler Eidesleistung zusammenhängt.

9. Evident wird im 16. Jahrhundert, daß es außer dem Eid auch andere wirksame Formen der Verpflichtung gibt, in einigen, meist geringfügigen Fällen sogar die Wahlfreiheit zwischen Eidesleistung und einfachem Gelöbnis.

10. Außerhalb des Kreises der geistlichen und weltlichen Beamten des Territoriums sind Eide, die auf eine bestimmte Konfession abheben, recht selten. Weitgehend genügte hier die Festlegung auf die Herrschaft durch die Huldigung.

---

[124] GLA 77/4078.

11. Auch der Inhalt der Eidesformeln hat sich durch die Reformation geändert. Der Schwur auf die Heiligen fällt in den protestantischen Territorien weg. Der Eid wird nur noch auf Gott und sein heiliges Wort geleistet. Aber auch diese Eidesformel steht in alter katholischer Tradition und bleibt auch weiterhin in katholischen Territorien in Gebrauch.

12. Die Bestrafung des Eidbruchs zeigt bisweilen, zumal im Bereich der Urfehden, eine relativ milde Praxis. Das hindert strenges Vorgehen in Einzelfällen durch das vielfach angedrohte Abhacken der Schwurfinger nicht. Die Konsequenzen für die irdische Gesellschaft wie für die Ewigkeit werden in beiden konfessionellen Lagern mit der nämlichen Symbolik und mit identischen Formeln beim Akt der Eidesleistung vergegenwärtigt.

## Antony Black

## Der verborgene Ursprung der Theorie des Gesellschaftsvertrages:

### Die in der Entwicklung befindliche Sprache des Contractus und der Societas

Dieser Aufsatz versucht, einen Beitrag zu den Erklärungen der steigenden Bedeutung der Theorien eines Gesellschaftsvertrages in unserer Betrachtungsweise des Phänomens „Staat" zu leisten. Unter Gesellschaftsvertrag verstehe ich hierbei die Auffassung, daß sich menschliche Institutionen auf der Grundlage einer Vereinbarung mit ihren Untertanen in bezug auf bestimmte Aufgaben etablieren. Ihre Legitimität hängt von der Erfüllung dieser bestimmten Aufgaben ab sowie davon, daß sich diese Vereinbarungen mit Hilfe von etablierten Verfahren durchsetzen lassen, wie man auch einem privatrechtlichen Vertrag Geltung verschaffen würde. Mit Betrachtungsweise *(mentalité)* meine ich hier nicht nur von Philosophen vertretene Theorien, sondern einigermaßen weit verbreitete Sichtweisen der politischen Klassen.

Man sollte annehmen, daß keine neuen Erklärungen notwendig sind, da Feudalismus und Calvinismus, wie auch die politischen Ideen, die von Cicero (De Officiis II,12) und Augustinus überliefert wurden, die weite Verbreitung gesellschaftsvertraglicher politischer Anschauungen im Frankreich und den Niederlanden des späten 16. Jahrhunderts und im Großbritannien und Nordamerika des 17. Jahrhunderts hinreichend erklären. Diese Annahme ist jedoch mit Problemen behaftet. Wenn Feudalismus wirklich einer der Ursprünge dieser Theorien war, warum entwickelte sich die politische Ethik des Gesellschaftsvertrages erst zu diesem Zeitpunkt und nicht schon viel früher? Es stimmt zwar, daß es schon bemerkenswerte Aussagen über das Konzept des Gesellschaftsvertrages von mittelalterlichen Philosophen gibt, insbesondere von Mangold von Lautenbach[1], diese sind jedoch selten und verstreut. Mit Sicherheit wurde weithin vorausgesetzt, daß Herrscher stark an ihren Amtseid, inklusive des Krönungseides, gebunden waren, wie auch an die Vereinbarungen mit den großen Vasallen und ihren Verträgen mit „souveränen" Mächten. Marc Bloch beschrieb den Einfluß des Lehenssystems mit den folgenden Worten: „transferred, as was inevitable, to the political sphere ... this idea was to have far-reaching influence"[2].

[1] Cambridge History of Medieval Political Thought, hrsg. v. *J. H. Burns* (Cambridge 1988) 246–7.
[2] *Marc Bloch*, Feudal Society (London 1961) 451; vgl. auch Cambridge History 210.

Das Feudalsystem beinhaltete die Grundidee des Vertrages insofern, als es genaue
Definitionen für das Verhältnis zwischen Anführer und Gefolge, Herren und Knech-
ten, König und Baronen lieferte: Verpflichtungen wurden unter genau definierten Bedingungen eingegangen. Zusätzlich war der Feudalsprache eigen, daß Untertanen von
ihrer Gefolgschaft befreit werden konnten, falls gegen diese Bedingungen verstoßen
wurde. Somit schuf der Feudalismus ein soziales Milieu und Präzedenzfälle für bedingte Verträge zwischen Herrschern und Untertanen. Andererseits bestanden sowohl
Krönungseide wie auch das Feudalsystem aus spezifischen Handlungen zwischen einzelnen Personen und stellten zu keiner Zeit eine generelle Theorie der Rolle und der
Ausmaße des Staates dar. Dieser Mangel an genereller politischer Überzeugung kam
am deutlichsten im Konziliarismus zum Vorschein, dessen Vertreter jede Disziplin
und alle noch so verborgenen mittelalterlichen Prinzipien so lange durchstöberten, bis
sie Argumente für ein Herrscher-Untertan-Verhältnis ähnlich dem gefunden hatten,
welches Vertragstheoretiker später vertraten; aber obwohl sie viele hochentwickelte
Ideen hervorgebracht haben, haben sie kaum auf einen Vertrag der Gesellschaft oder
des Staates verwiesen und haben in diesem Zusammenhang keine generelle Theorie
entwickelt, wie sie das im Fall der Volkssouveränität[3] getan hatten. Diese Tatsache an
sich verlangt nach einer Erklärung.

Das Argument des Ursprungs im Calvinismus ist schwerer zu widerlegen; es mag
sogar teilweise unwiderlegbar sein. Die Verbreitung des Calvinismus fiel sowohl zeitlich wie auch räumlich mehr oder weniger mit der Verbreitung der Theorien eines
Gesellschaftsvertrages unter den politischen Klassen zusammen. Es ist wahr, daß es
vereinzelte Erscheinungen der Philosophie eines Gesellschaftsvertrages unter den
spanischen Neo-Scholastikern[4] gab. Diese waren jedoch, wie auch ihre Darstellungen
einer modifizierten Volkssouveränität, Ausdruck ihrer kulturellen Isolation, die zu keinem Zeitpunkt von den politischen Klassen in Spanien oder der katholischen Welt
des späten 16. und 17. Jahrhunderts unterstützt wurden.

Mit Bezug auf Cicero und Augustinus ist festzustellen, daß ihre Aussagen, die politische Gesellschaft habe ihren Ursprung in gegenseitigen Vereinbarungen, nicht notwendigerweise darauf hinauslaufen, daß politische Autorität von gegenwärtiger Zustimmung abhängig ist. Dies wird besonders klar in Augustinus' Vorstellung vom
*pactum generale* unter den Menschen *obedire regibus.* Dieselben Kriterien gelten auch
für jene politischen Denker des späten 13. und 14. Jahrhunderts, für die Gesellschaft
und Staat *(societas civilis* oder *politica)* ihren Ursprung sowohl in der Natur wie auch in
der Kunst hatten, wobei Einverständnis und Vereinbarungen Bestandteile des letzte-
ren waren[5]. In diesem Fall gilt das gleiche Argument wie in bezug auf den Einfluß des

[3] *Antony Black,* Council and Commune: The Council of Basle (London 1979).
[4] *J. W. Gough,* The Social Contract (Oxford ²1957) 67–71; *Bernice Hamilton,* Political Thought
in Sixteenth-Century Spain (Oxford 1963) 40–43; *Quentin Skinner,* The Foundations of Modern
Political Thought, Bd. 2: The Age of the Reformation (Cambridge 1978) 159–66.
[5] *Mario D'Addio,* L'idea del contratto sociale dai Sofisti alla Riforma (Milan 1954); *M. Grigna-
schi,* Le problème du contrat social et de l'origine de la ‚Civitas‘ dans la scolastique, in: Commis-
sion internationale pour l'histoire des assemblées d'états, Anciens pays et assemblées d'états 22

Feudalismus: Die Ideologie des Gesellschaftsvertrages entwickelte sich erst erheblich später.

Der Vertrag als soziale Norm ist nahezu universal kulturell gültig. Er ist einfach die Fortentwicklung des Versprechens oder Eides zu einem zweiseitigen (aber nicht notwendigerweise gleichberechtigten) Verhältnis, in dem zwei Parteien sich gegenseitig gewisse Dinge versprechen. Er unterscheidet sich vom Versprechen oder Eid dahingehend, daß er bedingter Natur ist: die Erfüllung von x durch A wird davon abhängig gemacht, daß B y erfüllt. (Im römischen Recht basierten Kauf und Verkauf auf Verträgen.) Es ist bemerkenswert, daß der „Feudal"-eid zwischen Fürsten und Vasallen gleicher Natur war. Die Ideologien von Ergebenheit, Versprechen, Eid und Vertrag waren besonders stark und allgemeingültig in der prämodernen europäischen Kultur. Sie waren nicht nur in den feudalen Verhältnissen verankert, sondern auch in der Tradition der *commune* oder *Gemeinde* (Dorf, Stadt) und der Zünfte. In diesen Vereinigungen schworen sich die Mitglieder normalerweise einen gegenseitigen Eid; das Versprechen galt allen Mitgliedern und/oder der Obrigkeit gegenüber. Dieser Eid war üblicherweise eine Vorbedingung für Mitgliedschaft. (Seit Weber werden diese Institutionen des prämodernen Europas allgemein als *Eidgenossenschaften*[6] bezeichnet.) Versprechen und Vertrag waren auch nicht weniger stark von der christlichen Ideologie sowohl des Alten wie auch des Neuen Testaments beeinflußt und durch sie gerechtfertigt: das Konzept *fides, fidelis, fidelitas* war übermächtig, da eine der grundlegendsten Bedingungen der christlichen Gemeinschaft *universitas fidelium* war. *Fides* beinhaltet sowohl Glaube im theologischen Sinne von fest verankertem Glauben, wie auch Loyalität im sozialen Sinne. All dies steigerte die Bedeutung von Loyalität als sozialem Wertbegriff in zwischenmenschlichen Beziehungen ungemein. Die weit verbreitete „Secreta Secretorum" (im 13. Jahrhundert verfaßt und fälschlicherweise Aristoteles zugeschrieben) faßte dies in einer ausnehmend politischen Aussage zusammen: „Scias itaque quod per fidem fit hominum congregatio, civitatum inhabitatio, virorum communio, regis dominatio; per fidem castra tenentur, civitates servantur, reges dominantur. Si quidem tollas fidem, cuncti homines ad statum pristinum revertentur, vid ad instar brutorum et similitudinem bestiarum. Cave tibi, rex fidelissime, infringere datam fidem et serva firmiter juramenta tua et federa etsi sint gravia."[7]

Die Entwicklung des Vertrages im Verständnis der mittelalterlichen Juristen war, wie wir später sehen werden, bemerkenswert. Maine führte aus, daß die Theorie des Gesellschaftsvertrages „though nursed into importance by political passions, derived

---

*Fortsetzung Fußnote von Seite 32*

(1961) 65–85; *Cary Nederman*, Nature, sin and the origins of society: the Ciceronian tradition in medieval political thought, in: JHI 49 (1988) 3–26.

[6] Zur jüngeren Forschung siehe *Otto Gerhard Oexle* in diesem Band sowie Gilden und Zünfte, hrsg. v. *Bernd Schwineköper* (Sigmaringen 1985).

[7] Hrsg. *R. Steele* (Oxford 1920) 57 (mit Roger Bacons Anmerkungen). Bekannt auch unter dem Titel Epistola ad Alexandrum de conservatione oder sanitate oder regimine principum; dieses Werk wurde ins Englische, Italienische, Katalonische und Französische übersetzt; es gibt zahlreiche lateinische und andere Ausgaben in der Münchner Staatsbibliothek und The Bodleian Library, Oxford.

all its sap from the speculations of lawyers"[8]; dies war meiner Meinung nach eher eine geringschätzige philosophische Bewertung als eine historische. All dies führt zu dem Schluß, daß man jene Behauptungen mit Vorsicht behandeln muß, die darauf hinauslaufen, daß Völker vom Stadium der engen Gemeinschaft zu loseren vertraglichen Zusammenschlüssen „fortschreiten". Vertragliche Zusammenschlüsse gehen nicht nur bis zum Herzen des europäischen Mittelalters zurück, sondern sind sogar noch viel älter[9].

Eine weniger beachtete mögliche Quelle des gesellschaftsvertraglichen Denkens sind die Schriften der römischen Zivilrechtler und der Kirchenrechtler mit Bezug auf *pacta, conventus* und *contractus.* Zwischen dem 13. und dem 16. Jahrhundert und darüber hinaus gab es ungeheuer viel juristische Literatur zu diesen Themen, und im 15. Jahrhundert gab es eine Flut von Monographien *De Pactis*[10]. Verträge waren offensichtlich ein Bereich, der zahlreicher richterlicher Entscheidungen bedurfte. Im allgemeinen scheinen diese Juristen Vereinbarungen, die wir als „feudal" bezeichnen würden, unter den gleichen Gesichtspunkten behandelt zu haben wie solche Vereinbarungen, die wir als „Handelsvereinbarungen" bezeichnen würden. Ein Teil ihres Interesses entsprang wahrscheinlich den Änderungen, denen die feudalen Verhältnisse unterworfen waren, dem Übergang von Diensten zu Geldleistungen („entarteter Feudalismus"), wie auch den Versuchen der Fürsten, Lehen als widerrufliche Regierungsämter statt als erbliche Besitztümer zu behandeln („Zentralisation"). Gleichzeitig spiegelte sich in den juristischen Schriften die Notwendigkeit für eine kapitalistische Handelsgesellschaft wider. Die Juristen beschäftigten sich jedoch nicht ausschließlich mit einfachen Verträgen; sie beschäftigten sich außerdem mit Verträgen zwischen Herrschern und Untertanen.

Cino da Pistoia (1270–1336/7) beschreibt, wie Guido da Suzaria (gestorben ca. 1290) auf eine *quaestio* „Utrum, si imperator ineat aliqua pacta cum aliqua civitate vel barone, teneatur ea observare tam ipse quam eius successor", bejahend antwortete mit der Begründung: „naturalia iura suadent pacta servari et fides etiam hostibus est servanda"[11].

Bartolus führte in dem selben Sinne aus: „Si imperator facit pactum cum aliqua civitate … videtur quod non (tenetur servare) quia est solutus a legibus. Contrarium est veritas. Nam pacta sunt de iure gentium … Iura gentium sunt immutabilia."[12]

Abschließend sei darauf hingewiesen, daß Baldus bestätigte, daß, wenn der Kaiser oder König von Frankreich einen Herzog mit einem Lehen ausgestattet hatte, er dieses Lehen weder ihm noch seinen Nachkommen aberkennen konnte, außer im Fall

---

[8] *Sir Henry Maine,* Ancient Law, chapter 9.

[9] *Antony Black,* Guilds and Civil Society in European Political Thought from the Twelfth Century to the Present (London 1984); *Patricia Springborg,* The contractual state: orientalism and despotism, in: History of Political Thought 8 (1987) 395–433.

[10] Vgl. *Sir R. W.* and *A. J. Carlyle,* A History of Medieval Political Theory in the West, Bd. 6 (Edinburgh 1950) 153–7; *Walter Ullmann,* The Individual and Society in the Middle Ages (London 1967) 83 n.

[11] *Cino,* ad Codex 1.14.4 (Frankfurt 1578) fol. 26r/a,n.7. Vgl. auch Cambridge History 461–2.

[12] *Bartolus,* ad Codex 1.14.4. Vgl. auch *Albericus de Rosate* in: Tractatus Illustrium Iurisconsultorum (TII) (Venice 1584) Bd. 11 (2), fol. 26v/a.

„propter convictam culpam vel feloniam"; und er führte weiter aus „Nec obstat quod imperator habeat plenitudinem potestatis, quia verum est quod deus subiecit ei leges sed non subiecit ei contractus, ex quibus obligatus est"[13]. Baldus machte eine wichtige Feststellung insofern, als er darauf hinwies, daß, obwohl Verträge normalerweise einen Nachfolger nicht binden, sie dies doch tun, wenn der Vertrag „ea quae sunt de natura vel consuetudine officii, sicut est infeudare"[14] betrifft. Im 15. Jahrhundert entwickelte sich dies zur *sententia communis*, die gleichermaßen von bedeutenden und weniger bedeutenden Juristen entwickelt und ausgelegt wurde.

Aus diesen Auszügen wird klar, daß der Grundsatz der vertraglichen Verpflichtung des Fürsten sich sowohl auf die feudale Praxis generell wie auch auf die Beziehung zwischen dem Kaiser und den italienischen Städten bezog (wie z.B. im Frieden von Konstanz niedergelegt). Sie stellte somit gleichzeitig eine feudale wie eine bürgerliche Idee dar – eine Illustration dessen, wie bedeutungslos die Kategorien „feudal" und „bourgeois" sein können. Jason de Maino (1435–1519) machte diesen Punkt sehr deutlich, als er in Unterstützung der Meinung von Baldus ausführte: „si princeps in concessione feudi reciperet pretium, licet uteretur verbis ‚indulgemur', tamen cum sit venditio ... per consequens erit contractus irrevocabilis, et non habebit naturam feudi; immo non privabitur ex causis ex quibus alias vasalli privari solent"[15]. Das heißt: wenn Geld überreicht wurde, wurde die Investition zu einer Verkaufsaktion (egal, welche „Konzessions-Theorie" in dem Dokument angeführt wurde).

Weitere Verfeinerungen wurden sowohl von Baldus wie auch von seinen Nachfolgern vorgenommen. Zuerst wurde all dies nicht nur auf den Kaiser angewandt, sondern auch auf den Papst (in diesem Fall weist Tudeschi darauf hin, daß Verträge *de iure divino*[16] bindend seien) beziehungsweise generell auf alle Fürsten[17]. Die wichtigste Unterscheidung von allen war die zwischen „natürlicher" Verpflichtung und „ziviler" (staatsbürgerlicher) Verpflichtung. Auf der einen Seite war der Fürst durch Verträge gebunden, da diese direkt auf der natürlichen Verpflichtung basierten und nicht nur Vereinbarungen im Zivilrecht (positivem Recht) waren. (Baldus sagte zu Verträgen generell: „naturalis obligatio pendet a facto, i.e. consensu, civilis autem a iuris solennitate"[18].) Auf der anderen Seite war diese Verpflichtung nicht nur eine moralische Verpflichtung; in diesem Fall hätte sie sich nicht von der von allen Juristen vertretenen Ansicht über die Verpflichtung des Fürsten, die Gesetze zu ehren, unterschieden. Dieser Punkt wurde von Franciscus de Accoltis (ca. 1418–1483) begründet: „princeps ob-

---

[13] *Baldus*, Ad Feud. 1.7 (Pavia 1495), fol. 17v; *Baldus* ad Decretales 2.19.1 (Lyon 1551) fol. 238r, n.2. Siehe *Joseph Canning*, The Political Thought of Baldus (Cambridge 1987) 83–5.
[14] Ad Digest 1.4.1.
[15] In secundam Digesti veteris partem commentaria (Lyon 1540) fol. 136r,n.12–14.
[16] Commentaria in V Decretalium libros, Bd. 1 (Venice 1571) fol. 19r, on X 1.2.1.
[17] Der Plural ist explizit in: *Martinus Garatis de Laude*, De Principibus in TII Bd. 16, fols 204v–212r at fol. 211r (c. 454) (obwohl dieser zweitklassige Autor früher gesagt hatte „In omni pacto intelligitur excepta auctoritate principis": fol. 208r, c.273); und *ders.*, De confederatione, pace et conventionibus: TII Bd. 16, fol. 302r–v. *Maino* o.c. Anm. 15 sagte: „Hinc est quod imperator vel alius princeps, licet possint scribere contra leges et statuta, tamen non possunt tollere contractus quae iuris gentium sunt, sine iusta causa."
[18] De Pactis, in TII Bd. 6 (1), fol. 3v.

ligatur *non solum naturaliter sed civiliter* ex contractu."[19] Andrea ab Exea beschrieb
dies in etwas anderer Form: „illa naturalis obligatio ita obligat principem sicut civilis
obligat privatum ... Licet princeps non subiciatur legibus, tamen subiciatur necessitati
legis naturalis ... procedat etiam de plenitudine potestatis, virtute cuius non potest
princeps venire contra contractum."[20] Die Bedeutung ist klar: Wenn ein Fürst das Gesetz bricht, gibt es nichts, was irgend jemand rechtmäßigerweise dagegen tun kann;
aber wenn er einen Vertrag bricht, ist er den rechtlichen Mitteln genauso ausgesetzt
und kann genauso vor Gericht gebracht werden wie jeder andere auch. Wie Maino es
ausdrückte, muß er einen „gerechten Grund" nachweisen, um von einem Vertrag abweichen zu können[21].

Der Fürst ist also dem Gesetzesverfahren unterworfen, und der Untertan kann sich
ihm somit entgegenstellen und ihn kritisieren: Dies war der Ansatzpunkt für die Entwicklung des Konstitutionalismus. Dies stellte einen Bruch in der absolutistischen
Lehre dar, der vorwiegend von Zivilrechtlern und Kirchenrechtlern vorgebracht
wurde und eventuell ebenso bedeutsam war wie die wohl bekanntere Behauptung von
Bartolus, daß die Stadtstaaten, die keine übergeordnete Macht anerkennen, de facto
unabhängig seien. Wie Paulus de Castro (gestorben 1441) es ausdrückte: „princeps debet servare suum contractum etiam invitum cum eo qui erat subditus tempore contractus celebrati." Während jedoch das Anerkennungsargument des Bartolus auf de
facto Erwägungen beruhte, basierte das Vertragsargument (in de Castros Worten) auf
„ius naturale" oder auch „ius gentium primevum"[22]. Diese Ansicht wurde weiterhin
von all jenen unterstützt, die die Verpflichtung, Wahleide und Übereinkommen zu
ehren, in die neuen Machtverteilungsverhältnisse der Monarchien des späten 15. und
frühen 16. Jahrhunderts einbringen wollten[23]. Dies alles band den Fürsten mehr und
mehr in das Netz *bürgerlicher* Beziehungen ein. Denn, wie Ludovicus Romanus Pontanus (gestorben 1439) folgerte, „si principes possent ex penitentia contractus factos
cum privatis revocare, certe nullus cum eis contraheret. Et hoc modo per indirectum
privarentur facultate contrahendi."[24]

Man kann sogar noch weiter gehen und sagen, daß dies alles Teil des gleichen Argu-
ments ist, das von Bartolus und anderen vorgebracht wurde in bezug auf das Recht der

---

[19] Ad Decretales 2.19. *Albertus Bolognettus* stellte fest, daß gegen einen Prinzen, der einen *pactum nudum* (einen mündlichen Vertrag) brach, vorgegangen werden konnte: De Pactis, in TII
Bd. 11 (1), fol. 30v/a; vgl. auch *Paulus de Castro*, Consilia, cons. 137, fol. 165r.
[20] De Pactis, in TII Bd. 6 (2), fol. 17v/b.
[21] Siehe oben Anm. 15.
[22] Consilia (Frankfurt, 1580) fol. 168r: cons. 1.318 n.5.
[23] *Philippus Decius*, Consilia, (1454–1536/7) cons. 151, fol. 161r/b: „Ex tali promissione efficaci-
ter papa obligetur, nec se absolvere possit quia iuramentum et votum est de iure divino ... Papa
qui est princeps ex suo contractu astringitur ... Et hoc bene facit, quia, quoniam princeps ex contractu obligatur, etiam de plenitudine potestatis contravenire non potest" (er fährt weiter und zitiert Paulus de Castro, cons. 420); vgl. auch *Decius*, cons. 48 (wo er *Castro*, ad Codex 1.14.4 zitiert)
und cons. 528 (fol. 553r/a).
[24] Consilia (Lyon 1586) cons. 357 (zitiert von *Maino*, Anm. 15); *Ullmann* (Individual and Society
83n) bezieht sich auch auf cons. 352, fol. 184v, n.24 und Pontanus in Tractatus Universi Iuris
(TUI) Bd. 11 (1), fol. 24v, n.9.

de facto selbständigen *civitates,* aus eigener Autorität heraus Gesetze zu erlassen etc.[25]. Im Kontext des Verhältnisses zwischen den italienischen *civitates* und dem Kaiser lief das Vertragsargument darauf hinaus, daß die „Devolution" der Regierungsmacht an die örtlichen Körperschaften, seien sie bürgerliche Gemeinschaften oder die Herren der Stadt als kaiserliche Vasallen (oder auch *vicarii*), unwiderruflich war, außer bei beiderseitiger Zustimmung zur Vertragsauflösung. In einem gewissen Sinne war dies ein stärkeres Argument, da es auf dem angeblich universellen Prinzip des Naturrechts beruhte. Dieses scheint der Grund zu sein, weshalb italienische Juristen die Vertragstheorie vom 13. bis ins 16. Jahrhundert so stark vertreten haben.

Vertragliche Beziehungen zwischen König und Volk waren jedoch im mittelalterlichen Europa viel weiter verbreitet, als unsere Beschreibung der juristischen Aktivitäten nahelegt. Auf Grund ihrer Lage als Grenzstaaten waren sie am deutlichsten in den spanischen Königreichen entwickelt: Der Vertrag bildete die Grundlage des Verhältnisses zwischen dem König und den Führern des Militärs während der Reconquista und auch während der Eroberung Amerikas[26]. Besonders im Königreich von Aragon-Katalonien waren die vertraglichen Vereinbarungen ein Element in einem umfassenden Gebilde konstitutioneller Übereinkommen; diese umfaßten regelmäßige Zusammenkünfte der Stände *(Cortes)* – eine Praxis, die sich nach der Eroberung durch Alfonso V. (1416–1458)[27] auch in Sizilien und Sardinien entwickelte. Städten wurden Privilegien verliehen, die die Form bindender Verträge annahmen. Während der Cortes von 1454–1458 in Barcelona schwor Alfonso, „tenir e inviolablement observar e fer observar ... tots los usatges de Barchinona, constitucions e capitos de les Corts de Cathalunya, libertats, privilegis, usos e consuetuts"[28]. Und an die Stadt Vich gerichtet sagte er: „Renuntiamus regio et imperali iuri dicenti quod princeps legibus est absolutus, submittens nos et successores nostros huic nostre legi et aliis juribus", die er im einzelnen aufführte. Die Bürger waren nicht gezwungen, irgendeiner Person, egal welchen Ranges, zu gehorchen, wenn dies gegen dieses Gesetz verstoßen hätte; „concedimus ac ex debito fidelitatis injungimus ex nostre regia plenitudine potestatis illis (an andere!) posse et debere fieri resistentiam et contradictionem per vos et eos licite, impune in favorem regie nostre corone utilitatemque rei publice dicte universitatis consiliarorum, civium et proborum hominum civitatis"[29]. In Aragon-Katalonien bestanden die Cortes regelmäßig darauf, daß die Gesetze auch für den König bindend waren. Als Begründung hierfür wurde oft angeführt, daß sie in Vertragsform gefaßt waren. Dies wiederum lag an der Tatsache, daß die Gesetze von den Cortes ausgingen und damit grundsätzlich auf der Willensübereinstimmung zwischen dem König und den Stän-

---

[25] *Castro* zitiert cons. 137 (Anm. 22) in der gleichen Passage *Cino* und *Bartolus,* ad Digest 1.1.9 (das *de facto* Anerkennungsargument) und stellt fest „cum Veneti non recognoscant superiorem, locum principis obtinent in ipsorum civitate et subditis" (fol. 165v).

[26] *John H. Elliott,* Imperial Spain 1469–1716 (London 1970) 59.

[27] *Antonio Marongiu,* Medieval Parliaments: a Comparative Study (London 1968) 65–75, 109–116.

[28] Cortes de los antiguos reinos de Aragon y de Valencia y Principado de Catalunya, Bd. 22 (Madrid 1916) 348.

[29] Cortes ... Bd. 22 (Madrid 1917) 45. Siehe *J. Vicens Vives,* Juan II de Aragon: Monarquia y revolucion en la Espana del siglo XV (Barcelona 1953) 171–3, 193, 386n.

den beruhten. Wie wir schon gesehen haben, bildete Willensübereinstimmung die
Grundlage vertraglicher Verpflichtungen in der juristischen Lehre[30]. Wenn wir jetzt
die juristische Lehre und die spanische Praxis kombinieren, führt uns das zu einer na-
turrechtlichen Grundlage des Parlamentarismus: Gesetze, die vom Parlament verab-
schiedet wurden, hatten den Status eines gegenseitigen Versprechens und erhielten
somit ihre Gültigkeit direkt aus dem Naturrecht. Im Sizilien Alfonsos V. wurden diese
„pactionatae leges et inviolabiles contractus"[31] genannt. Dies alles war Ausdruck dessen, was der moderne Historiker „libertad federativa imperial"[32] genannt hat.

Diese Ansicht vom Verhältnis des Monarchen zum Recht widersprach jedoch auf
den ersten Blick der Rechtslehre, wonach der Fürst „legibus solutus" (Digesten 1.3.31)
war, und wonach seine Verpflichtung, den Gesetzen zu gehorchen, eine moralische
Verpflichtung war, die er freiwillig einging *(de honestate, de voluntate)*, und keine
rechtliche Verpflichtung *(de necessitate)* (auf der Grundlage des Codex 1.14.4, „Digna
vox"). Wie oben schon ausgeführt, hat Baldus die vertraglichen Verpflichtungen des
Fürsten nur dadurch begründet, daß er den Unterschied zwischen Gesetzen und Verträgen deutlich herausstellte („Deus subiecit ei leges, sed non subiecit ei contractus";
„Licet princeps non ligetur lege legis, ligatur lege conventionis"[33]). Aber sogar unter
den Juristen gab es eine Bewegung, die sich den aragon-katalanischen Tendenzen nä-
herte. Cino behauptete, daß die Obrigkeit gezwungen war, die Gesetze zu befolgen, da
diese nicht von der Obrigkeit alleine gemacht worden waren, sondern „consensu populi"[34]. Und Baldus führte aus, daß die Obrigkeit die Gesetze „sicut pactum" befolgen
mußte; der Grund, den er dafür angab, lag jedoch nicht (und das ist charakteristisch) in
der Autorität des Gesetzgebers *(populus)*, sondern in dem gemeinen (römischen)
Recht selber, durch dessen Anerkennung das Gesetz bestand[35]. Die Juristen sagten jedoch nicht, daß Gesetze generell dieselben Qualitäten hätten wie Verträge; Maino hat
jedoch erwähnt, daß der Fürst Gesetze erlassen könnte „per viam contractus, quia contractus principis habit vim legis"[36]. Weder Cino noch Baldus sprachen jedoch in diesen Fällen vom Fürsten, sondern von den Stadtregierungen.

Wir werden uns jetzt einer weiteren möglichen juristischen Quelle der Theorie des
Gesellschaftsvertrages zuwenden, die wohl am passendsten als ein Beitrag zur Sprache
des Gesellschaftsvertrages beschrieben werden kann (gemeint ist das Vokabular und
eine Anzahl von Konzepten in dem von Pocock und Skinner entwickelten Sinn).
Diese Quelle ist die Literatur, die sich mit der Natur und der Struktur einer Gesellschaft *(societas)*, im Sinne einer gemeinschaftlichen Unternehmung für gewöhnlich
kommerzielle Zwecke, auseinandersetzt. (Hostiensis hat die *societas* im rechtlichen
Sinne von anderen Arten von Gruppen, wie z. B. dem *collegium*, unterschieden, auf
der Grundlage, daß „societas contrahitur gratia commodioris usus et uberioris que-

---

[30] Baldus sprach von *consensus* als „pact(i) substantia"; „obligatio naturalis ex parte obligati et eius
cui obligatio quaeritur debet habere consensum" (De Pactis, in TII, Bd. 6 (1), fol. 2v.
[31] Zit. *Marongiu,* Parliaments, 161; vgl. *Vicens Vives,* Juan II, 173.
[32] *Vicens Vives,* Juan II, 171–2.
[33] Ad Feud. 1.7 und ad Digest 1.4.1: zit. *Canning,* Baldus 240–1.
[34] Ad Digest 2.2 rubr. n. 13.
[35] Ad Digest 1.1.9: zit. *Canning,* Baldus 248.
[36] Ad Digest 1.4.1: zit. *Carlyle,* Medieval Political Theory Bd. 6, 155.

stus"[37].) Die *Societas* in diesem beschränkten Sinne war dadurch charakterisiert, daß sie eine Partnerschaft war, der man durch freiwillige Übereinkunft beitrat und sie auch so verließ[38]. Sie konnte unterschiedliche Formen annehmen; zum Beispiel permanente *societas* sein (wie sie häufig innerhalb einer Familie bestand) oder nur für bestimmte Unternehmungen gelten; außerdem konnte es vorkommen, daß ein Teilhaber das Kapital zur Verfügung stellte, während der andere die Arbeitskraft stellte (z. B. als Besitzer eines Schiffes), oder auch, daß beide unterschiedliche Anteile des Kapitals bereitstellten[39]. Die Handelsgesellschaft wurde durch einen Vertrag begründet, wie es die Digesten vorgaben („Societates contrahuntur ... Sed et socius qui alienaverit contra pactionem ... Cum enim societas consensu contrahitur ... Si quis societatem contraxerit ...": Digesten 17.2.5,17,19,74). An diesem Punkt in der Sprache des Mittelalters und der Renaissance, und nur an diesem Punkt, wurden *societas* und *contractus* miteinander verbunden, und zwar ziemlich eng verbunden. Auch hier kann die weiteste Verbreitung dieses sprachlichen Brauches und der Idee auf das späte 15. Jahrhundert datiert werden.

Moralisten und Theologen haben wiederholt versucht, Verhaltensmaßregeln für solche Gesellschaften aufzustellen, insbesondere in bezug auf ihre potentiell wucherische Natur. Die am weitesten reichenden Diskussionen wurden von St. Antonio (von 1446 bis 1459 Erzbischof von Florenz)[40] vorgenommen. Seine Ansichten wurden dann in die erste juristische Monographie „De Societatibus" von Angelus de Perigilis (gestorben 1447)[41] aus Perugia aufgenommen. Ein Punkt, der dabei besonders hervortrat, war das Prinzip der Gleichheit im Sinne von gleichberechtigter und gerechter Behandlung: Es wurde viel über die Anrechte auf einen Anteil des Profit derer gesagt, die nur Arbeitskraft in die Partnerschaft eingebracht hatten; ferner müßten Teilhaber (Mitglieder) an den Gewinnen und Verlusten im Verhältnis zu ihren Investitionen teilhaben. Von St. Antonio war zu hören, daß „de natura contractus societatis sit, quod partes sint aequales, habito respectu ad quotam in societatem positam"[42]; und von Christophorus Porcius (floruit 1483) war zu vernehmen, daß „in dubio, partes damni et lucri veniunt aequales in societate, quia societas vinculum fraternitatis habet ... et propterea

---

[37] De syndicis, in *Hostiensis,* Summa Aurea super Titulis Decretalium (Venice 1570), fols 103v–5v at fol. 104r. Baldus sagte: ‚Ego modicum curo de ista differentia ... (whatever the name) idem iuris est ... Proprie tamen loquendo dicitur societas quando respicit questum ...‛ (ad Digest 3.4.1).

[38] *Pierre Michaud-Quantin,* Universitas: expressions du mouvement communautaire dans le moyen-âge latin (Paris 1970) 67–9.

[39] *J. W. Baldwin,* Masters, Princes and Merchants: the social views of Peter the Chanter and his circle, Bd. 1 (Princeton, N.J. 1970) 288–90; *Jacques Heers,* L'Occident aux XIVe et XVe siècles: aspects économiques et sociaux (Nouvelle Clio 23, Paris 1973) 209–13; *G. O'Brien,* An Essay on Medieval Economic Teaching (London 1920) 206–10. Max Webers Doktorarbeit behandelte dieses Thema: Zur Geschichte der Handelgesellschaften im Mittelalter nach südeuropäischen Quellen (Stuttgart 1889).

[40] Confessionale. Ein weiteres Werk eines berühmten Theologen war Johannes Nieders (gest. 1438), De contractibus mercatorum (TUI Bd. 5 fols 532v–537r).

[41] TUI Bd. 5, fols 425v–427v.

[42] De Usuris, in TII Bd. 7, fol. 85v/b, n.72.

in ea laudanda est aequalitas"[43]. Eine *societas,* deren vertragliche Basis beinhaltet, daß das Kapital eines Teilhabers unangetastet sein sollte, ist nicht zulässig: Die Antwort auf die Frage „An pactum valeat factum inter socios contra naturam societatis, e.g. quod salvum sit capitale unius socii", ist negativ[44].

Man würde jedoch nicht unbedingt erwarten, daß diese Vorstellung auch in die politische Theorie mit übernommen wurde. Aber nachdem die Familie jahrhundertelang Analogien für den Staat geboten hatte, war es jetzt an den Gesellschaften, dasselbe zu tun. Dies wurde dadurch herbeigeführt oder vereinfacht, daß das Wort *societas* zweideutig ist, einerseits meint es „Handelsgesellschaft", andererseits „Gesellschaft" insgesamt. Letztere Bedeutung war noch von Ciceros *societas civilis* wie auch in dem gegenwärtigen mittelalterlichen Sprachgebrauch als *societas civilis* oder *politica* verbreitet. Die *societas civilis* oder *politica* des mittelalterlichen Sprachgebrauchs bezog sich auf eine zivilisierte, geordnete Gesellschaft mit Gesetzen und einer Regierung, ähnlich der *political society* eines Locke oder der *civil society* der schottischen Aufklärung.

Diese Analogie wurde zum ersten Mal – und wohl auch am deutlichsten – von Mario Salamonio (ca. 1450–1532), einem Renaissance-Juristen von vornehmer römischer Herkunft, vorgebracht. Sein „De Principatu" wurde 1512–1514 geschrieben, gerade nach dem fehlgeschlagenen Konzil von Pisa und Lyon (1511–1512), das gegen den Papst gerichtet war, und nach einer kleineren politischen Unruhe, in der die Colonna-Familie versucht hatte, die zivile Autorität des Papstes in Rom selbst zu reduzieren. Das Buch war Papst Leo X. gewidmet, der 1513 die Nachfolge Julius' II. antrat[45]. Salamonio hatte zuvor selber an den Angelegenheiten der Republik Florenz Anteil genommen, als er 1499 als *Capitano del popolo* gegen den Trend vorschlug, mehr öffentliche Teilnahme an den Staatsgeschäften zuzulassen[46]. „De Principatu" ist ein Dialog, in dem ein Philosoph, der Sokrates ähnelt, einen zahmen Juristen dazu zwingt, einzugestehen, daß die römischen Rechtstexte nicht die absolute Bedeutung hätten, die ihnen von Juristen häufig gegeben würde. Der Hauptschluß des Buches war, daß der Kaiser in seinem Handlungsspielraum beschränkt sei durch Gesetze, durch die Wohlfahrt und die *maiestas* der *res publica* und durch die überlegene Macht des *populus;* allerdings könnten andere Herrscher noch mehr beschränkt sein (De Principatu, 74–75). Das zweite Buch beinhaltet eine Neuinterpretation der *lex regia,* die darauf hinausläuft, daß Kaiser oder *princeps* wirklich an die Gesetze gebunden seien. Es wird argumentiert, daß Salamonio, wie auch andere, in diesem Fall generalisierend vom Kaiser auf Herrscher im allgemeinen schlösse.

Salamonio argumentiert, daß der *princeps* ein *mandatarius* und *minister* der *civitas* sei; daher, „si leges condit, leges civitatis sunt, et legibus civitatis subesse non inconvenit neque impossibile est". An diesem Punkt bringt er dann die Idee des Vertrages ins Spiel: Aus den Digesten 1.3.32 und 35, die vom Gewohnheitsrecht als „tacita civium

[43] In tres institutionum libros commentaria (mit Ergänzungen von Maino) (Venice 1580) ad Inst. 3.25, tit. De societate, fol. 151r–v.
[44] TII Bd. 12, fol. 339 n.39.
[45] Hrsg. *Mario D'Addio* (Milan 1955); vgl. *D'Addio,* Contratto 3–10; *Quentin Skinner,* The Foundations of Modern Political Thought, Bd. 1, The Renaissance (Cambridge 1978) 148–9.
[46] Orationes ad Priores Florentinos, hrsg. v. *Mario D'Addio* mit De Principatu, 100–2.

conventio" sprachen, schließt der Philosoph, daß „lex ergo inter ipsos cives pactio quaedam est". Darauf erwidert der Jurist: „atqui pactio strictissime stipulata." Und um diesen Punkt noch zu verstärken, greift Salamonio auf die Analogie zwischen *civitas* und *societas* (im Sinne von Partnerschaft) zurück und besonders auf Ciceros Definition der *civitas* als „civilis societas ... societas civium" (De Republica I.32.49). Salamonio geht dann noch einen Schritt weiter in seiner Anlehnung an das Modell der Handelsgesellschaft: „Ph(ilosophus): Si nihil aliud est civitas quam civilis quaedam societas, contrahitur que ne societas ulla sine pactionibus? Iur (ista): Non ... Ph.: Pactiones huiusmodi nonne recte societatis leges dicuntur? Iur.: Non dubium ... Ph.: Neque societas sibimet obligatur, sed ipsi inter se socii. Dic, quaeso, estne societas antequam ineatur? Iur.: Nulla prorsus. Ph.: Inirine potest, antequam socii de conditionibus conveniant? Iur.: Minime. Ph.: Ad esse ergo societatis pactiones requiruntur, quae leges dictuntur. Iur.: Necessario. Ph.: Ergo ad esse civitatis leges sunt necessarie ... et per hoc populi non esse Romani ut suis legibus ligari nequeat, quo fit id iuris in principem transferre nequisse, ut suis ligari legibus non valeret."

Der interessante Punkt hierbei ist, daß Salamonio das Modell der Handelsgesellschaft dazu benutzt zu beweisen, daß kein Staat ohne allgemein akzeptierte Grundvoraussetzungen entstehen könne. Hiermit greift er einem Element der voll entwickelten Philosophie des Gesellschaftsvertrages voraus, die anderthalb Jahrhunderte später entwickelt wurde. Der Philosoph fährt fort: „Sicut pactum in societate negociali, ita lex in civili ordinatio est ... Socius sociali negociationi praepositus, numquid ob id quod praepositus est, desinit esse socius? Iur.: Minime. Ph.: Et socialibus legibus solutus? Iur.: Absit. Ph.: Cur non idem in civili societate dicendum?" (Seiten 28–29)

Salamonio führt weiterhin aus, daß „Inequalitas conditionum societat[em] disrumpit" (Seite 31).

Es ist an der Zeit, diese potentiellen Einflüsse zusammenzuführen und zu analysieren, welchen Effekt sie auf die Entwicklung der Theorie des Gesellschaftsvertrages als einer dominanten Form der politischen Begrifflichkeit und Legitimierung hatten, sowohl unter Philosophen als auch in der breiten Öffentlichkeit, zumindest in Frankreich, den Niederlanden und Großbritannien. Die erste Schlußfolgerung dieses Aufsatzes liegt darin zu sagen, daß die Beweislage darauf hinweise, daß es (ungefähr) in der zweiten Hälfte des 15. Jahrhunderts eine beachtliche Zunahme der vertraglichen Denkweise gab, sowohl generell wie auch in verschiedenen Lebensbereichen. Daraus kann man ableiten, daß, wenn man vertragliches Denken als dominante politische Ideologie auf die Mitte des 16. Jahrhunderts datiert, die Idee (und das Ideal) der vertraglichen Verpflichtung als eine dominante Norm sozialer Verhältnisse – oder, um noch genauer zu sein, die deutliche Formulierung dieser Idee und dieses Ideals – ungefähr auf die Mitte des 15. Jahrhunderts datiert werden kann. Das ist auch ungefähr der Zeitabstand, den man zwischen der generellen gesellschaftlichen Popularität einer Idee und ihrer Verwendung als politische Ideologie erwarten würde, besonders mit Rücksicht auf die damals vorhandenen Druckerpressen.

Ein weiteres eindrucksvolles Beispiel dieses Keimungsprozesses bleibt hier zu erwähnen; und dieses Beispiel bringt uns auch, sowohl örtlich wie auch thematisch, viel näher an die später stärker entwickelten vertraglichen Formulierungen. Johann Wessel

Gansfort (ca. 1419–1489), geboren in Groningen in den Niederlanden, unterrichtet von den Brüdern des Gemeinen Lebens und den Großteil seines Lebens Theologie-Professor an der Universität, war der erste, der die Vertragsidee unzweideutig auf jede Form *kirchlicher* Autorität anwandte. In einer heute berühmten Textstelle ging er, wie man es von einer Person seiner Statur erwarten durfte, erheblich weiter als seine Vorgänger: „Omnis enim ecclesiae potestas inter medicum et aegrotum est compacta, ie. pacto duorum constans … Consideratu dignum, quantum debet subditus praelato, et inferior suo superiori. Hoc enim debitum non est conditionis, ut sit debitum absolute, sed magis est pacti cum praelato [dies hebt ganz genau den Kontrast zwischen „Statua" und „Vertrag" hervor, der später in der Historischen Anthropologie von Maine gefeiert wurde] … Nisi superiores, iuxta debitum pacti, legi pactorum aequi sint, non tenebitur subditus integro debito, sed quantum ille legem superioris implet, eatenus debitor est subditus."[47]

Es scheint klar zu sein, daß Wessel davon ausgeht, daß er sein Argument auf einem generell akzeptierten Rechtsgrundsatz aufbaut, der in bezug auf die Beziehungen zwischen Personen unabhängig davon ist, ob diese Personen den gleichen Status haben oder nicht, und auch davon, ob diese Beziehungen den Austausch von Gütern oder Diensten (der Arzt und sein Patient) beinhalten oder Befehl und Gehorsam. Die Bezugnahme auf *lex pactorum* ist bemerkenswert. Aber Wessel ging noch weiter: „Omnis enim illa subiectio voluntaria et spontanea esse debet … (Nachdem er dargelegt hat, daß die Beziehung *deliberatio* eingangen wurde, setzt er fort) Fere ex natura huius obligationis est, ut subditi superiorem sibi eligant … Deberet etiam simile esse de regibus. Unde in omni republica bene instituta summus magistratus, vel tempore vel auctoritate, vel annuus tantum sit vel suffragiis consentientium ab insolentia compescatur. Quid enim electio signat nisi libertatem deliberantis?"

Wessel benutzt hierbei die Analogie zwischen kirchlicher und politischer Autorität. Er spricht, wie es für die Theologen und Humanisten in seiner Zeit üblich ist, nicht von bestimmten Staaten, sondern von Staaten generell. In diesen beiden Bereichen beinhaltet der Begriff des Vertrages mehr oder weniger eine Wahl, da beide auf der Freiheit der Auswahl beruhen. Das Argument für die Wahl auf Grund des Prinzips der freiwilligen Zustimmung war von Nicholas von Cusa in seiner konziliaristisch-parlamentarischen Schrift „De Concordantia Catholica", 1432–1433, entwickelt worden; Wessels Sprachgebrauch läßt darauf schließen, daß er Cusas Arbeit kannte. Vertragliches Denken hat somit schon zu diesem Zeitpunkt die Vorstellung einer gewählten Regierung unterstützt. Tatsächlich war diese Verbindung jedoch schon viel älter als sie, zumindest implizit, in manchen Krönungseiden enthalten war. In der katalanischen Politik war sie sogar viel mehr als nur implizit, wie wir aus der Aussage sehen können, die 1412 an Ferdinand I. gerichtet wurde: „es rey elegido con pactos y se ve obligado a conservar las libertadas … Pero los reyes elegidos hallan las cosas ordenadas y en sur ser, y aquellas han de conservar, y con tales medios, pactos y condiciones

---

[47] De Dignitate et Potestate Ecclesiastica, in: *Wessel,* Opera Omnia (Groningen 1614) 752, 765. Siehe F. *Oakley,* Disobedience, Consent, Political Obligation: the Witness of Wessel Gansfort (c. 1419–1489), in: History of Political Thought 9 (1988) 211–21.

accepta el señorio."[48] Wessels Verständnis der Beziehung zwischen Herrschern und Beherrschten führte ihn dazu, besonders die bürgerlich-republikanischen Regierungsformen zu unterstützen; das folgende Zitat jedoch deutet – zumindest unter diesen Voraussetzungen – auf eine Anerkennung der verschiedensten Formen der Monarchie, und mit an Sicherheit grenzender Wahrscheinlichkeit auch des Kaiserreiches selbst, hin: „vel suffragiis consentientum ab insolentia compescatur."

Die Vertragsidee wurde erstmals in einer weitreichenden politischen Auseinandersetzung angewandt, als in der katalanischen Revolte von 1461 darauf bestanden wurde, daß der König an den Vertrag mit seinen Untertanen gebunden sei, besonders im Hinblick auf deren schützenswerte Grundfreiheiten[49]. Die Tatsache, daß das Zitat von Seneca „Quid enim est iustitia nisi tacita societas seu conventio in auxilio multorum inventa?"[50] verwandt wurde, deutet darauf hin, daß die Gesellschaft als auf Übereinkommen *(conventio)* basierend angesehen wurde, ist aber mit Sicherheit kein direkter Bezug auf die kommerzielle *societas*. Es ist interessant festzustellen, daß all dies nur zwanzig Jahre nach dem Höhepunkt des radikalen Konziliarismus im Konzil von Basel stattfand, wo trotz der Gegenwart einer Anzahl von spanischen und besonders aragonischen und katalanischen Delegierten die Vertragslehre noch nicht zum Vorschein gekommen war. Sogar der Kastilianer Juan de Segovia, der artikulierteste radikale Konziliarist, hat zu keinem Zeitpunkt darauf Bezug genommen[51]. Ich bin mir nicht sicher, ob es irgendwelche Beweise für Vertragsdenken während des Aufstandes der kastilianischen Städte 1520–1521 gab; es scheint jedoch, daß deren Propaganda sich mehr auf das Gemeinwohl konzentrierte[52].

Ein bemerkenswerter Aspekt dieser Geschichte ist, daß die Vertragslehre in Spanien jetzt fast vollkommen ausgestorben ist, zumindest als populäre Ansicht, und sich jetzt mehr nach Nordwest-Europa verlagert hat. Hier war sie bereits durch die Handlungsweise der Niederländer eingeführt worden. Die Satzung *Joyeuse Entrée* in Brabant wurde seit 1356 von jedem Herzog von Brabant bei Amtsantritt unter Eid bezeugt; sie beinhaltete einen bemerkenswerten Absatz, der an die politische Kultur Kataloniens erinnert und der die Untertanen dazu berechtigte, ihre Gefolgschaft zu versagen, wenn der Herzog gegen diese Satzung verstoßen sollte. Die Großen Privilegien 1477 weiteten den Anwendungsbereich dieser Ungehorsamsklausel auf die Bewohner der ganzen Niederlande aus. Sowohl Karl V. (1516) wie auch Philip II. (1549) leisteten den Eid auf die *Joyeuse Entrée*[53].

---

[48] *Vicens Vives,* Juan II, 173.
[49] *Vicens Vives,* Juan II, 244–50.
[50] Parlaments a les Cortes Catalanes, hrsg. v. *R. A.* and *J. Garriot* (Barcelona 1928) 183–4.
[51] *Black,* Council, passim.
[52] *J. A. Maravall,* Las communidadas de Castilla (Madrid 1963).
[53] *Martin van Gelderen,* The Political Thought of the Dutch Revolt (Ph. D. thesis, European University Institute, Florence 1988); *Martin van Gelderen,* The Machiavellian moment and the Dutch Revolt; the rise of Neostoicism and Dutch Republicanism, in: Machiavelli and Republicanism, hrsg. v. *Gisela Bock, Quentin Skinner, Maurizio Viroli* (Cambridge 1991) 205–23; *Wim P. Blockmans,* La Signification Constitutionelle des Privilèges de Marie de Bourgogne (1477), in: (Hrsg.) *W. P. Blockmans,* Ancien Pays et Assemblées d'États, Bd. 80 (Kortijk-Heule 1985)

Gibt es Beweise für den Einfluß dieser frühen kulturellen Phänomene der Geistes-
geschichte auf die berühmten Vertragstheoretiker nach 1550? Um eine definitive Antwort auf diese Frage geben zu können, müßte ich eine genauere Studie der Schriften
der französischen Monarchomachisten, der englischen Puritaner und anderer vornehmen, die den Rahmen dieser Arbeit sprengen würde. Daher basieren die folgenden
Schlüsse auf einer oberflächlichen Untersuchung und auf Beweisen und Interpretatio-
nen anderer Gelehrter. Es gibt ausreichend Beweise für den Einfluß der generellen
Kunde vom Vertrag zwischen dem König und den Untertanen, wie den adligen Vasallen, *civitates* und regionalen Einheiten (z. B. Brabant). Die Verbindung ist besonders
deutlich in den Niederlanden. Die Vorstellung, daß das Verhältnis zwischen dem Monarchen und den Städten oder Provinzen, zumindest in einigen konkreten Fällen, auf
einem gegenseitigen Vertrag beruhte, spielte eine entscheidende Rolle in der Ideologie und der Propaganda der rebellischen Provinzen. Die Rechtfertigung des holländischen Aufstandes, angefangen in der Mitte der 1560er Jahre, betonte die Eide, die
Philip geschworen hatte, besonders in seiner Funktion als Herzog von Brabant. Einer
Äußerung aus dem Jahre 1566 zufolge war Philips religiöse Politik „a notorious
novelty directly contravening the *Joyeuse Entrée*, the therein sworn old rights, customs
and ordinances of the country of Brabant, and is therefore null". Wilhelm von Oranien
rechtfertige seine militärische Kampagne von 1568 damit, daß die Tyrannei Philips
gegen „all divine, natural and written rights yes … all freedoms, oaths, contracts and
privileges of the country"[54] verstoße. In „True Warning" schrieb Martin van Gelderen:
„the oath, by which Philip II in accordance with the traditions of the Burgundian Netherlands had sworn to uphold and protect the privileges, became presented as the
sealing of a formal contract between the overlord and his subjects, on whose terms he
had been accepted. The oath was, as the States of Holland and Zeeland argued in
1573, the ‚sole and right foundation on which both the power and the authority of the
prince and the loyalty and obedience of the subjects is grounded‘. The terms of the
contract between the prince and the people were stipulated in the privileges."[55]

Das gleiche Argument wurde auch in der Propaganda der Generalstaaten in ihrer
Sezession von 1576 wiederholt vorgebracht, wie auch in daran anschließenden Äußerungen des entstehenden holländischen Staates. Insofern bestand ein großer Teil der
Rechtfertigung des Widerstandes und der Absetzung des Herrschers aus der Beibehaltung spezifischer Verträge zwischen dem Fürst und den Städten und dem Fürst und
den Provinzen. Zur gleichen Zeit wurde dies erstmalig zu einer generellen Theorie eines Regierungssystems entwickelt und wurde daher mehr zu einer Theorie des Gesellschaftsvertrages im wahren Sinn des Wortes; und zu diesem Zweck wurden zeitweise
die Argumente der spanischen Neo-Scholastiker benutzt, die stark an die Jurisprudenz
und Theologie des 15. Jahrhunderts erinnerten. Einer der Gründe für diese Entwick-

*Fortsetzung Fußnote von Seite 43*

495–516; *G. Griffiths,* Representative Government in Western Europe in the Sixteenth Century
(Oxford 1968) 346–8.

[54] *M. G. Schenk* (Hrsg.), Prins Willem van Oranje. Geschriften van 1568 (Amsterdam-Sloterdijk
1933) 101–2; vgl. auch *Griffiths,* Representative Government 511.

[55] *Van Gelderen,* The Machiavellian moment 212.

lungen war sicherlich (wie Skinner schon in bezug auf das Gedankengut der Hugenotten bemerkte), daß man erwarten konnte, daß sie gleichermaßen bei Katholiken wie Protestanten Gewicht haben würden. Man wird leicht verstehen können, daß dieselben Ideen besonders gut auf die Situation der französischen Hugenotten während der 1570er Jahre anzuwenden waren, besonders mit Bezug auf das Recht der niederen Beamten, ungerechten Befehlen ihrer Vorgesetzten entgegenzutreten[56].

Es gibt zwei mögliche Verbindungen der spezifischen juristischen Lehre der Verpflichtung des Fürsten, Verträge zu beachten. Es ist möglich, daß es einen direkten Einfluß gab: Es ist wahrscheinlich, daß einige der Autoren des späten 16. Jahrhunderts in Frankreich und den Niederlanden Baldus und die anderen aus erster Hand kannten; van Gelderen war beeindruckt von der Vertrautheit der holländischen Autoren mit diesen Juristen und dem ungeheuren Nutzen, den sie aus deren Gedankengut zogen[57]. Aber womöglich waren es zu einem großen Teil getrennte Ausarbeitungen desselben Kerns moralischer Prinzipien. Auch wenn spätere Theoretiker ihre Vorgänger in bezug auf diesen speziellen Punkt zitiert hätten (wofür ich keinerlei Beweise gefunden habe), muß das nicht unbedingt heißen, daß sie ihre Ideen auch aus der Quelle hatten. Vielmehr hätten sie diese „Autoritäten" benutzen können, um das zu untermauern, was sie sowieso schon gedacht und gesagt hatten.

Meine Vermutung ist, daß die Lehren der Juristen und der späteren politischen Theoretiker getrennte Formulierungen desselben Prinzips waren, die zu einem großen Teil durch die ähnlichen sozialen und politischen Praktiken in den verschiedenen Regionen (Übereinkommen zwischen Fürst und Stadt etc.) inspiriert wurden. In anderen Worten: Das Ethos des Vertrages war in der europäischen Gesellschaft zu Hause. Wenn das nicht der Fall gewesen wäre, wie würde man dann die Ähnlichkeit zwischen dem erklären, was im Italien des 14. Jahrhunderts und im Frankreich und den Niederlanden des 16. und 17. Jahrhunderts gesagt wurde? Selbst eine mögliche „Italienische Verbindung" trägt nicht ganz: Der Calvinist Pier Martire Vermigli (1500–1562), der in der Zeit vor 1553 in England war, erwähnte Pakte nur ganz generell[58]. Es ist jedoch nicht schwierig zu belegen, daß sowohl Gelehrte aus Frankreich wie auch aus den Niederlanden mit den in Italien und Aragon-Katalonien verbreiteten Ideen vertraut waren, und daß der Vertrag in den oben diskutierten Zusammenhängen tatsächlich ein Europa-weites Phänomen war, sowohl in der Praxis wie auch in der Theorie. Könnte man nicht Skinners scharfsinnige Beobachtung, daß „the essence of the Huguenot case rests on the general contention that the act of promising analytically implies the acceptance of a moral obligation on the part of the agent who makes the promise, and a corresponding moral right on the part of the other signatory to demand that the terms of the promise should be kept"[59] – dadurch ergänzen, daß man den philosophischen Punkten den Beweis einer dominierenden moralischen Kultur hinzufügt? Sowohl philosophische Analyse wie auch vorhergehende juristische Kultur scheinen dem folgenden Zitat aus Philippe Du Plessis Mornays „Vindiciae contra tyrannos"

---

[56] *Griffiths,* Representative Government 492, 496–500.
[57] Verbal communication.
[58] Loci communes, zit. *D'Addio,* Contratto Sociale 407.
[59] *Skinner,* Foundations Bd. 2, 336.

(1578) zugrunde zu liegen: „Inter regem et subditos contractum mutuo obligatorium esse, nemo negare possit: nempe ut bene imperanti bene obediatur ... Cur vero condictio contractui apponitur, nisi eo tantum, ut ni ea impleatur, contractus ipso iure solutus sit? ... Itaque inter regem et populum mutua obligatio est, quae sive civilis, sive naturalis tantum sit, sive tacita, sive verbis concepta, nullo pacto tolli, nullo iure violari, nulla vi rescindi potest."[60]

In ähnlicher Weise scheint Buchanans „De iure regni apud Scotos" (1579) in der Lehre wie im Stil von Salamonios „De Principatu" beeinflußt zu sein[61].

Hinzu kommt dann noch Skinners wichtige Beschreibung der Verbindung zwischen dem Gedankengut der Hugenotten und mittelalterlicher Theologie, Jurisprudenz und Ekklesiologie, einschließlich deren Entwicklung durch die spanischen Neo-Scholastiker. Skinner argumentiert überzeugend, daß „there are virtually no elements in („the Calvinist theory of revolution") which are specifically Calvinist at all". Er führt weiter aus, daß es hierfür gute Gründe gäbe: „the Huguenots and their propagandists after the massacres of 1572 ... not only needed to stage a revolution, but also to legitimate it to their own followers and as far as possible to the Catholic majority."[62] Andererseits glaube ich nicht, daß Skinner behauptet, geschweige denn beweist, daß diese der *Ursprung* des Glaubens oder der Propaganda der Hugenotten war, in dem Sinne, daß die Hugenotten sozusagen nur kopiert und abgeschrieben hätten. Vielmehr stimmten diese frühen Ideen mit dem überein, woran sie selbst schon lange glaubten; obwohl dies den Hugenotten eventuell die Möglichkeit gegeben hat, ihre Gedanken in besonderer Weise auszudrücken. Der nicht-calvinistische Ursprung solcher politischer Ideen wird ferner in einem frühen englischen puritanischen Text aus dem Jahre 1616 nahegelegt, der eine Analogie zwischen der bürgerlichen Gesellschaft und der christlichen Gemeinschaft sieht: „By a free mutuall consent of believers joyning and covenanting to live as members of a holy society together in all religious and vertuois duties as Christ and his apostels ... By such free mutuall consent also all civill perfect corporations did first beginne."[63]

Wenden wir uns jetzt der Richtung der vertraglichen Ausdrucksweise zu, die im Zusammenhang mit der kommerziellen Partnerschaft *(societas)* entwickelt wurde. Diese stimmte mit der späteren puritanischen Idee überein, daß die christliche Gemeinschaft, und durch Analogie alle legitimen politischen Gesellschaften, grundlegend freiwillige Zusammenschlüsse sind, deren Regeln und Regierungen ihre Legitimität aus der Zustimmung der Regierten ziehen, die die Form eines ursprünglichen „Paktes" annahm. Es wurde allgemeinhin gesagt, daß dieser die Form eines formellen „Abkommens" zwischen Gott und den Menschen und dann zwischen dem Herrscher und den Menschen annahm (z. B. das berühmte Mayflower Abkommen von 1625).

---

[60] Zit. *D'Addio*, Contratto Sociale 426; vgl. auch *Harro Höpfl* und *Martyn Thompson*, The History of Contract as a Motif in Political Thought, in: AHR 84 (1979) 919–44 at 931.

[61] Vgl. bes. chapter 86: zit. *D'Addio*, Contratto Sociale 437.

[62] *Skinner*, Foundations Bd. 2, 321–2; D'Addio also argued that social contract theory owed more to the Spanish scholastics, and to Salamonio, than to Protestant thinkers (Contratto Sociale, 545–7).

[63] Henry Jacob, zit. *Höpfl* und *Thompson*, Motif 938.

Dem ersten Anschein nach gibt es klare Übereinstimmungen zwischen der puritanischen Gemeinschaft und der Situation, die durch Theologen und Juristen für eine
Wirtschafts-*societas* niedergelegt wurde, besonders, wenn viele Puritaner im politischen Bereich weiterhin daran glaubten und so auch argumentierten, daß das Nicht-
einhalten der Übereinkunft durch den Fürsten zu einem Entzug des Gehorsams, zur
Absetzung des Herrschers und zur Zerschlagung der Gesellschaft führen mußte.

Zeitweilig dachte man, daß diese Ideologie das Resultat eines spezifischen Einflus-
ses des Calvinismus wäre, d. h. wenn nicht von Calvin selbst, dann von Beza und anderen stammen würde, basierend auf deren Verständnis des Alten und Neuen Testaments. Diese Ansicht ist schwer aufrechtzuerhalten, da das, was von den Puritanern
gesagt wurde, sich sowohl von dem unterscheidet, was im Alten und Neuen Testament zu lesen ist, wie auch von Calvins eigenen Gedanken. Die von der für die Wirt-
schafts-*societas* ins Auge gefaßten Ordnung als Einfluß auf ihr religiöses und politisches
Gedankengut zu sehen, hat den Vorteil einer knappen Erklärung.

Es scheint doch der Fall zu sein, daß die Wirtschafts-*societas* ein beherrschendes
Vorbild für diese Vorstellung der sozialen Organisation und politischen Legitimität
darstellte. Salamonios „De Principatu", das als einziges die Handels-*societas* als politisches Vorbild gebrauchte, wurde 1578 in Paris gedruckt und 1581 in Köln (in diesem
Zusammenhang als große Universität von Bedeutung). Aus dieser letzten Auflage zog
wahrscheinlich Aggaeus von Albada, der Hauptvertreter der Holländer bei den Kölner
Friedensverhandlungen 1579, seine Inspirationen für die Verwendung von Salamonio
in seiner Kommentierung des selbigen Friedensaccords von 1581[64]. Ich bin mir nicht
sicher, ob er das spezifische Argument der Handelspartnerschaft benutzt hat; soweit
mir bewußt ist, kommt dieses Modell weder in Mornays „Vindiciae" (1578) noch in
Buchanans „De iure regni apud Scotos" (1579) vor. Es kommt jedoch in den Werken
des Peter Cornelius vor, eines holländischen Autors, der im England der 1650er Jahre
aktiv war[65]. Es ist durchaus nicht unmöglich, daß es einen gewissen indirekten Einfluß
auf das Denken des John Locke selbst hatte, der natürlich das Phänomen der Han-
delsfirmen und Handelspartnerschaften aus erster Hand kannte: Die Verbindung, falls
eine besteht, ist die Lehre Lockes, daß die politische Gesellschaft durch gegenseitiges
Übereinkommen geschaffen wurde und zwar für ganz spezifische Zwecke, die normalerweise als „the preservation of property" (die Bewahrung des Eigentums) beschrieben werden.

Es ist mit Sicherheit schwierig, die rivalisierenden potentiellen Einflüsse von *Chri-
stianity and commerce*, um die Worte Livingstons zu gebrauchen, zu entwirren. Das
Vorbild von Jesus und seinen Jüngern wie auch das der frühen Kirche bestand sicherlich in mancherlei Hinsicht aus einem freiwilligen Zusammenschluß – jedoch ohne
die vertraglichen Komponenten – und konnte in der Realität nicht so einfach verlassen werden! Warum gedieh das Christentum für so lange Zeit ohne diese Vorstellung,
und warum hat es sie gerade zu der Zeit angenommen, als die wirtschaftliche Kultur

---

[64] *D'Addio*, Contratto Sociale 16–17: *van Gelderen*, Machiavellian moment 220.
[65] *G. P. Gooch*, English Democratic Ideas in the seventeenth century (Cambridge ²1967) 177–8;
nicht einsehen konnte ich *Martyn Thompson*, Ideas of Contract in English Political Thought in
the age of Locke (London 1987).

blühte, die sich während des Mittelalters mehr und mehr beschleunigt hatte und jetzt ihren Mittelpunkt vom Mittelmeer an den Atlantik verlegte – ganz genau demselben geographischen Pfad folgend, den auch die Vertragsidee selber zurückgelegt hatte? Es gibt noch eine weitere Parallele zwischen der Handels-*societas* und der späteren Vertragstheorie, nämlich an dem Punkt, wo Rousseau sagte, „La condition est égale pour tous" (Du contrat sociale, I.6), und damit genau das vorbringt, was Antonio und Salamonio schon vor ihm festgestellt hatten. Die Ansicht, die ich hier darstelle, unterstützt ganz klar jene, die eine mögliche Verbindung zwischen der Entwicklung des Liberalismus und des Kapitalismus im England des 17. Jahrhunderts z.B. in „the political theory of possessive individualism" (der politischen Theorie des besitzgierigen Individuums)[66] sehen, obwohl hier ein vollkommen anderes gemeinsames Interesse der verschiedenen Lehren vorgeschlagen wird (kein so offen „selbstsüchtiges" Interesse!). Anstatt hier der Ansicht Glauben zu schenken, daß die wirtschaftliche Entwicklung in jeder Hinsicht die übrige soziale Entwicklung bestimmt, würde ich, aus historischen Gründen wie auch aus gesundem Menschenverstand, vorschlagen, daß beide Faktoren – die handels-*societas* und christliches Gedankengut – zusammen gewirkt haben. Beide trugen zu dem bei, was Höpfl und Thompson als „*language*" und „*vocabulary*" des Vertrages bezeichnen[67].

[66] Vgl. C. B. Macphersons berühmtes Buch mit diesem Titel (Oxford 1962).
[67] Motif 927.

*Jürgen Miethke*

# Der Eid an der mittelalterlichen Universität

## Formen seines Gebrauchs, Funktionen einer Institution*

Daß eine Universität gegründet wird, erscheint heute selbstverständlich, so selbstverständlich, daß bei gerundeten Jahreszahlen feierliche Jubiläumsveranstaltungen stattfinden, zu denen sich, je höher das Alter der Festuniversität ist, mit um so größerer Wahrscheinlichkeit die führenden Staatsmänner des Landes mit den Vertretern der betreffenden Universität und der Universitäten überhaupt versammeln, um im festlichen Rahmen historische Rückschau zu halten. 1985/86 war es Heidelberg, das auf diese Art das 600. Jubiläum seines Bestehens feierte, 1988/89 dann Köln, und im Jahr 1988 hat auch Bologna, eine der ältesten Universitäten Europas, ihres 900jährigen Geburtstages aufwendig gedacht.

Das letzte Beispiel kann aber zugleich deutlich machen, daß es mit der Gründung einer Universität und der Feier ihres Geburtstages so ganz einfach wieder nicht ist. Das Datum 1088, auf das man für Bologna durch Zurückrechnen stößt, ist mehr oder minder willkürlich am Ende des 19. Jahrhunderts gewählt worden, um im Jahre 1888 ein schönes rundes Jubiläumsfest begehen zu können. Jetzt, 100 Jahre später, sah man sich offensichtlich unter dem Zwang, Konsequenzen zu zeigen. Hier soll dies Datum nicht diskutiert werden, das für höheren Unterricht in Bologna ohne Zweifel zu spät liegt, für eine institutionelle Universität aber ebenso unzweifelhaft zu früh[1]. Das Exempel soll uns nur daran erinnern, daß die mittelalterlichen Universitäten eben gerade dann, wenn sie zu den älteren und für die späteren Gründungen vorbildlichen Einrichtungen gehören, nicht einen eigentlichen Geburtstag haben, keinem Gründungsprozeß begrenzter Dauer ihre Existenz verdanken, sondern einem langwierigen Weg, der schwer zu durchschauen und schlecht dokumentiert ist.

---

* Der Text des Referats vom 10. Juli 1991 ist hier nur unwesentlich, insbesondere durch die Hinzufügung von Nachweisen erweitert worden. Das Manuskript wurde im September 1991 abgeschlossen, später erschienene Literatur wurde nur noch in Ausnahmefällen berücksichtigt.
[1] Klassische Studien zur Universitätsentstehung (von *Charles Homer Haskins, Herbert Grundmann, Giorgio Cencetti, Sven Stellin-Michaud*) sind – in italienischer Übersetzung – versammelt in: Le origini dell'Università, ed. *Girolamo Arnaldi* (Bologna 1974); Bolognas Anfänge diskutierte neuerlich ausführlich etwa *Helmut G. Walther,* Die Anfänge des Rechtsstudiums und die kommunale Welt Italiens im Hochmittelalter, in: Schulen und Studium im sozialen Wandel des hohen und späten Mittelalters, hrsg. von *Johannes Fried* (Vorträge und Forschungen 30, Sigmaringen 1986) 121–162.

Über ihre eigene Geschichte hatten mittelalterliche Universitäten überhaupt keine sehr genauen Vorstellungen entwickelt. In den beiden ältesten von ihnen, in Paris und Bologna, war man sich wohl nur bewußt, daß sich die Spur des eigenen Ursprungs im Dunkel verlor. Spät sorgte lokaler Eifer für eine Fixierung, bezeichnenderweise weit von den Ergebnissen der modernen historischen Kritik abweichend: Paris glaubte sich von Karl dem Großen gegründet[2], in Bologna konnte man sogar seit dem 13. Jahrhundert (seit 1226/1234) den Text eines großen Privilegs des oströmischen Kaisers Theodosius II. vorweisen (das angeblich aus dem Jahre 423 stammte)[3]. Nur war dieses Diplom leider eine Fälschung, wie auch die Einschübe in Chroniken und andere Quellen, mittels deren sich Oxford und Cambridge dann im 16. Jahrhundert auf frühmittelalterliche und sogar spätantike Fürsten und Päpste zurückführen wollten[4].

Für das universitäre Leben hatte dieser Wettlauf in fiktive Wunschzeiten jedenfalls jenseits der Ausprägung lokalen Stolzes und des Ausdrucks der Empfindung, seit unvordenklichen Zeiten zu existieren und Existenzrecht zu haben, keinerlei konkrete Bedeutung. Mittelalterliche Juristen hatten bekanntlich bescheidene Anforderungen an eine rechtsbegründete Zeitdauer. Durch die Fristen der Verjährung im Römischen Recht, die über 100 Jahre, den allgemein auch heute noch fast magisch den Zeithorizont eingrenzenden Zeitraum[5], mit guten Gründen nicht hinausgehen, vielmehr sich meist schon mit wesentlich knapperen Zeitspannen, etwa der von 30 Jahren, und damit einer Frist im unmittelbaren Horizont einer Generation, zufrieden gaben[6], waren sie ja nicht verwöhnt. Die gelehrten Juristen zeigten sich solch weit zurückweisenden Datierungswünschen gegenüber wenn nicht gefeit, so doch uninteressiert. Sie gaben

---

[2] Etwa *Hermann Ulrich Kantorowicz,* A medieval grammarian on the sources of the law, in: Tijdschrift voor rechtsgeschiedenis 15 (1937) 25–47, jetzt in: *Kantorowicz,* Rechtshistorische Schriften, hrsg. von *Helmut Coing* und *Gerhard Immel* (Freiburger Rechts- und Staatswissenschaftliche Abhandlungen 30, Karlsruhe 1970) 93–110, hier bes. 47 bzw. 110; allgemein dazu jetzt *Astrik L. Gabriel,* „Translatio studii", Spurious dates of foundation of some early universities, in: Fälschungen im Mittelalter, Teil I (MGH Schriften 33/1, Hannover 1988) 601–626, hier 605–610. Natürlich wurde auch Bologna mit Karl dem Großen in Verbindung gebracht, *Gabriel,* 612 ff.

[3] Ed. *Gina Fasoli* und *Giovanni Battista Pighi,* Il privilegio teodosiano, edizione critica e commento, in: Studi e memorie per la storia dell' Università di Bologna, n. s. 2 (1961) 55–94 (Text 60–64). Vgl. dazu besonders *Arno Borst,* Geschichte an mittelalterlichen Universitäten (Konstanzer Universitätsreden 17, Konstanz 1969) 23 ff.; jetzt [ohne die Nachweise] in *Borst,* Barbaren, Ketzer und Artisten, Welten des Mittelalters (München, Zürich 1988) hier 187 ff.; auch *Gabriel,* (wie Anm. 2) 612–617 (das Datum der gefälschten „second charter" ist freilich auf 423 zu berichtigen!).

[4] Zuletzt dazu *Gabriel,* (wie Anm. 2) 618–622 (für Oxforder Bemühungen um fiktive Daten) 622–626 (für Cambridge). Noch 1882 feierte das University College in Oxford das „tausendjährige" Bestehen der Universität mit Aplomb, vgl. *Gabriel,* 621.

[5] *Arnold Esch,* Zeitalter und Menschenalter. Die Perspektiven historischer Periodisierung, in: HZ 239 (1984) 309–351.

[6] Vgl. etwa *Helmut G. Walther,* Das gemessene Gedächtnis. Zur politisch-argumentativen Handhabung der Verjährung durch gelehrte Juristen des Mittelalters, in: Mensura – Maß – Zahl, Zahlensymbolik im Mittelalter, hrsg. von *Albert Zimmermann* (Miscellanea mediaevalia 16/1, Berlin [usw.] 1983) 212–233; zum technischen Verständnis der Verjährung bei Kanonisten, Theologen und Legisten etwa *Noël Vilain,* Préscription et bonne foi du Décret de Gratien (1140) à Jean d'André († 1348) in: Traditio 14 (1958) 121–189.

eine weit knappere Auskunft, wenn sie die älteren Universitäten, wie Paris oder Bologna, Oxford oder Cambridge, nüchtern „studium generale ex consuetudine" nannten und es damit von jedem jüngeren „studium generale ex privilegio" unterschieden, das seine Existenz als Anstalt höheren Unterrichts in den Wissenschaften auf ein ausdrückliches Privileg zurückführte[7].

Diese Unterscheidung wurde zwar gemacht, für die Rechtsstellung der jeweiligen Universität wurden aber daraus keine unmittelbaren Folgerungen gezogen[8]. Diese Differenz war somit deskriptiv, nicht normativ. Kaum jemand wäre im Mittelalter auf die Idee gekommen, aus der Beobachtung, daß für einige Universitäten ein Gründungsakt und eine Gründungsurkunde nicht aufzufinden waren, nun etwa den Schluß zu ziehen, solche Universitäten wären nicht richtige und gültige Hochschulen, waren doch gerade die ältesten und angesehendsten Universitäten, die für viele weitere als Vorbild und Muster gedient hatten und weiterhin dienten, dieser Art. Der Historiker heute sieht sich damit auf eine Tatsache verwiesen, die er bei der Beschäftigung mit jüngeren Universitäten leicht vergißt: die mittelalterliche europäische Universität definiert sich zunächst nicht primär als Stiftung aus einem Gründerwillen, so wichtig im Einzelfall dieser auch als Rückhalt und Stütze in den schwierigen Zeiten eines stürmischen Anfangs gewesen sein kann[9]. Ein „studium generale" war nicht primär durch den hoheitlichen Akt begründet, der es als solches anerkannte, es bestimmte sich aus der Erfüllung seiner Funktion, wie schon sein Name (studium generale) sagt. Die mittelalterliche Hochschule verstand sich als eine Schule, die allgemeine Anerkennung genoß.

Solche allgemeine Anerkennung, wie sie auch im Privileg eines Generalstudiums nur gleichsam formalisiert wurde, galt nicht allein, ja nicht einmal in erster Linie, der Existenz des Unterrichtsbetriebes, sondern auch dem „Lehrerfolg" dieses Unterrichts,

[7] Vgl. schon *Heinrich Denifle*, Die Entstehung der Universitäten des Mittelalters bis 1400 (Berlin 1885, Neudruck Graz 1956) 231. Zu den Forschungskontroversen um die Bedeutung des Begriffs „Studium generale" zuletzt ausführlich *Olga Weijers*, Terminologie des universités au XIIIe siècle (Lessico intellettuale europeo 39, Rom 1987) 34–45. Vgl. auch für das frühe Bologna *Johannes Fried*, Die Entstehung des Juristenstandes im 12. Jahrhundert, Zur sozialen Stellung und politischen Bedeutung gelehrter Juristen in Bologna und Modena (Forschungen zur Neueren Privatrechtsgeschichte 21, Köln, Wien 1974) 7–9.
[8] Natürlich kann man aber die Universitäten von anderen „studia" unterscheiden, vgl. z.B. Konrad von Megenberg, Yconomica, III/1, c. 3, ed. *Sabine Krüger*, Bd. III (MGH, Staatsschriften III,5/3, Stuttgart 1984) 23,7–13: „Alia quoque divisio scolarum dari poterit, ut dicatur, quod scolarum alia est autentica, alia vero levinoma. Et autentica est, cuius studia privilegiis apostolicis, imperialibus quoque libertatibus sunt laudabiliter fundata, sicut scole Parisiensis, Bononiensis, Padaviensis et Oxoniensis. Levinoma autem scola est, que levis nominis est carens privilegiis principum mundi, sicut in Teutonia scole sunt Erfordensis, Viennensis et huiusmodi." (Der Text ist ca. 1350 zu datieren, also vor den Universitätsgründungen von Wien und Erfurt entstanden!).
[9] Die Bedeutung des Stifterwillens scheint mir überschätzt bei *Michael Borgolte*, Freiburg als habsburgische Universitätsgründung, in: Zeitschrift des Breisgau-Geschichtsvereins „Schau-ins-Land" 107 (1988) 33–50; vgl. eine abgewogene Stellungnahme zur „Weiterwirkung" des mittelalterlichen Stiftungsgedankens bei *Ernst Schubert*, Motive und Probleme deutscher Universitätsgründungen des 15. Jahrhunderts, in: Beiträge zu Problemen deutscher Universitätsgründungen der frühen Neuzeit, hrsg. von *Peter Baumgart* und *Notker Hammerstein* (Wolfenbütteler Forschungen 4, Nendeln/Liechtenstein 1978) 13–74, hier 25 ff.

genauer gesagt den Personen, die dort unterrichteten, vor allem jenen, die dort in den
Kreis der Lehrenden aufgenommen wurden, die dort ihre „gradus" erwarben. Ohne
uns hier in die komplexe Geschichte der mittelalterlichen Graduierung verlieren zu
wollen[10], ist doch so viel deutlich: Solche Graduierung war nicht vordringlich ein
Qualifikationszertifikat (wenn auch schon früh, bereits im 12. und 13. Jahrhundert, die
Graduierten stolz ihren Grad als Titel zu führen wußten[11]), sondern vor allem ein Ein-
trittsbillet in den Kreis der Lehrberechtigten. Entscheidend kam es also für die am
„studium" Unterrichtenden darauf an, wer den Zugang zu dieser Personengruppe
kontrollierte, die den Unterricht erteilte. Ein Hauptunterschied zwischen den allgemeinen „studia generalia" und den Ordensschulen der Bettelorden, die bis ins
14. Jahrhundert hinein eine große Konkurrenz der Universitäten waren, war ja, daß
die Mendikanten durch ihre Ordensorgane die Personalhoheit wahrnahmen und auf
den Kapiteln oder durch die Oberen festlegten, wer wo was zu unterrichten hatte[12].

Die Geltung einer Schule als „studium generale" schloß daher, zumindest im Prinzip, die Anerkennung des Lehrerfolges ein: Wer unter die Lehrer an solch einem „studium" aufgenommen war, der sollte auch anderwärts an einem Generalstudium unterrichten können, er sollte, wie es die Pariser Magister wohl am frühesten formuliert
haben, das „ius ubique docendi" haben, das Recht, überall anerkannt lehren zu dürfen[13].

---

[10] Vgl. aber die Hinweise bei *Bernd Michael,* Johannes Buridan, Studien zu seinem Leben, seinen
Werken und zur Rezeption seiner Theorien im Europa des späten Mittelalters (Phil. Diss. FU
Berlin 1978, Berlin 1985) bes. 136–159; eine sozialgeschichtliche statistische Untersuchung der
Graduierungen einer Nation der Pariser Artistenuniversität im 14. Jahrhundert legte jüngst vor
*Mineo Tanaka,* La nation anglo-allemande de l'Université de Paris à la fin du moyen âge (Mélanges de la Bibliothèque de la Sorbonne 20, Paris 1990).
[11] Das allein macht ja solche Untersuchungen möglich wie die von *Christine Renardy,* Le monde
des maîtres universitaires du diocèse de Liège 1140–1350, Recherches sur sa composition et ses
activités (Bibliothèque de la Faculté de Philosophie et Lettres de l'Université de Liège 227, Paris
1979); vgl. auch *Jürgen Miethke,* Die Kirche und die Universitäten im 13. Jahrhundert, in: Schulen und Studium (wie Anm. 1) 285–320.
[12] Zu den Ordensschulen vor allem *Dieter Berg,* Armut und Wissenschaft, Beiträge zur Geschichte des Studienwesens der Bettelorden im 13. Jahrhundert (Geschichte und Gesellschaft:
Bochumer Historische Studien 15, Düsseldorf 1977); Le scuole degli ordini mendicanti [secoli
XIII–XIV], (Convegni del Centro di Studi sulla Spiritualità medievale 17, Todi 1978); *Isnard Wilhelm Frank,* Die Bettelordensstudia im Gefüge des spätmittelalterlichen Universitätswesens (Institut für europäische Geschichte Mainz, Vorträge 83, Stuttgart 1988). – Für ein Land: *William J.
Courtenay,* Schools and Scholars in Fourteenth Century England (Princeton, N.J. 1987) 56–87. –
Für eine Region: *Kaspar Elm,* Mendikantenstudium, Laienbildung und Klerikerschulung im
spätmittelalterlichen Westfalen, in: Studien zum städtischen Bildungswesen des späten Mittelalters und der frühen Neuzeit, hrsg. von *Bernd Moeller, Hans Patze, Karl Stackmann* (Abh. der
Akad. d. Wiss. in Göttingen III 137, Göttingen 1983) 586–617; jetzt in: *Elm,* Mittelalterliches
Ordensleben in Westfalen und am Niederrhein (Studien und Quellen zur westfälischen Geschichte 27, Paderborn 1989) 184–213; *William J. Courtenay,* The franciscan „studia" in southern
Germany in the fourteenth century, in: Gesellschaftsgeschichte, Festschrift für Karl Bosl zum
80. Geburtstag, hrsg. von *Ferdinand Seibt* (München 1988) Bd. II, 81–90.
[13] Zum Terminus wieder der Forschungsbericht bei *Weijers,* Terminologie (wie Anm. 7) 46–51,
386–391; zur Realität auch *William J. Courtenay,* Teaching Careers at the University of Paris in

Freilich ist dies erst eine späte Systematisierung, die nicht ohne heftigen Streit und schwere Auseinandersetzungen zwischen den Magistern und dem Vertreter des Bischofs erreicht worden ist, die aber schließlich sich so allgemein durchsetzen konnte, daß die Erringung des „ius ubique docendi" schließlich fast synonym mit dem Status eines „studium generale" werden konnte[14]: ein „studium generale" war demnach eine Hochschule, deren Graduierungen überall Geltung hatten.

Die Verleihung der Grade, die Promotion zum Magister, zum Doktor, samt den allmählich sich herauskristallisierenden Vorstufen im Bakkalareat der verschiedenen Fakultäten, kann in ihrer Entwicklung hier nicht im einzelnen verfolgt werden. Die Heftigkeit, mit der man sich in Paris etwa um die Berechtigung stritt, solche Grade zu verleihen, zeigt die Bedeutung, die das für die Organisationsgrenze der Universität besaß. Wer graduiert war, war in den Kreis der zur Lehre Berechtigten aufgenommen, durfte im Rahmen des Studiums unterrichten. Insofern war es für die Entstehung der Pariser Universität an der Wende vom 12. zum 13. Jahrhundert entscheidend, daß sich die Magistri und Scholaren zuerst genossenschaftlich zusammenschlossen, um so durch gegenseitigen Beistand in Notfällen, durch Grabgeleit und Verbrüderung die Nachteile des Lebens in der Fremde, des „exilium", auszugleichen[15]. Nicht minder wichtig aber wurde, daß es ihnen schon bald darauf gelang, die „licentia docendi" zumindest partiell unter die eigene Kontrolle zu bekommen dergestalt, daß zumindest diejenigen, die sie für würdig befanden, auch vom bischöflichen Kanzler diese Zugangsvoraussetzung zu ihrem Kreis verliehen bekommen mußten, unangesehen der Frage, wen der Kanzler etwa zusätzlich noch aus eigenem Entschluß lizenziieren mochte[16]. Ähnlich war das Ergebnis der Doktorenkollegia in Bologna gegenüber dem

---

*Fortsetzung Fußnote von Seite 52*

the Thirteenth and Fourteenth Centuries (Texts and Studies in the History of Medieval Education 17, Notre Dame, Indiana 1988) 17–19. Jetzt *Tanaka*, (wie Anm. 10) passim.

[14] Besonders klar *Erich Meuthen*, Kölner Universitätsgeschichte, Bd. I: Die alte Universität (Köln, Wien 1988) 10–12.

[15] Die Metapher des „Exils" haben im 12. Jahrhundert mehrere Texte zur Charakteristik der Existenz an einer Universität gewählt, bekannt etwa die Authentica „Habita" Kaiser Friedrichs I. (MGH, DF I nr. 243, ed. *Heinrich Apelt* in: MGH Diplomata X/2 [Hannover 1979] 39 f., hier 39,22): „Amore scientie facti exules de divitibus pauperes semetipsos exinaniunt ...", oder Bernhard von Chartres (bei Hugo von St. Victor, Didascalicon, III 12, ed. *Charles H. Buttimer* [Washington 1939] 61, bzw. Johannes von Salisbury, Policraticus, VII 13, ed. *C. C. J. Webb* [Oxford 1909, Neudruck Frankfurt/Main 1965] Bd. II, 145; Lit. dazu etwa bei *Jürgen Miethke*, Die Studenten, in: Unterwegssein im Spätmittelalter [ZHF, Beih. 1, Berlin 1985] 49–70, hier 50 f. mit Anm. 7 f.), der als „claves scientiae" aufzählt: „Mens humilis, studium quaerendi, vita quieta/ scrutinium tacitum, paupertas, terra aliena/ haec reserare solent multis obscura legendi".

[16] Chartularium Universitatis Parisiensis, edd. *Heinrich Denifle* und *Emile Châtelain*, Bd. I–IV (Paris 1889–1899, Neudruck Brüssel 1964) [künftig „CUP"] Bd. I, nr. 16 (S. 75 f.). Dazu zuletzt etwa *Stephen C. Ferruolo*, The Origins of the University, The Schools of Paris and Their Critics, 1100–1215 (Stanford, California 1985) 295–299.

Archidiaconus[17], oder der Erfolg der „magistri" in Oxford gegenüber wiederum dem
bischöflichen „cancellarius"[18].

Mit diesen frühen Erfolgen hatte die Genossenschaft, die die Schule trug, tatsächlich eine gewisse Rechtsautonomie gewonnen, konnte sie doch prinzipiell den Zugang
zu sich selbst entscheidend regulieren, auf die Dauer sogar geradezu exklusiv bestimmen. Der Name, den die mittelalterliche Rechtssprache genossenschaftlichen Zusammenschlüssen, Personengesamtheiten, allgemein zuerkannte: „universitas"[19], ist in
allen europäischen Sprachen der Gegenwart das Grundwort für die spezifisch europäische Form höherer Bildung in mittelalterlicher Tradition geworden und erscheint
heute in der Regel auch auf diese Bedeutung eingeengt. Die europäische „Universität"
hat darüber hinaus ihren Siegeszug durch die Welt schon lange genommen, so daß das
nicht nur für die europäischen Sprachen gilt.

In dieser Bezeichnung also lebt noch die spezifische Rechtskonstruktion mittelalterlicher Universitäten fort, und damit blieb die starke Verankerung im mittelalterlichen Genossenschaftswesen zumindest als Assoziation von Autonomie und eigener
Rechtspersönlichkeit mit dem Wort verbunden. Andere Bezüge freilich sind längst
verloren gegangen, verschwunden oder bis zur Unkenntlichkeit von neueren Entwicklungen zugedeckt worden. Insbesondere assoziiert heute niemand mehr bei dem Wort
Universität die im Mittelalter gleichsam selbstverständliche Nähe zur eidlichen Selbstverpflichtung, die der Universität ihre innere Festigkeit gab und die wir auf Schritt
und Tritt in den Quellen antreffen[20]. Der Einfachheit halber beschränke ich mich –

---

[17] Vgl. *Walter Steffen*, Die studentische Autonomie im mittelalterlichen Bologna, Eine Untersuchung über die Stellung der Studenten und ihrer „universitas" gegenüber Professoren und Stadt-
regierung im 13./14. Jahrhundert (Geist und Werk der Zeiten 58, Bern, Frankfurt/Main, Las Ve-
gas 1981); neuerlich *Roberto Greci*, L'associazionismo degli studenti dalle origini alla fine del XIV
secolo, in: Studenti e università degli studenti dal XII al XIX secolo, a cura di Gian Paolo Bizzi e
Antonio Ivan Pini (Studi e memorie per la storia dell' Università di Bologna, n.s. 7, Bologna
1988) 15–44.

[18] Insbesondere zuletzt die Beiträge in: The History of the University of Oxford, General editor
*T. H. Aston*, vol. I: The Oxford Schools, ed. *Jeremy I. Catto* (Oxford 1984) bes. 28 ff. *(Richard W.
Southern)*; 38 ff. *(M. Benedict Hackett)*. Im relativ spät ausgebildeten Cambridge war die Rechts-
stellung des Kanzlers von vornherein schwächer: Hier hatte er, von den Magistern aus dem ei-
genen Kreis gewählt, nach Auskunft der ältesten Statuten (von ca. 1250) offenbar nicht die Mög-
lichkeit, aus eigenem Recht die Lizenz zu erteilen, vgl. den Text bei *M. Benedict Hackett*, The
Original Statutes of Cambridge University, The Text and its History (Cambridge 1970) 197/199
(§ I 1, und II 1), dazu etwa auch 108 ff. und passim; vgl. *Damian Riehl Leader*, A History of the
University of Cambridge, vol. I: The University to 1546 (Cambridge [usw.] 1988) 25 ff.

[19] *Pierre Michaud Quantin*, „Universitas", Expressions du mouvement communautaire dans le
moyen âge latin (Paris 1970); vgl. auch *Weijers*, (wie Anm. 7) 16–26.

[20] Zu den Universitätseiden zuletzt eingehend *Paolo Prodi*, Il giuramento universitario tra corporazione, ideologia e confessione religiosa, in: Sapere e/è potere, Discipline, dispute e professioni
nell' università medievale e moderna, Il caso bolognese a confronto (Atti del 4° Convegno,
vol. III: Dalle discipline ai ruoli sociali, a cura di Angela de Benedictis, Bologna 1990) 23–35;
nicht behandelt wird der Universitätseid bei *Lothar Kolmer*, Promissorische Eide im Mittelalter
(Regensburger Historische Forschungen 12, Kallmünz 1989), der ohnedies den Schwerpunkt seiner Untersuchungen in das frühe Mittelalter legt.

willkürlich und bewußt – bei meinen künftigen Belegen auf Heidelberger Zeugnisse[21], aber es wäre ein leichtes, anderwärts gleiche oder zumindest ähnliche Formulierungen zu finden, denn als fundamentale Voraussetzung genossenschaftlicher Organisation ist zumindest ein förmlicher Willensakt beim Eintritt in die Korporation dann unentbehrlich, wenn man der Gruppe nicht bereits unwillkürlich, das heißt wenn man ihr nicht durch Geburt, kraft Standes oder dergleichen angehört.

In eine Universität mußte man eintreten, und alle Universitäten haben Wert darauf gelegt, daß dieser Eintritt förmlich und feierlich vollzogen wurde. In Deutschland war die Immatrikulation, die Eintragung in das Matrikelbuch, durch die man der Rechtskörperschaft der „universitas" beitrat, der wichtigste dieser Initialakte, bei der man dem Rektor nicht allein die – grob nach dem Vermögen gestaffelte – Inskriptionsgebühr zu erbringen hatte, sondern auch der Universität und ihrem obersten Amtswalter, dem Rektor, Gehorsam und Treue schwören mußte[22]. Auch wer als Bakkalar oder Magister bzw. Doktor einer anderen Universität in Heidelberg rezipiert werden wollte, mußte dem Rektor einen entsprechenden Eid leisten[23]. Um diesen Eid bereits konnte es langwierige Streitigkeiten geben, so in den Anfangsjahren der Heidelberger Universität, als der Artistenmagister und Theologie-Bakkalar Heilmann Wunnenberg aus Worms, nachdem er sich auf seine Pfründe am Cyriacus-Stift in Neuhausen vor Worms zurückgezogen hatte, plötzlich behauptete, er sei der Universität keinen Gehorsam schuldig. Die Sache zog sich in die Länge, und mehrfach sind in den Amtsbüchern der Universität Einträge und spätere Marginalien zu finden, die auf die Notiz des Eides, auf die einzelnen Phasen des Streites, auf das schließliche Einlenken Heilmanns aufmerksam machen[24].

Aber auch jenseits solch dramatischer Zuspitzung konnte der einmal gegebene Eid auch später immer wieder wichtig werden: Schon damals war es offenbar schwierig, bei Gremiensitzungen und Wahlen die volle Präsenz der Stimmberechtigten zu erreichen. Es gab daher in Heidelberg eine ganze Skala von unterschiedlich verbindlichen Einberufungen, die (ganz normale) Einladung zur „congregatio" oder auch „plena

[21] Insbesondere stütze ich mich auf das Rektorbuch: Acta universitatis Heidelbergensis, Tomus I (simul Acta facultatis iuridicae, tomus I) fasciculus 1–2 = Die Rektorbücher der Universität Heidelberg, Bd. I (1386–1410) Heft 1–2, hrsg. von *Jürgen Miethke*, bearbeitet von *Heiner Lutzmann* und *Hermann Weisert* (Libri actorum Universitatis Heidelbergensis/Die Amtsbücher der Universität Heidelberg A I/1–2, Heidelberg 1986–1990) [künftig „AUH I"].
[22] *Jacques Paquet*, L'immatriculation des étudiants dans les universités médiévales, in: Pascua mediaevalia, Studies voor prof. dr. J. M. de Smet (Mediaevalia Lovaniensia I 10, Leuven 1983) 159–171. Vgl. auch die Bestimmungen in den Statuten der Artistenfakultät, in: Urkundenbuch der Universität Heidelberg, hrsg. von *Eduard Winkelmann* (Heidelberg 1886) Bd. I, nr. 23 (hier S. 32,17–22). Jetzt auch *Jacques Paquet*, Les matricules universitaires (Typologie des sources du moyen âge occidental, fasc. 65, Turnhout 1992) bes. 35–42.
[23] Schon im Gründungsprivileg des Pfalzgrafen Ruprecht I. wird dieser Eid – gemäß dem Pariser Vorbild, also wohl auf Wunsch des Marsilius von Inghen – ausdrücklich vorgeschrieben, vgl. AUH I, nr. 5 (S. 34f.), siehe auch die Satzungsbestimmung für alle Fakultäten AUH I, nr. 76 (S. 150f.: Eintrag des Marsilius von Inghen); vgl. die Satzungsformulierung der Juristen AUH I, nr. 15 und 31 (S. 50f. und 65) sowie die im juristischen Dekansbuch eingetragenen Beispiele, z.B. AUH I, nr. 16,1–2 oder 452,25–26 (S. 51f., 464) usw.
[24] AUH I, nr. 77, 346, 358 (S. 151f., 348, 358f.). Vgl. unten bei Anm. 53.

congregatio"[25], war offenbar nicht ganz so verbindlich, auch wenn der Rektor dazu vermerkt, zu ihr sei ausreichend eingeladen worden: „ad quam sufficienter vocati fuerant doctores et magistri omnes pro tunc presentes"[26]. Johannes de Noët [oder von der Noyt] (gest. 1432), ein Kanonist, der in den ersten Jahrzehnten der Heidelberger Universität eine große Rolle spielte und der im Rektorbuch immer besonders genau die Formalitäten festgehalten hat[27], lud zu einer wichtigen Satzungsfrage „die verehrten Herren Doktoren und Magister" unter ausdrücklichem Hinweis ein, „sicut diligitis bonum eiusdem (universitatis) et sub pena non contradicendi"[28], d.h. nicht nur mit dem moralischen Appell, daß es um Wichtiges gehe, sondern auch mit der Feststellung, der Entscheidung dieser Versammlung dürfe niemand später widersprechen, der nicht zur Versammlung gekommen war. Die höchste Verbindlichkeit erreichte schließlich die

[25] Z.B. AUH I, nr. 328, 330, S. 336f. Allgemein zur Bedeutung der „congregatio" in den deutschen Universitäten auch *Dietmar Willoweit*, in: Deutsche Verwaltungsgeschichte, hrsg. von *Kurt G. A. Jeserich, Hans Pohl, Georg-Christoph von Unruh*, Bd. I: Vom Spätmittelalter bis zum Ende des Reiches (Stuttgart 1983) 376f.

[26] AUH I, nr. 304, S. 320. – Es ging damals um die Verteilung von Wohnhäusern, und also war das Interesse an einer Mitbestimmung ganz gewiß groß (gleichwohl wird später auch dazu „per iuramenta" eingeladen werden, vgl. nr. 340 [S. 344]). Ganz sicher läßt sich diese allgemeine Form aber von den beiden anderen nicht abgrenzen, da nicht feststeht, wie genau der jeweilige Rektor sich bei der Niederschrift ausgedrückt hat. Marsilius von Inghen z.B. hat relativ selten die Einberufung einer Versammlung „per iuramenta" notiert (vgl. AUH I, nrr. 119, 123, 124, 149 [S. 182, 184, 185f., 201]); hat er sie auch so selten vorgenommen?

[27] Zu ihm gibt es m.W. keine monographische Untersuchung. Prosopographische Daten und Literatur etwa bei *Aloys Schmidt* und *Hermann Heimpel*, Winand von Steeg (1371–1453), ein mittelrheinischer Gelehrter und Künstler, und die Bilderhandschrift über die Zollfreiheit … (Abh. der Bayer. Akad.d.Wiss., Philos.-hist.Kl., NF 81, München 1977) 117, zu seiner Prager Zeit auch *Sabine Schumann*, Die „nationes" an den Universitäten Prag, Leipzig und Wien, Ein Beitrag zur älteren Universitätsgeschichte (Phil Diss. FU Berlin 1974) 128 mit Anm. 130. Er diente seiner Universität mehrfach als Rektor, als Vizerektor, auch als Vizekanzler; Hermann Weisert betrachtete ihn, freilich mit schwachen Belegen, auch als Dekan der juristischen (kanonistischen) Fakultät für 1386–1409; vgl. *Weisert*, Die Rektoren und die Dekane der Ruperto Carola zu Heidelberg (1386–1985), in: Semper apertus, Sechshundert Jahre Ruprecht-Karls-Universität Heidelberg, Festschrift, hrsg. von *Wilhelm Doerr* (Berlin, Heidelberg, New York, Tokyo 1985) Bd. IV, 299–417, hier 343. Wenn das zutrifft, wäre er offenbar auch für die Aufnahme jener umfänglichen Auszüge aus dem ersten Rektorbuch in das Dekansbuch der Juristischen Fakultät verantwortlich zu machen (die uns diese Quelle heute allein noch überliefert und die in das erste Jahrzehnt des 15. Jahrhunderts zu datieren ist), vgl. *J. Miethke* in: AUH I, S. 7.

[28] AUH I, nr. 281 (S. 305). Vgl. auch etwa nrr. 107, 154, 281, 422 (S. 175f., 203, 305, 411). Bei der Einladung zur Wahl von Konzilsgesandten nach Konstanz wird (am 23. März 1416) zur Versammlung „sub debito iuramenti et [!] pena non contradicendi" eingeladen: nr. 477 (S. 515, 19f.). Auch an der Universität Wien wurden zur gleichen Zeit die „weniger wichtigen Angelegenheiten" auf derartigen Versammlungen entschieden, vgl. *Paul Uiblein*, Mittelalterliches Studium an der Wiener Artistenfakultät, Kommentar zu den „Acta Facultatis Artium Universitatis Vindobonensis 1385–1419" (Schriftenreihe des Universitätsarchivs 4, Wien 1987) 51. In den Erfurter Statuten [von 1447], rubr. II (§ 13) heißt es ausdrücklich: „… semper in cedulis convocacionum pro consiliis habendis apponat penam non contradicendi, et si quis tunc vocatus absens fuerit, postea non habeat vocem contradicendi", in: Acten der Erfurter Universität, ed. *J. C. Hermann Weissenborn* (Geschichtsquellen der Provinz Sachsen, VIII/1, Halle 1881) 11; vgl. aber ebenda, rubr. IV (§ 7), wo die Einberufung einer Versammlung „ad minus sub pena non contradicendi" vorgeschrieben wird. (Die Beispiele ließen sich aus anderen Universitäten vermehren).

Einladung „per iuramentum"[29] zu einer Versammlung, auf der etwa Statuten beschlossen und eingeschärft[30], auf der ein Rektor gewählt[31], auf der über die Haltung der Universität in der Kirchenfrage im Großen Schisma beraten werden sollte[32] oder auf der die Universität den armen Magister Hermann Poll aus Wien 1401 aus der Universität auszuschließen hatte „tamquam membrum putridum et inutile", ihn damit auch der Gerichtsbarkeit des Hofrichters übergab, der den eines Giftanschlags auf den Rex Romanorum Ruprecht von der Pfalz Verdächtigten nach kurzem Prozeß grausam hinrichten ließ[33] – denn das war eine Angelegenheit, die den privilegierten Rechtsstatus jedes Universitätsmitglieds betraf. „Per iuramentum" wurden auch die Versammlungen einberufen, die sich mit Satzungsrecht beschäftigten, die also die Studenten etwa durch immer wieder erlassene, weil offenbar immer wieder übertretene Verbote vom Waffentragen, vom Kartenspiel, vom Lärmen und nächtlichen Umherziehen abhalten sollten[34].

Schuldige mußten sich ebenfalls eidlich verpflichten[35] – oder wurden auf ihren schon geleisteten Immatrikulationseid hin verpflichtet[36], sich künftig korrekt betragen zu wollen. Die Universität sicherte sich durch Eide, die sie von den Amtsträgern der Stadt und der Pfalzgrafen, wie etwa dem Schultheißen, entgegennahm[37], ja von den

---

[29] Da dies später offenbar gleichsam die „Normalform" einer verbindlichen Einladung geworden ist, sind die folgenden Belege nur als exemplarische Hinweise zu verstehen. Auch hier vgl. wiederum *Uiblein* (wie vorige Anm.) für Wien; in den Erfurter Statuten (rubr. II § 14, wie Anm. 28, S. 11) wird der Rektor zu einer maßvollen Anwendung eines solchen Befehls verpflichtet: „Item rector numquam precipiat de debito prestiti iuramenti vel obedientie, nisi necessitas evidens [!] illud exposcat vel contumacia precesserit."

[30] Etwa AUH I, nr. 174, 200, 202, 214 (S. 225, 250, 251 f., 258 f.); ein Einladungsformular (ausgestellt und aufgeschrieben durch Johannes de Noët) in nr. 228 (S. 265 f.).

[31] Etwa AUH I, nr. 205, 218, 232, 257, 287, 295, 302 f., 338 (S. 253 f., 259 f., 267, 292, 310, 314, 319, 342). Als der Heidelberger Rektor noch ausschließlich von der Artistenfakultät zu wählen war, wurde diese natürlich dazu auch „per iuramenta" zusammengerufen: AUH I, nr. 119 (S. 182).

[32] AUH I, nr. 123 (S. 184).

[33] AUH I, nr. 12 und 312 (S. 49 und 324 [hier auch: „facta congregatione universitatis ... sollempniter per iuramentum prestitum ..."]). Auch der Ausschluß von Studenten aus der Korporation aus disziplinarischen Gründen wird auf einer derartig „per iuramenta" einberufenen Versammlung beschlossen: nr. 175 u. 248 (S. 227 f. u. 279 f.). Vgl. auch die zahlreichen Versammlungen, die „per iuramenta" einberufen wurden, um über das Vorgehen der Universität im Falle des in Gefangenschaft geratenen Magisters Konrad von Soltau zu beraten (seit nr. 168, S. 219: sub pena obediencie et iuramenti prestiti; vgl. auch ähnliche Fälle der Verteidigung des universitären Rechtsstandes, wie nr. 248 (S. 279–281). In allen diesen Fällen ging es ersichtlich um den rechtlichen Status der Universität und ihrer Glieder!

[34] Z.B. AUH I, nrr. 107 f., 111, 389 f. (S. 175 f., 178 f., 382 f.).

[35] Z.B. AUH I, nr. 138 (S. 195).

[36] AUH I, nrr. 264, 267 (S. 295 f., 298), vgl. nr. 428 (S. 415).

[37] Festgelegt in den Gründungsprivilegien AUH I, nr. 9 (S. 43 f., Zl. 44–48); für den Schultheiß vgl. unten Anm. 42. Beim Kauf der Tournosen in Bacharach und Kaiserswerth wird bestimmt, daß auch die Zollschreiber dieser Hebestellen der Universität einen Eid leisten müssen: AUH I, nr. 445 (S. 447, 47–57); zu den Tournosen im einzelnen zuletzt *Markus Vetter*, Zur Finanzierung der Universität Heidelberg im Mittelalter, Die Einnahmen aus den Rheinzöllen in Bacharach und Kaiserswerth bis zum Ende des 15. Jahrhunderts, in: Ruperto Carola 78 (1988) 59–66.

Bürgern der Stadt in einer besonders angespannten Lage[38] oder von den Verwesern
der inkorporierten Pfarreien, der weit entfernten Pfarrei Altdorf oder der nahen Heidelberger Peterskirche[39]. Auch die Mitglieder der Herrscherfamilie, des Königs Söhne
selbst, leisteten – und das nicht nur einmal – in aller Öffentlichkeit feierliche Eide, die
Universität nicht schädigen zu wollen, sondern sie bei ihren Rechten zu erhalten[40].
Solche Eide sind gleichsam institutionalisiert für bestimmte Interessen der schutz-
bedürftigen Universität. Wie sie auf Befehl ihres Gründers Ruprecht I. den Bürgern
der Stadt Heidelberg alljährlich zum Allerheiligen-Fest von der Kanzel herab das
große Gründungsprivileg in deutscher Sprache verlesen ließ, um ihre besondere
Rechtsstellung immer wieder jedermann einzuschärfen und niemandem die Entschuldigung zu lassen, er habe die Privilegien der Universität nicht gekannt[41], so hat sie den
Eid eines neuen Schultheißen als Sicherungsmaßnahme jeweils vorsorglich mit Feier-
lichkeit zelebriert und bisweilen eben deshalb auch ausdrücklich im Rektorbuch festgehalten[42]. Das Schutzversprechen der pfälzischen Kurprinzen und der Königin erfolgte, als eben erst im „Studentenkrieg" von 1406 Bürger der Stadt und Universitäts-
angehörige blutig aneinandergeraten waren und nur das besonnene Eingreifen des
zufällig anwesenden Bischofs von Speyer, Rhaban von Helmstedt, ein allgemeines
Blutbad gerade noch hatte verhindern können[43].
    Auch und besonders im Leben der Universität war somit der Eid, wie Bernard
Guenée es vor kurzem allgemein für die mittelalterliche Gesellschaft beobachtet hat[44],
zur fast alltäglichen Erscheinung geworden, die Grundprinzipien des Zusammenlebens, Ein- und Unterordnung, Disziplinierung und Kooperation erwirken, ja vorweg
erzwingen sollten. Gewiß hat der Eid Meinungsverschiedenheiten auch an den Universitäten nicht verhindert oder aufgehoben, er hat aber die gemeinsame Verpflichtung auf einen gemeinsamen Rechtsrahmen, die Geltung von mehrheitlichen Entscheidungen durchsetzen helfen und hat so die Selbstverständlichkeit der Institution
Universität wesentlich getragen.

---

[38] Im „Studentenkrieg" von 1406: AUH I, nr. 433 (S. 423).
[39] Vgl. AUH I, nr. 345 (S. 347 f. Altdorf); nr. 413 (S. 401 f., 30–44, St. Peter, hier auch Altdorf
und die weitere Pfarrkirche Lauda erwähnt).
[40] AUH I, nr. 437 (S. 425–427: 1406 Juli 23/24), zuvor schon hatten Söhne des Königs
(1401 August 1) sogar eine Urkunde darüber ausgestellt: AUH I, nr. 438 (S. 427–429). Schon Ruprecht II. hatte in einem Testament (von 1395) seine Nachfolger verpflichtet, die „Schule" von
Heidelberg in ihrer damals erreichten wirtschaftlichen Ausstattung zu erhalten; später hat dann
Ludwig III. testamentarisch (1427) verfügt, ein Nachfolger solle nicht eher die Regierung antre-
ten, als bis er u. a. die Erhaltung der Universität feierlich urkundlich versprochen habe; vgl. *Winkelmann*, Urkundenbuch (wie Anm. 22) Bd. II, nrr. 82 u. 240 (S. 10 u. 29).
[41] Schon im Gründungsprivileg vorgeschrieben: AUH I, nr. 6 (S. 37, Zl. 45–50); dazu vgl. die
Notizen zum Vollzug nrr. 117 und 223 (S. 181 u. 263).
[42] AUH I, nrr. 141/153, 302, 388 (S. 197/202, 319, 382). Vgl. auch oben Anm. 37.
[43] Vgl. den ausführlichen Eintrag des damaligen Rektors Johannes von Frankfurt (in dem er in
der Tat seine eigene Rolle kräftig unterstreicht) in: AUH I, nrr. 428–436 (S. 414–425).
[44] *B. Guenée*, „Non periurabis", Serment et parjure en France sous Charles VI, in: Journal des Sa-
vants (1988) 241–257. Allgemein vgl. jetzt die weit ausgreifende Längsschnittstudie von *Paolo
Prodi*, Il sacramento del potere, Il giuramento politico nella storia costituzionale dell'Occidente
(Annali dell'Istituto storico italo-germanico, Monografia 15, Bologna 1992).

Ist es ein Wunder, daß Kräfte innerhalb und außerhalb der Universität versuchten, dieses Instrument noch weiter zu verfeinern, es nicht nur als Basisverpflichtung auf den allgemeinen Rechtsrahmen zu gebrauchen, sondern auch vielfältige Sonderverpflichtungen mit aufzunehmen. Dabei ist weniger daran zu denken, daß natürlich auch universitäre Amtsträger und Geschäftsbeauftragte, Rektor, Dekane, Pedelle, durch Eid auf die Obliegenheiten ihres Amtes verpflichtet wurden. Das unterschied die Universität nicht von ihrer Umwelt, wo der Amtseid ganz üblich war. Seine Brauchbarkeit als feierliche Verpflichtung hat ja die Ablösung der Obligation kraft Eides in der jüngeren Gegenwart am deutlichsten überlebt, so daß wir heute neben dem Zeugeneid vor Gericht eigentlich nur noch den Amtseid von Beamten, Beschäftigten im öffentlichen Dienst und politischen Amtsträgern kennen. Wir sollten uns also nicht darüber wundern, daß auch die mittelalterliche Universität sich dieses Mittels bediente, wenn sie Rotulusgesandte nach Rom schickte[45] oder Gesandte auf das Konstanzer Konzil abordnete[46], wenn sie einen fremden Doktor oder Magister rezipierte, wenn sie einen Studenten zum Bakkalar, einen Bakkalar zum Doktor oder Magister promovierte[47]. Die Korporation, der man in verschiedenen Stufungen angehörte, in die man als Student eintrat, in die man als Graduierter Aufnahme fand, hat sich der Loyalität ihrer Mitglieder durch einen entsprechenden Eid, insbesondere beim Eintritt in den neuen Status, immer wieder versichert. Der Doktoreid, der seit Bologna und Paris in allen Universitäten üblich war, sorgte für ein festes Band zwischen der Universität und ihren Graduierten, die sich ihrer „alma mater" nicht nur durch nostalgische Gefühle, sondern eben auch durch eidliche Selbstverpflichtung verbunden wußten, nichts zu deren Schaden unternehmen, die geltenden Statuten einhalten, das Beratungsgeheimnis wahren und dem jeweiligen Rektor die schuldige Achtung entgegenbringen zu wollen[48].

Der Eid als religiös sanktionierte Verpflichtung führte bei solch unbestimmten, allgemeinen Verhaltenszusagen einen gewissen Überschuß mit sich, der die in sich verständliche, rein funktional auf die soziale Rolle für die Zeit der Zugehörigkeit zur Korporation bezogene Verpflichtung übersteigt, galt der Schwur doch, prinzipiell zumindest, als lebenslängliche Selbstbindung[49]. Die Universität Erfurt setzte in ihren Statuten ausdrücklich fest, daß ein Vergehen gegen die (bei der Intitulation beschworenen) Satzungen ausschließlich in den statutarisch festgelegten Fällen als „periurium" (als Meineid) bestraft werden dürfe und in der Regel nur durch die angedrohten Strafen sanktioniert sein solle[50]. Ein Konflikt der Heidelberger Universität mit dem kö-

---

[45] AUH I, nrr. 91, 321, 381 (S. 165 f., 331, 373 f.); einen „nuncius iuratus" der Universität allgemein nennt etwa ein Formular, nr. 243 (S. 276), vgl. auch nr. 471 (S. 515,24).
[46] Einladungsschreiben, in ein Notarinstrument inseriert, in AUH I, nr. 471 (S. 515–517, hier 515,13–20).
[47] Vgl. oben Anm. 23.
[48] Vgl. die Eidesformeln AUH I, nr. 15, 31, 76 (S. 51, 65, 151). Vgl. dazu den Eid bei der Immatrikulation nr. 78 (S. 153).
[49] Zur juristischen Konstruktion und Begründung, die heute nicht mehr in derselben Weise wie zu Ende des 19. Jahrhunderts gewertet wird, vgl. etwa die Andeutungen von *Gerhard Dilcher*, Art. „Eid, Versprechenseide" in: HRG I (1971) 866–870, bes. 868 f.
[50] Vgl. Statuten, rubr. IV (§ 17), in: Acten der Erfurter Universität, bearb. v. *J. C. Hermann Weis-*

niglichen Rat und Protonotar der herrschenden Kanzlei Job Vener macht dasselbe Problem von einer anderen Seite ganz deutlich: 1405, als sich die Universität beim König mit allen Kräften um die Durchsetzung der zugesagten Pfründzuweisungen bemühen mußte, weil sie mit einer „Ersten Bitte" des Herrschers konkurrierte, hat Job Vener, als Bologneser „doctor iuris utriusque" der Universität intituliert, die Universität gebeten, ihn aus seinem Gehorsams- und Treueid zu entlassen, um möglichen Loyalitätskonflikten mit seinen Pflichten als königlicher Rat aus dem Wege zu gehen. Wohlweislich hat die Universität ihm das verweigert[51]. Hier ist an diesem ganzen Vorgang nur wichtig, daß er – wegen der besonderen Skrupelhaftigkeit Job Veners und der Achtsamkeit des damals das Rektorbuch führenden Rektors Hermann Dreine von Culenborg – schriftlich festgehalten wurde; er kann eindeutig belegen, daß die Zeitgenossen den dem Rektor und damit der Universität geleisteten Eid wirklich als lebenslänglich bindend betrachteten.

*Fortsetzung Fußnote von Seite 59*

*senborn*, Teil I (wie Anm. 28), 14: „Item volumus et statuimus et declaramus, ut faciens contra statutum universitatis periurium non incurrat, nisi statutum violatum hoc expresse conteneat, non obstante quod quilibet intitulandus statuta et statuenda pro posse et nosse iurat observare, sed eo casu solum penam in statuto contentam aut, si non continet, arbitrariam incurrat."

[51] (1405 Jan. 18 u. 20) AUH I, nr. 372 f. (S. 367 f.); Job hatte wohl von 1390 an in Bologna studiert, dort 1395 die Lizenz im Römischen Recht, 1397 die im kanonischen Recht erworben. Schon vor Eintritt in die Kanzlei Ruprechts (als Protonotar seit 1400/1401 nachweisbar) hat er sich (im letzten Quartal 1397) an der Universität in Heidelberg immatrikulieren lassen, ohne freilich irgendwelche Unterrichtspflichten auf sich zu nehmen. Anläßlich des Italienzuges König Ruprechts hat er sich dann 1402 in Bologna zum „iuris utriusque doctor" promovieren lassen: *Peter Moraw*, Kanzlei und Kanzleipersonal König Ruprechts, in: Archiv für Diplomatik 15 (1969) 428–531, hier 476–482 (zum ersten Auftreten als Protonotar 479); *Hermann Heimpel*, Die Vener von Gmünd und Straßburg (1162–1447), Studien und Texte zur Geschichte einer Familie sowie des gelehrten Beamtentums (Veröff. des Max-Planck-Instituts für Geschichte 52/1–3, Göttingen 1982) 165 f. (zum Antrag auf Entpflichtung vom Eid); 160–165, 175–181, 217 (zu Job Veners Karriere). An der Absetzung König Wenzels scheint Job Vener bereits zentral mitgewirkt zu haben, vgl. zusammenfassend *Helmut G. Walther*, Der gelehrte Jurist als politischer Ratgeber: Die Kölner Universität und die Absetzung König Wenzels 1400, in: Die Kölner Universität im Mittelalter, hrsg. von *Albert Zimmermann* (Miscellanea mediaevalia 20, Berlin [usw.] 1989) 467–487, hier 485 f. mit Anm. 61; vgl. auch die Bemerkung des Heidelberger Magisters Nikolaus Burgmann aus St. Goar (der 1400 als Zeuge im Notariatsinstrument der Absetzung Wenzels fungiert hat) über Wenzel in seiner Papst- und Kaiserchronik, in Auszügen bei *Ludwig Weiland*, Beschreibung einiger Handschriften der Universitätsbibliothek Giessen, in: Neues Archiv 4 (1879) 59–85, hier 79 f.: „Hic Wentzeslaus nichil boni egit sed semper potacionibus et ribalderiis deditus, propter quod et sepius per principes electores monitus et vocatus et pie correctus, sed in omnibus nichil curavit, sed in Praga et in Bohemia more porcino manens illud sollempne studium ibidem in Praga ad nichilum redegit, nullum sollempnem virum nobilem seu litteratum curavit et doctores omnes meliores quasi expulit. Quorum aliqui ad Renum Heidelbergam et alibi venerunt et ibidem se principibus coniuraverunt et ad eiusdem regis depocicionem laboraverunt." Deutlicher konnte der in Prag 1380 als baccalarius artium nachweisbare, 1382 zum licentiatus, 1385 zum magister artium ebenda promovierte, seit 1383 auch in die Juristenuniversität Prags immatrikulierte, 1385 zum decr. bacc. graduierte Magister, der in Heidelberg (immatr. Juni/Oct. 1388) als erster 1390 zum lic. decr. graduiert und 1393 als zweiter in Heidelberg zum decr.dr. promoviert worden war, nicht werden. Zu ihm vgl. etwa *Aloys Schmidt/Hermann Heimpel*, Winand von Steeg (1371–1453) (wie oben Anm. 27) 120 f.; *Willoweit*, Das juristische Studium (wie unten Anm. 62) 101 f. nr. 1 und 129 f. Anm. 91.

Das hatte mancherlei direkte und indirekte Folgen, die hier nicht im einzelnen ausgebreitet werden sollen. Nur im Vorbeigehen sei darauf verwiesen, daß es der Eid war, der immer wieder den Papst und die Kurie für Streitigkeiten an der Universität zuständig werden ließ[52]. Als die Stadt Bologna um die Mitte des 13. Jahrhunderts von den gefeierten Rechtslehrern die eidliche Selbstverpflichtung auf die Statuten der Kommune und das Versprechen verlangte, nirgendwo anders Unterricht erteilen zu wollen, da konnte der Papst in den Streit deshalb vermittelnd eingreifen, weil es sich um Eide handelte. Auch im Pariser Bettelordensstreit wuchs der Kurie ihre Kompetenz nicht allein aus ihrer engen Beziehung zu den Mendikanten zu, sondern auch aus den mit dem Aufnahmeeid verbundenen Auslegungsfragen. So wuchs die institutionelle Nähe zur Kurie als letzter Rechtsinstanz in Fragen des universitären Rechts nicht zuletzt auch wegen der Häufigkeit eidlicher Bindungen und Selbstbindungen, die die Universitätsmitglieder untereinander und mit der Außenwelt eingingen.

Andererseits ist die verfassungsrechtliche Konstruktion der Pariser Artistenuniversität, die den Rektor nur aus den Magistern der Artes-Fakultät nahm und die Doktorenkollegien der oberen Fakultäten nicht eigens in der Verfassung berücksichtigte, aus eben dieser überschüssigen Bindekraft des Eides heraus ermöglicht worden. Auch als Studenten der höheren Fakultäten, ja als deren Graduierte, blieben die „magistri artium" an die Eide gebunden, die sie beim Eintritt in ihre „natio" geschworen hatten, schuldeten dem Rektor und dem Prokurator der Nation Gehorsam und waren auf die Geltung der Statuten verpflichtet. Insofern bedeutet die Exklusion der Lehrer der höheren Fakultäten in Paris nicht ihre völlige Ausgrenzung. In Bologna, wo die Studentennationen sich ebenfalls abseits der Doktorenkollegien organisierten[53], war – funktional analog, aber rechtlich anders konstruiert – die Abhängigkeit der „doctores" von den Universitäten bald weniger empfindlich als die von der Kommune, die für die „doctores salariati" den wesentlichen Teil ihrer Einkünfte bereitstellte.

Aber hier können wir uns nicht in das Funktionsgeflecht der Institutionen der verschiedenen Universitätsmodelle begeben, in denen Eide freilich als Bindemittel und Geltungsgrund der Satzungssanktionen überall eine unübersehbare Rolle spielen konnten. Die Bindekraft des Eides, die sich aus der strengen Selbstverpflichtung und Selbstkontrolle, also „innengeleitet", und nicht primär durch die Sanktion der äußeren Strafandrohung ergibt, verlor trotz der Inflation eidlicher Zusagen im späteren Mittelalter keineswegs automatisch an Interesse, eher konnte sie auch in zusätzlichen Bereichen noch eingesetzt werden, war sie doch ein Instrument, das mit geringem Aufwand eine relativ starke Wirkung erzielte und dessen Sanktion ganz dem religiösen Gewissen überantwortet blieb: Nicht drakonische Strafen des irdischen Strafrechts warteten auf Heilmann Wunnenberg, der zunächst die eigene eidliche Verpflichtung abgestritten hatte: Er versprach schließlich dem Rektor, künftig seinen seinerzeit geleisteten Eid getreulich einhalten zu wollen: „fatebatur predictus magister Heilmannus

---

[52] Eingehend zur Rolle des Papstes und der Kurie für die frühe europäische Universitätsentwicklung (mit einer gewissen Überzeichnung ihrer Bedeutung) *Werner Maleczek*, Das Papsttum und die Anfänge der Universität im Mittelalter, in: RHM 27 (1985) 85–143.
[53] Vgl. zu diesem Aspekt, der funktionellen Äquivalenz zwischen Paris und Bologna, etwa *Arno Seifert*, Studium als soziales System, in: Schulen und Studium (wie Anm. 1) 601–619, hier 617.

se prius iurasse universitati" (das war das Eingeständnis im Streitpunkt) „et promisit mihi rectori se velle iuramentum istud fideliter servare in posterum", so schreibt der Rektor Wasmut von Homberg ins Rektorbuch[54]. Und damit war dann der Fall offenbar auch ausgestanden.

Ist es ein Wunder, daß die Universität den Nachweis schwer belegbarer Tatbestände sozusagen routinemäßig mittels des gleichen Instruments erwartete? Die Graduierungen an auswärtigen Universitäten[55], die Einkommensgrenzen für die Taxierung der Immatrikulations- und Graduierungsgebühren wurden durch Eidesleistung nachgewiesen – freilich allein die Entwicklung des berühmten „testimonium paupertatis", des echten „Armutszeugnisses"[56] beweist, daß man sich nach dem Erfahrungssatz „Vertrauen ist gut, Kontrolle ist besser" zumindest auf die Dauer auch in dieser Frage gerichtet hat. Auch die Ableistung der vor einer Graduierung vorgeschriebenen Vorlesungen und Zahlungen der „collecta" sowie der Gebühren für den Pedell[57], die Verpflichtung, aus der Heimat, in die man für einige Monate aufbrach, binnen kürzestmöglicher Frist zurückzukommen[58], all solche schwer ohne gewaltigen bürokratischen Aufwand nachprüfbaren Verpflichtungen legte der Eid auf das Gewissen der Schwörenden und machte so die Verpflichtung damals überhaupt durchsetzbar.

Daß auch weitere Fragen in dieser Weise förmlich erledigt wurden, mit offenbar unterschiedlich sicherer Verhaltenserwartung, läßt sich denken. Loyalität und Ergebenheit dem Landesherrn gegenüber war für die Mitglieder seines Haushalts, für die fürstlichen Höflinge und „familiares" eine selbstverständliche Pflicht, was natürlich auch bei der Rezeption in die „familia" eidlich bekräftigt wurde. Marsilius von Inghen, der Gründungsrektor der Universität Heidelberg, hatte schon einige Monate vor den einzelnen Gründungsakten, am 26. Juni 1386, dem Pfalzgrafen Ruprecht I. „glopt und

---

[54] AUH I, nr. 358 (S. 358) [der Name des Rektors kann erschlossen werden].

[55] Freilich gibt es auch in Heidelberg schon früh ausdrückliche Bescheinigungen über solche Graduierungen: AUH I, nr. 59 u. 249 (S. 117 f. u. 281 f.).

[56] Zum Problem der „pauperes" seien hier nur genannt: *John M. Fletcher,* Wealth and poverty in the medieval German universities, with particular reference to the University of Freiburg, in: Europe in the Later Middle Ages, edd. *John R. Hale, John R. L. Highfield, Beryl Smalley* (London 1965, Neudruck London 1970) 410–436; *Jacques Paquet,* L'universitaire „pauvre" au moyen âge: problèmes, documentation, questions de méthode, in: The Universities in the Late Middle Ages, edd. *Jozef Ijsewijn, J. Paquet* (Mediaevalia Lovaniensia I 6, Leuven 1978) 399–425; *ders.,* Recherches sur l'universitaire „pauvre" au moyen âge, in: RBPH 56 (1978) 301–353; *Rainer Christoph Schwinges,* „Pauperes" an deutschen Universitäten des 15. Jahrhunderts, in: ZHF 8 (1981) 285–309; für Heidelberg, das am 7. Juni 1448 beschlossen hat, einen wirklichen Nachweis der Armut für die Einstufung als „pauper" bei der Immatrikulation und damit für die Gebührenbefreiung zu verlangen (*Gustav Toepke* [Hrsg.], Die Matrikel der Universität Heidelberg, Bd. I [Heidelberg 1884] LIIsq. u. 258 Anm. 1) vgl. zuletzt etwa *Christoph Fuchs,* Pauperes und divites, Sozialgeschichtliche Untersuchungen über Heidelberger Universitätsbesucher 1386–1450, in: Ruperto Carola 81 (1990) 51–59.

[57] Vgl. die Satzungen der Juristenfakultät in: AUH I, nr. 19 (S. 56), oder die Versicherungen der Bakkalare: nr. 33 (S. 75).

[58] Das spielt in Heidelberg aus verständlichen Gründen keine sehr große Rolle, da es hier in solchen Fällen eher darauf angekommen zu sein scheint, dem abgereisten Magister sein Wohnhaus und seine Einkünfte zu sichern, vgl. etwa AUH I, nr. 294 (S. 314). In Paris dagegen kam es häufiger vor.

gesworne", „daz er uns getruw und holt sin sal, unsern schaden zu warnen und unser bestes zu werben und auch, daz er uns unsers studium zu Heidelberg ein anheber und regirer und dem fürderlich for sin sal", wie es die kurfürstliche Kanzlei in einem Revers festgehalten hat[59], und ähnlich wurden auch die anderen Magister, die zunächst ihre Bezahlung unmittelbar aus dem Haushalt des Fürsten erhielten, als „familiares" durch Eidesbindung dem Fürsten verpflichtet[60].

War es dieses besonders enge Verhältnis der Heidelberger Gründungsprofessoren, das dazu geführt hat, daß in der Neckarstadt, anders als in den älteren Universitäten Norditaliens und Frankreichs, schon von Beginn der Universität an, d.h. seit dem Ende des 14. Jahrhunderts, in der juristischen Fakultät im Doktoreid nicht allein das herkömmliche Versprechen enthalten war, an einer anderen Universität nicht erneut sich promovieren zu lassen und die Gerechtsame der Fakultät künftig strikt einzuhalten, sondern als neues Element auch ein Treueid für den Pfalzgrafen? In Heidelberg schworen jedenfalls die juristischen Kandidaten beim Lizenziat: „Item fidelitatem comitatui et comiti Palatino Reni, qui pro tempore fuerit."[61]

Dietmar Willoweit hat ermittelt, daß von den 21 juristischen Promovenden, die in Heidelberg von 1386 bis 1436 (also in dem ersten halben Jahrhundert der Universität) graduiert worden sind, nur bei insgesamt 8 Personen eine spätere Wirkung eines solchen Treueides fraglich bleibt, weil sie entweder sogleich an fernen Orten ihre Karriere fortgesetzt haben oder (in 4 Fällen) vielleicht gar nicht in Heidelberg selbst die Promotion über die Lizenz hinaus auch wirklich abgeschlossen haben[62]. Schon bevor der Fürst die Menge der Absolventen der Hochschule in den Dienst seines Landes übernahm, sicherte er sich hier offenbar eine zumindest passive Loyalität, die auch im Falle fremder Dienste als innere Hemmschwelle nicht ohne Belange gewesen sein kann.

Ein letztes Feld, in dem ein geleisteter Eid für die Integration, Kontrolle und Disziplinierung der Universität eingesetzt wurde, sei noch kurz erwähnt, die ganz generell und über Europa hin verbreitet in Gebrauch gekommen ist, eine feierliche Selbstver-

---

[59] *Winkelmann*, Urkundenbuch (wie Anm. 22), Bd. I nr. 3 (S. 4f.). Vgl. dazu etwa *Jürgen Miethke*, Marsilius von Inghen als Rektor der Universität Heidelberg, in: Ruperto Carola 76 (1987) 110–120. Jetzt auch *Frank Rexroth*, Deutsche Universitätsstiftungen von Prag bis Köln, Die Intentionen des Stifters und die Wege und Chancen ihrer Verwirklichung im spätmittelalterlichen deutschen Territorialstaat (Beihefte zum Archiv für Kulturgeschichte 34, Köln, Weimar, Wien 1992) bes. 189 ff.

[60] Auch Matthäus von Krakau wurde als königlicher Rat eingeschworen, vgl. *Winkelmann*, Urkundenbuch (wie Anm. 22) Bd. I, nr. 38 (S. 60f.), vgl. auch die Kennzeichnung der Aufnahme des Heilmann Wunnenberg und des Reginald von Aulne durch Marsilius von Inghen im Gründungsbericht („receptus": AUH I, nr. 72 [S. 147,33 u. 39]). Allgemein etwa *Robert Scheyhing*, Eide, Amtsgewalt und Bannleihe. Eine Untersuchung zur Bannleihe im hohen und späten Mittelalter (Forschungen zur deutschen Rechtsgeschichte 2, Köln, Graz 1960) 113 ff., *Peter Moraw* in: Deutsche Verwaltungsgeschichte (wie Anm. 25) 35 oder *Dietmar Willoweit*, ebenda, 109 f., 139 f.; insbesondere *P. Moraw*, Heidelberg: Universität, Hof und Stadt im ausgehenden Mittelalter, in: Studien zum städtischen Bildungswesen (wie Anm. 12) 524–552, hier 526 ff.

[61] AUH I, nr. 19 (S. 57).

[62] *Dietmar Willoweit*, Das juristische Studium in Heidelberg und die Lizentiaten der Juristenfakultät von 1386 bis 1436, in: Semper apertus (wie Anm. 27) Bd. I, 85–135, hier 95 ff.

pflichtung der Universitätslehrer, bestimmte Positionen vertreten, oder vielmehr auf keinen Fall vertreten zu wollen.

Die Frage der Lehrfreiheit ist ohne Zweifel für die mittelalterliche Universität höchst komplex, da immer wieder Versuche zu beobachten sind, Leitlinien eines erwünschten Verhaltens festzulegen, andererseits aber kaum je eine effiziente Durchsetzung von offiziellen Lehrverboten wirklich durchführbar gewesen zu sein scheint[63]. Unstrittig war, daß dem Ortsbischof die Zuständigkeit für die Glaubenslehre in seiner Diözese zukam, er nahm sie schon vor der Entstehung der Universität wahr, und die bischöfliche Inquisition hat auch vor Universitätsmagistern später keineswegs Halt gemacht[64]. Weiter kompliziert wurde die Frage freilich dadurch, daß mit der zunehmenden Bedeutung, die der Papst und seine Kurie als zentrale Instanz der Amtskirche gewannen, auch deren Entscheidungskompetenz immer deutlicher an Gewicht zunahm. Andererseits war bei Untersuchung und Urteil über bestimmte Lehren auf die fachliche Kompetenz der Kollegen des Beschuldigten um so weniger ein Verzicht möglich, als die Spezialisierung der Wissenschaft zu schwierigen Formulierungen führen konnte, die nicht mehr von jedermann auf den ersten Blick zu übersehen waren.

Hier brauchen wir uns nicht um eine eingehende Schilderung der Entwicklung der Lehrzuchtverfahren in Paris, in Oxford und anderwärts zu bemühen[65], der Eid, mit dem ein Beschuldigter sich zu bestimmten Thesen äußerte, war an und für sich ein altes Verfahren im Glaubensstreit: daß er einem Irrtum abschwören mußte, das erlebte schon Abaelard mehrmals[66], und noch manche Kollegen sollte es treffen. Die Entwicklung von ganzen Listen, die aus inkriminierten Schriften gezogen und dem Autor vorgehalten und verurteilt wurden, hatte den Vorteil, daß man den Irrtum von dem Irrenden trennen, den Irrtum verwerfen, den Irrenden bestrafen und vor Wiederholung warnen konnte, sie führten aber auch wie selbstverständlich schon im 13. Jahrhundert dazu, daß diese Listen, wie die traditionellen Ketzerkataloge, als Listen verbotener Lehren einen Zaun von Warnungstafeln aufstellten, an die sich ängstliche Gemüter halten mochten. Der große Syllabus des Pariser Bischofs Etienne Tempier vom

---

[63] Vgl. etwa auch *Peter Classen*, Libertas scholastica – Scholarenprivilegien – Akademische Freiheit im Mittelalter, jetzt in: *Classen*, Studium und Gesellschaft im Mittelalter, hrsg. von *Johannes Fried* (MGH Schriften 29, Stuttgart 1983) 238–284, bes. 255f.

[64] Bekanntestes Beispiel im 14. Jahrhundert ist das Verfahren gegen Marsilius von Padua und Johannes Jandun wegen des „Defensor pacis", das vom bischöflichen Inquisitor in Gang gesetzt, an der Kurie freilich abgeschlossen wurde: etwa *Ludwig Schmugge,* Johannes von Jandun (1285/ 89–1328), Untersuchungen zur Biographie und Sozialtheorie eines lateinischen Averroisten (Pariser Historische Studien 5, Stuttgart 1966) 29ff.

[65] Dazu etwa *Jürgen Miethke*, Papst, Ortsbischof und Universität in den Pariser Theologenprozessen des 13. Jahrhunderts, in: Die Auseinandersetzungen an der Pariser Universität im XIII. Jahrhundert, hrsg. von *Albert Zimmermann* (Miscellanea mediaevalia 10, Berlin, New York 1976) 52–94; *ders.,* Der Zugriff der kirchlichen Hierarchie auf die mittelalterliche Universität, Institutionelle Formen der Kontrolle über die universitäre Lehrentwicklung vom 12. zum 14. Jahrhundert (am Beispiel von Paris), in: Kyrkohistorisk Årsskrift 77 (1977) 197–204; *William J. Courtenay,* Inquiry and Inquisition: Academic Freedom in Medieval Universities, in: Church History 58 (1989) 168–181; *ders.,* The articles condemned at Oxford Austin Friars 1315, in: Via Augustini, Augustine in the Later Middle Ages, Renaissance and Reformation (Leiden 1991) 5–18.

[66] Vgl. etwa *Jürgen Miethke,* Theologenprozesse in der ersten Phase ihrer institutionellen Ausbildung. Die Verfahren gegen Abaelard und Gilbert von Poitiers, in: Viator 6 (1975) 87–116.

7. März 1277, in dem mit einem Schlage nicht weniger als 219 Irrtümer (zugleich mit weiteren 3 genannten Büchern) verworfen und verboten wurden[67], ist das bekannteste Beispiel. Die Durchsetzung dieses Verbotes wurde durch die Androhung der Exkommunikation und somit durch äußere Sanktionen gesichert, aber noch im 13. Jahrhundert ist in Paris eine private Sammlung entstanden, die diese lange Liste zusammen mit anderen ähnlichen Irrtumslisten als Leitlinien aufzeichnete und somit alle „Articuli Parisius et Angliae condemnati"[68] auf einen Blick gewissermaßen überschaubar machte.

Solch vorauseilender Gehorsam blieb nicht vereinzelt, Konrad von Megenberg nahm noch um 1350 aus dieser Privatliste die 219 Artikel allesamt in seine „Yconomica" auf, damit, wie er schreibt, „man die hauptsächlichen Irrtümer genauer erkennen könne, um deretwillen man die Philosophen als eitel und nichtig verachtet"[69]. Aus demselben Buch wissen wir auch, daß man in Paris – es muß um 1334 gewesen sein – darüber hinaus von den Anwärtern auf das Magisterium der Artes-Fakultät die eidliche Selbstverpflichtung verlangt hat, bestimmte Thesen aus dem „Defensor Pacis" des Marsilius von Padua zurückzuweisen: „Ego itaque", so schreibt Konrad, „qui Parisius in accipiendo professionem in artibus ex indicto sedis apostolice hoc corporale prestiti iuramentum, ut predictam conclusionem crederem esse falsam, videlicet, quod imperator constituere haberet papam in ecclesia dei, non solum vi iuramenti coactus, sed veritate fundamentorum fidei sinceris tractus habenis contra predictam sic decrevi procedere posicionem ..."[70].

Es ist hier nicht darauf einzugehen, daß Konrad, der an anderer Stelle ausdrücklich schreibt, daß er den Text eben dieses „Defensor pacis" aus dem von Regensburg nicht allzu weit entfernten München sich nicht habe beschaffen können[71], gegen den er hier so heftig polemisiert, „von seinem Eid dazu gezwungen, aber auch an ernsthaften Zügeln durch die Wahrheit der Grundlagen seines Glaubens dazu bewogen". Er hat also offenbar nicht den großen Traktat selbst, sondern nur solch einen kümmerlichen Irr-

---

[67] CUP I, nr. 473 (S. 543–558), danach auch [mit paralleler deutscher Übersetzung] bei *Kurt Flasch*, Aufklärung im Mittelalter? Die Verurteilung von 1277. Das Dokument des Bischofs von Paris (Excerpta classica 6, Mainz 1989); dazu vor allem *Roland Hissette*, Enquête sur les 219 articles condamnés à Paris le 7 mars 1277 (Philosophes médiévaux 22, Louvain 1977); zuletzt *Luca Bianchi*, Il vescovo e i filosofi, La condanna parigina del 1277 e l'evoluzione dell'aristotelismo scholastico (Quodlibet 6, Bergamo 1990).

[68] Schon *H. Denifle* in: CUP I, 556 nota.

[69] Konrad von Megenberg, Yconomica, III/1, c. 13–15, ed. *Krüger* Bd. III (wie Anm. 8) 49–191, Zitat 53,7–10.

[70] Yconomica, II/3, c.2, ed. *Krüger* (wie Anm. 8) Bd. II (MGH, Staatsschriften III,5/2, Stuttgart 1977) 93 f. Vgl. auch die spätere Feststellung (von 1364) in CUP III, nr. 1289 (S. 120–122, hier 120): „fuit et est hactenus Parisius observatum, quod ... quilibet bachalarius antequam ad lecturam Sententiarum admittatur, iurat quod in suis principiis et lecturis necnon et in aliis quibuscumque non dicet tenebit aut dogmatizabit aliquid quod sit contra fidem catholicam aut contra determinationem sancte matris ecclesie vel contra bonos mores seu in favorem articulorum in Romana curia vel Parisius condempnatorum, aut quod male sonat in auribus auditorum, sed sanam doctrinam tenebit et dogmatizabit." (Auch der von diesem Vorgang betroffene Dozent appellierte übrigens an die päpstliche Kurie, vgl. CUP III, nrr. 1300, 1349–1352, S. 122–124, 182–186.) Ein weiterer derartiger Eid etwa in CUP II, nr. 1185, § 16 (S. 680).

[71] Yconomica II/3, c.1 (wie Anm. 70) 87 mit Anm. 2.

tumslisten-Auszug gekannt[72]. Die Eidesleistung jedenfalls, bestimmte Thesen nicht vertreten, ja sie nicht „glauben" zu wollen, wurde im weiteren Verlauf der mittelalterlichen Universitätsentwicklung ein durchaus nicht vereinzeltes, wenn auch glücklicherweise nicht gerade durchgängig zu beobachtendes Mittel, bestimmte Lehrrichtungen zu unterdrücken, andere zu fördern[73]. Selbst im spätmittelalterlichen Wegestreit in Deutschland mußten Magister dann in der Artistenfakultät sich auf eine der beiden strittigen Richtungen eidlich festlegen, so 1452 in Heidelberg, wo die Artistenfakultät beschloß, jeder Promovend sollte beeiden, „quod decetera petentibus admitti ad recipiendum insignia deberet iniungi per modum iuramenti id quod et aliarum universitatum magistris iniungitur, scilicet quod modum legendi cum questionibus et dubiis secundum communes titulos magistrorum et cum commento observent, sicut in principio studii in nostra facultate legi est consuetum, in via videlicet communi modernorum per primevos nostre facultatis patres Marsilium et alios modernos introducta."[74] Geholfen hat dies den Verteidigern der traditionsreichen Heidelberger „Via moderna" nicht, der Kurfürst Friedrich I. hat noch im selben Jahr durch kurfürstliches Dekret die Reform der Universität im Sinne der „via antiqua" durchgeführt[75]: Wer sich dem nicht fügen wolle, so ließ der Fürst barsch verlauten, könne ja die Stadt verlassen, möge aber dann niemals wieder zurückkehren[76]. Die Eide zur Verteidigung der alten „via modernorum" mußten in Zukunft anders interpretiert werden.

Das Instrument der Universitätseide zur Lehrregulierung im Augenblick der Promotion blieb freilich, einmal eingeführt, mit wechselnden Inhalten in Kraft. Es wäre hier eigentlich auf die lange und wirksame Nachgeschichte dieser Eide einzugehen, die seit dem Zeitalter der Glaubensspaltung in Deutschland und anderwärts in Europa die Rechtgläubigkeit der jeweiligen Religionspartei auch für die Universitäten des Landes verbindlich machte. Klaus Schreiner hat die Wirkungen solcher Eide auf die Wissenschaftsfreiheit im Zeitalter der Glaubensspaltung am Beispiel Tübingen an-

---

[72] Dazu auch *Jürgen Miethke*, Marsilius und Ockham, Publikum und Leser ihrer politischen Schriften im späteren Mittelalter, in: Medioevo 6 (1980) 543–567, hier 548 f. mit Anm. 16.
[73] Solche Eide sind hier nicht im einzelnen zu untersuchen; eine Studie darüber fehlt freilich m. W.
[74] Universitätsarchiv Heidelberg, H–IV 101/2 [= I,3,49 „Liber de actis facultatis artium", soll veröffentlicht werden als: Acta facultatis artium, Bd. II], fol. 19ᵛ, auch zitiert bei *Winkelmann*, Urkundenbuch (wie Anm. 22) Bd. II, nr. 364 (S. 41) und bei *Gerhard Ritter*, Via antiqua und via moderna auf den deutschen Universitäten des XV. Jahrhunderts, (¹1922, Neudruck Darmstadt 1963) 58 Anm. 1 (zwischen 1452 April 22 und Mai 21).
[75] *Winkelmann*, Urkundenbuch (wie Anm. 22) Bd. I, nr. 109 (S. 161–165).
[76] Universitätsarchiv Heidelberg A-160/3 (= I,3,3; sogen. „Annales universitatis", soll veröffentlicht werden als: Acta universitatis, Bd. III), fol. 8ʳ (zitiert auch bei *Classen*, [wie Anm. 62] 268 Anm. 89): Friedrich I. läßt (am 7. Juli 1452) der versammelten Universität in eigener Anwesenheit durch seinen Hofkanzler verkünden: „In presencia domini principis cancellarius eius magister Johannes Guldinkopf decretorum doctor proposuit in sentencia, qualiter celsitudo et dominacio domini principis in profectum et bonum universitatis ac eius incrementum vellet, quod ordinacio sua universitati presentata in quadam littera sigillata inviolabiliter servaretur quoad omnia puncta ibidem contenta. Si autem essent aliqui, qui nollent in illam suam ordinacionem consentire, illos nollet habere in Heydelberga, et postquam opidum illa intencione exivissent, non deberet eis per amplius patere aditus ad hunc locum."

schaulich dargestellt[77]. Der Eid bei der Promotion oder Einstellung als Professor war jedenfalls eine Brücke, die die Universitäten aus dem Zeitalter der mittelalterlichen Hochschulverfassung in die Zeit der konfessionellen Disziplinierung überführen half. Das kann, wie gesagt, hier nicht mehr illustriert werden.

Es sei noch einmal unterstrichen, daß die Frage nach der Rolle des Eides in der mittelalterlichen Universität uns in den zentralen Bereich der mittelalterlichen Konstruktion höherer Bildung geführt hat, weil sozusagen der soziale Kitt der korporativ verfaßten „universitas" sichtbar wurde. Darüber hinaus erscheint mir wichtig, daß schon das Mittelalter die weiterführenden Möglichkeiten einer Obligation aus Selbstverpflichtung zu nutzen versuchte, wie sie dann in den Eiden des konfessionellen Zeitalters ihre Fortsetzung erlebten. Daß damit der Eid, in seiner Bindekraft gegen die Evidenz der Erkenntnis gestellt, dem Fortschritt der Erkenntnis in den Weg treten konnte, das zeigt die Schwierigkeit an, die Forschung nach Wahrheit in Institutionen zu fassen und zu sichern, ein Problem, dessen Lösungsversuche auch in der Gegenwart immer wieder einer kritischen Prüfung bedürfen[78].

[77] *Klaus Schreiner,* Disziplinierte Wissenschaftsfreiheit, Gedankliche Begründung und geschichtliche Praxis freien Forschens, Lehrens und Lernens an der Universität Tübingen (1477–1945) (Contubernium, Beitr. zur Geschichte der Eberhard-Karls-Universität Tübingen 22, Tübingen 1981) bes. 8 ff. Auch *ders.,* Rechtgläubigkeit als „Band der Gesellschaft" und „Grundlage des Staates", Zur eidlichen Verpflichtung von Staats- und Kirchendienern auf die „Formula concordiae" und das Konkordienbuch, in: Bekenntnis und Einheit der Kirche, hrsg. von *Martin Brecht* und *Reinhard Schwarz* (Stuttgart 1980) 351–379; sowie *ders.,* „Iuramentum religionis", Entstehung, Geschichte und Funktion des Konfessionseides der Staats- und Kirchendiener im Territorialstaat der frühen Neuzeit, in: Der Staat 24 (1985) 211–246.
[78] Juristisch ist die Analyse, die für die Gegenwart gegeben hat *Paul Kirchhof,* Wissenschaft in verfaßter Freiheit, in: Die Sechshundertjahrfeier der Ruprecht-Karls-Universität Heidelberg. Eine Dokumentation, hrsg. von *Eike Wolgast* (Heidelberg 1987) 220–229 (auch in: Ruperto Carola 76 [1987] 5–11 und selbständig: Heidelberg 1987).

*Martin Heckel*

# Konfession und Reichsverfassung

### Bekenntnisbildung und Bekenntnisbindung in den Freiheitsgarantien und der Verfassungsorganisation des Reichs seit der Glaubensspaltung

## I.

Die Konfession bildete im Konfessionellen Zeitalter ein, zeitweise sogar *das* Zentralproblem der Reichsverfassung. Das Thema verlangt die interdisziplinäre Zusammenschau seiner vielfältigen historischen, theologischen und juristischen Aspekte und Kriterien: Die historische Bedeutung des Bekenntnisses für die politische wie für die Geistes-, Sozial-, Wirtschafts- und Verfassungsgeschichte (um von der Kirchengeschichte zu schweigen) läßt sich nur von seiner zentralen theologischen Bedeutung her erfassen, die jene weltlichen Konsequenzen tief bedingte und bestimmte. Dabei hat sich die Bekenntnisbildung viel stärker der Normen und der Formen des Rechts bedient, als dies im Spiegel der allgemeinen, aber auch der kirchen- und rechtshistorischen Geschichtsschreibung erkennbar ist. Die Beschränkung auf einen der griffigen Teilaspekte geht fehl: Wenn etwa das Bekenntnis in „rein" historisch-soziologischer Betrachtung vorwiegend als Instrument der „Sozialdisziplinierung" interessiert, oder wenn in der isolierten dogmengeschichtlichen (oder gar systematisch-theologischen) Würdigung seine weltlichen Rahmenbedingungen, Implikationen und Konsequenzen ausgeblendet werden, oder wenn schließlich die rechtshistorische Forschung sich auf die äußeren Rechtsakte beschränkt und so entscheiden will, ob Kaiser und Reich beispielsweise die Invariata oder die Variata im Reiche „eingeführt" hätten. Die rechtshistorische Betrachtung wird insbesondere die eindimensionale Sicht nach dem Leitbild der modernen säkularen Staats- und Rechtsauffassung, Geschichtsbetrachtung und Sozialwissenschaft meiden müssen, wenn sie ihren komplexen Gegenstand nicht simplifizierend verzeichnen will[1].

---

[1] Aus Raumgründen muß ich hinsichtlich der Quellen und Literatur auf meine früheren Arbeiten verweisen. – Zu den einschlägigen Methodenproblemen der interdisziplinären Kooperation im historischen, theologischen und juristischen Sinn vgl. *Martin Heckel*, Die reichsrechtliche Bedeutung des Bekenntnisses, in: *Martin Brecht* und *Reinhard Schwarz* (Hrsg.), Bekenntnis und Einheit der Kirche. Studien zum Konkordienbuch (Stuttgart 1980) 57–88, insbes. 58 ff. Zum Folgenden vgl. auch *ders.*, Reichsrecht und „Zweite Reformation": Theologisch-juristische Probleme

Im folgenden seien in einem ersten Teil die äußere Entwicklung der Konfession in der Reichsverfassung umrissen, in einem zweiten die inneren Auswirkungen auf das Verfassungsgefüge skizziert, um in einem dritten die Gegensätze und Verschiebungen anzusprechen, die sich aus der unterschiedlichen Interpretation und Handhabung der Konfession im evangelischen, katholischen und säkularen Verständnis ergaben.

## II. Die Bedeutung der Konfession in der äußeren Entwicklung der Reichsverfassung

### 1. Das Bekenntnis als Rechtsbegriff

Das Bekenntnis – speziell das evangelische Bekenntnis der Augsburgischen Konfession von 1530 – ist seit den dreißiger Jahren des 16. Jahrhunderts nicht nur ein theologischer und kirchenpolitischer Terminus und Gegenstand, sondern auch ein Zentralbegriff und -phänomen des deutschen Reichsverfassungsrechts gewesen. Schon die vorsichtig-vorläufigen Friedstände von Nürnberg 1532, Frankfurt 1539, Regensburg 1541, Speyer 1544 haben zunächst für einige, dann für alle Anhänger der Confessio Augustana eine zeitlich begrenzte politische Friedensgarantie gegeben, die im Augsburger Religionsfrieden von 1555 für sie allgemein und auf Dauer ausgesprochen und durch den Westfälischen Frieden 1648 verfassungsrechtlich bekräftigt worden ist. Das Reich nahm also in seinen leges fundamentalen Bezug auf jenes theologische Dokument und seine theologische Begrifflichkeit: Die Confessio Augustana wurde durch diese normative Bezugnahme im Tatbestand der reichsgesetzlichen Freiheits- und Schutzgarantien selbst zum Zentralbegriff des Reichsverfassungsrechts. Das hat die schwierige, durch zweieinhalb Jahrhunderte umkämpfte Frage ausgelöst, in welchem Sinn jene Augsburger Konfession denn nun juristisch im Rahmen des Reichsrechts verstanden und gehandhabt werden müsse?

Vom Schlüsselbegriff der Augsburger Konfession hing eine Kette weitreichender Rechtsfragen ab: Je nachdem, was man als Bekenntnisinhalt und wie man die Bekenntnisgeltung bestimmte, bemaß sich der rechtliche Freiheitsraum der Evangelischen im Reich, der Bestand ihrer verbürgten Rechte, ihr Schutz durch die Reichsorgane, aber auch die rechtliche Grenze ihrer religiösen und weltlichen Entfaltung, ihre Unterordnung unter die Reichsgewalt. Quis iudicabit? lautete sodann das heikle Kompetenzproblem, wenn in mannigfachen rechtlichen Zusammenhängen Zweifel und Unklarheiten über Inhalt und Verbindlichkeit des evangelischen Bekenntnisses, über den Kreis der evangelischen Bekenntnisanhänger, über den Umfang der evangeli-

der reformierten Konfessionalisierung, in: *Heinz Schilling* (Hrsg.), Die reformierte Konfessionalisierung in Deutschland – Das Problem der „Zweiten Reformation" (Wissenschaftliches Symposion des Vereins für Reformationsgeschichte 1985, Gütersloh 1986) 11–43, insbes. 15 ff. Beide Studien, auf die ich passim Bezug nehme, sind auch erschienen in: *Martin Heckel*, Gesammelte Schriften. Staat, Kirche, Recht, Geschichte, Bd. II (Tübingen 1989) 737 ff., 999 ff.

schen Bekenntnisangelegenheiten zu klären und Bekenntnisstreitigkeiten zu schlichten waren. Was also hieß im Reichsrecht Bekenntnis, Bekenntnisgeltung, Bekenntnisstand, Bekenntnismitgliedschaft, Bekenntnistreue, Bekenntnissache, Bekenntniswahrung und Bekenntniskontrolle?

## 2. Unterschiede im Bekenntnis-Verständnis

Wo das Reich Bekenntnisfragen oder konfessionsrelevante Rechtsprobleme zu entscheiden hatte, mußte es sich mit den gegensätzlichen religiösen Vorstellungen und Verhältnissen der streitenden Konfessionen auseinandersetzen. Es mußte zu diesem Zweck juristisch eruieren, was als „katholisch" und was als „evangelisch" (i. S. der Confessio Augustana) zu gelten habe.

Mit dem Katholischen tat sich das Reich verhältnismäßig leicht, da sich die Zugehörigkeit zum katholischen Glauben und Kirchenwesen durch die Einheit des Papsttums und der Hierarchie, die Unterworfenheit unter ihre Hirtengewalt und die Anerkennung des kanonischen Weltrechts bestimmte. Auch die katholische Kirche geriet durch die Herausforderung der Reformation ihrerseits unter den Zug zur Bekenntnisbildung und Bekenntnisabgrenzung, der mit der Verkündung der *professio fidei Tridentini* 1563 autoritativ abgeschlossen wurde. Auch sie war nun wesentlich zur Bekenntnisgemeinschaft geworden, deren Bekenntnis freilich durch die institutionelle und lehrgesetzliche Geschlossenheit für das Reichsrecht gebrauchsfertig parat lag.

Bei den Evangelischen aber fehlte dieser feste, einheitliche institutionelle Anhaltspunkt. Und auch der Inhalt des evangelischen Bekenntnisses ließ sich juristisch viel schwerer habhaft machen, weil es nicht als Gesetz, sondern als menschliches (fehlbares) Zeugnis von der göttlichen Offenbarung nur insoweit und nur solange Verbindlichkeit beanspruchte, als es die göttliche Wahrheit recht zum Ausdruck brachte: Das evangelische Bekenntnis stand und fiel mit dem *quia et quatenus* seiner Übereinstimmung mit der Heiligen Schrift. Deshalb war es auf eine fortschreitende Vervollkommnung der theologischen Einsicht orientiert und konnte sich nicht selbst – gleichsam als papierener Papst – als abschließend, ja unfehlbar in Geltung verstehen. Im genuin reformatorischen Sinn war ferner die objektivierte Bekenntnisformulierung nur aus dem lebendigen Bekenntnisprozeß zu begreifen; die Verselbständigung des Bekenntnisses zum objektivierten dogmatischen Lehrsatz und juridifizierbaren Lehrgesetz, wie sie dann auch für die protestantische Orthodoxie z. T. charakteristisch war, ist von daher als spätere Fehlentwicklung anzusehen. Diese Selbstbegrenzung und Dynamisierung des evangelischen Bekenntnisbegriffs hat die juristische Verwertbarkeit des Bekenntnisses im Reichsrecht nachhaltig erschwert. Eine Reihe tiefer Krisen des Reichsverfassungsrechts, insbesondere in der Calvinistenfrage, war durch diesen theologisch-juristischen Grundbefund bedingt, worauf zurückzukommen ist.

## 3. Bekenntnisbedingte Rechtsprobleme

Nach diesem juristisch schwer greifbaren Augsburger Bekenntnis also hat das Reichskirchenrecht seit den Anfängen von 1532, vollends seit 1555 den Rechtsstatus der

Evangelischen und die Rechtsbeziehungen der Katholischen zu ihnen bestimmt. Danach bemaß sich der umkämpfte Begriff der „Religions-Sachen", in denen die Kammergerichtsbarkeit gegen die Evangelischen seit 1532 „suspendiert" sein sollte. Die Reichweite der Landfriedensklausel in § 15 des Augsburger Religionsfriedens von 1555 hing davon ab, das daraus abgeleitete *ius reformandi,* die Kirchengutsgarantien in § 19 AR, die Suspension der geistlichen Jurisdiktion der katholischen Hierarchie gegen die Evangelischen in § 20 AR waren dadurch definiert. Das Auswanderungsrecht in § 24 AR war an die zugelassene Konfession geknüpft, der Wiedervereinigungsauftrag in § 25 AR war auf eine friedliche und freie Einigung im Sinne der beiden Bekenntnisse abgestellt, der Religionsstatus der freien Reichsritter und der Reichsstädte in §§ 26 und 27 AR nach den Bekenntnissen geordnet. Zum Schutz des Bekenntnisses war der verfassungsrechtliche Vorrang des Augsburger Religionsfriedens in der Derogationsklausel zur Beseitigung allen widerstreitenden Rechts gemäß §§ 28–30 AR ausbedungen und die Exekutionsordnung nach § 31 ff. somit auf die Garantie des Bekenntnisses abgestellt.

## 4. Konfessionskonflikt seit 1521

Schon seit den Anfängen der Glaubensspaltung hat das Bekenntnis in bedeutsamer Rolle als „Aufhänger", d. h. als rechtliches Tatbestandsmerkmal für die sprunghaften Maßnahmen der Religionspolitik des Reichs gedient, in denen sich die Bekämpfung, Tolerierung, Anerkennung der CA abwechselten.

Das Wormser Edikt Karls V. von 1521, das der Kaiser als oberster Vogt der christlichen Kirche gegen Luther und seine Bekenntnispositionen im Vollzug des päpstlichen Bannes nach den Reichsgesetzen der späten Staufer zur Ketzerbekämpfung erlassen hatte, blieb infolge der verschiedensten außen- und innenpolitischen Widerstände in den zwanziger Jahren unvollziehbar. Das Reichsregiment stellte in Abwesenheit des Kaisers die Vollstreckung des Edikts den Reichsständen anheim (1524), ja überließ ihnen, *es damit zu halten, wie ein jeder solchs gegen Gott und Kayserl. Majestät hoffet und vertrauet zu verantworten* (Speyrer RA 1526), was prompt die Protestanten als reichsrechtliche Ermächtigung zu ihren bekenntnismäßigen Reformationen auslegten. Der Speyrer Reichsabschied von 1529 verwarf dann freilich diese konfessionelle Interpretation des Speyrer RA von 1526 als „Mißverstand"; er verpflichtete die altgläubige Mehrheit erneut auf das Wormser Edikt, die Evangelischen aber auf den Status-quo mit einem Neuerungsverbot bis zum Konzil. Auf dem folgenden Reichstag von Augsburg 1530 wurde die Augsburgische Konfession – in juristischer Funktion – als Staatsschrift dem Reichstag zum Wahrheitserweis der evangelischen Positionen vorgelegt, von der altgläubigen Mehrheit aber förmlich verworfen und der Kaiser zum Vollzug des Wormser Ediktes aufgefordert. Nach ihrer berühmten Speyrer Protestation von 1529 formierten sich nun die Evangelischen im Schmalkaldischen Bund als rechtlicher Selbsthilfeorganisation zum Schutz ihres Bekenntnisses gegen die kaiserliche Reichsexekution und die Vollstreckung der kaiserlichen Kammergerichtsurteile.

## 5. Die Konfessionen als theologisch-politische Gesamtkomplexe

Der Konfessionsgegensatz ließ sich in den Formen der Reichsorganisation aus der Reichsreform Maximilians I. nicht bewältigen und drängte über sie hinaus. Die beiden großen Konfessionen erwuchsen zu komplexen theologisch-politischen Gesamterscheinungen, die sich außerhalb der Reichsverfassung in bündischen Formen als „Religionsparteien" organisierten und die Reichsverfassung als parakonstitutionelle Widerstands- bzw. Notorganisation zu sprengen drohten. Das Thema der Zukunft wurde es, diese Religionsparteien in die Reichsverfassung zu integrieren und verfassungsrechtliche Formen zu entwickeln, die den Konfessionen erlaubten, im Rahmen der Reichsorganisation ihre Bekenntnisangelegenheiten in Frieden und Freiheit zur Geltung zu bringen. Dies ist nachmals durch die feste Institutionalisierung des *Corpus Evangelicorum* und *Corpus Catholicorum* geschehen, die von der Reichsverfassung anerkannt, in ihren Organismus eingebaut und mit wichtigen Verfassungsfunktionen betraut wurden. Aber schon 1555 und 1648 wurden die Konfessionsprobleme bei der Aushandlung des Augsburger Religionsfriedens und des Westfälischen Friedens *de corpore ad corpus* traktiert und paktiert, statt in den Reichstagskurien nach dem Majoritätsprinzip entschieden zu werden. Und eben dies hat der Westfälische Friede dann durch die Regelung der *itio in partes* nach Art. V § 52 IPO für die Zukunft festgeschrieben.

Der Kampf des Reichs gegen die evangelische Konfession ist zwar später im Schmalkaldischen Krieg und durch das Interim von 1548 nochmals aufgenommen worden; er hat noch ein Jahrhundert später dem Dreißigjährigen Krieg teilweise den Charakter eines Religionskrieges verliehen.

## 6. Konfessionskompromisse: Begrenzte Suspensionen. Paritätische Koexistenzgarantie

Bestimmend aber wurde eine neue Ära dilatorischer Kompromisse. Vom Nürnberger Anstand 1532 bis zum Speyrer Reichsabschied 1555 kam es zum umfassenden System der „Suspensionen": Das Wormser Edikt, die Vollstreckung der Acht, die katholischen Reichsabschiede von 1529 und 1530, die Kammergerichtsprozesse, das Ketzerrecht und die kanonische Bischofsjurisdiktion wurden in einer zwielichtigen Schwebelage „ausgesetzt". Für die Katholiken bedeutete dies nur den einstweiligen faktischen Verzicht auf die Vollstreckung des *de iure divino et humano* weitergeltenden Kirchen- und Reichsverfassungsrechts im altgläubigen katholischen Verständnis. Für die Evangelischen aber war die „Suspension" nur der neutral-konziliante Ausdruck für die materiell-rechtliche Nichtigkeit der katholischen Verstöße gegen Gottes Gebot und Wahrheit, denen man weder im Kirchenwesen noch im weltlichen Recht im eigentlichen Sinne Gültigkeit zuerkannte und denen man sich nur notgedrungen unterwarf. Die Evangelischen bestritten die Kompetenz der Reichsorgane, insbesondere des Kammergerichts, zur Entscheidung von Glaubensstreitigkeiten während ihrer anhängigen Appellation an ein Unionskonzil, erklärten die Judikatur des Kammergerichts deshalb in ihrer großen Rekusationsschrift vom 30.1.1534 *für ein pur lauter*

*Nichtigkeit, dagegen auch alle ziemliche Hilf und Mittel des Rechtens und der Billigkeit,*
also das Widerstandsrecht gegeben sei[2].

In einer dritten Phase erstarkte dann diese Ära der Suspensionen in die dauerhafte
Koexistenzgarantie und Parität der Religionsverfassung von 1555/1648. Durch diese
blieben bis zum Ende des Reichs i. J. 1806 die beiden großen Konfessionen (in der
theologisch-politisch-juristischen Formation ihres Bekenntnisses zur „Religionspartei") trotz des tiefen theologischen Bekenntnisgegensatzes in komplizierter politisch-
juristischer Verklammerung miteinander verbunden[3]. Das hat das Reich vor dem
Auseinanderbrechen bewahrt.

# III. Die inneren Auswirkungen der Konfessionen auf das Verfassungsgefüge des Reichs

## 1. Einheitsidee und Sektenverbot

Das Reichskirchenrecht der nachreformatorischen Religionsfriedensepoche galt in
strikter Beschränkung auf die beiden Großkonfessionen. Nur die „alte Religion" der
Katholiken und die „Augsburgische Konfession" der Protestanten waren in die Garantie konfessioneller Koexistenz und Entfaltungsfreiheit im Reiche einbezogen, während seit dem Reichsabschied von 1530 und wiederum nach § 17 AR und Art. VII § 2
S. 4 IPO alle anderen Bekenntnisse durch das Sektenverbot *gäntzlich ausgeschlossen*
blieben. Diese Beschränkung galt de constitutione lata bis zum Ende des Reichs 1806.
Sie wird in ihrer Tragweite und tieferen Bedeutung für das Reichskirchenrecht im
Konfessionellen Zeitalter leicht unterschätzt und mit modernen Augen als in sich wi-
dersprüchliche, komplizenhaft-perfide Privilegierung aufgefaßt.

Im Sektenverbot äußert sich jedoch das starke Fortwirken der geistlich-weltlichen
Einheitsidee, die das Denken über die Glaubensspaltung hinweg bis in die Aufklärung
bestimmte. Beide Konfessionen hielten daran fest, daß es von Glaubens und von
Rechts wegen eigentlich nur die eine wahre katholische Kirche im wahren Verstand
des Evangeliums gab und geben konnte. Sie waren durch eine Welt geschieden von
jedweder Anerkennung der Pluralität und Gleichberechtigung verschiedener Konfessionen und Religionsgemeinschaften, wie sie erst seit dem späten 17. und vollends seit
dem 18. Jahrhundert aus den Ideen der natürlichen Religion, natürlichen Moral, des
rationalen Naturrechts, der rationalen Gesellschafts- und Herrschaftsvertragslehren
und ihres kirchenrechtlichen Ablegers der Kollegialtheorie erwuchs, um dann auf diesen geistesgeschichtlichen Grundlagen im 19. und 20. Jahrhundert auch rechtlich die

---

[2] Vgl. meine Abhandlung „Die Religionsprozesse des Reichskammergerichts im konfessionell
gespaltenen Reichskirchenrecht", im kommenden Band der Savigny-Zeitschrift für Rechtsgeschichte, Bd. 108 (1991) Kanonistische Abt. 77, 283 ff. mit Nachweisen.

[3] Vgl. hierzu zusammenfassend *Martin Heckel*, Deutschland im Konfessionellen Zeitalter, Deutsche Geschichte, hrsg. v. *Joachim Leuschner*, Bd. 5 (Göttingen 1983) insbes. 33 ff., 67 ff., 100 ff.,
198 ff.; ferner *ders*, Die Krise der Religionsverfassung des Reichs und die Anfänge des Dreißigjährigen Krieges, in: *Konrad Repgen* (Hrsg.), Krieg und Politik 1618–1648 (Schriften des Historischen Kollegs, Kolloquien 8, München 1988) 107–131, auch in: *ders.*, Gesammelte Schriften,
Bd. II (Anm. 1) 970 ff.

beliebige Pluralität und Koexistenz verschiedener „Religionsgesellschaften" zu organisieren. Der Augsburger Religionsfriede und noch der Westfälische Friede fußen keineswegs auf dieser „modernen" Rechts-, Staats- und Kirchenvorstellung, sondern gehen vom Leitbild der Einheit der einen, wahren Kirche Christi aus und suchen deren Einheit mit dem „Staat" im Reich wie in den Territorien als Zielvorstellung zu erhalten.

Die Glaubensspaltung wurde deshalb von der Reichsverfassung nicht als äußere Kirchentrennung zweier Kirchen hingenommen, die evangelische Bewegung nicht als Abspaltung von der „katholischen" und Neugründung einer „evangelischen Kirche" verstanden. Die Glaubensspaltung wurde vielmehr als *unausgetragener innerkirchlicher Lehrkonflikt* innerhalb der einen wahren katholischen Kirche des Evangeliums aufgefaßt, der unentschieden in der Schwebe blieb, weil er bisher weder gewaltsam durch Reichsexekution und Krieg, noch gütlich durch Religionsgespräche und ein Unionskonzil zu überwinden war. Der Religionsfriede (§§ 7–10, auch 13, 15, 18, 20, 25) und noch das IPO (Art. V §§ 1 S. 2, auch 14, 25, 48) enthalten darum einerseits den religiösen Wiedervereinigungsauftrag als Verfassungsgebot, andererseits die gemeinsame Verpflichtung zum Kampf gegen die Sektierer. Beide Konfessionen gaben sich damit das Verfassungsversprechen, bei ihrem Bekenntnis zu bleiben und nicht zu den Sekten überzulaufen. Das Reichsrecht suchte so die Einheit der Kirche (und damit auch die religiöse Einheit des Reiches selbst) durch die Gemeinsamkeit der Herkunft und der Zukunft zu sichern und in der Krise der Gegenwart nicht durch weitere Trennungen zu zerstören, auch wenn sie derzeit interimistisch-notgedrungen nur als gespaltene Einheit zu erhalten war.

## 2. Bis zur Wiedervereinigung: Notrecht interimistischen Charakters

Die paritätische Koexistenz- und Freiheitsverbürgung zweier gegensätzlicher Konfessionen konnte deshalb im Reichsrecht nur unter besonderen Voraussetzungen und Grenzen möglich sein:

Die *Wiedervereinigung* der Konfessionen mußte als unverzichtbares Ziel und Verfassungsauftrag festgeschrieben werden, damit jeder der beiden Konfessionsblöcke prinzipiell die Einheit, Einzigkeit, Universalität und Absolutheit seiner Konfession behaupten und doch einstweilen die großen rechtlichen Beschränkungen und Verzichte auf sich nehmen konnte, die ihm die Schutz- und Freiheitsgarantien der gegnerischen Konfession auferlegten. Die Suspension der katholischen Bischofsgewalt und die Überlassung des Kirchenguts an die Protestanten, aber auch der evangelische Verzicht auf Mission im katholischen Gebiet stellte nur dann keinen Verstoß gegen das menschlich unverfügbare *ius divinum* und gegen die göttlich gebotene Einheit der Kirche dar, wenn sie als (notgedrungenes und vorläufiges) Mittel dazu dienten, durch friedliche Anbahnung eines künftigen Religionsvergleichs die Wiedervereinigungshoffnung (mit dem erwarteten Sieg der eigenen Konfession) zu realisieren. Sodann:

Nur im Wege des *Notrechts* war letztlich für die beiden Teile eine Existenzgarantie und Gleichberechtigung der gegnerischen Konfession zu konzedieren, wenn und soweit dies notwendig war, um nach dem Satze vom geringeren Übel die Gefährdung der eigenen Konfession und des künftigen Religionsvergleichs zu verhindern. Ob die Voraussetzungen des Notrechts gegeben waren, ob also die Notlage so groß und unbezwingbar war, daß sie die Aufrichtung und die Aufrechterhaltung der Friedens-, Freiheits- und Schutznormen zugunsten der feindlichen Konfession erzwang und also die Rechtsgültigkeit dieser Normen begründen konnte, wurde auf seiten der Katholiken in ausführlichen juristisch-theologischen Argumentationen schon 1555, dann insbesondere während des Dreißigjährigen Krieges und der Westfälischen Friedensverhandlungen, ja noch ein volles Jahrhundert später diskutiert. Aber auch bei den theologischen und juristischen Autoren der evangelischen Orthodoxie findet sich die gleiche Schlüssel-Argumentation, wo es um Konfessionskonzessionen für katholische Landstände und Untertanen im evangelischen Territorialstaat ging.

Als Not- und Übergangsrecht bis zur künftigen Wiedervereinigung besitzt das Religionsrecht des konfessionellen Zeitalters einen *interimistischen Charakter*. Die Religionsabsprachen des Augsburger Religionsfriedens und noch des Westfälischen Friedens waren zwar nicht mehr zeitlich befristet, sondern auf Dauer ausgesprochen, was sie von den vorläufigen Friedständen der Jahre 1532–1544 unterschied. Aber sie sollten nur bis zur Wiedervereinigung gelten (§§ 13, 15, 18, 20, 25 AR; Art. V §§ 1, 14, 15, 48 IPO) und mit dieser, also z. B. mit dem künftigen Unionskonzil (etwa auch dem Tridentinum?), erlöschen, so daß die eigentliche, die gottgebotene Rechtsordnung (so wie sie jede Konfession jeweils für richtig und zwingend hielt) dann wieder ohne Überlagerung durch jene interimistischen Notrechtsordnungen in ungehinderte Geltung treten konnte.

## 3. Die konfessionsbestimmte Umgestaltung der Rechtsordnung

Der Prozeß der Bekenntnisbildung hat zu einer tiefgreifenden Umgestaltung der kirchlichen Rechtsordnung, aber auch weiter Teile des weltlichen Rechts geführt, wie hier im einzelnen nicht aufzuzeigen ist.

Das reformatorische Verständnis der Heiligen Schrift führte zu einem neuen Verständnis der überkommenen Rechtsbegriffe und rechtlichen Institutionen, deren Gültigkeit und Gehalt nun nach anderen Leitprinzipien beurteilt und fortentwickelt wurden, auch soweit man noch die gleiche Rechtssprache und die gleichen Formen beibehielt wie die katholische Gegenseite. Die reformatorischen Theologumena über Rechtfertigung und Heiligung, Glauben und Werke, Kirche und Welt, die beiden Reiche und die beiden Regimente, Kirchengewalt und weltliche Obrigkeit, Amt und Gemeinde, Sakrament und allgemeines Priestertum, Evangelium und Gesetz, Gesetzlichkeit und Freiheit, Autorität und Widerstand, Gottesdienst und Nächstendienst, geistlichen Stand und weltlichen Beruf – das alles führte zu tiefen Sinndifferenzen und Geltungsunterschieden in allen Fragen kirchlichen und weltlichen Rechts, die mit Papst und Bischofsamt, Hierarchie und Obödienz, Häresie und Exkommunikation, Jurisdiktionsgewalt und Exemtionen, Kirchenamt und Pfründe, Klöstern und Stiftern, Schulen und „milden Sachen", Ehe und Erbrecht, Aufgaben, Kompetenzen und Grenzen der geistlichen und weltlichen Gewalt zusammenhingen.

Diese gewaltigen Rechtswirkungen der Bekenntnisbildung vollzogen sich dabei weithin nicht durch formelle Rechtsaufhebung, Rechtssetzung und Rechtsgestaltung, sondern im Wege der Interpretation des alten Rechts im neuen Sinne der eigenen Konfession. Schon die Predigtreformation, nicht erst die spätere Welle der obrigkeitlich erlassenen Kirchenordnungen, war der Hebel, der in den evangelischen Landen das alte Recht der Orden und des geistlichen Standes, des Gottesdienstes, Kloster- und Kirchengutes, der geistlichen Jurisdiktion und des geistlichen Finanzwesens wie ein Kartenhaus zusammenbrechen ließ, das innerkirchliche Widerstandsrecht aktivierte, Bann und Acht ignorierte und den Vollzug des Wormser Edikts und der katholischen Abschiede von 1529, 1530, 1548 schließlich scheitern ließ. Die Glaubensverbundenheit des Rechtsdenkens hat die – vorsäkulare – Rechtsordnung des 16. Jahrhunderts zutiefst nach dem Richtmaß des Bekenntnisses bestimmt.

### 4. Die Spaltung des Rechts in drei Rechtskreise als Folge der Glaubensspaltung

Die Konfessionsbildung hat so die Einheit der Rechtsordnung zerbrochen: Beide Konfessionen haben die überkommenen Normen und Institute im Sinn ihres Bekenntnisses verschieden interpretiert und fortgebildet. Die Glaubensspaltung hat eine tiefe Spaltung der Rechtsordnung nach sich gezogen. Sie war – infolge der tiefgreifenden Glaubensverbundenheit des Rechts – unüberbrückbar, solange die rechtlich aufgetragene, doch aufgeschobene Glaubenseinigung ausblieb und deshalb ein gemeinsamer geistlicher Boden für die Gemeinsamkeit des Rechtes nicht bestand. Seit den zwanziger Jahren des 16. Jahrhunderts begannen sich das katholische und das evangelische Kirchenrecht mehr und mehr abzusondern und zu zwei eigenen, getrennten Rechtskreisen auseinanderzuentwickeln. Auch wo sie sich noch äußerlich deckten, haben sie sich in antagonistischen Verwerfungen übereinandergeschoben.

Als dritter Rechtskreis neben bzw. über ihnen aber bildete sich ein paritätisches Reichskirchenrecht heraus, das den politischen Frieden sicherte. Es hat beiden Konfessionen einerseits ihr Existenzrecht und ihre bekenntnismäßige Entfaltungsfreiheit garantiert, andererseits ihren Absolutheitsanspruch und ihre Identitätsbehauptung begrenzt, kraft deren sie ihr eigenes partikulares Kirchenwesen mit der einen wahren Kirche Christi gleichsetzten, deshalb das ganze Kirchengut im Grunde für sich beanspruchten und alle Getauften ihrer Kirchengewalt zu unterwerfen suchten (die Protestanten zwar nach ihrem geistlichen Verständnis der Kirchengewalt *sine vi, sed verbo*)[4].

[4] Bis zur kirchlichen Wiedervereinigung mußte der dritte Normbereich des Reichskirchenrechts jene interimistischen Not- und Zwischenlösungen treffen (S. 71 f., 73 f., 75 f.), die den Schutz des Bekenntnisses und der Kirchenorganisation beider Teile vor fremdkonfessioneller Vergewaltigung garantierten, die Verteilung des reichsunmittelbaren und des reichsmittelbaren Kirchenguts sowie der kirchlichen Gefälle regelten, die Beschränkung der katholischen Kirchengewalt in den evangelischen Landen ordneten, desgleichen das ius reformandi der Reichsstände und das ius emigrandi der Untertanen abgrenzten, für eine friedlich-paritätische Aufrichtung eines künftigen Religionsvergleichs Sorge trugen, für beide Konfessionen eine paritätische Reichsgerichtsbarkeit vorsahen und diesem konfessionell neutralen weltlichen Reichsrecht den nötigen Vorrang vor dem bekenntnisbestimmten Kirchenrecht beider Konfessionen sicherten.

*5. Keine Überwindung, sondern Institutionalisierung des Konfessionsgegensatzes in politischer Kooperation*

Der Religionsfriede hat also keineswegs den religiösen Frieden gebracht, sondern sich mit einer politischen Friedensordnung begnügt. Sie gab beiden Teilen das Recht zur eigenen Bekenntnisentfaltung und damit auch zur Fortführung des geistlichen Bekenntniskampfes, da die theologische Einigung aufgeschoben war und die Zwangsvereinigung (in Abkehr von der kaiserlichen Politik des Interims 1548) aufgegeben worden war. Aber sie zwang beide Teile zur friedlichen Respektierung des Rechtsbestandes und der konfessionellen Selbstbestimmung des Bekenntnisgegners.

Die politische Koexistenzordnung von 1555 und 1648 hat also die konfessionelle Spaltung der Kirche und des Rechts im Reiche nicht überwunden[5], aber auch nicht ausklammernd ignoriert[6], sondern juristisch in Form gebracht, institutionalisiert und dadurch neutralisiert:

So wurden die beiden Konfessionsblöcke als tragende Verfassungskräfte in das Reich eingebracht, zum Aufbau der Reichsorganisation verwendet und ohne Vergewaltigung zur politischen Kooperation verbunden: Die Religionsverfassung wurde von den beiden Konfessionen als Vertragsschließenden 1555 und 1648 ausgehandelt und beschlossen, die dadurch aus Gegnern zu Partnern wurden. Das System war darauf angelegt, daß es die Vertragspartner auch in Zukunft als Vertragserhalter verträglich in Frieden und Freiheit ohne Majorisierung und Vergewaltigung vollzogen und fortbildeten. Diese Verfahrensweise *(de corpore ad corpus)*, die materiellrechtlich schon dem Friedenswerk von 1555 nach Ursprung, System und Telos zugrundelag, wurde 1648 durch die verfahrensrechtliche Figur der *itio in partes* positiv-rechtlich klärend konkretisiert: Gemäß Art. V § 52 IPO war die Majorisierung in allen konfessionsrelevanten Fragen ausgeschlossen und wurden beide Partner auch künftig auf die freie Einigung der *amicabilis compositio* verwiesen, die einst das Zustandekommen und die Geltung der Friedenswerke von 1555 und 1648 begründet hatte. Die *itio in partes* hat den großen Entwicklungsgang der Religionsverfassung des Reichs symbolhaft zum Ausdruck gebracht, der durch das geistliche Auseinandertreten der großen Konfessionen und ihre amicable politische Übereinkunft in Frieden und Freiheit gekennzeichnet war.

*6. Schutz vor fremdkonfessioneller Vergewaltigung. Bezugnahme des Reichskirchenrechts auf das Bekenntnis der jeweils betroffenen Religionspartei*

Das Reichskirchenrecht nahm so für die Bekenntnisfragen jeder der beiden Konfessionen jeweils auf deren eigene theologische Bekenntnisanschauungen Bezug: Jeder der beiden Konfessionen wurde durch die Friedens- und Freiheitsnormen von 1555 (und 1648) zugesichert, ihr territoriales Kirchenwesen nach dem Maßstab ihres Bekenntnisses interpretieren und fortbilden zu dürfen[7]. Aber die fremdkonfessionelle

---

[5] Wie im vorreformatorischen Einheitssystem in Kirche und Reich.
[6] Wie die moderne Trennung von Staat und Kirche.
[7] Die tatsächliche Entwicklung der bekenntnisbestimmten Kirchenrechtsordnung seit den

Vergewaltigung durch den Übergriff in den Bereich der fremden Kirchenorganisation wurde beiden gleichmäßig verwehrt.

So war die *maßgebliche Inhaltsbestimmung* des evangelischen Bekenntnisses im Sinn des Reichsrechts durch die Friedens- und Freiheitsgarantien in Art. 15, 20, 23, 28 ff. AR allein den Evangelischen anvertraut, die konfessionelle Fremdbestimmung durch die katholische Hierarchie und die katholischen Reichstagsmajoritäten aber ausgeschlossen[8]. Nur sie hatten darüber zu entscheiden, was sie unter ihrer *Confessions-Religion, Glauben, Kirchengebräuchen, Ordnungen und Zeremonien, so sie aufgericht oder nochmals aufrichten möchten* verstanden: wie sie also den Inhalt des Bekenntnisses, die Art der Bekenntnisverpflichtung und die Auswirkungen des Bekenntnisses auf ihr Kirchenrecht definierten und begrenzten, den Kreis ihrer Bekenntnisanhänger und Bekenntnissachen bestimmten, danach ihre weltlichen *Herrschafften, Obrigkeiten, Herrlichkeiten und Gerechtigkeiten* begriffen und betätigten, also in ihren konfessionell geschlossenen Territorialstaaten und Kircheneinrichtungen zur Entfaltung brachten. Das wurde bei der Calvinistenfrage später ein langwierig schwelendes Rechtsproblem.

Andererseits war auch den Katholiken die entsprechende Selbstbestimmung über Inhalt und Geltungsweise des katholischen Bekenntnisses durch die entsprechenden Bestimmungen des Augsburger Religionsfriedens und Westfälischen Friedens eingeräumt, ohne der Mitbestimmung oder Überstimmung durch die Evangelischen zu unterliegen, wie sich insbesondere aus § 16 AR ergab. Das wurde bei der Übernahme der Tridentinischen Konzilsdekrete aktuell.

Freilich erscheint dieses System dem heutigen Betrachter allzuleicht „moderner", als es war:

### 7. Kein säkularer Bekenntnisbegriff wie im modernen Staatskirchenrecht

Resümieren wir zum Kontrast:

Eine andere Bedeutung hat der Bekenntnisbegriff des modernen weltlichen Staates im Staatskirchenrecht der Gegenwart. Bekenntnis ist hier ein relativistischer, liberaler, vollständig säkularisierter und deshalb inhaltsleerer Rahmenbegriff, durch den der Staat sich von den Religionsgemeinschaften i. S. der Trennung von Staat und Kirche absetzt und ebenso die Religionsgemeinschaften untereinander säuberlich getrennt hält:

Dieser Bekenntnisbegriff des heutigen Staatskirchenrechts ist ganz *relativistisch,* da der Staat die Wahrheitsfrage zwischen den Bekenntnissen gar nicht stellt, geschweige denn löst, sondern alle Bekenntnisse prinzipiell als gleichwertig behandelt. – Dieser Bekenntnisbegriff ist *liberal,* weil der Staat die materielle Definition und inhalt-

---

*Fortsetzung Fußnote von Seite 78*

zwanziger Jahren des 16. Jahrhunderts (oben S. 76 f.) wurde damit 1555 reichsrechtlich anerkannt und garantiert.

[8] Der Westfälische Friede hat dies durch die Betonung der materiellen und verfahrensrechtlichen Parität in Art. V § 1 Satz 1–3 und § 48, 50, 52 und 53 ss. näher konkretisiert und durch die itio in partes als beherrschende Verfahrensnorm im Vollzug gesichert.

liche Füllung des Bekenntnisses pluralistisch den Religionsgemeinschaften und indi-
vidualistisch den einzelnen Individuen zur jeweils eigenen Selbstbestimmung und
Sinndeutung überläßt[9]. – Dieser Bekenntnisbegriff ist *säkular,* weil der moderne Staat
eben den religiösen Inhalt des Bekenntnisses aus dem Bekenntnisbegriff des Staatskirchenrechts (d. h. aus seiner Kompetenz und Definition) ausgeschieden hat und diesen
nur als inhaltsleere säkulare Rahmenform zur jeweiligen Bezugnahme auf die Be-
kenntnisvorstellungen der Religionsgemeinschaften bzw. der Bürger verwendet, wo es
für den Staat (wie im Religionsunterricht, im Kirchensteuerrecht u. a. m.) auf das Bekenntnis ankommt[10]. – Dieser Bekenntnisbegriff ist strikt *paritätisch,* indem der Staat
jede Privilegierung und Diskriminierung gemäß dem speziellen Gleichheitsgrund-
recht in Art. 3 III GG ausschließt, jedoch jegliche Nivellierung der religiösen Gehalte
im ideologischen oder fremdkonfessionellen Sinn vermeidet[11].

Dieser Bekenntnisbegriff des modernen Staatskirchenrechts sichert so den konfessionellen Frieden und die religiöse Freiheit im konfessionell und weltanschaulich plu-
ralistischen Staat. Gerade der Relativismus und die Offenheit, ja Inhaltsleere der staatlichen Rahmenform ermöglicht es den Religionsgemeinschaften, ihren je eigenen
theologischen Bekenntnisbegriff i. S. der geistlichen Fülle und Strenge, Bindungskraft
und Absolutheit des göttlichen Gebots und Gnadenangebotes jeweils für sich im eigenen kirchlichen Raum und Recht zur Geltung zu bringen. Die säkulare Einheit und
Allgemeinheit des staatlichen Bekenntnisbegriffs sichert pluralistisch die geistliche
Vielfalt und Besonderung der einzelnen Konfessionen, die dadurch unter sich wie
auch dem Staate gegenüber nach dem Prinzip der strengen rechtlichen Trennung or-
ganisiert sind.

Indessen: Die konfessionsrechtlichen Probleme des Heiligen Römischen Reiches
Deutscher Nation werden grob verzeichnet, wenn man ihnen diesen aus der Aufklärung erwachsenen, im modernen weltlichen Staats- und Rechtsverständnis aufgrund
der Trennung von Staat und Kirche entwickelten Bekenntnisbegriff unterschiebt.

### 8. Die theologische Wahrheitsverpflichtung im unausgetragenen Lehrkonflikt

Die Evangelischen und ebenso die Katholischen verstanden im 16. Jahrhundert das
Bekenntnis i. S. der strikten exklusiven theologischen Wahrheitsbindung: Auch im
Rahmen des Reichsrechts wurde es allenthalben objektiv als Zeugnis und Summa der
göttlichen Wahrheit zum Erweis seiner Übereinstimmung mit der Offenbarung Gottes vorgebracht und subjektiv als Bekundung der Wahrhaftigkeit des Glaubens vorge-

---

[9] (Art. 4, 140 GG/137 I III WV). Der Staat hat heute jeden Anklang an ein eigenes Staatsbe-
kenntnis und ein entsprechendes ius reformandi in konstitutioneller Selbstbeschränkung auf
seine säkularen Staatsaufgaben und Maßstäbe aufgegeben.
[10] In dieser säkularen Offenheit vermeidet der staatliche Bekenntnisbegriff freilich auch die „sä-
kularisierende" Verfälschung oder Verdrängung der einschlägigen Bekenntnisse im staatlichen
Recht, wie dies in den ideologischen Weltanschauungsstaaten der Fall zu sein pflegt. Der frei-
heitliche Verfassungsstaat ist ein säkularer, nicht ein säkularisierender Staat!
[11] Da er jeder Religionsgemeinschaft überläßt, den für sie bereitgehaltenen säkularen Rahmenbegriff in religiöser Selbstbestimmung mit ihren theologischen Gehalten und geistlichen Bindungen zu füllen und sich hierin ungehindert zu entfalten.

tragen[12]. Dies gilt gerade auch während des ausgebrochenen, einstweilen unausgetragenen innerkirchlichen Lehrkonflikts. Beide Teile hielten daran fest, daß eigentlich nur das – einzige – wahre Bekenntnis und das ihm dienende Kirchenrecht im Reiche Geltung besitzen dürfe, daß aber wegen des einstweilen unentscheidbaren Lehrdissenses das wahre Bekenntnis der Kirche Christi bis zur konfessionellen Wiedervereinigung notgedrungen nur in der alternativen Fassung der römisch-katholischen und der Augsburgischen Konfession in Geltung stehe. Das Bekenntnis wurde durch das Reichsrecht keineswegs relativistisch zur beliebigen religiösen Meinungsbildung und Meinungsäußerung freigegeben; die göttliche Wahrheit und Autorität sollte nicht der menschlichen Verfügung und Veränderung überantwortet werden. Das Sektenverbot, ja auch das Verbot einer „ökumenischen" katholisch-evangelischen Mischkonfession (wie es die Publizistik juristisch säuberlich herausgearbeitet hat) war deshalb keine heuchlerische Inkonsequenz, sondern entsprach dem Grundgedanken des bikonfessionellen Reichskirchenrechts.

Der Absolutheitsanspruch und die theologische Wahrheitsbehauptung des Bekenntnisses wurde also auf beiden Seiten als Prinzip keineswegs aufgegeben, aber durch die weltlichen, paritätischen Schutz- und Freiheitsnormen zugunsten beider Konfessionen überlagert, zurückgedrängt und eingegrenzt. Der theologische Wahrheitsanspruch des Bekenntnisses konnte deshalb jeweils nur in der eigenen politischen Herrschafts- und Rechtssphäre jeder Konfessionspartei realisiert werden, während sie im fremden Herrschaftsbereich den fremden Konfessionsanspruch faktisch hinnehmen und rechtlich respektieren mußte.

Das Bekenntnis hatte darum während des konfessionellen Zeitalters eine doppelte theologisch-juristische Bedeutung und Funktion: Die eigene Religionspartei hat ihr Bekenntnis jeweils als theologisches Dokument und juristisches Instrument des Wahrheitserweises geltend gemacht, das gegnerische Bekenntnis aber als Sammelbegriff schädlicher Irrlehren angesehen, der zur theologischen Überführung und juristischen Zernierung zu verwenden war, damit die Einheit und Wahrheit der Kirche nicht noch weiter zerfiel. Bei den Bekenntnisauseinandersetzungen war deshalb der Dissens gleichsam programmiert, da das System darauf abgestellt war, die Einheit in der Zweiheit, die Absolutheit in der Relativität, die Wahrheit in der Gestattung der „Lüge" und also die Quadratur im Kreise zu verwirklichen. Beide Teile versicherten einander zwar die Respektierung des fremden Bekenntnisses, taten dies aber im Bewußtsein, daß die Wahrheitsbehauptung und Wahrheitsverpflichtung des einen dem andern als Täuschung, bestenfalls als Selbsttäuschung erschien, welche nicht aner-

---

[12] In ihrer Gegenwehr gegen die Gegenreformation haben die Evangelischen – gerade auch auf dem „weltlichen" Forum des Reichskirchenrechts – vielfach eine betont theologische Argumentation gebraucht, die die Verletzung der göttlichen Wahrheit durch das *partheylich Schein-Concilium* von Trient nach dem Maßstab der evangelischen Bekenntnisschriften geltend machte. Und ebenso findet sich in vielen Äußerungen der Katholiken über die evangelischen Bekenntnisschriften gerade auch im Rahmen einer reichsrechtlichen Argumentation der umgekehrte Vorwurf vorgetragen, daß das evangelische Bekenntnis der Offenbarung Gottes zuwiderlaufe, wie sie durch die katholischen Dogmen erwiesen werde. Der reichsrechtliche Bekenntnisbegriff erscheint – in der Sicht beider Konfessionen – an der theologischen Wahrheitsfrage als Hauptkriterium ausgerichtet, wie die Fülle der Quellen belegt.

kannt, sondern im Grunde doch bestritten und (nachhelfend) berichtigt gehörte, wo
man miteinander rechtlich in amikablen Ausgleichslösungen paktieren mußte[13].

## 9. Die differenzierte Regelung der Bekenntnisfragen im bikonfessionellen Reichskirchenrecht

Fassen wir zusammen:

(1) In der Theologie blieb der Bekenntnisgegensatz zwischen den Evangelischen
und den Katholischen (und später auch zwischen den Lutheranern und Reformierten)
bestehen, der Religionsvergleich kam nicht zustande, die Wiedervereinigungshoffnung und der Wiedervereinigungsauftrag des Reichsverfassungsrechts verblaßten
mehr und mehr zur juristischen Fiktion. Bei allen Konfessionen wurden die theologischen Positionen mit Konsequenz zum geschlossenen, verbindlichen Bekenntnis-
system ausgeformt, mit absolutem Geltungsanspruch vertreten und die der Gegenseite
als häretisch verworfen.

(2) Im Kirchenrecht wurde das eigene Bekenntnis von jeder Konfession als rechtlich verpflichtender Maßstab verstanden und vollzogen. Die Bekenntnisbildung und
Bekenntnisbindung hat so zur Absonderung des evangelischen und des katholischen
Kirchenrechts in zwei (bzw. später drei) relativ stark getrennte Rechtskreise geführt,
die sich nach Rechtsgrundlagen, Normenbestand, Verwaltungs- und Gerichtspraxis
tief unterschieden. Das fremde Bekenntnis aber wurde so im Kirchenrecht beider
Teile weithin ausgemerzt. Die Konfessionen blieben freilich in der gemeinsamen juristischen Lehre der Zunft und in zahlreichen enklaveartigen Einsprengseln (wie fremdkonfessionellen Patronaten) enger verbunden, als dies der Radikalität ihrer theologischen Abgrenzung entsprach.

(3) Im Reichsrecht galt das bikonfessionelle Koexistenzsystem. Die Glaubensspaltung wurde nicht als endgültige Trennung verschiedener Kirchen, sondern als vorübergehende innerkirchliche Lehrstreitigkeit behandelt, die bis zur (verfassungsrechtlich gebotenen) Wiedervereinigung unter dem Leitstern der Einheitsidee durch interimistische äußerliche Not- und Friedensregelungen vor dem Umschlagen in den Religionskrieg eingegrenzt wurde. Beide Konfessionen wurden einerseits in ihrem – prinzipiell als universal und absolut verstandenen – Bekenntnisanspruch geschützt und
darin vor fremdkonfessionellem Übergriff gesichert, andererseits aber damit auf den
eigenen Bereich ihrer evangelischen bzw. katholischen Territorien und partikularen
Kirchenorganisationen, Bekenntnisanhänger und Bekenntnisangelegenheiten beschränkt und ihnen ihrerseits der Übergriff in den Bereich der fremden Konfession
verwehrt. Dies hatte komplizierte Konsequenzen:

---

[13] Diese Tiefenproblematik des bikonfessionellen Reichskirchenrechts ist durch die fortschreitende Säkularisierung des Rechts- und Staatsdenkens seit dem Ausklang des Konfessionellen
Zeitalters zunehmend überholt worden und in Vergessenheit geraten. Vgl. unten S. 91 ff. Doch
sollte sich die Forschung diese Aporie vergegenwärtigen, wenn sie die rechtshistorische Entwicklung zu verstehen und ausgewogen zu beurteilen strebt.

(a) Im eigenen, evangelischen bzw. katholischen Bereich und Recht konnten jeweils die Evangelischen und die Katholiken in freier geistlicher Selbstbestimmung über Bekenntnisinhalt, Bekenntnisverpflichtung, Bekenntniswirkung entscheiden[14].

Jeder Konfession war mit der Freiheitsgarantie des eigenen Bekenntnisses auch die Freiheit zum geistlichen Kampf gegen das andere, als häretisch verstandene Bekenntnis eröffnet. Beide durften diese geistliche Verwerfung des fremden Bekenntnisses jeweils in ihren eigenen Territorien und Kircheneinrichtungen, bei ihren eigenen Bekenntnisanhängern und Bekenntnisangelegenheiten im Rahmen der reichsrechtlichen Normen auch rigoros durchsetzen. So konnte jede der großen Konfessionen ihr Land und ihre Kirchen „reformieren" bzw. „gegenreformieren", also den eigenen Rechtskreis des konfessionell bestimmten Kirchenrechts und Territorialrechts vom fremdkonfessionellen Einfluß reinigen[15].

(b) Im fremden Konfessionsbereich hingegen waren Katholiken wie Protestanten auf die geistliche Kritik und theologische Verwerfung des dort geltenden fremden Bekenntnisses beschränkt: Sie mußten jedoch dessen rechtliche Geltung für die gegnerische Religionspartei respektieren, es also doch als maßgeblichen Entscheidungsmaßstab der einschlägigen kirchen- und staatsrechtlichen Fragen im Reichsrecht anerkennen, soweit es die Bekenntnisanhänger und die kirchlichen Rechtsverhältnisse der anderen Konfession betraf. Wenn sie also in den gemeinsamen Reichsorganen, etwa im Reichstag oder Reichskammergericht, religionsrechtliche Entscheidungen über Bekenntnisfragen (und bekenntnisrelevante Rechte wie Kirchenamt und Kirchengut) der fremden Konfession zu treffen hatten, mußten sie sich juristisch sogar selbst nach dem fremden Bekenntnis (und zwar im irrigen Selbstverständnis des Gegners) richten, welches sie gleichzeitig theologisch strikt ablehnen und bekämpfen durften: obwohl sich beide Teile innerhalb der gemeinsamen einen, wahren Kirche prinzipiell dem einzig wahren Bekenntnis verpflichtet wußten, das sie stets mit der eigenen Konfession identifizierten.

(c) Das bikonfessionelle System der politischen Koexistenz war deshalb stets gefährdet durch die Neigung zum fremdkonfessionellen Übergriff. Da man den Bekenntnisgegner nicht offen dem eigenen Bekenntnis unterwerfen konnte, suchte man das fremde Bekenntnis im Sinne des eigenen Bekenntnisses sowohl äußerlich zu beschränken, als auch innerlich zu entkräften und bis zur Sinnverkehrung umzudeuten. Da der Augsburger Religionsfriede zwar die theologische Verurteilung des fremden Bekenntnisses erlaubte, aber zugleich dessen juristische Anerkennung (für die Rechtsverhältnisse der fremden Religionspartei) auferlegte, stand das System des Reichskir-

---

[14] Vgl. oben S. 78 f.

[15] Dieses Prinzip wurde nur insoweit eingeschränkt, als einzelne Schutzgarantien des fremden Bekenntnisses (etwa hinsichtlich bestimmter Finanzleistungen, Kirchengutsbestimmungen usw.) der fremden Konfession durch das Reichsrecht garantiert waren oder entsprechende – notgedrungene – Religionsverträge des Territorialrechts die Obrigkeiten beider Konfessionen in ihrem konfessionellen Reformationsrecht beschränkten. Das Auswanderungsrecht gemäß § 24 AR milderte die Härte dieses staatlichen Bekenntniszwangs, bis dann das IPO in Art. V § 30, 31 das *ius reformandi* durch die Normaljahrsgarantie des Religionszustands von 1624 beschränkte.

chenrechts unter starken Spannungen, die eine rabulistische Kontroverstheologie und Kontroversjurisprudenz zu vielfältigen gewagten Argumentationen provozierten[16].

# IV. Gegensätze und Verschiebungen durch die unterschiedliche Interpretation der Konfession

## 1. Das Tridentinum

Beide Konfessionen hatten also nach 1555 den fremdkonfessionellen Übergriff abzuwehren und beide haben sich der Bekenntnispositionen der Gegenseite bei Gelegenheit zu bemächtigen versucht.

Nach Abschluß der katholischen Bekenntnisbildung durch die Professio Fidei Tridentini auf dem Trienter Konzil von 1563 beklagten sich die Gravamina der Augsburgischen konfessions-verwandten Reichsstände von 1566 beim Kaiser über die *heydnischen Greuel und Abgötterey* des Papsttums, seine Anmaßung göttlicher Gewalt und die Verkehrung der göttlichen Wahrheit durch das „unrechtmäßige" Konzil. Sie pochten auf die theologische Richtigkeit ihres wahren evangelischen Bekenntnisses und die Unhaltbarkeit seiner Verwerfung durch *solche ungöttliche und der heiligen Göttlichen ... und Apostolischen Schrifft widerwärtige Decreta.* Sie forderten auch künftig den Schutz ihres Bekenntnisses durch den Augsburgischen Religionsfrieden und bestanden auf dessen unverkürzter Einhaltung und der strikten Wahrung ihrer Rechtsgarantien. Aber sie gingen dann einen entscheidenden Schritt darüber hinaus: Sie bestritten die Geltung des Tridentinums nicht nur für die eigene evangelische Seite, sondern im ganzen Reich, einschließlich der katholischen Seite – und dies aufgrund ihrer evangelisch-konfessionellen Interpretation und Inanspruchnahme der Reichsverfassung: So verlangten sie vom Kaiser von Amts wegen ein offizielles Einschreiten gegen die Geltung der Konzilsbeschlüsse auch im katholischen Kirchenwesen und Herrschaftsbereich: *Euer Kayserlichen Majestät als dem Haupt der Christenheit fürnemlich obligt, auff Mittel und Weg bedacht seyn, wie zwischen allen Ständen des H. Reichs eine Christliche, gottselige wohlgegründete Vergleichung getroffen, und dem heylwürdigen seligmachenden Evangelio, Gottes unwandelbahrem Befehl nach, wie die Heil. Schrifft den Hohen Potentaten insonderheit aufflegt, Thür und Thor auffgethan, der König der Ehren eingelassen, und die offentliche und in Gottes Wort verbottene Abgötterey endlich abgeschafft werde.* Der Kaiser solle kraft seines Amtes baldmöglichst statt des Tridentinums ein deutsches *National Concilium* einberufen[17].

Die katholischen Reichsstände wiesen dies mit ihren Gravamina von 1566 nach-

---

[16] Beispiele hierzu in meinen Abhandlungen: Autonomia und Pacis Compositio. Der Augsburger Religionsfriede in der Deutung der Gegenreformation, Zeitschrift der Savigny-Stiftung für Rechtsgeschichte (ZRG) 76 (1959) Kanonistische Abteilung 45, 141 ff., 199 ff.; Parität, ZRG 80 (1963) Kan. Abt. 49, 261 ff., 373 ff., 398 ff., auch in Gesammelte Schriften (Anm. 1) Bd. I (Tübingen 1989) 1 ff., 44 ff.; 106 ff., 191 ff., 209 ff. Dies zeigt sich insbesondere bei der Bestimmung des *ius reformandi*, des *ius emigrandi* und des Geistlichen Vorbehalts.
[17] Vgl. *Christoph Lehmann*, De pace religionis (Frankfurt 1707) 90 ff., 96.

drücklich zurück und übernahmen für sich geschlossen die Glaubens- und Gottesdienst-Dekrete des Tridentinums als eines ordentlichen christlichen Konzils. Zugleich aber beteuerten sie, den *hochbetheuerten Religion- und Profan-Frieden ... jederzeit stet, fest, unverbrüchlich halten* zu wollen. – Damit beschränkten sie die Verbindlichkeit des Tridentinums korrekt auf den katholischen Teil und verzichteten auf den konfessionellen Übergriff, das Tridentinum als freies allgemeines Unionskonzil i. S. des kirchlichen Wiedervereinigungsauftrags zu reklamieren, es auch den Evangelischen zu oktroyieren und den Religionsfrieden deshalb für beendet zu erklären. Vielmehr ging auch in der Sicht der Katholiken der Religionsfrieden mit seinen Schutz- und Freiheitsgarantien für die Lutheraner nach Reichsrecht den Trienter Konzilsbeschlüssen vor.

Das Tridentinum und sein Bekenntnis wurden damit nach Reichsrecht als Partikularangelegenheit einer der beiden Partikulargemeinschaften behandelt, ihres universalen Geltungsanspruchs für die gesamte Christenheit entkleidet und politisch-paritätisch relativiert.

So hat das Religionsfriedenssystem sich behauptet und stabilisiert, als es nach dem Abschluß des epochalen katholischen Trienter Reformkonzils zum ersten Mal auf die Probe gestellt wurde.

## 2. Das Calvinisten-Problem

Im gleichen Schicksalsjahre 1566 brachte die Einführung eines gemäßigten Calvinismus in der Kurpfalz für die Bekenntnisregelung des Reichskirchenrechts eine weitere Herausforderung und bedeutsame Fortentwicklung.

Kurfürst Friedrich III. von der Pfalz, der die lutherischen Geistlichen und Professoren ausgewiesen, den lutherischen Gottesdienst zugunsten des reformierten abgeschafft und den Katechismus Luthers durch den reformierten Heidelberger Katechismus ersetzt hatte, mußte auf dem Augsburger Reichstag 1566 vor dem Forum des Reichs auch reichsrechtlich in theologischer Argumentation nachweisen, daß seine Neuerungen mit der Augsburgischen Konfession vereinbar waren, er somit zum geschützten Kreise ihrer Bekenntnisanhänger und nicht zu den verbotenen Sektierern zählte, denen die Depossedierung und Konfiskation ihrer Rechte drohte[18].

Die Protestanten gerieten dadurch in die Zwickmühle. Sie mußten das reichsrechtliche Sektenverbot befolgen und vor Kaiser und Reich theologisch dazu Stellung nehmen, ob der Pfälzer Kurfürst die CA einhielt. Theologisch wußten sie sich vor allem in der Abendmahlfrage nicht mehr mit ihm einig. Kirchenpolitisch wollten sie den calvinistischen Vormarsch und die Verdrängung des Luthertums aufhalten. Aber sie mußten sich auch um den Zusammenhalt der evangelischen Religionspartei bemühen:

[18] Er konnte sich also weder für seine Person noch auch als Haupt seiner Landeskirche dieser theologischen Auseinandersetzung unter Berufung auf einen formalen Bekenntnisbegriff (als säkularer Rahmenform wie im modernen Staatskirchenrecht) entziehen, der ihm die beliebige religiöse Selbstbestimmung im modernen Sinn und damit seine individuellen Ausdeutungen der CA eingeräumt hätte, die vom Bekenntniskonsens der anderen Augsburgischen Konfessions-Verwandten wie vom CA-Verständnis der Katholiken abwichen.

Theologisch war es ihre Glaubenspflicht, den inner-evangelischen Bekenntniskonsens nach Möglichkeit zu wahren und wiederherzustellen. Kirchenpolitisch durften sie die Glaubwürdigkeit der evangelischen Verkündigung nicht verspielen und mußten das evangelische Kirchenwesen vor Streit und Reibungsverlusten sichern. Politisch waren sie im Reiche darauf angewiesen, die innere Geschlossenheit und Schlagkraft der evangelischen Religionspartei zu erhalten, da sich nun nach dem Tridentinum die Konfrontation mit den Katholiken verschärfte. Juristisch setzte auch das Reichskirchenrecht in seiner dualistischen Gleichgewichtsstruktur voraus, daß jede der beiden Religionsparteien nicht innerlich zerfiel, sondern als handlungsfähige Größe zur paritätischen Kooperation und zur verträglichen Vollziehung des Religionsfriedensvertrags funktionsfähig blieb. Vor allem aber: Das Bestimmungsrecht über die Bekenntnisbindung, Bekenntniswahrung, Bekenntnisanhängerschaft der evangelischen Religionspartei durfte nicht den Katholiken zur maßgeblichen Definition und Exekution überantwortet werden, wenn nicht die evangelischen Freiheitsgarantien aus der Landfriedensklausel und Suspension der katholischen Jurisdiktion ausgehebelt werden, ja die (auf konfessionelle Selbstbestimmung beider Teile gegründete) Vertragsnatur des Religionsfriedens in sich zusammenfallen sollten.

Der Kaiser schob den – über die calvinistischen Unterdrückungen des Luthertums in der Pfalz erbitterten – Augsburgischen Konfessions-Verwandten den Schwarzen Peter zu, selbst zu entscheiden, ob sie den Pfälzer Kurfürsten noch als ihren lutherischen Glaubensbruder im Sinn der CA anerkennen könnten. Doch sie enttäuschten seine Erwartung, daß sie den Pfälzer fallenlassen und ihn gemeinsam mit den Katholiken vom Religionsfrieden ausschließen würden. Die Evangelischen wichen vielmehr aus und antworteten dilatorisch differenzierend: Den Pfälzer Lehrdissens im Abendmahl gestanden sie zwar offen ein und hielten deshalb die calvinistischen Reformationen nicht durch die CA und den Religionsfrieden gedeckt; ein ius reformandi der Reformierten gegen die Lutheraner wurde von ihnen auch in der Folgezeit bestritten. Aber sie lehnten es ab, dem Pfälzer als Sektierer die politische Existenzgarantie des Religionsfriedens zu entziehen, da er sich selbst mit eifrigen Beteuerungen als Anhänger der Augsburgischen Konfession bezeichnete, seine calvinistischen Reformen aus diesem „recht verstandenen" lutherischen Bekenntnis ableitete, vor allem seine Bereitschaft zu brüderlichen Glaubensgesprächen, ja zur eigenen Bekehrung versicherte, sobald er durch die evangelische Wahrheit in einem bisherigen Irrtum überwunden werde – weshalb jetzt die begründete Erwartung auf seine volle Rückkehr in den Bekenntniskonsens der Augsburgischen Konfessions-Verwandten nicht durch ungeistliche Ungeduld und unangemessenes weltliches Einschreiten zunichte gemacht werden dürfe[19].

Im rechtlichen Ergebnis der Reichstagsverhandlungen von 1566 schälen sich schon die Linien des Westfälischen Friedens zur Regelung der Bekenntnisfrage heraus:

(1) Die theologische Einheit zwischen Lutheranern und Reformierten zerbrach.

(2) Der theologische Wahrheits-, Einheits- und Absolutheitsanspruch wurde von Lutheranern wie Reformierten gleichermaßen jeweils für ihr Bekenntnis erhoben, dem sie prinzipiell die ausschließliche Geltung vindizierten.

[19] Vgl. *Lehmann*, (Anm. 17) 325, 327.

(3) Dieser weitere Bekenntnisgegensatz im Reich wurde rechtlich ebenfalls als unausgetragener innerkirchlicher Lehrkonflikt aufgezogen, als vorübergehende Krise charakterisiert und durch die Gemeinsamkeit der Evangelischen in der Herkunft und Zukunft überspielt, da beide Teile einander und den Katholiken stereotyp ihre Bereitschaft zur künftigen Wiedervereinigung im gemeinevangelischen Bekenntnis versprachen bzw. vorschützten.

(4) Die Entscheidungskompetenz über den Inhalt des evangelischen Bekenntnisses, die Art seiner Bekenntniskonsensbildung, die Reichweite seiner Bekenntnisverpflichtung, der Kreis seiner Bekenntnisanhänger wurde von den Protestanten mit Erfolg zur inner-evangelischen Angelegenheit erklärt, aus den Verhandlungen der Reichsorgane herausgenommen und so hierin die Mitbestimmung und Überstimmung durch die katholischen Majoritäten abgewehrt[20].

(5) Den Reformierten wurde die Zugehörigkeit zum Kreise der Augsburgischen Konfessions-Verwandten trotz ihrer Abweichungen von deren Bekenntniskonsens auf der Ebene des Reichsrechts nicht bestritten, deshalb der Schutz des Religionsfriedens nicht entzogen. So gabelte sich zukunftsweisend und folgenschwer die Zugehörigkeit zur Augsburgischen Konfession im politisch-reichsrechtlichen und im theologisch-kirchenrechtlichen Sinn. Die protestantische Reichspublizistik hat es später auf eine Formel gebracht: *Sensu politico* gehörten die Reformierten zu den Lutheranern. *Sensu theologico* aber waren sie von den Lutheranern scharf geschieden, die in der Abendmahlsfrage den Katholiken näherstanden.

(6) Als politische Einheit blieb die evangelische Religionspartei so trotz des Konfessionsgegensatzes zwischen Lutheranern und Reformierten erhalten. Die dualistische Struktur der Reichskirchenverfassung, die beide Religionsparteien als politische Brücke über dem theologischen Abgrund verband, war auf diese politisierte Formation des evangelischen Bekenntnisses abgestützt.

(7) Die Spaltung zwischen Evangelischen und Katholiken aber wuchs, ihre verbliebene Gemeinsamkeit in Glaube und Recht schmolz. Das Sektenverbot blieb zwar formell bestehen, erwies sich jedoch als *lex imperfecta,* wenn eine der beiden Religionsparteien offenbare, zugestandene Bekenntnisabweichungen doch mit ihrer Konfession bemäntelte und so mit der Garantie ihres Bekenntnisses abdeckte. Die prekäre, mißbrauchsgefährdete Mitverantwortung dafür, daß auch die Gegenseite im gemeinsamen Kampf gegen die Sekten bei ihrem Bekenntnis stehenblieb und die verbliebene Gemeinsamkeit des Glaubens im Reich nicht weiter zerstörte, ließ sich nicht rechtlich realisieren, da die Garantie der Bekenntnisfreiheit und die Suspension der geistlichen Jurisdiktion alle einschlägigen Sanktionen verboten. Die Einheit des Reichs hat sich deshalb zunehmend auf eine säkulare, politische Rechtseinheit reduziert, das *Sacrum Imperium* seinen religiösen Charakter zunehmend verloren.

---

[20] Kaiserliche Verbote des Calvinismus in der Pfalz erwiesen sich als ebenso unvollziehbar wie der Versuch des Restitutionsedikts Ferdinands II. vom 6. 3. 1629, den Inhalt der CA und den Schutz des Religionsfriedens auf die ursprüngliche Fassung der CA von 1530, die Invariata und ihre Anhänger, zu beschränken. Das evangelische Selbstbestimmungsrecht über die CA wurde im IPO durch die *itio in partes* gem. Art. V § 52 allein den Evangelischen bestätigt.

Der Westfälische Friede hat auf dieser Linie den Reformierten als einer Unter-
gruppe (*sensu politico* des Reichsverfassungsrechts!) der Augsburger Konfessions-Verwandten die Einbezogenheit in den Schutz des Religionsfriedens bestätigt[21].

### 3. Das evangelische Bekenntnisverständnis. Invariata oder Variata?

Bis zum Westfälischen Frieden war umstritten, ob die Augsburgische Konfession in
der 1530 dem Kaiser auf dem Reichstag übergebenen Fassung der Invariata oder aber
in der von Melanchthon seit 1540 in Einzelfragen fortgeschriebenen Variata-Fassung
galt[22].

Indessen: Das Reich war weit davon entfernt, aus eigener „staatlicher" Vollmacht
diese oder jene Fassung des Bekenntnisses juristisch „einzuführen" (gleichsam wie
eine revolutionäre säkulare Staatsideologie in einer modernen Weltanschauungsdikta-
tur). Es hat vielmehr i. J. 1555 nur den politischen Frieden sichern und den Religionskrieg ausschalten wollen, indem es die beiden Bekenntnisse vor der fremdkonfessionellen Vergewaltigung schützte und also in der Art und Weise garantierte, wie sie
jeweils die geschützten Bekenntnisanhänger selbst verstanden.

Die im Reichsrecht maßgebliche Fassung der Augsburger Konfession richtete sich
also nach dem Bekenntnisverständnis der Augsburger Konfessions-Verwandten, das
hier auch juristisch bei allen einschlägigen Fragen der CA zugrunde zu legen war.

Das theologische Selbstverständnis der Evangelischen aber war durch die reformatorischen Theologumena über „Gesetz und Evangelium", Rechtfertigung und Glaube,
Gnade und Freiheit, Verwerfung der Werkgerechtigkeit, Befreiung aus der gewissen-
verstrickenden „geistlichen Gesetzlichkeit" und hierarchischen Gewalt geprägt, wie sie
sich aus ihrem Verständnis des *Solus Christus, Sola Scriptura, Sola Gratia, Sola Fide* ergaben. Das hat die Tradition der Kirche hinter der Heiligen Schrift zurücktreten lassen, den Zugang zu ihr allen Gläubigen im allgemeinen Priestertum eröffnet und das
Verhältnis der geistlichen und weltlichen Gewalt auch in den Fragen der Bekenntnisbildung und Bekenntnisbindung neu bestimmt. So wollte das evangelische Bekenntnis keineswegs als obrigkeitliches Lehrgesetz in theologisch-juristischer „Gesetzlichkeit" dem subsumierenden Vollzug von Glaubensformeln dienen. Es wollte – im
Widerspruch von „Gesetz und Evangelium" – zuvörderst das Evangelium wirken lassen: indem es als menschliches Zeugnis nur der Verkündigung der göttlichen Wahrheit diente, aus der es selbst erwuchs und die es antwortend weitertrug, also die *fides
quae creditur* untrennbar mit der *fides qua creditur* verband. Die evangelische Bekenntnisschrift war deshalb nur aus dem Gesamtzusammenhang des lebendigen Ver-

---

[21] Zur komplizierten Vorgeschichte der Reformierten-Regelung in Art. VII IPO vgl. meine Abhandlung Reichsrecht und „zweite Reformation" (Anm. 1) 39 f., auch in Gesammelte Schriften
Bd. 2 (Anm. 1) 1028 f.

[22] Im Jahre 1555 war diese Frage bei den Religionsfriedensverhandlungen zwar diskutiert, aber
bewußt *in genere* unentschieden gelassen worden. Darauf hatten vor allem die weltlichen Kurfürsten im Kurfürstenrat und geistlichen Fürsten im Fürstenrat bestanden, so daß die Anträge Triers
und Württembergs, den Religionsfrieden auf die Invariata zu fixieren, abgelehnt worden waren.
AaO S. 25 ff. Das IPO hat auch diese spezielle Frage durch den allgemeinen Ausschluß der
fremdkonfessionellen Majorisierung mittels der *itio in partes* in Art. V § 52 gelöst.

kündigungs- und Bekenntnisgeschehens zu begreifen, das über sich selbst hinauswies auf Gottes Wort, sich ganz der Offenbarung Gottes unterordnete und sich von der Heiligen Schrift als Norm und Richterin weisen ließ. Das evangelische Bekenntnis konnte sich deshalb nicht als abschließend, geschweige denn unfehlbar geben. Seine Autorität zog es ganz aus der Botschaft und Herrschaft des Herrn, nicht aus sich selbst, war deshalb darauf angelegt, die Unvollkommenheit und Irrtumsfähigkeit seines menschlichen Zeugnisses von der göttlichen Offenbarung jederzeit im fortschreitenden theologischen Erkenntnisprozeß überprüfen und überwinden zu lassen[23].

Da das Reichsrecht auf das evangelische Selbstverständnis des Bekenntnisses verwies, besaß die Variata die reichsrechtliche Anerkennung, wenn sie das Evangelium im gemeinevangelischen Konsens[24] richtiger und deutlicher als die Invariata bezeugte. Auch die Calvinisten waren von der Confessio Augustana und der auf sie abgestellten Freiheitsgarantie des Religionsfriedens gedeckt, wenn ihre Positionen der Heiligen Schrift gemäß waren, auf die ja die CA hinführen wollte. Freilich war hierfür die breite Bekenntnisübereinstimmung der Augsburger Konfessions-Verwandten maßgeblich, da das Bekenntnis als *magnus consensus patrum et fratrum* verstanden wurde, ein einzelner Sektierer sich jedoch nicht durch eine individuelle (Schutz-)Behauptung in das ihm fremde Bekenntnis einschleichen konnte.

So hing die reichsrechtliche Legalität in der Grauzone zwischen Lutheranern und Calvinisten von der inner-evangelischen Bekenntnisentwicklung ab. Da nach dem Tode Luthers 1546 die vermittelnde theologische Linie des späten Melanchthon bei den Evangelischen dominierte, bestand für diese bei Abschluß des Religionsfriedens i. J. 1555 noch ein breiter, kaum angefochtener Lehrkonsens. Melanchthon hatte in der Variata von 1540 den Ausgleich mit den Schweizern in der Abendmahlsfrage erreicht, so daß Calvin die Variata sogar selbst unterschrieben und in den Religionsgesprächen von Hagenau 1540, Worms 1541, Regensburg 1542 öffentlich verteidigt hat. Aber dann überwarfen sich die Lutheraner mit den Reformierten im neuen Abend-

---

[23] Dem Wesen des reformatorischen Bekenntnisses widersprach die obrigkeitliche Einführung eines Zwangsbekenntnisses, wie dies nachmals kraft eines weltlichen Bekenntnisbanns nach der Maxime *cuius regio, eius religio* – in flagranter Verletzung der reformatorischen Lehren über Rechtfertigung und Kirche, die beiden Reiche und Regimente, Obrigkeit und Geistliches Amt – nicht von den Theologen, sondern von den evangelischen Juristen aus dem Religionsfrieden von 1555 abgeleitet worden ist. Ebenso konnte das evangelische Bekenntnis legitimerweise nicht im Sinne einer weltlich angeordneten („gesetzlichen") Unabänderlichkeit verstanden werden, die der vertieften, volleren Erkenntnis der göttlichen Wahrheit als menschliches Hindernis entgegentrat. So hatte Melanchthon die Invariata der CA von 1530 durchaus im Konsens mit den Augsburger Konfessions-Verwandten, auch mit Luther, zu den späteren Ausgaben der Variata weiterentwickelt.

[24] Nach dem Maßstab des evangelischen Bekenntnisses fiel dies nicht in die Kompetenz der politischen Reichsgewalten, konnte deshalb weder durch Beschlüsse des Kaisers und der katholischen Reichstagsmajoritäten geregelt werden, noch durch ein Paktieren der beiden Religionsparteien im Religionsfrieden 1555 als festgelegt gelten. Die evangelischen Reichsstände hatten die Confessio Augustana 1530 als gläubige Glieder ihrer Kirche unterschrieben; dieser Bekenntnisakt konnte damals nicht im Sinn des späteren Rechts der territorialen Bekenntnisherrschaft, also einer obrigkeitlichen Verfügungsgewalt über das Bekenntnis mißdeutet werden, die dem Inhalt der gerade unterzeichneten Bekenntnisschrift (über die Kirche, Kirchengewalt und die weltliche Obrigkeit u.a.m.) diametral widersprach.

mahlsstreit, in welchem sich Calvin von den Positionen Luthers zu denen Zwinglis
hinbewegte. Aus der Vereinigung der Genfer und Zürcher Kirchen im Consensus Ti-
gurinus von 1549 erwuchs der Zusammenschluß der Schweizer Reformierten in der
Confessio Helvetica posterior von 1566 mit scharfer Abgrenzung von den Lutheranern. Bei diesen aber entbrannte der Kampf der Gnesiolutheraner gegen die „Philip-
pisten" der vermittelnden Richtung Melanchthons, deren Einfluß nach der Katastro-
phe der Krypto-Calvinisten in Kursachsen von 1574 drastisch schwand. Mit der Konkordienformel von 1577 und dem Konkordienbuch von 1580 kam es zu einer breiten
Sammlung der Lutheraner auf dem Boden der Invariata von 1530, was eine dauernde,
tiefe Spaltung zwischen diesen lutherischen und den reformierten·Bekenntniskirchen
zur Folge hatte.

Im Zuge dieser inner-evangelischen Bekenntnisspaltung wurde die Schutzbehaup-
tung der Reformierten, Anhänger der Augsburger Konfession zu sein, immer un-
glaubwürdiger. Schon 1566 mußte sich der Pfälzer Kurfürst klar darüber sein, daß
seine subjektive Beteuerung der CA doch objektiv unübersehbar aus dem Konsens
der Augsburger Konfessions-Verwandten herausfiel. Und vollends auf der großen niederländischen Dordrechter Bekenntnissynode der Reformierten von 1618/19 wurde
den deutschen reformierten Theologen offen bescheinigt, daß sie in der Treue zu ihrem reformierten Bekenntnis die Augsburgische Konfession nie angenommen hätten
(*sed eorum Confessionem nunquam receperunt*)[25]. Im Reich aber haben die Reformierten sich stets mit Vehemenz als Anhänger der Confessio Augustana – freilich in einem „geläuterten" reformierten Verständnis – deklariert: Sie nahmen sie in Anspruch
als Ausgangspunkt und Durchgangsposition zur reinen reformierten Lehre, da sich
die lutherische Reformation noch nicht von den papistischen Resten freigemacht
habe und deshalb die CA erst durch die reformierte Interpretation zur Wahrheit des
Evangeliums gelange. Das berühmte *quia et quatenus* der Übereinstimmung mit der
Heiligen Schrift, das im Gefolge Luthers die Grundvoraussetzung aller evangelischen
Bekenntnisbildung und Bekenntnisbindung war, wurde so von den Reformierten dazu
verwendet, die strittige Bekenntnisaussage und -verpflichtung der Augsburger Konfession nicht mehr aus der Heiligen Schrift zu begründen, sondern in Frage zu stellen, zu
überwinden und im Sinn ihrer dissentierenden reformierten Bekenntnispositionen
umzukehren. Das evangelische Bekenntnis der CA wurde hier also in theologischer
Entleerung und Sinnverkehrung zum politischen Gebrauch instrumentalisiert. Den
Katholiken gegenüber pochten die Reformierten auf die „bekenntnismäßige" Einigkeit mit den Lutheranern, die sie doch theologisch bekämpften, aus ihren Landen vertrieben und durch die reformierte Interpretation der CA im fremdkonfessionellen
Übergriff zu vereinnahmen suchten. Ihr Vorwurf, daß die Lutheraner mit dem Konkordienbuch von 1580 durch ihre Rückkehr zur Abendmahlslehre Luthers (i. S. der
Invariata) vom Augsburger Bekenntnis abgefallen seien, spielte den Katholiken ge-
fährliche Argumente zu, die Lutheraner als angebliche Sektierer aus dem Schutz des
Religionsfriedens zu verstoßen.

So wurde das Grundprinzip des evangelischen Bekennens und Bekenntnisses, daß

---

[25] Acta Synodi Nationalis ... Dordrechti habite (Hanau 1620) p. 122.

die Bekenntnisformulierung sich nicht als neue Tradition neben der Heiligen Schrift i. S. unevangelischer Lehrgesetzlichkeit für absolut setzen dürfte, sondern über sich selbst auf die Wahrheit des Evangeliums hinausweisen müsse – also das Wort Gottes nicht durch ihr Menschenwort ersetzen dürfe –, zu problematischen theologischen und juristischen Konsequenzen ausgemünzt. Diese Rabulistik mußte den Katholiken, die vom Bekenntnis als einem klaren, hierarchisch-autoritativ erlassenen und juristisch subsumtionsfähigen Lehrgesetz ausgingen, ebenso unverständlich wie unlauter erscheinen. Der theologische Dissens über den Bekenntnisinhalt und die Bekenntnisverpflichtung zwischen den Konfessionen hat so den theologischen Bekenntnisbegriff in seiner juristischen Verwendungsfähigkeit auf dem Forum des Reichskirchenrechts weithin in Mißkredit gebracht[26].

## 4. Säkularisierter Bekenntnisbegriff

An der Calvinistenfrage seit 1566 und am Streit um die Invariata- oder Variata-Fassung hatten die Evangelischen gelernt, nach außen auf dem Forum des Reichs zur politischen Selbstbehauptung unter der einheitlichen Firma der „Augsburgischen Konfession" als geschlossener politischer Block aufzutreten, mochten sie auch die vage Gemeinschaft zwischen Lutheranern und Reformierten auf dem Boden der Variata längst verloren haben und ein Bekenntniskonsens zwischen ihnen nach 1580 in unerreichbare Ferne gerückt sein.

Die Konfession wurde *(sensu politico)* zum staatsrechtlichen Begriff der Reichsverfassung, der sich vom theologischen Begriff des Bekenntnisses *(sensu theologico)* löste, aber weiterhin politische Funktionen im paritätischen Reichskirchenrecht hatte, weil er die politischen Schutzgarantien und Partizipationsmöglichkeiten der zugelassenen evangelischen Religionspartei unter Ausschluß von Sektierern vermittelte. Das Bekenntnis verlor hier im staatsrechtlichen Zusammenhang weithin seinen theologischen Gehalt; gerade dadurch aber konnte man die inner-evangelischen Lehrstreitigkeiten neutralisieren bzw. ausklammern und klare Kriterien für die Zugehörigkeit zum Kreise der CA-Anhänger und CA-Angelegenheiten liefern: Entscheidend hierfür war lediglich die förmliche, politische Beschlußfassung der evangelischen Religionspartei[27]. Die Konfessionsfragen wurden auf diese Weise veräußerlicht, juridifiziert und

---

[26] Je mehr sich die Bekenntnisse nach Abschluß des Tridentinums 1563, der Confessio Helvetica posterior 1566 und des Konkordienbuchs 1580 verfestigten, desto mehr verschoben sich die Grundlagen des Reichskirchenrechts: Der Einheitsgedanke in Kirche und Reich verlor sich in die Pluralität konkurrierender Partikularkirchen, die Wiedervereinigungshoffnung schwand, aus dem unausgetragenen Lehrkonflikt (sowohl zwischen Katholiken und Evangelischen als auch zwischen Lutheranern und Reformierten) wurde eine dauernde Bekenntnistrennung, der Wiedervereinigungsauftrag und interimistische Notrechtscharakter des Reichskirchenrechts wurden eine leere juristische Konstruktion, die *leges fundamentales* des Religionsfriedens erstarkten aus einer notgedrungenen Ausnahmeordnung zum sakrosankten Reichsverfassungssystem, das dem Kirchenrecht der Religionsparteien an Rang und Dignität vorging, statt ihm interimistisch zu dienen und ihm wiederum zur vollen Geltung zu verhelfen.
[27] Die sich dann später im Corpus Evangelicum eine feste Organisation gab, und die im Verfahren der *itio in partes* nach Art. V § 52 IPO in klar definierten Formen über ihre bekenntnisre-

einer praktikablen Lösung zugeführt. Die Verselbständigung des juristischen vom
theologischen Bekenntnisbegriff befreite die evangelischen Reichsstände und Juristen
von dem Zwang, die immer spitzer werdenden Streitigkeiten der orthodoxen Theologen über Abendmahl, Ubiquität, Prädestination und andere künftige Differenzpunkte
zu entscheiden und sich dabei in unabsehbaren politischen Konstellationen zu expo-
nieren. Diese juristische Verselbständigung enthob sie ein für allemal der Darlegungs-
und Beweislast, vor Freund und Feind die theologische Grundlage und die davon ab-
hängige juristische Gültigkeit der eigenen Bekenntnispositionen darzutun und dabei
weitere Zertrennungen und fremdkonfessionelle Übergriffe zu provozieren.

Die juristische Verselbständigung des Bekenntnisbegriffs im Reichskirchenrecht
zeigt ambivalente Züge:

Sie steht in engem Zusammenhang mit der Säkularisierung der Reichskirchenverfassung überhaupt, die schon im 16. Jahrhundert – längst vor der Aufklärung – erstaunlich weit gediehen ist und sich in allen Zentralbegriffen widerspiegelt: Das paritätische ius reformandi ist im cuius regio-System vom geistlichen Sinn und Ziel kirchlicher Reformation (im Sinn der Reformatoren wie der katholischen Reform) durch
eine Welt geschieden und zur säkularen Rechtsform geworden, die dem Reichsstand
nach Belieben die Einführung der einen wie der anderen Konfession und damit die
menschliche Verfügung über die göttliche Wahrheit einräumt. – Das Bekenntnis erscheint hier als obrigkeitlich verfügbare Zwangs-Staatsideologie, nicht mehr als das
(sine vi, sed verbo) allein durch die rechte Verkündigung des Wortes Gottes geweckte
gemeinsame Glaubenszeugnis der Gemeinde. – Aus der Pax Catholica, die auf dem
wahren Frieden mit Gott in der wahren Kirche ruhte, wurde die Pax Politica des Religionsfriedens auch für die häretische Gegenkonfession. – Aus der theologischen Freiheit des Christenmenschen, die i. S. Luthers aus der Verkündigung der Wahrheit zum
wahren Glauben und zur Befreiung von Irrtum, Gesetz und Sünde zu führen bestimmt war, wurde die weltliche Wahlfreiheit zwischen Wahrheit und Häresie. – Aus
der geistlich-weltlichen Einheit von Kirche und Reich wurde die politische Einheit
im paritätischen Koexistenzverband. – Alle Rechtsfiguren des Reichskirchenrechts
wurden (zum guten Teil) theologisch entleert und neutralisiert und so für beide großen Konfessionen funktionsfähig gemacht, mag es sich nun um die Begriffe Kirchengewalt und Kirchengut, Bischof und Kapitel, Pfarrei und Patronat, ius reformandi und
ius emigrandi, Konzil und Religionsvergleich handeln, wie hier nicht näher darzule-
gen ist[28].

Indessen sollte diese Säkularisierung der reichskirchenrechtlichen Institute und Begriffe im Konfessionellen Zeitalter nicht zur Bekämpfung oder Verflüchtigung des

---

*Fortsetzung Fußnote von Seite 91*

levanten Angelegenheiten in konfessionspolitischer Selbstbestimmung ohne Mitwirkung der Katholiken entschied.

[28] Nachweise vgl. *Martin Heckel,* Säkularisierung. Staatskirchenrechtliche Aspekte einer umstrittenen Kategorie, ZRG 97 (1980) Kan. Abt. 66, 1 ff., 149 ff.; auch *ders.* Parität (Anm. 16); *ders.*
Weltlichkeit und Säkularisierung, in: *Bernd Moeller* (Hrsg.) Luther in der Neuzeit (Schriften des
Vereins für Reformationsgeschichte 192, Gütersloh 1983) 34 ff., 37 ff., 47 ff.; auch in *ders.,* Gesammelte Schriften (Anm. 1) Bd. 2 773 ff., 899 ff.; 912 ff.; 925 ff.; Bd. 1 106 ff., 171 ff.

Religiösen dienen[29], sondern zu seinem Schutze vor dem fremdkonfessionellen Übergriff. Dessen Abwehr aber ließ sich – das war die Erfahrung eines Jahrhunderts – am besten erreichen, wenn man die Rechtsbegriffe und die Rechtsfiguren säkularisierte. Wenn das Reich ihren theologischen Gehalt nicht selbst definierte und normierte, dann war am besten zu verhindern, daß ein Bekenntnisgegner in den fremden Bekenntnisangelegenheiten nach seinen fremdkonfessionellen Maßstäben mitsprach, mitbestimmte und majorisierte. Dies hat dazu geführt, daß von den Anfängen der Reformation bis zum Westfälischen Frieden ein kontinuierlicher Prozeß der Säkularisierung des Reichskirchenrechts stattfand. Seinen Ursprung nahm er vom Ringen um die geistlichen Tiefenfragen: um den Ablaß und um den rechten Sinn der Buße, des Glaubens und der Gnade, um Bann und Acht, Bekennen und geistlichen Widerstand. Sein Ergebnis war ein grandios verrechtlichtes und institutionalisiertes System politischer Koexistenzstrukturen mit vielfältigen säkularen Schutz- und Verteilungsnormen, Freiheitsgarantien und paritätischen Kooperationsrechten. Sie haben so die religiöse Sprengwirkung des Bekenntnisgegensatzes entschärft und das konfessionelle Widerstandsrecht erübrigt, das sich sonst im Religionskrieg entlud.

Diese Säkularisierung wurde vornehmlich von den protestantischen Juristen[30] gegen die katholische Gegenreformation entwickelt.

## 5. Die katholische Haltung zur Augsburgischen Konfession

Die Katholiken waren über die Aufweichung des Sektenverbots in der Calvinisten-Frage aufgebracht. Kaiser Maximilian II., der zeitweilig einen lutherischen Hofprediger gehalten hatte, warf den Evangelischen vor, ihre Konfession verraten und aus ihr eine „Konfusion" gemacht zu haben, um damit das „Einschleichen" der Sekten im Reiche zu decken. Die Gravamina der katholischen Reichsstände von 1566, 1576, 1582, 1594 und 1613 beklagten dies immer wieder als flagranten Bruch der Reichsverfassung[31]. Aber die Katholiken haben doch damals das konfessionelle Selbstbestimmungsrecht der CA-Verwandten respektiert und von einer förmlichen Verurteilung des Calvinismus durch ihre Reichstagsmajorität Abstand genommen. Erst das Restitutionsedikt Kaiser Ferdinands II. vom 6. März 1629 hat auf der Höhe der kaiserlichen Waffenerfolge den Religionsfrieden strikt auf die Invariata beschränken[32] und damit also nicht nur die Calvinisten, sondern auch die Lutheraner der vermittelnden Melanchthonischen Variata-Richtung als Sektierer vom Religionsfrieden ausschließen wollen. Aber der Westfälische Friede hat dann die Einbeziehung der Reformierten in den Religionsfrieden durch Art. V § 52 und Art. VII § 1 ausdrücklich festgestellt.

Die Katholiken haben der Augsburgischen Konfession in den Auseinandersetzun-

---

[29] Wie dies in mannigfachen (weltanschaulichen) Säkularisierungsprozessen seit der Aufklärung und seit dem Kampf moderner ideologischer Partei- und Staatssysteme gegen das Christentum zu beobachten ist.

[30] Welche die Begriffe und Rechtsfiguren des Westfälischen Friedens entscheidend beeinflußt haben. Vgl. oben Anm. 21.

[31] *Lehmann,* (Anm. 17) 105, 168, 203, 232, 288.

[32] *Lehmann,* (Anm. 17) 358.

gen der Gegenreformation die reichsrechtliche Existenzberechtigung an sich nie bestritten. Sogar während des Dreißigjährigen Krieges galt der Religionsfriede in der
Sicht beider Konfessionen als Reichsfundamentalgesetz weiter. Aber er wurde schon
bald nach 1555 durch die Katholiken und die Protestanten im konträren konfessionellen Sinne ausgelegt und ausgeführt, bis der Westfälische Friede die juristischen
Zweifelsfragen durch seine „authentische Interpretation" (Art. V § 1 S. 2: ... *pro perpe-*
*tua dictae Pacis declarationae ... habebuntur ...*) entschied. Dabei hat die katholische
Jurisprudenz seit den achtziger Jahren des 16. Jahrhunderts und dann verstärkt im
Dreißigjährigen Krieg ein Arsenal von Argumenten entwickelt, die für den Fall eines
katholischen Waffensieges den Bekenntnispositionen der Evangelischen existentiell
bedrohlich werden konnten[33]. Sie suchte sich im fremdkonfessionellen Übergriff
einerseits des evangelischen Bekenntnisinhalts zu bemächtigen, andererseits seine
Rechtspositionen zu verkürzen.

Die Augsburgische Konfession wurde so nach katholischen-theologischen Maßstäben definiert: Die evangelischen Bekenntnisformulierungen wurden aus ihrem Ursprung und Sinnzusammenhang in der reformatorischen Theologie gerissen und in
das katholische Glaubens-, Kirchen- und Rechtsverständnis eingeordnet. Man nahm
sie in einem „gesetzlichen" Verständnis als (häretisches) normatives Lehrgesetz, zer-
schnitt ihren dienenden Sinnbezug auf das Evangelium und löste sie aus dem Gesamtzusammenhang des evangelischen Verkündigungs- und Bekenntnisgeschehens. Die
Einheit des evangelischen Bekenntnisses zerfiel dadurch in ein Konglomerat isolierter
Einzellehren, in denen man den Evangelischen bestimmte, exakt definierte Abweichungen vom katholischen Dogma zugestand. Sie wurden so im Grunde als Katholiken mit einem Sonderstatus spezieller, katholisch konzedierter Exemtionen angesehen. Diese Abweichungen müßten klar und für den katholischen Empfängerhorizont
der CA verständlich formuliert sein, wofür den Evangelischen die Beweislast aufgebür-
det wurde. Sogar die katholische Wandlungslehre hat man in dieser Interpretation
dem Abendmahlsartikel der CA untergelegt. Weil dem evangelischen Bekenntnis der
Wahrheitsbezug auf die Heilige Schrift prinzipiell bestritten wurde, sollte eine Bekenntnisentwicklung, ja auch die vertiefende theologische Deutung ihrer Bekenntnisschriften ausgeschlossen sein. Was danach zum Inhalt und wer zum Anhängerkreis
der Augsburgischen Konfession gehörte, sollten der Kaiser und die katholischen
Reichstagsmajoritäten entscheiden können.

Auch die Rechtsposition des evangelischen Bekenntnisses im Reich wurde von der
katholischen Theorie innerlich ausgehöhlt und äußerlich beschnitten: Der Religionsfriede habe 1555 keineswegs dessen rechtliche Anerkennung *(approbatio)* ausgesprochen, sondern es nur in engen Grenzen toleriert *(mera tolerantia)*. Die Reichsverfassung sei in ihrem Rechtscharakter nach wie vor römisch-katholisch geblieben; das
Wormser Edikt von 1521 und die katholischen Reichsabschiede von 1529 und 1530
hätten ihre Rechtsgeltung (entgegen der Derogationsklausel des Augsburger Religionsfriedens!) keineswegs verloren, sondern seien nur einstweilen „suspendiert" und

---

[33] Nachweise in *Martin Heckel*, Autonomia und Pacis Compositio (Anm. 16) 141 ff., 199 ff.,
200 ff., 230 ff.; *ders.*, Parität (Anm. 16) 374 ff.; auch in *ders.*, Gesammelte Schriften Bd. 1 1 ff., 44 ff.,
59 ff., 68 ff., 191 ff.

deshalb in ihrer faktischen Vollstreckbarkeit gehemmt[34]. Den Protestanten wurde keineswegs die paritätische Gleichberechtigung zugestanden, die dem Augsburger Religionsfrieden nach Abschluß und Inhalt zugrundelag. Dem Friedenswerk von 1555 wurde das Wesen eines Reichsfundamentalgesetzes abgesprochen; es sollte nur als Ausnahmeordnung – in Art einer Notstandsverfassung – anzusehen und deshalb strictissime zu interpretieren sein. In allen seinen Lücken und Zweifelsfragen müsse deshalb auch für die Protestanten das kanonische Recht in der katholischen Auslegung verbindlich sein. Auf diese Weise wurden alle Bestimmungen und Rechtsfiguren des bikonfessionellen Reichskirchenrechts im einseitigen katholischen Verstand fixiert und dadurch die Schutz- und Entfaltungsgarantien der Protestanten den schärfsten Restriktionen unterworfen, ja die Geltung des Religionsfriedens selbst in Frage gestellt: Die Bekenntnisentwicklung der Evangelischen wurde von der katholischen Kontroversjurisprudenz genau verfolgt und am Maßstab der katholischen Interpretation der Augsburgischen Konfession gemessen; so hat man die einzelnen Abweichungen von der Invariata-Fassung des Jahres 1530 (auf die man den Religionsfrieden einseitig beschränkte) sorgfältig registriert und daraus dann die Folgerung gezogen, daß die Augsburgischen Konfessionisten von ihrer Augsburgischen Konfession insgesamt abgefallen und als Sektierer anzusehen seien – weshalb der Religionsfriede selbst hinfällig geworden sei.

So hat sich die konfessionelle Interpretation nicht nur des fremden Bekenntnisses, sondern auch des bikonfessionell-neutralen Reichskirchenrechts zu bemächtigen versucht[35]. – Diese literarischen Auseinandersetzungen blieben freilich weithin Theorie. Die Reichsstände beider Konfessionen hielten sich i.d.R. von extremen Forderungen zurück und scheuten sich, die eigene Sicherheit durch den Fortfall der Friedensgarantien zu riskieren. Indessen zeigt das Beispiel des Restitutionsediktes vom 6.3.1629, wie aktuell jene juristischen Lehren werden konnten, wenn eine Seite – wie hier der Kaiser nach den Siegen Wallensteins – politisch und militärisch die Oberhand gewann[36]. So dürfte die Erhaltung des paritätischen Reichskirchenrechts in seiner konfessionellen Gleichgewichtsstruktur nicht unwesentlich dem Faktum zu verdanken sein, daß das politisch-militärische Gleichgewicht der Konfessionen im Dreißigjährigen Krieg bis zum Erschöpfungsfrieden von Münster und Osnabrück erhalten blieb.

Der Westfälische Friede hat die vielen Zweifelsfragen und Lücken, die das vergangene Jahrhundert aufgerissen hatte, im strikten Sinn der Parität und der konfessionel-

---

[34] Damit wurde die Verfassungsentwicklung des Reichs in katholischer Deutung auf die früheren Stadien der ersten Suspensionen nach dem Nürnberger Friedstand von 1532 (oben S. 73 f.) zurückinterpretiert, die Änderungen des Religionsfriedens und sein verfassungsrechtlicher Vorrang gemäß §§ 28–30 RA jedoch außer Acht gelassen.

[35] Analoge Bestrebungen finden sich bei den Protestanten in einer Fortbildung bzw. Umdeutung des Religionsfriedens mit Hilfe der Rechtsfigur des „Gewohnheitsrechts", die freilich betont säkular gehalten ist, weil dies den Protestanten gegen das kanonische Recht der katholischen Interpretation wirksamer schien als die offene Verwendung protestantisch-theologischer Argumente.

[36] Auch der „königliche Majestätsbrief" Rudolfs II. für die böhmischen Protestanten vom 9. Juli 1609 wurde vom Kaiser nach der Schlacht am Weißen Berge und der Unterwerfung Böhmens durch Tilly für „verwirkt" erklärt.

len Selbstbestimmung geregelt. Er hat den fremdkonfessionellen Übergriff durch die Grundnorm der *aequalitas exacta mutuaque* in Art. V § 1 S. 3 hinfort ausgeschlossen und dies durch die *itio in partes* in Art. V § 52 IPO gewährleistet. Er hat sich dabei jenes staatsrechtlich-veräußerlichten Bekenntnisbegriffs bedient, der aus den innerprotestantischen Auseinandersetzungen reichsrechtlich erwachsen war und in der Calvinisten-Regelung des Art. VII § 1 IPO signifikant zum Ausdruck kam, aber auch allen anderen Bestimmungen dieses Reichsfundamentalgesetzes zugrundelag. In dieser politisierten und juridifizierten Form der Religionspartei hat die Konfession über das konfessionelle Zeitalter hinaus bis zum Ende des Reichs eine bedeutsame Rolle gespielt.

# Diego Quaglioni

## Giuramento e sovranità

### Il giuramento come limite della sovranità nella «République» di Jean Bodin e nelle sue fonti

> «Quaeritur, quid imperantibus liceat circa pacta, contractus et iuramenta propria? Occasionem huic quaestioni dedit Ioannes Bodinus, scriptor uere impius, ut ex eius ‹colloquio heptaplomere› quod MSC. in Bibliothecis occurrit, adparet. Is ‹lib. I. de rep. cap. 7.› docet, principem non obligari pactis, promissis et iuramentis suis, nisi quatenus ipsis haec sint utilia.»
>
> *Hans Gottlieb Heinecke,* Praelectiones academicae in Hugonis Grotii De iure belli et pacis libros III (Berolini 1744) 515.

In una pagina di uno dei più stimolanti libri che la filosofia giuridica italiana abbia prodotto in questo ventennio, la ‹Storia della cultura giuridica moderna› di Giovanni Tarello, si legge un non trascurabile richiamo a Jean Bodin e alla sua «République»: alla ricerca delle origini della politica di accentramento giuridico promossa dalle monarchie assolute, Tarello sottolinea che le radici dell'assolutismo non vanno viste nella rottura della comunità giuridica del mondo (l'ideale della ‹reductio ad unum›, l'ideale universalistico), «bensì nella rottura dell'equilibrio giuridico all'interno di ciascuno Stato territoriale a favore di un potere centrale e supremo e a sfavore di tutte le altre istituzioni dell'universo giuridico medievale e rinascimentale, come i ceti, le città, la chiesa, le corporazioni»[1]. Tarello aggiunge che tale rottura di equilibrio fu prima teorizzata che realizzata, e teorizzata per l'appunto dal giurista Jean Bodin nella sua opera maggiore, i sei libri «De la Republique», apparsi a stampa la prima volta in francese nel 1576 e rimaneggiati dieci anni dopo dall'autore in versione latina[2].

---

[1] *Giovanni Tarello,* Storia della cultura giuridica moderna, I, Assolutismo e codificazione del diritto (Bologna 1976) 48.

[2] Su Jean Bodin e la sua vasta e complessa produzione dottrinale esiste una letteratura imponente; per la cronologia e le edizioni degli scritti e per la storiografia bodiniana più recente cfr. la Nota bibliografica in I sei libri dello Stato di *Jean Bodin,* 1, a cura di *Margherita Isnardi Parente* (Torino ²1988) 109–129; 2, a cura di *Margherita Isnardi Parente* e *Diego Quaglioni* (Torino 1988) 9–24. Un'ampia bibliografia si legge anche nei due volumi della recente traduzione in lingua tedesca: *Jean Bodin,* Sechs Bücher über den Staat, übs. von *Bernd Wimmer* (München 1981–1986).

Il richiamo di Tarello sarebbe poco altro che convenzionale se non fosse accompagnato da una nota, che mi piace allegare qui, come avvertenza preliminare. In quella nota si ricorda che sul carattere paradigmatico dell'opera di Bodin si intrattenne più di una volta Carl Schmitt (per esempio nella sua «Politische Theologie», del '22), e che quel carattere va conservato, a dispetto di rinnovate «postulazioni di continuità», frutto di «medioevofilia ideologica» e tendenti «a stabilire piuttosto continuità che fratture fra universo medievale e Stati moderni»[3]. Confesso qui che la nota di Tarello mi è sempre parsa un salutare richiamo di metodo, un opportuno correttivo alle sempre risorgenti postulazioni di continuità nell'interpretazione del pensiero politico del Rinascimento; ma continuo anche a credere che accanto al rischio di leggere Bodin in chiave medievale ve ne sia uno forse più grave, consistente nell'ignorare il rapporto largamente ambiguo che i teorici cinquecenteschi conservano con l'universo dottrinale ereditato da una plurisecolare esperienza. La ‹riscoperta› della complessità dell'edificio dottrinale bodiniano, in tempi tutto sommato recenti, ha portato a riconoscere che questioni capitali, com'è appunto quella dell'intreccio di motivi appartenenti alla tradizione giuspolitica medievale e di temi propri della temperie umanistica, si propongono a noi come punti nodali largamente insoluti.

Ciò riguarda anche il nostro tema, tanto più importante in un autore come Bodin, che scrive e opera alle soglie di atteggiamenti propriamente razionalistici della cultura giuridica e politico-religiosa dell'Europa moderna. Oggetto di questa ‹lectura› bodiniana è la dottrina esposta nei «Six livres de la République» intorno al giuramento come limite della sovranità. La questione è posta da Bodin in modo diretto e repentino, nel capitolo più noto e frequentato dell'opera («De la souueraineté»: libro I, cap. VIII): «Mais le Prince est il pas subiect aux loix du païs, qu'il a iuré garder?»[4]. É curioso che la cosa non sia mai stata abbastanza posta in rilievo, ma il capitolo bodiniano sulla sovranità è, in massima parte, dedicato proprio a discutere se il giuramento promissorio costituisca un limite alle vere prerogative della «puissance absoluë & perpetuelle d'vne Republique», potere che s'incarna nella facoltà di «deroger au droit ordinaire», fatte salve le leggi divine e naturali[5].

*Fortsetzung Fußnote von Seite 97*

Una veduta d'insieme è infine in Jean Bodin. Antologia di scritti politici, a c. di *Vittor Ivo Comparato* (Bologna 1981).

[3] *Tarello*, Storia della cultura giuridica moderna 48–49, nota 7. Il radicale giudizio del compianto Tarello si basava sull'indagine di *Giorgio Rebuffa*, Jean Bodin e il «princeps legibus solutus», in: Materiali per una storia della cultura giuridica 2 (1972) 89–123, e, per quanto riguarda il riferimento a Schmitt, al saggio di *Carlo Roehrssen*, La teoria del politico di Carl Schmitt: un tentativo di risposta alla crisi della liberaldemocrazia, in: Materiali per una storia della cultura giuridica 4 (1974) 599–638. Per una riconsiderazione generale del peso della ‹lettura bodiniana› nell'opera schmittiana si veda ora l'ampia monografia di *Michele Nicoletti*, Trascendenza e potere. La teologia politica di Carl Schmitt (Brescia 1990).

[4] *Jean Bodin*, Les six livres de la République (A Paris, Chez Iacques du Puis, 1583) 133. Cito ovviamente dall'ultima edizione francese riveduta dall'autore; per le varianti del più tardo rimaneggiamento latino (*Io. Bodini Andegavensis* De Republica libri sex, Latine ab autore redditi multo quam antea locupletiores [Parisiis, Apud Iacobum Du Puys, 1586]) si veda sempre l'apparato dell'edizione italiana; per il passo in esame cfr. *Bodin*, I sei libri dello Stato 1 362.

[5] *Bodin*, Les six livres de la République 133; l'espressione bodiniana è dichiaratamente tributaria

Occorrerà non dimenticare mai, a questo proposito, che la concezione imperativistica della norma civile (concezione organica alla dottrina bodiniana della sovranità) riposa sopra una base teologico-filosofica di impronta schiettamente volontaristica, che percorre sia la «République» sia le opere più tarde come il «Colloquium Heptaplomeres»: se Dio è «legislatore della natura esentato dalle sue leggi non dal senato e dal popolo, ma da sé stesso»[6], il principe-legislatore, ‹legibus solutus›, ha appunto nelle leggi di Dio e della natura un limite sacro ed inviolabile, per quanto ai soggetti spetti di obbedire al comando del principe in ogni caso. Il richiamo al principio romanistico espresso nella l. extra territorium, ff. de iurisdictione omnium iudicum (D. 2, 1, 20) per il quale «extra territorium ius dicenti impune non paretur», illumina d'una luce viva, in «République», III, 4, l'idea bodiniana della sovranità: così come il magistrato nulla può oltre i limiti fissati alla sua giurisdizione, anche il sovrano ha un ‹territorio› invalicabile, oltre il quale il suo soggetto «impune non paretur», ed è il territorio che ha per confini «les bornes sacrées de la loy de Dieu et de nature»[7]. Ciò non toglie che Bodin, in grazia di quel suo caratteristico oscillare «tra obbedienza e resistenza»[8], pur insistendo sullo stretto dovere di far salvi, negli atti normativi del principe, i ‹diritti di natura›, mostri una chiara propensione ad un'obbedienza che eviti ogni pretesto alla ribellione contro il sovrano: «Nous conclurrons donc qu'il vaut beaucoup mieux ployer sous la maiesté souueraine en toute obeyssance, que en refutant les mandemens du souuerain, donner exemple de rebellion aux subiects...»[9]. Se un limite invalicabile è posto in quell' «honneur de Dieu» che è e dev'essere «à tous subiects plus grand, plus cher, plus precieux

---

*Fortsetzung Fußnote von Seite 98*

della distinzione, tipica della dottrina dell'età intermedia, fra «potestas absoluta» e «potestas ordinaria et ordinata»; sul richiamo, a questo proposito, al commentario di Innocenzo IV sopra il c. 20, X, 1, 6 («Innocent. 4. Pont. max. in ca. innotuit. verbo ordinatione. de election. extra»), ibid., nota 2, si vedano le osservazioni della *Isnardi Parente* nell'apparato a *Bodin*, I sei libri dello Stato 1 362, nota 40.

[6] Cfr. *Jean Bodin*, Heptaplomeres Colloquium de rerum sublimium arcanis abditis, ed. *Ludwig Noack* 1 (Schwerin-Mecklenburg 1857) 22; si veda a questo proposito *Margherita Isnardi Parente*, Introduzione, in: *Bodin*, I sei libri dello Stato 1 31.

[7] *Bodin*, Les six livres de la République 413–414. «Si può dire», ha scritto la *Isnardi Parente*, Introduzione 32, «che il limite essenziale del potere del re stia nella sua condizione di suddito; all'infuori del suo ambito di competenza, quello della legge civile, ossia del potere di comando che gli è proprio, egli viene a scontrarsi col potere di un superiore di fronte a cui deve arrestarsi. Anch'egli, insomma, deve sottostare a una sovranità estranea, di cui la sua non è che un riflesso. Come il potere fonda il potere, ossia il potere assoluto di Dio fonda quello del re, assoluto solo in un ristretto ambito, così il potere limita anche il potere.» Per una dettagliata disamina della questione cfr. *Diego Quaglioni*, «Les bornes sacrées de la loy de Dieu et de nature». La procedura del controllo degli atti normativi del principe nella «République» di Jean Bodin e nelle sue fonti, in: Annali dell'Istituto storico italo-germanico in Trento 14 (1988) 39–62. Per una più ampia discussione circa le radici filosofico-religiose del pensiero bodiniano cfr. *Margherita Isnardi Parente*, Le Volontarisme de Jean Bodin: Maïmonide ou Duns Scot?, in: Jean Bodin. Verhandlungen der internationalen Bodin Tagung in München, hrsg. von *Horst Denzer* (München 1973) 39–51 (in versione italiana in: Il pensiero politico 4 [1971] 21–45).

[8] *Vittor Ivo Comparato*, Sulla teoria della funzione pubblica nella «République» di Jean Bodin, in: La République di Jean Bodin. Atti del convegno di Perugia (Firenze 1981) 93–112: 105.

[9] *Bodin*, Les six livres de la République 427.

que les biens, ny la vie, ny l'honneur de tous les Princes du monde»[10], la stessa coscienza del magistrato deve tacere quando la sua resistenza, quantunque mossa dalla difesa degli ‹iura naturalia› e non da «bramosia del potere» o da «falsa opinione del diritto
e della giustizia», possa divenir pretesto per la sovversione dello Stato: «car puis que le
magistrat a recours à sa conscience sur la difficulté qu'il fait d'executer les mande-
ments, il fait sinistre iugement de la conscience de son Prince...»[11]. Era insomma ormai lontano il monito di Charles du Moulin: «Quod princeps ex certa scientia est supra ius et contra et extra ius, sunt deliria in adulationem tyrannorum confecta...»[12].

La dottrina bodiniana dei limiti della sovranità prepara dunque le forme del cosid-
detto ‹assolutismo laico› di marca scettica (l'assolutismo alla Charron, tanto per inten-
derci) e «fa transizione al diritto naturale»[13], come prima ancora che nella ‹Juris universi distributio› dimostrano le considerazioni sparse qui e là nella «République»
sull'incertezza della stessa nozione di diritto naturale («la iustice & raison qu'on dit naturelle, n'est pas tousiours si claire qu'elle ne treuue des aduersaires»)[14] e sui frequenti
rischi di una sua ‹équivocation›.

In questo quadro, qui di necessità sommariamente abbozzato, si inserisce la dottrina
bodiniana intorno ai limiti posti al sovrano dal giuramento promissorio in materia di
osservanza delle norme di diritto civile. L'esposizione di tale dottrina è, come spesso
avviene nella «République», nient'affatto lineare, ma complessa e ricca di formule che
si accompagnano ad un ampio ricorso all'exemplum storico così come alle allegazioni
delle norme e della letteratura di diritto comune, civilistica e canonistica[15]. Tuttavia si
può dire che tale dottrina sia, in tutta l'opera politica di Bodin, una delle poche nelle
quali il giurista angevino si senta di tracciare delle vere e proprie ‹regole di Stato›. «Il
faut distinguer», esordisce Bodin, «Si le Prince iure à soi mesme qu'il gardera sa loy, il
n'est point tenu de sa loy non plus que du serment faict à soymesme: car mesmes les
subiects ne sont aucunement tenus du serment qu'ils font és conuentions, desquelles

[10] Ibid. 427–428.
[11] Ibid. 429. Cfr. *Bodin*, I sei libri dello Stato 2 172; e si veda ancora *Quaglioni*, ‹Les bornes
sacrées de la loy de Dieu et de nature› 61–62.
[12] Così nel commento a C. 1, 19, 7, ricordato da *Alessandro Lattes*, L'interinazione degli editti.
Studio di storia del diritto pubblico piemontese, in: Atti della R. Accademia delle Scienze di Torino 43 (1907) 32 nota 1.
[13] Secondo un'intuizione dimenticata di *Aldo Garosci*, Jean Bodin. Politica e diritto nel Rinascimento francese (Milano 1934) 17 nota 4. Si veda, per Charron e per tutto ciò che riguarda l'ere-
dità bodiniana a cavaliere del Seicento, il recente vol. L'assolutismo laico. Antologia a cura di
*Anna Maria Battista*. Introduzione di *Lucio Pala*. Traduzione e note di *Diana Thermes* (Milano
1990), e, al proposito, *Diego Quaglioni*, ‹Assolutismo laico› e ricerca del diritto naturale, in: Il
pensiero politico 25 (1991) 96–106.
[14] *Bodin*, Les six livres de la République 416.
[15] Cfr. in generale *Michel Reulos*, Les sources juridiques de Bodin: textes, auteurs, pratique, in:
Jean Bodin. Verhandlungen der internationalen Bodin Tagung in München 187–194; esempi significativi di tale attitudine bodiniana in *Rebuffa*, Jean Bodin e il ‹princeps legibus solutus› 109–
111; per qualche ulteriore precisazione e osservazione si veda anche *Diego Quaglioni*, Una fonte
del Bodin: André Tiraqueu (1488–1558), giureconsulto. Appunti su ‹De Republica›, III, 8, in: La
‹République› di Jean Bodin 113–127.

la loy permet se departir, ores qu'elles soyent honnestes & raisonnables»[16]. L'affermazione bodiniana, espressa in questa forma assiomatica, da una parte è coerente con il principio poco avanti esposto, per il quale se il principe sovrano è per legge esente dalle leggi dei predecessori, ancor meno sarà obbligato a osservare le leggi e le ordinanze fatte da lui stesso, poiché «si può ben ricevere la legge da altri, ma non è possibile comandare a se stesso»[17]; dall'altra si avvale di appigli autoritativi tratti dalla compilazione giustinianea e dal «Decretum» di Graziano, che tuttavia, almeno per quanto riguarda la questione del «serment faict à soy-mesme», non trovano esatto riscontro nelle fonti normative allegate. Bodin cita infatti a questo proposito un inesistente § si plagii della l. iuris gentium, ff. de pactis (D. 2, 14, 7) ed un altrettanto inesistente canone «iusiurandum», che dovrebbe trovarsi in Graziano sotto la C. XXII, q. 5[18]; ora, mentre nel caso di D. 2, 14, 7 si può pensare a ragion veduta che Bodin avesse in mente il § 16 («et generaliter»), che riguarda l'invalidità del giuramento prestato nel «pactum contra ius commune», nel caso del «Decretum» si stenta a credere ad un'errata citazione mnemonica, poiché il solo canone che abbia una qualche attinenza con l'allegazione bodiniana, il c. iuramenti (c. 12, C. XXII, q. 5) tratta del giuramento assertorio in generale e nulla ha a vedere col tema del giuramento di tipo promissorio o con quello del voto. Una citazione di seconda mano è forse ipotizzabile (né Bodin sarebbe nuovo a tale uso); occorre tuttavia dire che le pagine della «République» che affrontano il delicato argomento della sovranità e dei suoi limiti mostrano un ambiguo rapporto con le «auctoritates» allegate, tanto da suggerire spesso al lettore che la loro utilizzazione, talvolta apparentemente casuale, sia piegata alle esigenze dell'autore più fortemente che altrove.

Così è, per esempio, per la formula «nulla obligatio consistere potest, quae a voluntate promittentis statum capit» (formula celebre, che tornerà, senza espressa citazione della fonte, là dove Rousseau discute nel suo capolavoro politico «la maxime du droit civil que nul n'est tenu aux engagemens pris avec lui-même»: «Du contrat social», I, 7): la formula è tratta da un frammento di Giavoleno (D. 45, 1, 108, § 1) nel quale però si legge «promissio», non «obligatio». Altrettanto dicasi per il supporto ricercato alla formula stessa della «puissance absoluë et perpetuelle d'vne republique» nella dottrina canonistica, poiché il celebre richiamo ad Innocenzo IV («colui che ha meglio di ogni altro compreso che cosa sia potere assoluto e che ha fatto inchinare al suo e prìncipi e sovrani») non sembra, neppure esso, abbastanza pertinente. E, tutto sommato, anche il frammento di Paolo, richiamato a proposito dell'ammissibilità dell'inosservanza del giuramento prestato «ès conuentions, desquelles la loy permet se departir», costituisce un assai labile appiglio autoritativo, poiché trattasi di una «regula» pertinente al giura-

---

[16] *Bodin*, Les six livres de la République 133.

[17] *Bodin*, I sei libri dello Stato 1 360–361. È la «massima» tratta da D. 45, 1, 108, riecheggiata poi da Hobbes in un luogo famoso del «De cive» (c. 6, § 14) e discussa ancora da Rousseau («Du contrat social», I, 7); da Bodin essa è intesa a sottolineare l'assoluta libertà del principe-legislatore dinnanzi alla norma ch'egli stesso abbia posto.

[18] *Bodin*, Les six livres de la République 133, nota 3: «l. iuris gentium. §. si plagij. can. iusiurandum. 22. q. 5.» (cfr. *Bodin*, I sei libri dello Stato 1 362, nota b). Per tutto ciò si veda più sotto la nota 26. Per la «sistemazione» dell'istituto del giuramento in Graziano cfr. *Marcel David*, Perjure et mensonge dans le Décret de Gratien, in: Studia Gratiana 3 (1955) 116–141.

mento giudiziale: «qui iurato promisit iudicio sisti non videtur peierasse, si ex concessa causa hoc deseruerit» (D. 2, 8, 16).

Pare dunque si possa affermare, che nel principio della esposizione della sua discussione intorno al giuramento promissorio come limite all'esercizio della sovranità, Bodin abbia proceduto con grande libertà verso le autorità, sia dottrinali sia normative, che, nel suo ‹metodo di lavoro› di buon giurista formato alla scuola del diritto comune, continuavano ad avere un ruolo e un peso non meramente accessorio o esornativo (Ralph Giesey, poco più di vent'anni fa, polemizzava ancora contro coloro che ignorano l'apparato marginale della «République» o che, pur essendo in grado di identificare le fonti canonistiche e civilistiche allegate da Bodin insieme alle fonti classiche le più disparate, sposano poi l'opinione per la quale «the heaping up of ‹allegations› [...] is pure pedantry, used either ostentatiously to support the obvious or deceptively to camouflage the untenable»)[19].

Con la stessa ‹libertà› infatti, che, paradossalmente, attesta la difficoltà di liberarsi dal peso della grande letteratura giuridica di tradizione italiana e medievale («una scolastica esasperata», avrebbe detto Lucien Febvre, «ha lasciato il segno su tutti»[20]), benché con maggior puntualità di riferimenti, sono da Bodin richiamati i ‹doctores› e civilisti e canonisti; a Baldo, Cino, Bartolo e Paolo di Castro, Antonio da Budrio, Giovanni da Imola, il Panormitano e Felino Sandei egli ricorre là dove necessita di un supporto alla sua idea della equiparazione fra nullità della promessa viziata da inganno, frode, errore, violenza, ‹iustus metus›, ‹laesio enormis› ed invalidità del giuramento che comporti una menomazione della ‹maiestas› del sovrano[21]:

Nous dirons le semblable si la promesse est faicte au subiect par le Prince souuerain, ou bien au parauant qu'il soit esleu: car en ce cas il n'y a point de difference, comme plusieurs pensent: non pas que le Prince soit tenu à ses loix, ou de ses predecesseurs, mais aux iustes conuentions & promesses qu'il a faictes, soit auec serment ou sans aucun serment, tout ainsi que seroit vn particulier: & pour les mesmes causes que le particulier peut estre releué d'vne promesse iniuste & desraisonnable, ou qui le greue par trop, ou qu'il a esté circonuenu par dol, ou fraude, ou erreur, ou force, ou iuste crainte, pour lesion enorme, pour les mesmes causes le Prince peut estre restitué en ce qui touche la diminution de sa maiesté, s'il est Prince souuerain.

Ecco dunque che i ‹doctores› «s'abusent», confondendo le leggi del principe con le concessioni di carattere pattizio poste in essere con i suoi sudditi: «Così si può fissare il principio che il principe non è soggetto alle sue leggi né a quelle dei suoi predecessori, ma lo è ai suoi patti giusti e ragionevoli, soprattutto se essi implicano l'interesse dei

---

[19] *Ralph E. Giesey*, Medieval Jurisprudence in Bodin's Concept of Sovereignty, in: Jean Bodin. Verhandlungen der internationalen Bodin Tagung in München 167–186: 167.

[20] *Lucien Febvre*, Il problema dell'incredulità nel secolo XVI. La religione di Rabelais, trad. it. di *Luca Curti* (Torino 1978) 440.

[21] *Bodin*, Les six livres de la République 133–134. Per la tradizione politico-giuridica di ambito francese, nell'età che precede e ‹prepara› l'esperienza dottrinale bodiniana, si rinvia ai noti studi di *Marcel David*, Le serment du sacre du IXe au XVe siècle. Contribution à l'étude des limites juridiques de la souveraineté, in: Revue du Moyen Age Latin 6 (1950) 5–272; La souveraineté et les limites juridiques du pouvoir monarchique du IXe au XVe siècle (Paris 1954); per una più recente riflessione si veda *Jacques Krynen*, «De nostre certaine science...». Remarque sur l'absolutisme législatif de la monarchie médiévale française, in: Renaissance du pouvoir législatif et genèse de l'État (Montpellier 1988) 131–144.

sudditi, sia come singoli sia in generale.»[22] Nella distinzione fra la legge, che è nella sua essenza comando del sovrano ed espressione della sua libera volontà, ed il patto o convenzione (distinzione che avrà la massima importanza nel ‹sistema› pufendorfiano e nel modello giusnaturalistico ‹laico›), il giuramento costituisce, più che un limite, un pericoloso elemento di negazione della sovranità stessa. E ciò non solo perché per Bodin «resta [...] fermo il principio che il principe sovrano può derogare anche a quelle leggi che abbia promesso e giurato di osservare, se il motivo della promessa venga meno, anche senza il consenso dei sudditi»[23]; ma perché, più in generale, il giuramento promissorio importa logicamente obbligazione e dunque deroga alle vere prerogative della sovranità. Scrive infatti il giurista angevino[24]:

Da tutto ciò risulta che non bisogna mai confondere legge e contratto. La legge dipende da colui che ha la sovranità; egli può obbligare tutti i sudditi, e non può obbligare se stesso; mentre il patto è mutuo, tra prìncipi e sudditi, e obbliga le due parti reciprocamente, né una delle due parti può venir meno ad esso a danno dell'altra e senza il suo consenso; in un caso del genere il principe non ha alcuna superiorità sui sudditi; se non che, cessando il giusto motivo della legge che ha giurato di osservare, egli, come già abbiamo detto, non è più vincolato alla sua promessa, mentre invece i sudditi non possono comportarsi ugualmente se non ne sono sciolti dal principe.

«Perciò – conclude Bodin – i prìncipi sovrani di mente accorta («bien entendus») non giurano mai di mantenere intatte le leggi dei predecessori; e se lo giurassero non sarebbero più sovrani.»[25] Anche in questo caso i supporti autoritativi allegati da Bodin,

---

[22] *Bodin*, I sei libri dello Stato 1 363; così suona il testo francese (*Bodin*, Les six livres de la République 134): «Et par ainsi nostre maxime demeure, que le Prince n'est point subiect à ses loix, ny aux loix de ses predecesseurs, mais bien à ses conuentions iustes & raisonnables, & en l'obseruation desquelles les subiects en general ou en particulier ont interest. En quoy plusieurs s'abusent, qui font vne confusion des loix, & des contracts du Prince, qu'ils appellent loix...». La nota 6 rinvia ai commentarii di Baldo sopra la l. donationes, C. de donationibus (C. 5, 16, 26) di Cino e di Bartolo sopra la l. digna vox, C. de legibus (C. 1, 14, 4), dello stesso Bartolo e di Paolo di Castro sopra la l. princeps, D. de legibus (D. 1, 3, 31), di Antonio da Budrio, Giovanni da Imola, Niccolò Tudeschi e Felino Sandei sopra il cap. 1, Extra, de probationibus (c. 1, X, 2, 19).

[23] *Bodin*, I sei libri dello Stato 1 364 (*Bodin*, Les six livres de la République 134: «& neantmoins la maxime de droit demeure en sa force, que le Prince souuerain peut deroger aux loix qu'il a promis & iuré garder, si la iustice d'icelle cesse, sans le consentement des subiects»).

[24] *Bodin*, I sei libri dello Stato 1 365–366; si legga il testo francese (*Bodin*, Les six livres de la République 135): «Il ne faut donc pas confondre la loy & le contract: car la loy depend de celuy qui a la souueraineté, qui peut obliger tous ses subiects, & ne s'y peut obliger soy mesme: & la conuention est mutuelle entre le Prince & les subiects, qui oblige les deux parties reciproquement & ne peut l'vne des parties y contreuenir au preiudice, & sans le consentement de l'autre, & le Prince en ce cas n'a rien par dessus le subiect: sinon que cessant la iustice de la loy qu'il a iuré garder, il n'est plus tenu de sa promesse, comme nous auons dit: ce que ne peuuent les subiects entr'eux, s'ils ne sont releués du Prince». Le note appuntate in margine al testo rinviano a C. 1, 14, 5; D. 50, 16, 19; D. 50, 17, 35 e D. 2, 14 58: nonché ai commentarii di Cino, Bartolo, Baldo e Bartolomeo da Saliceto sopra la l. digna vox, C. de legibus (C. 1, 14, 4), di Giason del Maino sopra la l. 1 dello stesso titolo (C. 1, 14, 1) e di Felino Sandei sopra il cap. translato, Extra, de constitutionibus (c. 3, X, 1, 2); e ancora di Baldo sopra la l. clari, C. de fideicommissis (C. 6, 42, 19) e di Niccolò Tudeschi sopra il cap. pro illorum, Extra, de praebendis (c. 22, X, 3, 5). Sono anche allegati i ‹consilia› VI, 224 e IV, 126 di Alessandro Tartagni.

[25] *Bodin*, I sei libri dello Stato 1 366 (*Bodin*, Les six livres de la République 135: «Aussi les prin-

sia normativi sia dottrinali, si prestano a qualche osservazione. Il principio per il quale il legislatore «peut obliger tous ses subiects, & ne s'y peut obliger soy mesme» è difeso tramite il ricorso all'allegazione della 1. non dubium, C. de legibus et constitutionibus principum (C. 1, 14, 5), costituzione che dichiara nulli patti, convenzioni e contratti di coloro «qui contrahunt lege contrahere prohibente», prescrivendo di conseguenza (§ 1) la non ammissibilità del giuramento (si noti, per inciso, che la glossa «nec sacramentum» rinvia qui, come a luogo parallelo, giusto al § «et generaliter» della 1. iuris gentium, ff. de pactis, sopra allegato da Bodin, sia pure con qualche storpiatura)[26].

Il principio per il quale, invece, il principe non è più vincolato alla sua promessa se cessi «la iustice de la loy qu'il a iuré garder», è sostenuto dall'allegazione del commento di Baldo alla 1. clari (citata come «claris»), C. de fideicommissis (C. 6, 42, 19), dei «consilia» VI, 224 e IV, 126 di Alessandro Tartagni e del commento del Panormitano al cap. pro illorum, Extra, de praebendis (c. 22, X, 3, 5)[27]. I «consilia» del Tartagni ed il commento di Baldo, in tema di fedecommessi, sono richiamati per analogia col principio privatistico che vuole che nel diritto successorio sia «firmior» la «posterior voluntas»; importante massimamente il richiamo al commentario baldesco, che estende espressamente il principio allo statuto, ammettendo che il legislatore possa venir meno, per giusta causa, al giuramento di non mutare la norma, anche nel caso dello «statutum praecisum»[28]:

Quod pendet ex futuro, ex ultimis sumit effectum hoc dicit. Regula vera est in omnibus, in quib. vltima praeualent […]. Et idem in statutis, quia quae ultimo statuta sunt ab eo, qui lege mutare potest, debent seruari, ut ff. de legib. sed & posteriores [D. 1, 3, 27], nec possunt statuentes disponere contra potestatem eis de publico datam, sed superior ipsorum bene posset hoc statuere: & ideo si iurauerint statuta non mutare, quia superior eorum idest Deus, & Imperator prohibebit deierare, non ualet statutum in contrarium factum, nec mirum, quia cum statuere sit publicae authoritatis, & dignitatis, eo ipso, quod quis est periurus, & infamis. perdit hanc potestatem […]. quod intelligendum est, nisi iusta causa superueniat, quia semper in iuramento uidetur inesse clausula, rebus sic se habentibus […], etiam si uerba statuti dicerent, quod statutum sit praecisum, quod idem est dicere, quod immobile: nam quae de nouo emergunt, nouo auxilio indigent.

Il commento del Panormitano appare, invece, del tutto non pertinente alla materia trattata, e la sua allegazione da parte di Bodin si deve forse ad un equivoco col commentario dello stesso Tudeschi al vicino cap. proposuit, Extra, de concessione praebendae (c. 4, X, 3, 8)[29]. Maggiore pertinenza avrebbe avuto l'allegazione della glossa

---

*Fortsetzung Fußnote von Seite 103*

ces souuerains bien entendus, ne font iamais serment de garder les loix de leurs predecesseurs, ou bien ils ne sont pas souuerains»).

[26] Glo. «nec sacramentum», in 1. non dubium, C. de legibus (C. 1, 13 [17], 5): «vt ff. de pac. 1. iurisgentium. §. & generaliter» (Codicis *Dn. Iustiniani sacratissimi principis*, ex repetita praelectione libri novem priores [Lugduni, Apud Hugonem a Porta et Antonium Vincentium, 1558]). Cfr. sopra la nota 18.

[27] Cfr. sopra, nota 24.

[28] *Baldi Ubaldi Perusini iurisconsulti* In Sextum Codicis Librum Commentaria (Venetiis 1586) fol. 151rB, n. 1.

[29] Cfr. *Nicolai Tudeschij Catinensis Siculi, Abbatis Panormitani*, In Tertium Decretalium Librum Commentaria (Venetiis, Apud Bernardinum Maiorinum Parmensem, 1569) foll. 41rA–42rB

«alienator» al cap. si quis, Extra, de rebus ecclesiasticis non alienandis (c. 6, X, 3, 13), vertente sulla illiceità del giuramento di colui che aliena «in praeiudicium ecclesiae».[30]. A questa glossa rinvia per di più, radicalizzandone (per così dire) la posizione, lo stesso Niccolò Tudeschi, nel suo commento sopra il medesimo cap. si quis, nel quale si afferma la nullità del giuramento «contra utilitatem ecclesiae»[31]:

In gl. super uerb. *alienator,* in fi. Dic melius, quod iuramentum tendens contra utilitatem ecclesiasticam nullo modo ligat iurantem. Nam potius est periurium quam iuramentum [...]. Nam iuramentum non uinculat iurantem ad iniquitatem [...]. Imo, quod plus est, non ligat administratorem ecclesiae, quominus non possit petere restitutionem in integ.

Ancora più pertinente appare il commentario del Panormitano al cap. ut nostrum, Extra, ut ecclesiastica beneficia sine diminutione conferantur (c. 1, X, 3, 12), in tema di ‹plenitudo potestatis› del pontefice romano[32]:

Not. decimo, ibi: non tam ex plenitudine potestatis, & c. quod plenitudo potestatis Papae est supra debitum officii papalis, & uidetur in hoc ista litera mirabilis. sed potest intelligi de debito officio scilicet legib. humanis ordinato. Et dicitur debitum. quia iustum & honestum est principi seruare legem suam, ut 1. digna uox, C. de leg. [C. 1, 14, 4] & c. iustum, 9. dist. [c. 2, D. IX] sed ex plenitudine potestatis non tenetur illas leges seruare, quia Princeps est solutus legib. suis, & etiam suorum praedecessorum, ut in c. innotuit, de elec. & c. significasti, eo. ti. [c. 20 e c. 4, X, 1, 6] & c. proposuit de conces. praeb. [c. 4, X, 3, 8] & 1. Princeps. ff. de legib. [D. 1, 3, 31] Et no. Papam habere plenitudinem potestatis: si plenitudinem, ergo nullus supra eum. Ad hoc. c. licet, in fi. supra de electione [c. 6, X, 1, 6], & uide quod dixi in cap. proposuit, praeall. & cap. significasti.

Il commento al cap. proposuit, Extra, de concessione praebendae (c. 4, X, 3, 8), è un vero e proprio trattatello «de potestate papae», nel quale il Panormitano afferma essere in potere del pontefice di sciogliere chicchessia dal voto e dal giuramento, sebbene «cum causa». Se infatti da un lato «potest Papa fere omnia facere, quae Deus potest claue non errante», dall'altro «sine causa» il pontefice non può «alium absoluere a iuramento, fortius nec seipsum».[33].

È evidente che, al di là dei non sempre certi riferimenti ai testi normativi e dottrinali, la dottrina bodiniana si modella fortemente sulla concezione canonistica della ‹plenitudo potestatis›. «É ormai chiaro – sostiene ancora Bodin – che il punto più alto della maestà sovrana sta nel dar legge ai sudditi in generale e in particolare, senza bisogno del loro consenso.»[34] Non perciò a se stesso o ai sudditi il principe deve giurare,

---

*Fortsetzung Fußnote von Seite 104*

(comm. al c. pro illorum). Per il cap. proposuit, Extra, de concessione praebendae si veda più sotto, nota 33.

[30] Glo. «alienator», in c. si quis, Extra, de rebus ecclesiasticis non alienandis (c. 6, X, 3, 13): «Qui alienat in praeiudicium Ecclesiae, etiamsi iurasset non repetere, reuocare debet alienationem; non obstante iuramento cum sit illicitum» (Decretales D. Gregorii papae IX [Lugduni, Sumptibus Ioannis Pillehotte, 1613] col. 1111).

[31] *Nicolai Tudeschij Catinensis Siculi, Abbatis Panormitani,* In Tertium Decretalium Librum Commentaria fol. 96rB, n. 7.

[32] Ibid. fol. 93rA, n. 11.

[33] Ibid. fol. 72vA, nn. 12–13.

[34] *Bodin,* I sei libri dello Stato 1 374 (*Bodin,* Les six livres de la République 142: «Par ainsi on void que le poinct principal de la maiesté souueraine, & puissance absolue, gist principalement à donner loy aux subiects en general sans leur consentement»).

ma caso mai a Dio, che è il suo solo superiore: «Nelle monarchie [...] non è solo ciascun singolo, ma tutto il popolo riunito in corpo che deve giurare di osservare le leggi e di serbare fedeltà al monarca sovrano; il quale poi da parte sua non deve giurare ad altri che a Dio, da cui ha ricevuto lo scettro e il potere. Poiché il giuramento comporta sempre reverenza verso colui al quale è fatto o in cui nome si giura; ed è solo questa la ragione per cui il signore non deve giuramento al vassallo, per quanto l'obbligo sia mutuo e reciproco.»[35]

Su questo interessante richiamo alla scambievole ‹fides› nel rapporto feudale e al ruolo del ‹sacramentum fidelitatis› si tornerà più avanti. Per ora basti sottolineare che il principio secondo cui il principe sovrano «ne doit serment qu'à Dieu seul» è accompagnato da annotazioni che in un'età di ‹assolutizzazione› del precetto giusnaturalistico dello «stare pactis» avrebbero assunto un sapore vagamente machiavelliano[36], ma che, quand'anche sorrette da non sempre certe e pertinenti allegazioni giuridiche, non fanno altro che riproporre antiche preoccupazioni della letteratura teologica e canonistica. Scrive dunque il giurista angevino[37]:

Il principe che giuri di osservare le leggi civili si trova costretto o ad abdicare alla sua sovranità o a divenire spergiuro; è necessario che divenga tale e venga meno al suo giuramento se vuole essere veramente sovrano, poter cioé annullare, cambiare o correggere le leggi secondo l'esigenza delle circostanze, tempi, persone. Se si afferma che il principe non cessa di essere sovrano pur essendo obbligato di chiedere il parere del senato o del popolo, si deve ammettere che il principe debba essere dispensato dal giuramento che abbia fatto di non modificare le leggi; e dal canto loro i sudditi, che sono obbligati ad osservare le leggi sia come singoli sia in generale, dovranno esserne dispensati dal loro principe per non divenire spergiuri; in tal modo la sovranità sarà giuocata a due, e sarà padrone ora il principe ora il popolo! assurdità grande, e del tutto incompatibile con la sovranità, e contraria sia alle leggi sia alla ragione naturale.

[35] *Bodin,* I sei libri dello Stato 1 377; *Bodin,* Les six livres de la République 143: «au contraire en la Monarchie chacun en particulier, & tout le peuple en corps, doit iurer de garder les loix, & faire serment de fidelité au Monarque souuerain, qui ne doit serment qu'à Dieu seul: duquel il tient le sceptre & la puissance: car le serment porte tousiours reuerence à celuy auquel, ou bien au nom duquel il se fait: qui est la seule cause pour laquelle le seigneur ne doit point de serment au vassal, ores que l'obligation soit mutuelle entre l'vn & l'autre.»
[36] Si veda, per tutti, il testo dello Heineccius citato in epigrafe. Sulla dibattuta questione del ‹machiavellismo› di Bodin cfr. da ultimo *Henri Weber,* Bodin et Machiavel, in: Jean Bodin. Actes du Colloque Interdisciplinaire d'Angers (24–27 Mai 1984) 1 (Angers 1985) 231–240. Mi permetto di rinviare, più in generale, ad alcuni brevi, ulteriori appunti di chi scrive: *Diego Quaglioni,* Il ‹machiavellismo› di Jean Bodin («République», V, 5–6), in: Il pensiero politico 22 (1989) 198–207.
[37] *Bodin,* I sei libri dello Stato 1 379–380; *Bodin,* Les six livres de la République 145: «Mais il faut de deux choses l'vne, c'est à sçauoir que le Prince qui iure de garder les loix ciuiles, ne soit pas souuerain, ou bien qu'il est pariure s'il contreuient à son serment, comme il est necessaire que le Prince souuerain y contreuienne, pour casser, ou changer, ou corriger les loix selon l'exigence des cas, des temps, & des personnes: ou bien si nous disons que le Prince ne laissera pas d'estre souuerain, & neantmoins qu'il sera tenu de prendre l'auis du Senat, ou du peuple, il faudra aussi qu'il soit dispensé par ses subiects du serment qu'il aura faict de garder les loix inuiolablement: & les subiects qui sont tenus & obligés aux loix, soit en particulier, soit en general, auront aussi besoin d'estre dispensés de leur Prince, sur peine d'estre pariures: de sorte que la souueraineté sera iouee à deux parties, & tantost le peuple, tantost le Prince sera maistre, qui sont absurdités notables, & du tout incompatibles auec la souueraineté absoluë, & contraires aux loix & à la raison naturelle.»

«Absurdités notables, & du tout incompatibles auec la souueraineté absoluë, & contraires aux loix & à la raison naturelle...». Coloro che sostengono che i pròncipi devono obbligarsi a giurare di osservare le leggi e le consuetudini del paese «aneantissent & degradent la maiesté souueraine, qui doit estre sacree pour en faire vne Aristocratie: ou bien vne Democratie»[38]. Essi espongono anzi la monarchia al pericolo di una degenerazione tirannica: «aussi aduient il que le Monarque souuerain, voyant qu'on luy vole ce qui luy est propre, & qu'on le veut assubiectir à ses loix, il se dispense à la fin non seulement des loix ciuiles, ains aussi des loix de Dieu, & de nature, les faisant egales.»[39]

Una grande distanza separa le pagine della «République» da quelle della «Methodus ad facilem historiarum cognitionem» nelle quali, dieci anni prima, Bodin aveva sì affermato che «qui iubent legem superiores legibus esse oportet, ut eam vel abrogare, vel ei derogare, vel obrogare, vel subrogare possint», ma aveva anche considerato la regalità con senso di distacco, se non con diffidenza, verso la tradizione commentariale che «perniciosius» estendeva ai principi particolari le prerogative attribuite dal diritto giustinianeo al solo imperatore; e nello stesso luogo aveva anche ricordato la cerimonia, che gli appariva «pulcherrima», dell'incoronazione del re di Francia, col solenne giuramento «per Deum immortalem», e aveva polemizzato con l'assunto aristotelico per il quale non sono re «qui legibus obligantur».[40] Una tale distanza, maturata nella crisi politica e religiosa della Francia dei primi anni '70 del XVI secolo, è veramente una delle più notevoli *cruces* nello sviluppo della dottrina bodiniana della sovranità, e il giuramento ne è veramente il cuore: «Hic Rhodus, hic saltus».

La concezione bodiniana della legge e della sovranità si precisa proprio nella definizione del rapporto con il giuramento, essenziale nella distinzione che Bodin pone fra la legge-comando da una parte e il patto o convenzione bilaterale dall'altra. Quest'ultima, ha scritto Margherita Isnardi Parente, «lega il principe solo come privato, per il generico obbligo di fedeltà alla promessa osservato ovunque; ma non ha niente a che vedere con la legge, la cui natura esula del tutto da quella della convenzione»[41]. La distinzione bodiniana si rafforza nella opposizione alla letteratura politico-giuridica del suo tempo e in un uso sapientemente polemico dell'exemplum storico. Notevole, a questo proposito, la polemica con Pere Belluga, giurista aragonese autore di un celebre «Speculum principum», nelle cui pagine Bodin poteva trovare una concezione della legge espressa nei termini tradizionali di ‹patto› fra monarca e stati del regno[42].

Riferendosi ai ‹capitols de corts›, alle leggi votate negli ‹staments› o stati generali dei regni della Corona d'Aragona all'atto della concessione del donativo e detti dal Belluga «leggi pattuite», alle quali la Corona sarebbe obbligata, Bodin ricorda che lo stesso Bel-

---

[38] *Bodin*, Les six livres de la République 146.
[39] Ibidem.
[40] *Jean Bodin*, Methodus ad facilem historiarum cognitionem, in: Oeuvres philosophiques de *Jean Bodin*, ed. *Pierre Mesnard* (Paris 1951) 249.
[41] *Isnardi Parente*, Introduzione 44–45.
[42] *Bodin*, Les six livres de la République 134: «celuy qui appelle les contracts du Prince, loix pactionnees: comme elles s'appellent aux estats d'Arragon, quand le Roy fait quelque ordonnance à la requeste des estats, & qu'il en reçoit argent, ou quelque subside, ils disent que le Roy y est tenu»; con la nota 7: «Petr. Belluga in speculo tit. I.» (cfr. *Bodin*, I sei libri dello Stato 1 363, nota b).

luga riconosce che il re «y peut deroger, cessant la cause de la loy» (può derogare anche
a quelle ordinanze quando il motivo della legge venga a cessare); e aggiunge: «il n'est
point besoing d'argent ny de serment pour obliger le Prince souuerain, si les subiects
ausquels il a promis ont interest que la loy soit gardee: car le parole du Prince doit
estre comme vn oracle, qui perd sa dignité, quand on a si mauuaise opinion de luy,
qu'il n'est pas creu s'il ne iure, ou qui'il n'est pas subiet à sa promesse, si on ne luy
donne de l'argent...»[43]. La distinzione fra leggi revocabili e irrevocabili leggi pattuite
«non ha senso per Bodin; ciò ch'è pattuito non è legge, è semplice patto che il re sti-
pula in quanto privato, e al quale è strettamente obbligato in quanto tale, tanto più che
la lealtà si addice in maniera particolare alla sua dignità di sovrano»[44]. Né può valere
per Bodin l'obbiezione che lo stesso imperatore, «qui a la preseance par dessus tous les
autres Rois Chrestiens»[45], prima di essere consacrato giuri nelle mani dell'arcivescovo
di Colonia di osservare le leggi dell'Impero e la Bolla d'Oro: l'Impero, com'è noto, per
Bodin non è che una schietta aristocrazia, essendo la sovranità nelle mani degli elet-
tori: «Rispondo – scrive il giurista angevino – che l'imperatore è soggetto agli stati
dell'Impero, e non si attribuisce la sovranità né sugli stati né sui prìncipi»[46]; il re di
Francia, al contrario, sebbene sia obbligato alle leggi fondamentali del regno e sia solito
modificare le consuetudini generali solo dopo aver convocato gli stati, non ha necessità
di seguire il loro parere «si la raison naturelle, & la iustice de son vouloir luy assiste
[...]: ains ce qu'il plaist au Roy consentir ou dissentir, commander ou defendre, est
tenu pour loy, pour edict, pour ordonnance»[47].

Nel processo di ‹laicizzazione› (o meglio, se si vuole, di ‹desacralizzazione›) del potere, l'idea bodiniana della sovranità non rompe tutti i legami con la tradizione medievale. Alla domanda se veramente e totalmente la concezione medievale del rapporto
fra principe e sudditi sia da considerarsi superata in Bodin, si può rispondere solo ri-
cordando che accanto agli aspetti della dottrina bodiniana che costituiscono il lato originale e ‹progressivo›, occorre non trascurare «quanto in essa può sembrare semplice
compromesso con una tradizione che va perdendo gradatamente il suo valore e la sua
funzione»[48]. È ancora Margherita Isnardi a ricordarci che a certi schemi del diritto feudale e alla tradizione feudistica «Bodin deve non poco della formazione del suo pensiero»[49]; e se è vero, per esempio, che il «subiect» bodiniano «è ormai il suddito dello
Stato sovrano o del principe sovrano», è anche vero che il rapporto di sudditanza presenta spesso, nelle pagine della «République», una fisionomia che fa pensare ad una
«stabilizzazione e radicalizzazione» del rapporto di vassallaggio[50].

[43] *Bodin*, Les six livres de la République 134.
[44] *Isnardi Parente*, Introduzione 45.
[45] *Bodin*, Les six livres de la République 135.
[46] *Bodin*, I sei libri dello Stato 1 366; *Bodin*, Les six livres de la République 135: «Ie respon que
l'Empereur est subiect aux estats de l'Empire, & ne s'attribue pas aussi la souueraineté sur les
Princes, ny sur les estats».
[47] Ibid. 137.
[48] *Isnardi Parente*, Introduzione 46.
[49] Ibidem.
[50] Ibid. 47.

Di tali oscillazioni lo stesso Bodin dovette essere pienamente cosciente. In «République», I, 6 il rapporto fra il signore e il suddito si configura ancora in forma nettamente bilaterale; scrive Bodin: «il faut bien dire que les priuileges ne font pas le citoyen, mais l'obligation mutuelle du souuerain au subiect, auquel, pour la foy & obeissance qu'il reçoit, il doit iustice, conseil, confort, aide, & protection.»[51] Il richiamo alla formula del ‹sacramentum fidelitatis› dei «Libri Feudorum» è evidente; tuttavia Bodin, nella più tarda edizione latina della «République», sostituisce questo testo con un più semplice e coerente: «necessariamente è vero cittadino quello che o nasce o passa nell'ambito del potere e della sovranità di un determinato signore.»[52] Bodin «ha creduto di dover modificare il testo, forse proprio intravvedendo in esso residui assai palesi di una concezione bilaterale dell'obbligazione fra suddito e principe»[53]; e il significato medievale di soggetto come appartenente al ceto più umile, in posizione di inferiorità e servizio rispetto al signore privato, ha ormai ceduto del tutto il luogo – secondo parole del Church – al livellamento dei sudditi sotto il potere sovrano[54].

Ancora, in «République» I, 9 «il passaggio dal vassallo al suddito è tracciato per gradi continui: dal protetto al tributario al vassallo, e da questo al vassallo ligio e al suddito [...] esiste una continuità costituita da un progressivo rafforzarsi dell'obbligazione fino all'assoluta obbedienza, e dall'estendersi di questa obbligazione, da un ambito limitato a un patto, a un giuramento, a una convenzione reciproca, fino una servitù e a un legame connesso strettamente alla persona e non relativo ad alcun particolare atto. Legami particolari di devozione e di obbligazione sono connessi a qualsiasi inferiorità: il legame di sudditanza li presenta nella forma più integralmente vincolante, con perpetuità e con carattere irrelativo. Ma i caratteri intrinseci del rapporto rimangono sostanzialmente i medesimi; la sudditanza è semplicemente la forma assoluta del rapporto.»[55] In questo quadro il giuramento ritorna in primissimo piano. Scrive Bodin[56]:

Il semplice vassallo non deve prestare giuramento al suo principe che una sola volta nella sua vita; e ci sono perfino vassalli che non sono mai obbligati a prestare giuramento, perché il feudo può essere anche senza l'obbligo di fedeltà, checchè ne dica Carlo Du Moulin; ma il suddito di qualsiasi condizione è obbligato a prestar giuramento ogni volta che il suo signore lo esiga, e questo senza alcun bisogno di essere vassallo...

---

[51] *Bodin*, Les six livres de la République 85.

[52] *Bodin*, I sei libri dello Stato 1 290, nota 70.

[53] *Isnardi Parente*, Introduzione 47 e nota 57.

[54] *William F. Church*, Constitutional Thought in XVIth Century France (Cambridge 1941) 241.

[55] *Isnardi Parente*, Introduzione 47. Si pensi, per contro, alla persistenza della concezione perfettamente bilaterale del rapporto signore-suddito in un autore contemporaneo come Pierre Grégoire: cfr *Diego Quaglioni*, Tirannide e tirannicidio nel tardo Cinquecento francese: la «Anacephalaeosis» di Pierre Grégoire, detto il Tolosano (1540–1597), in: Il pensiero politico 16 (1983) 341–356.

[56] *Bodin*, I sei libri dello Stato 1 411 (cfr. la nota b per il riferimento ai «Commentarii in Consuetudines Parisienses» del Du Moulin); *Bodin*, Les six livres de la République 163–164: «Le simple vassal ne doit prester le serment à son seigneur qu'vne fois en sa vie: encores y a tel vassal qui n'est iamais tenu de prester serment: car le fief peut estre sans obligation de faire la foy, quoy que die M. Charles du Moulin: mais le subiect quel qu'il soit est tousiours tenu de prester le serment toutes fois & quantes qu'il plaira à son Prince souuerain, ores qu'il ne fust [...] vassal...».

«La sudditanza, così intesa, rimane anzitutto un rapporto strettamente interperso-
nale», coerente «alla figura del sovrano quale è trasmessa all'età moderna dal mondo
medievale, mondo fatto di reciproche fedeltà, devozioni e appartenenze, di rapporti
strettamente interpersonali prevalenti su ogni altro tipo di rapporto.»[57] In tal senso ciò
che caratterizza propriamente il cittadino («franc subiect»), per Bodin, è appunto la
sudditanza, il legame di dipendenza da un potere che «stenta ancora a configurarsi in
forma rigorosamente impersonale. Non esiste cittadino se non come suddito libero
(«libero» dal punto di vista dei rapporti strettamente personali e privatistici); non esiste
cittadinanza se non come una forma della soggezione a un superiore. Anche qui nes-
sun taglio netto con la tradizione medievale-feudale, ma un coerente, graduale svolgimento».[58]

E se, infine, il diritto feudale e i suoi istituti sono sentiti da Bodin come legati a
quella forma primitiva di monarchia alla quale egli dà il nome di «seigneuriale», la sopravvivenza di forti tracce della temperie medievale non deve essere vista come una
contraddizione: piuttosto «il pensiero presuppone questa come suo passato, la rac-
chiude come momento persistente ma già sostanzialmente superato».[59] È per ciò che
la concezione bodiniana della sovranità «si incentra rigorosamente intorno al principio
della sua indivisibilità, del suo promanare da un'unica fonte che la detiene e «possiede»
con esclusività assoluta».[60]: il giuramento del sovrano cessa di essere, nella «monarchie
royale», il *sacramentum* che garantisce il patto fra principe e sudditi davanti a Dio, e di-
viene invece il suggello potestativo di una obbligazione politica intesa come assolutamente «discendente», presentandosi come uno dei motivi più caratteristici di una dottrina aperta sulle «novitates» del secolo XVII.

## Zusammenfassung

Das Thema des Eids, das von Jean Bodin in dessen erstem politischen Werk *Methodus
ad facilem historiarum cognitionem* (1566) nur flüchtig gestreift wird, findet in der *République* (1576; 1586) eine bedeutendere Behandlung. Bodin beruft sich dabei auf alle
autoritativen Anhaltspunkte, die ihm aufgrund seiner juristischen Bildung zur Verfügung stehen und spinnt in seine Theorie Behauptungen normativer und doktrinärer
Autoritäten, die nicht immer zum Thema gehören, ein. Obwohl er sich des heiklen
Themas und der Schwierigkeit, sich von den üblichen Schemata der Tradition des *ius
comune* freizumachen, bewußt ist, scheint es zuweilen, als ob Bodin die Schwierigkeiten seiner Position mit einer Unmenge von Zitaten und Hinweisen verdecken will.
Der Verfasser der *République* behandelt im Hauptkapitel des Werkes (I,8), das der
Herrschaft gewidmet ist, den Eid, wobei er sich hauptsächlich mit der Frage auseinan-

[57] *Isnardi Parente*, Introduzione 48.
[58] Ibid. 49; per i rapporti del pensiero bodiniano con la tradizione dottrinale del Medioevo giuridico cfr. *Diego Quaglioni*, The Legal Definition of Citizenship in the Late Middle Ages, in: City
States in Classical Antiquity and Medieval Italy. Ed. by *Anthony Molho, Kurt Raaflaub, Julia
Emlen* (Stuttgart 1991) 155–167.
[59] *Isnardi Parente*, Introduzione 53.
[60] Ibid. 53–54.

dersetzt, ob der promissorische Eid eine Begrenzung der wirklichen Herrschaftvor-
rechte, also jener Gewalt, die in der Befugnis besteht, ordentliche Gesetze zu erlassen,
darstellt. Aufgrund der Unterscheidung zwischen dem Gesetz, das seinem Wesen
nach ein Befehl und Ausdruck des freien Willens des Fürsten ist, und dem Bündnis
oder dem Abkommen stellt der Eid, mehr noch als eine Begrenzung, ein gefährliches
Element der Negation der Herrschaft selbst dar. Und dies nicht nur, weil für Bodin
das Prinzip gilt, daß der Fürst jenen Gesetzen, die zu beachten er versprochen und geschworen hat, auch ohne die Zustimmung der Untertanen zuwiderhandeln kann,
wenn der Beweggrund des Versprechens nichtig wird, sondern weil im allgemeinen
der promissorische Eid folgerichtig Verpflichtung und Aufhebung der eigentlichen
Herrschaftsvorrechte bedeutet. Daher, schreibt Bodin, «schwören kluge *(bien entendus)*
Fürsten niemals, die Gesetze ihrer Vorgänger unangetastet zu belassen und wenn sie
dies schwörten, wären sie keine Herrscher mehr».

*Dietmar Willoweit*

# Katholische Reform und Disziplinierung als Element der Staats- und Gesellschaftsorganisation

## I.

„Selbst Atheisten stimmen darin überein, daß nichts den Staat besser stabilisiert als die Religion, da sie das Fundament für die Macht der Könige und Herren, die Ausführung der Gesetze, den Gehorsam der Untertanen, die Achtung der Magistrate, die Furcht vor bösen Taten und für gegenseitige Freundschaften ist. Ein solcher Schatz darf nicht durch Disputationen in Zweifel gezogen werden, denn dies zieht den Untergang des Staates nach sich." Diese Sätze stammen von dem Erzvater der Souveränitätstheorie, Jean Bodin[1], der im selben Kapitel die Souveränität des Fürsten als eine Position jenseits des konfessionellen Bürgerkrieges begreift. Wie verträgt sich beides miteinander – die den Staat stabilisierende Funktion der Religion und die areligiöse Natur der Souveränität? Es ist versucht worden, das Unvereinbare im Begriff des „Absolutismus" zusammenzudenken[2]. Dieses Erklärungsmodell vermag indessen heute kaum noch zu überzeugen. Das monarchische Herrscherrecht ist auch im Zeitalter des Absolutismus sehr viel stärker in die überkommenen Rechtsstrukturen eingebunden, als es noch die von der liberalen Ära geprägte Geschichtsforschung wahrhaben wollte. Wird die Kategorie des Absolutismus in diesem Zusammenhang nur deshalb bemüht, weil ihre vermutete Nähe zu despotischer Willkür geeignet erscheint, auch Unverständliches zu erklären, dann erklärt sie also nichts. Weil die Einheit von frühmoderner Staatlichkeit und Religion in vielen Ländern Europas zu beobachten ist, muß es innere Gründe dafür geben. Es liegt nahe, die Konfessionalität des Staates einerseits und seine expandierenden, den Bereich der Religion weit überschreitenden Kompetenzen andererseits mit einem durchgehenden Modell der Gesellschaftsgestaltung, nämlich dem der Sozialdisziplinierung, zu erklären. Ob damit die Sache freilich adäquat erfaßt wird, ist eine Frage, die noch gründlicher Überlegungen, auch im Rahmen dieses Beitrages bedarf.

---

[1] *Jean Bodin,* Les six livres de la république (Paris 1576) Lib. IV cap. 7, dt. Übersetzung von *Gottfried Niedhart* (Stuttgart 1976) 93 f.

[2] *Martin Kriele,* Einführung in die Staatslehre. Die geschichtlichen Legitimitätsgrundlagen des demokratischen Verfassungsstaates (Opladen ⁴1980) 53 ff., 55. *Ernst-Wolfgang Böckenförde,* Die Entstehung des Staates als Vorgang der Säkularisation, in: Säkularisation und Utopie. Ebracher Studien, Ernst Forsthoff z. 65. Geb. (Stuttgart 1967) 75 ff., Wiederabdruck in: *ders.,* Staat, Gesellschaft, Freiheit (Frankfurt/M. 1976) 42 ff., 52 f.

Dem Verhältnis von Staat und Religion im konfessionellen Zeitalter nachzugehen ist also insofern angezeigt, als es um die Vollendung des frühmodernen Staates überhaupt geht. Ob dabei die Religion in den Dienst des Staates tritt oder umgekehrt der Staat zum Vehikel der Religion wird, wie sich vor- und nachreformatorische Entwicklungen zueinander verhalten, ob es prinzipielle Unterschiede oder überwiegend Gemeinsamkeiten zwischen den Staatsgebilden lutherischer, calvinistischer und katholischer Prägung gibt – keine dieser Fragen kann als ausdiskutiert beiseite gelegt werden, so daß ein erneutes Studium schon bekannter Quellen und Nachforschungen nach bisher weniger beachteten Überlieferungen nicht zu umgehen ist. In den folgenden Darlegungen soll der Versuch unternommen werden, dem spezifischen Charakter der katholischen Reform- und Disziplinierungsmaßnahmen, ihrem Verhältnis zur protestantischen Staatlichkeit einerseits, zum gegenreformatorischen Aktionismus andererseits näherzukommen. Ich konzentriere mich dabei auf das Geschehen im Hochstift Würzburg, was mit Rücksicht auf dessen bekannte Vorreiterrolle keiner besonderen Rechtfertigung bedarf[3].

## II.

Die Landesherrschaft der Bischöfe von Würzburg, seit 1168 auch Herzöge von Franken, entwickelte sich seit der Mitte des 15. Jahrhunderts in ebenjenen Bahnen, die für die meisten deutschen Territorien in der Übergangsphase zum Obrigkeitsstaat charakteristisch waren[4]. Schon zur Zeit Bischof Johanns III. von Grumbach (1455–1466) war auch im Würzburgischen jener Normtypus bekannt, der seit dem späten 15. Jahrhundert die Rechtsordnung des Reiches und seiner Glieder nachhaltig prägen sollte: verhaltenssteuernde Ordnungen, die den Untertanen mit Geboten und Verboten befehlend gegenübertraten und sich neben dem herkömmlichen Recht, wie es in den Gerichten gepflegt wurde, als eine besondere, im Laufe des 16. Jahrhunderts rasch anwachsende Normenmasse etablierten[5]. Unter Johann III. von Grumbach regelten diese unter dem Begriff der „guten Policey" sehr vergröbernd zusammengefaßten Gesetze in Fortführung älterer Traditionen nur Fragen des Handwerks und des Han-

---

[3] Zur katholischen Reform im allgemeinen und in anderen Territorien vgl. die weiterführenden Hinweise in dem diesem Thema gewidmeten Band 84 (1989) der Römischen Quartalschrift; ferner *Anton Schindling*, Reichskirche und Reformation. Zu Glaubensspaltung und Konfessionalisierung in den geistlichen Fürstentümern des Reiches, in: ZHF, Beih. 3: Neue Studien zur frühneuzeitlichen Reichsgeschichte (1987) 81 ff., 97.
[4] Zusammenfassend dazu *Dietmar Willoweit*, Die Entwicklung und Verwaltung der spätmittelalterlichen Landesherrschaft, in: *Kurt G. A. Jeserich, Hans Pohl, Georg-Christoph v. Unruh* (Hrsg.), Deutsche Verwaltungsgeschichte, Bd. 1 (Stuttgart 1983) 66 ff.
[5] *Wilhelm Ebel*, Geschichte der Gesetzgebung in Deutschland (Göttingen ²1988) 25 ff., 60 ff.; *Dietmar Willoweit*, Gesetzgebung und Recht im Übergang vom Spätmittelalter zum frühneuzeitlichen Obrigkeitsstaat, in: *Okko Behrends* u. *Christoph Link* (Hrsg.), Zum römischen und neuzeitlichen Gesetzesbegriff (Abh. d. Ak. d. Wiss. in Göttingen, Philol.-hist. Kl. 3. Folge, Göttingen 1987) 123 ff., 135 ff.

dels[6]. Dieser Fragenkreis, die Regulierung des Wirtschaftslebens in Stadt und Hochstift Würzburg, wird niemals mehr aus der Gesetzgebungspraxis der Würzburger Fürstbischöfe verschwinden. Er erweist sich jedoch für unser Thema als wenig ergiebig und soll daher hier vernachlässigt werden. Unter dem viel bedeutenderen Nachfolger, Rudolf II. von Scherenberg (1466–1495), ist dann eine breiter aufgefächerte Gesetzgebungstätigkeit festzustellen. Es kommen zahlreiche Amtsordnungen hinzu und 1476 mit einer Hochzeitsordnung und einer Ordnung für die Kindtaufen auch erstmals Materien, die man später in Würzburg als Gegenstand der Polizei im eigentlichen Sinne des Wortes bezeichnete[7]. Weitere Fortschritte in der Gestaltung der öffentlichen Ordnung erzielte Scherenberg mit einer ersten Kleiderordnung – für Dirnen – von 1490 und einer Bettlerordnung aus demselben Jahre, welche die Erlaubnis für diese Betätigung von einem Zeugnis über die Kenntnis der wichtigsten Gebete – womit sich der Bettler revanchierte – abhängig machte[8]. Die Fürstbischöfe Lorenz von Bibra (1495–1519) und Konrad II. von Thüngen (1519–1540) haben im Stile der Zeit mit Kanzlei- und Hofordnungen, Gerichtsreformationen sowie Stadt- und Dorfordnungen eine sehr aktive Gesetzgebungspolitik betrieben, in deren Rahmen Polizeisätze – 1508 eine Kleiderordnung, 1532 eine Schankordnung – auch weiterhin nicht fehlen[9].

Diese Beobachtungen hier mitzuteilen ist deshalb nicht ohne Bedeutung, weil sie zeigen, daß auch im Hochstift Würzburg die Polizeiordnung zunächst aus Wurzeln hervorgegangen ist, die mit der Kirchenreform gar nichts zu tun haben. Aber auch um sie bemühten sich schon seit dem 15. Jahrhundert die meisten Würzburger Fürstbischöfe, dies freilich in durchaus eigentümlicher, nämlich traditionsgebundener und daher letztlich erfolgloser Weise. Rudolf II. von Scherenberg und Lorenz von Bibra erließen neue Ordnungen für die geistlichen Gerichte[10]. Über den reformeifrigen Scherenberg lesen wir, er habe mit höchstem Ernst darauf gesehen, daß seine Priester ehrbar lebten und kein Ärgernis erregten; wer seine Gebote übertreten habe, der sei an Leib oder Gut gestraft worden[11]. Auch Konrad II. von Thüngen wurde 1521 mit einem Reformmandat an seinen Klerus und in den folgenden Jahren mit Visitationen der Landkapitel in ähnlicher Weise aktiv[12]. Was alle diese Maßnahmen freilich auszeichnet, ist ihre Verankerung in den Normen des kanonischen Rechts, welches ein

---

[6] *Hermann Hoffmann* (Hrsg.), Würzburger Polizeisätze. Gebote und Ordnungen des Mittelalters 1125–1495 (Würzburg 1955) 128 ff.; *Alfred Wendehorst*, Das Bistum Würzburg, Teil 3: Die Bischofsreihe von 1455 bis 1617 (Germania Sacra NF 13, Berlin 1978) 14.
[7] *Hoffmann*, Polizeisätze 179 ff.
[8] *Hoffmann*, Polizeisätze 202 f. u. 204 ff.; *Wendehorst*, Bistum 38 ff.; *Sigmund Frh. v. Pölnitz*, Die bischöfliche Reformarbeit im Hochstift Würzburg während des 15. Jahrhunderts (Würzburg 1941 = Würzburger Diözesangeschichtsblätter 8/9, 1940/41) 119 ff.
[9] *Wendehorst*, Bistum 60 ff., 87 ff.
[10] *Wendehorst*, Bistum 41 u. 60.
[11] Zitat bei *Wendehorst*, Bistum 40. Ausführlich *v. Pölnitz*, Reformarbeit 122 ff.
[12] Vgl. das Reformmandat bei *Joseph M. Schneidt*, Thesaurus Iuris Franconici, II. Abschnitt 5. Heft (Würzburg 1787) 820 ff. Erhalten ist nur ein Visitationsbericht, vgl. *Josef Bendel* (Hrsg.), Visitationsbericht über das Kapitel Mellrichstadt aus dem Jahre 1526, in: Würzburger Diözesangeschichtsblätter 6 (1938) 40 ff.

disziplinarrechtliches Vorgehen gegen unbotmäßige Kleriker durchaus gestattete, allerdings auch deren Rechte am kirchlichen Gut ebenso respektierte wie die Patronate fremder Herren. Eine Ordnung für Klerus und Kirche zu erlassen, so wie man das Bettler- oder Schankwesen ordnen konnte, war ohne Kollision mit dem Kirchenrecht nicht möglich. Das änderte sich auch nicht, als nicht nur der Lebenswandel des Klerus, sondern infolge der reformatorischen Bewegung auch sein katholischer Glaube zu Beanstandungen Anlaß gab. Fürstbischof Melchior Zobel von Giebelstadt (1544–1558) berief 1548 eine Diözesansynode mit dem alleinigen Ziel ein, die Sitten des Klerus zu bessern – eine Synode also, die in herkömmlicher Weise Diözesanrecht setzen sollte[13]. Sein Mandat an den Klerus von 1550 betreffend dessen Lebensführung und Katholizität war genauso erfolglos wie jenes aus dem Jahre 1521[14]. Melchior Zobel gedachte noch einen Schritt weiter zu gehen und sein Bistum zu visitieren. Zu diesem Schritt berief er am 24. Februar 1555 – also vor dem Augsburger Reichstag dieses Jahres – eine Kommission unter der Leitung seines Weihbischofs Georg Flach ein, die zunächst über die Grundsätze des Unternehmens beraten sollte. Flach hielt darüber einen Vortrag, in welchem er auch die Frage aufwarf, wie man gegen die im Glaubensabfall Verharrenden verfahren solle: „Ich glaub das diser vil seyn werdend, dieweyl protestirende Fürsten, Graphen, Herrn, Reichsstädt und des Adels ein groß Meng in irem Dioces begriffen. Was man mit Gewalt zwingen könnte, das könnte man vor Gott und der Welt verantworten, weil sie Ketzer und Schismatiker sind." Davon aber müsse er um des Friedens willen abraten; die Hauptirrtümer der Protestanten sollten nur schriftlich übermittelt und die Antworten abgewartet werden[15]. Der Weihbischof stellt sich also selbstverständlich eine Visitation der ganzen Diözese, die sich weit über das hochstiftische Gebiet hinaus erstreckt, vor. Er denkt an die kirchenrechtliche Kompetenz des Bischofs, ist doch die Visitation der Pfarrgemeinden und Klöster eine geistliche Aufgabe. Von der Möglichkeit, die Visitation von vornherein auf das ja immerhin umfangreiche weltliche Herrschaftsgebiet der Fürstbischöfe zu beschränken, hören wir nichts. Vielleicht auch deshalb, weil zu dieser Zeit, am Vorabend des Augsburger Reichstags von 1555, die jedenfalls in ihren hervorragenden Vertretern eindeutig profilierten Religionsparteien ohnehin vor allem in ihrer horizontalen, territorienübergreifenden Verbundenheit gesehen wurden, so daß die Gefahr gewalttätiger Auseinandersetzungen mit mächtigen Nachbarn auch dann bestand, wenn man nur von den eigenen Untertanen den Glaubenswechsel forderte. Obwohl die Visitation unter Melchior Zobel wirklich in Angriff genommen wurde, änderte sich an der starken Präsenz des Luthertums auch im Gebiet des Hochstifts nichts.

Nur am Rande sei vermerkt, daß die erstaunlicherweise dennoch fortdauernde Stabilität der altkirchlichen Strukturen im fürstbischöflichen Staat ihre Erklärung wohl in

[13] *Heinrich Leier,* Reformation und Gegenreformation im Hochstifte Würzburg unter Fürstbischof Melchior Zobel, in: Theologisch-praktische Monatsschrift 13 (1903) 401 ff., 502 ff., 507 f.
[14] *Leier,* Reformation 407; *Wendehorst,* Bistum 124; Text bei *N. Reininger,* Die Archidiacone, Offiziale und Generalvikare des Bistums Würzburg, in: Archiv d. histor. Vereins von Unterfranken und Aschaffenburg 28 (1885) 1 ff., 182 f.
[15] Zitiert nach *Leier,* Reformation 510. Das Original im Diözesanarchiv ist dem Bombenangriff vom 16. 3. 1945 zum Opfer gefallen.

der durchaus zwiespältigen Haltung der fränkischen Ritterschaft findet. Humanistischer Bildung und lutherischen Ideen durchaus zugetan, konnte der niedere Adel auf
die immensen ökonomischen Ressourcen und Versorgungsmöglichkeiten des Hochstifts nicht verzichten, wenn er seinen Status nicht nachhaltig gefährden wollte[16]. Die
Alternative zum geistlichen Fürsten wäre ein fremder weltlicher Dynast gewesen, den
sich in den Kreisen der fränkischen Ritter wohl niemand herbeiwünschte. So erklärt
es sich, daß im Hochstift Würzburg – wie freilich in vielen weltlichen und geistlichen
Territorien[17] – über Jahrzehnte hinweg eine instabile Gleichgewichtslage zwischen
den Konfessionen bestand, die nicht nur dem Luthertum weitgehende Freiheit ge-
währte, sondern auch den altgläubigen Nutznießern kirchlicher Vermögen geradezu
unglaubliche Freiräume hinsichtlich Lebenswandel und Wirtschaftsgebaren eröffnete.
Das Kirchenrecht war diesen Verhältnissen aus mehreren Gründen nicht gewachsen.
Ein scharfes Durchgreifen der kirchlichen Gerichtsbarkeit hätte die Gefahr weiterer
Glaubensabfalls nur vergrößert. Doch auch ohne dies hatte die spätmittelalterliche
Entwicklung des kirchlichen Vermögensrechts Strukturen geschaffen, die sich nicht
mehr beherrschen ließen. Seitdem man mehr und mehr den in einem Amt zusammengefaßten Pflichtenkreis als subjektive Berechtigung begriff, entwickelte sich wie
von selbst auch eine gewisse Dispositionsbefugnis des Rechtsinhabers, weil ja der öko-
nomische Nutzen als eigentlicher Inhalt des Rechts angesehen werden mußte. Damit
war Entwicklungen wie der Pfründenkumulation, der Bestellung von Vertretern für
die Wahrnehmung von Amtspflichten oder die Annahme einer Konkubine als Ausdruck herrschaftlichen Lebensstiles Tür und Tor geöffnet. Wir haben es also mit der
alten, der spätmittelalterlichen, Kirche zu tun, die über die Mitte des 16. Jahrhunderts
hinaus angeschlagen, aber mit einer intakten Vermögensordnung und vielerorts noch
tief verwurzelten religiösen Gewohnheiten stabil weiterlebte.

---

[16] *Schindling,* Reichskirche 100 ff. Schon Julius Echter war dieser Zusammenhang wohl bewußt,
sprach er doch gelegentlich von jenen, „die Irer verwandtnus und von der Kirchen habender
stattlicher Nutzbarkeit nach" die katholische Sache unterstützen sollten, vgl. das Zitat bei *S. Kadner,* Die anfängliche Stellung des Fürstbischofs Julius Echter von Mespelbrunn, in: Beiträge zur
bayerischen Kirchengeschichte 4 (1898) 128 ff., 134. Das Domkapitel hat in den dem neuen Bischof jeweils vorgelegten Wahlkapitulationen in der Tat seit 1558 – anläßlich der Wahl Friedrichs von Wirsberg – Wert darauf gelegt, daß die Erhaltung des katholischen Bekenntnisses versprochen wurde, vgl. *Joseph Friedrich Abert,* Die Wahlkapitulationen der Würzburger Bischöfe bis
zum Ende des 17. Jahrhunderts, in: Archiv d. hist. Vereins von Unterfranken und Aschaffenburg
46 (1904) 27 ff., 82 ff., 85, wo auch von Meinungsverschiedenheiten innerhalb des Domkapitels
die Rede ist.
[17] So jetzt nachdrücklich aus der Perspektive der vergleichenden Landesgeschichte *Walter Zieg-
ler,* Territorium und Reformation, in: HJ 110 (1990) 52 ff., 59 ff., und seit langem die konfessions-
geschichtliche Forschung: *Ernst Walter Zeeden,* Die Entstehung der Konfessionen (München
1965).

# III.

Die für das Überleben der katholischen Kirche entscheidende Transformation des kirchlichen Rechts in das Medium der verhaltenssteuernden Ordnung kam zunächst nur langsam voran. Am frühesten ist sie an den Mandaten gegen den Fleischgenuß in Fastenzeiten ablesbar. Schon Melchior Zobel hatte sich in dieser Frage seit 1549 an seine Amtleute, nicht etwa die Pfarrer, gewandt: Es hätten sich etliche unterfangen, „wider der hailigen Christlichen kirchen satzung und löbliche gotliche herprachter Ordnung auch uber vilfeltig von der Oberhandt vaeterliche geschehen erinnerung, und außgangen verpott" Fleisch zu genießen, wodurch daran „Zadel und Mangel" entstehe. „Solchem aber sovil uns gepürt und möglichem zu begegnen und dasselbig zufürkommen, ist unser ernster befelch, Du wollest allen Deynen Amptsverwandten von Unsert wegen, bey hoher ernstlicher unnachleßiger straf gebieten und verbieten", daß keiner Fleisch zu sich nehme noch Metzger solches verkaufen; Übertreter des Verbots sollten verhaftet und mit dem Turm oder in anderer Weise gestraft werden[18]. 1550 ergeht ein fast gleichlautendes Mandat[19], 1556 ein weiteres zum selben Thema, in dem jedoch das seltener gebrauchte Wort „Oberhandt"[20] durch das modernere „Obrigkeit" ersetzt und außerdem – wegen schon entstandenen Fleischmangels – die Förderung des „gemein nutz" beschworen wird[21]. In dieser Form wird das Fastenmandat dann auch seit 1561 mehrmals von dem Nachfolger Fürstbischof Friedrich von Wirsberg (1558–1573) erlassen[22] und 1565 durch einen Hinweis auf den der „christlichen obrigkeit" geschuldeten Gehorsam ergänzt[23]. Das Kirchengebot verbindet sich also mit einem – sicher ernst gemeinten – polizeilichen Gedanken, die kirchliche Ordnung dient auch dem gemeinen Wohl. Diese Fastenmandate verdienen deshalb unsere Aufmerksamkeit, weil sie erkennen lassen, daß nicht erst Julius Echter Christenpflichten und Untertanengehorsam, Kirchenwesen und Obrigkeitsstaat zu integrieren begann. Diese Schwelle überschritt jedenfalls schon Melchior Zobel 1549, also vor dem Augsburger Religionsfrieden und lange vor dem Abschluß des Konzils von Trient. Auf dessen glückliches Ende weist freilich Friedrich von Wirsberg in seinem Mandat von 1565 ausdrücklich hin. Das Konzil hatte den reformerisch gesonnenen Repräsentanten der alten Kirche ein neues Selbstbewußtsein vermittelt; es erweiterte die Handlungsspielräume und ermutigte zur zwangsweisen Durchsetzung der Kirchengebote.

Daß der Weg dorthin in Zukunft über die weltliche Ordnung führen würde, zeigt die Weiterentwicklung des Polizeiwesens unter Friedrich von Wirsberg. Hier zeichnen sich bestimmte Schwerpunkte ab. 1561 wurde die Bestrafung der Gotteslästerer und aller jener Personen eingeschärft, die es versäumten, solche Delinquenten der

---

[18] Staatsarchiv Würzburg (StAW) Ldf 28, 496. Hinweis bei *Wendehorst*, Bistum 122.
[19] StAW, Ldf 28, 538.
[20] Vgl. *Jacob u. Wilhelm Grimm*, Deutsches Wörterbuch, Bd. 13 (Leipzig 1889) Sp. 1088.
[21] StAW, Ldf 28, 682 sq.
[22] StAW, Ldf 30, 165 u. 173.
[23] Bei *Hans Eugen Specker*, Die Reformtätigkeit der Würzburger Fürstbischöfe Friedrich von Wirsberg (1558–1573) und Julius Echter von Mespelbrunn (1573–1617), in: Würzburger Diözesangeschichtsblätter 27 (1965) 29 ff., 104 ff. und StAW, Ldf 30, 524 sq.

Obrigkeit anzuzeigen[24]. 1562 verbietet der Fürstbischof die weltliche Feier des Kirchweihfestes[25], ein Ansinnen, das so nicht einmal ein Julius Echter aufgegriffen hat. Unverkennbar zeichnet sich ein zunehmender Rigorismus ab. 1572 übernimmt Friedrich von Wirsberg vereinbarungsgemäß die Polizeiordnung des fränkischen Kreises, ergänzt sie jedoch durch erneute Strafdrohungen gegen Gotteslästerer, insbesondere wenn diese sich zu ihren Äußerungen bei übermäßigem Essen und Trinken hinreißen lassen, und durch ein Mandat gegen die „schändliche Unzucht und Buberey", die so im Schwange sei, „daß sie schier nicht mehr für Sünde will gehalten werden"[26]. Und dabei hindere doch ebendieses Verhalten nicht weniger wie die Gotteslästerung den Menschen an seiner Seligkeit. Die angesprochenen Themen sind natürlich nicht originell. Aber sie sollten sich in Zukunft für das Würzburger Hochstift als charakteristisch erweisen, da später gerade sie und nahe verwandte Fragenkreise, nicht irgendwelche anderen beliebigen Bereiche des Polizeiwesens wiederaufgegriffen wurden. „Gute Policey" ist im Hochstift Würzburg – und vermutlich auch anderswo – sehr viel stärker in einem theoretischen Sinne normativ gebunden und vorgeprägt, als dies die Literatur mit ihrer oft gelangweilten Erörterung der Problematik erkennen läßt. Darauf wird zurückzukommen sein.

Diese ersten, zukunftweisenden Gesetzgebungsaktivitäten reichten jedoch nicht aus, um Friedrich von Wirsberg in der Geschichte einen Platz als Ordnungspolitiker zu verschaffen. Sein Profil ist durch die erheblichen Anstrengungen im Bereich des Bildungswesens bestimmt. Wie sein Vorgänger und schon Konrad III. von Thüngen begriff er den Abfall vom Katholizismus und dessen notwendige Reform primär als ein Bildungsproblem, das mit der Berufung fähiger Prediger, Schulung des Klerus und Buchdruck gelöst werden sollte[27]. Friedrich von Wirsberg hat daher schon 1560 die Gründung einer höheren Schule entschieden katholischen Charakters betrieben, ohne freilich konkurrierende Lehrveranstaltungen eines von Würzburger Bürgern aus Leipzig herbeigerufenen lutherischen Magisters zu unterbinden. Als seine Schule nach drei Jahren wegen ihrer ungenügenden wirtschaftlichen Ausstattung wieder eingeht, vertraut er 1567 die Gründung eines Gymnasiums den auf diesem Felde erfolgreichsten Organisatoren, den Jesuiten, an, deren Gründung sich rasch sehr erfolgreich entwickelt[28]. Die innerkatholische Reform mit dem Aufbau eines von den Jesuiten ge-

[24] Sammlung der hochfürstlich-wirzburgischen Landesverordnungen, 3 Theile (Würzburg 1776–1801), Teil I, 10 = StAW, Ldf 30, 166.
[25] StAW, Ldf 30, 195 f. u. 228; *Wendehorst*, Bistum 145 f. Begründet wurde auch dieses Verbot mit Aspekten des Gemeinwohls: es bestehe die Gefahr übermäßigen Geldausgebens mit der Folge, daß die Untertanen dann wegen der gestiegenen Brotpreise Hunger leiden müßten; zudem treiben auf Jahrmärkten und Kirchweihen „mutwillige, lose ... buben" ihr Unwesen. *Specker*, Reformtätigkeit 50 f.
[26] Sammlung I 23 ff.
[27] *Specker*, Reformtätigkeit 35 ff. Vgl. a. *Ernst Schubert*, Gegenreformation in Franken, in: Jb. f. fränk. Landesforschung 28 (1968) 275 ff., 277, der in Hinblick auf Friedrich von Wirsberg von einer „obrigkeitlich-patriarchalischen Gegenreformation ... weit entfernt von Gewaltanwendung und Gewissenszwang" spricht, so sehr sich auch über die lutherische Bewegung der „Schatten des Ordnungswidrigen" gelegt habe.
[28] *Ernst Günther Krenig*, Collegium Fridericianum. Die Begründung des gymnasialen Schulwe-

prägten Bildungswesens steht also hier, wie anderswo, z. B. in Bayern, am Anfang und geht den eigentlich gegenreformatorischen Maßnahmen voraus. Es handelt sich freilich vorerst um nicht mehr als den Ansatz einer Reform, bleibt das flache Land doch von den Bemühungen des Bischofs noch weitgehend unberührt. Wir gehen kaum fehl mit der Vermutung, daß sich der Bischof – trotz seines Fastenmandats – den Fortgang der kirchlichen Reform auf dem Wege der Predigt und Überzeugungsarbeit vorgestellt hat. Es existiert aus seiner Zeit ein einziger Bericht über eine Bekehrungsaktion in einem Dorfe, und bei diesem handelte es sich nicht um einen immediat würzburgischen Ort, sondern um einen Bestandteil der Klostergrundherrschaft von Münsterschwarzach, wohin der Bischof auf Bitten des Abtes Jesuiten schickte. Angedrohte Sanktion im Falle der Weigerung, zur katholischen Kirche zurückzukehren, war die Verweigerung des kirchlichen Begräbnisses; bestraft wurde nur der Zulauf zu lutherischen Prädikanten, nicht etwa die Nichterfüllung der Pflichten eines katholischen Christen[29]. Unter Friedrich von Wirsberg ist die katholische Variante der Sozialdisziplinierung also noch relativ schwach ausgebildet, was verschiedene Ursachen haben mag: die angesichts der Verbreitung des Luthertums im Hochstift[30] gewaltige Dimension der Aufgabe, die Persönlichkeit des Bischofs, besonders aber wohl die Kultur des Humanismus, welche nach wie vor über die Konfessionsgrenzen hinweg gegenseitiges Verstehen und persönliche Kontakte förderte.

# IV.

Fürstbischof Julius Echter von Mespelbrunn (1573–1617) ist nicht zu Unrecht als eine Symbolgestalt der Gegenreformation in die Geschichte eingegangen; er spielte diese Rolle überzeugt und bewußt schon zu seinen Lebzeiten. Die in den Jahren 1585 und 1586 von ihm persönlich mit großer Härte in sämtlichen Mediatstädten des Hochstifts Würzburg durchgeführte Visitation stellte die Lutheraner kompromißlos vor die Alternative: Rückkehr zur alten Kirche oder Auswanderung, notfalls Zwangsausweisung. Seine verbalen Drohungen kündigten auch Schlimmeres an[31]. Im Alter von 28 Jahren

---

*Fortsetzung Fußnote von Seite 119*

sens unter Fürstbischof Friedrich von Wirsberg in Würzburg, in: Lebendige Tradition. 400 Jahre Humanistisches Gymnasium in Würzburg (Würzburg 1961) 1 ff.; *Specker,* Reformtätigkeit 45 f.
[29] *Adelhard Kaspar,* Rückführung fränkischer Bauern zum katholischen Glauben 1572, in: Benediktinische Monatsschrift N. F. Erbe und Auftrag 36 (1960) 212 ff.; *Specker,* Reformtätigkeit 52. – Auch das Fastenmandat von 1566 hat noch keineswegs – wie *Wendehorst,* Bistum 145 annimmt – die Unterlassung von Osterbeichte und Osterkommunion, sondern nur Fleischgenuß und -verkauf in Fastenzeiten unter Strafe gestellt.
[30] Vgl. dazu *Hans-Christoph Rublack,* Gescheiterte Reformation. Frühreformatorische und protestantische Bewegungen in süd- und westdeutschen geistlichen Residenzen (Stuttgart 1978), dessen Untersuchung besonders Würzburg gewidmet ist, m. w. Nachw. Zurückhaltend hinsichtlich der Zahl der Lutheraner im Hochstift *Schubert,* Gegenreformation 290 ff. Eine beredte Sprache reden indessen die Visitationsberichte, vgl. *Peter Thaddäus Lang,* Die tridentinische Reform im Landkapitel Gerolzhofen, in: Würzburger Diözesangeschichtsblätter 52 (1990) 243 ff., 259 ff.
[31] Dazu noch immer am ausführlichsten *Götz Frh. v. Pölnitz,* Julius Echter von Mespelbrunn.

zum Fürstbischof gewählt, standen Julius Echter bis zu seinem Tode nicht weniger als 44 Regierungsjahre zur Verfügung, um mit der ganzen Stärke seiner gewiß ungewöhnlichen Persönlichkeit und Glaubensüberzeugung ein Talent zu nutzen, mit dem er überreich begabt war, nämlich der Fähigkeit zu konsequentem Handeln[32]. Schon ein erster flüchtiger Überblick läßt die Planmäßigkeit der Politik Julius Echters erkennen. Zunächst löst er lutherische Beamte durch katholische ab[33]. Dann setzt er gegenüber den Gläubigen erste Zeichen mit Mandaten zum Fasten und zur Sonntags- sowie Feiertagsheiligung. Diese noch vor den schon erwähnten Visitationen der Jahre 1585 und 1586 getroffenen Anordnungen werden durch ein Ehemandat aus dem Jahre 1583 ergänzt, welches das tridentinische Dekret „Tam etsi" in die Praxis umsetzen soll. Nach den Visitationen erläßt der Fürstbischof dann 1589 eine umfassende Kirchenordnung, welche die Katholizität im Lande sichern soll.

Maßnahmen der Gegenreformation und der katholischen Reform lassen sich also, um aus Würzburger Perspektive zu einer älteren Diskussion Stellung zu nehmen[34], wohl unterscheiden[35]. Unter „Gegenreformation" dürfen wir den administrativen Zwang zur Rückkehr zum katholischen Glauben verstehen, der als solcher ohne Reformgehalt ist und in den Gesprächen und Konflikten der Visitationen zutage tritt. Was uns hier interessiert, die katholische „Reform", ist dagegen die Neuordnung des katholischen Religionswesens und der damit zusammenhängenden Alltagsbereiche. Bereitet diese Differenzierung auch keine Schwierigkeiten, so ist die Frage sehr viel schwerer zu beantworten, in welchem Verhältnis die beiden historischen Sachverhalte zueinander stehen. Am zutreffendsten scheint mir – um ein Teilergebnis vorwegzunehmen – die Antwort, daß das eine die Bedingung des anderen war. Ohne eine reformerische Stabilisierung der innerkatholischen Verhältnisse hätte der gegenreformatorische Kraftaufwand einer Kirchenorganisation ohne Zukunft gegolten. Für unser Thema viel wichtiger ist aber der umgekehrte Bedingungszusammenhang. Die Gegenreformation war Voraussetzung der katholischen Reform insofern, als diese die religionspolitische Disziplinierung des Untertanenverbandes betrieb und daher auf dessen vollständige Erfassung und Homogenität gerichtet war. Die Intensität der den Untertanen abverlangten religiösen Übungen schloß eine Mehrkonfessionalität innerhalb des Untertanenverbandes schlechterdings aus, hätte sie doch Ausweichmöglichkeiten geboten. Eine Hinnahme der Mehrkonfessionalität wäre nichts anderes gewesen als die Fortführung des spätmittelalterlichen Konglomerats von Sonderrechten

---

*Fortsetzung Fußnote von Seite 120*

Fürstbischof von Würzburg und Herzog von Franken 1573–1617 (München 1934) 308 ff., 355 ff., 364 ff.; *Schubert*, Gegenreformation 278 ff. – Die Visitation wurde von Julius Echter bis zum Ende seiner Regierungszeit konsequent als Kontrollinstrument genutzt, vgl. *Lang*, Reform 244 f. m. w. N.

[32] Vgl. dazu *S. Kadner*, Die anfängliche Stellung des Fürstbischofs Julius Echter von Mespelbrunn, in: Beiträge zur bayerischen Kirchengeschichte 4 (1898) 128 ff.; *Specker* Reformtätigkeit, 67.

[33] *Specker*, Reformtätigkeit 61.

[34] *Hubert Jedin*, Katholische Reform oder Gegenreformation? [1946], in: *Ernst Walter Zeeden* (Hrsg.), Gegenreformation (WdF 311, Darmstadt 1971) 46 ff.

[35] *Schubert*, Gegenreformation 281.

ten außerhalb des Kirchengebäudes. Muß jedermann den Sonntagsgottesdienst besuchen, dann ist es folgerichtig, zu verbieten, daß sich Leute zur selben Zeit „auf den Märkten, offenen Plätzen, Gassen oder Wirthshäusern mit unnützem Geschwätz befinden lassen"[48]. Ähnliche Strukturen und Auswirkungen hat das Ehemandat vom 1. November 1583, die freilich nur dann erkennbar werden, wenn man das juristische Dogma der Neuzeit, Ehen könnten nur durch die Kirche oder den Staat gestiftet werden, einmal beiseite tut. Dann fällt es auf, daß fortan eine Ehebegründung außerhalb des Kirchenraumes nicht mehr möglich sein sollte, während bis dahin unter dem pejorativen Etikett der klandestinen Ehe ältere Eheschließungsformen überlebt hatten, freilich mit fließendem Übergang zum Konkubinat. Das Ehemandat wendet sich auffallenderweise nicht nur an die Hochstiftsangehörigen, sondern an alle, die im Herzogtum Franken eine Eheschließung beabsichtigen[49]. Demgemäß ist auch von sonstigen Obrigkeiten die Rede, so daß die Vermutung aufkommt, Julius Echter habe sich hier als Bischof an alle Diözesanangehörigen wenden wollen. Doch wenn dies sein Ziel gewesen sein sollte, es kommt im Text des Gesetzes nur sehr unvollkommen zum Ausdruck. Denn wiederum wird „unnachlessige straff und poen" angedroht, „so wir gegen verbrechern nach gestalt der personen und gelegenheit der sachen verordnen und fürzunehmen vorbehalten". Damit dürfte er außerhalb des Hochstifts wenig Erfolg gehabt haben. Ernsthaft ging es ihm wohl nur darum, das Ehemandat bei seinen Untertanen durchzusetzen, während für andere Untertanen im Herzogtum Franken deren Obrigkeiten zuständig waren. Weltliche Herrschaft und geistliches Regiment erscheinen so miteinander verflochten, daß der Erlaß einer neuen Eheordnung in Gestalt einer nur kirchenrechtlichen Norm als nicht mehr zeitgemäß und ineffizient außer Betracht blieb. Die religionspolitische Fundamentierung der weltlichen Obrigkeit wirkt damit auf die Kirchenstruktur zurück. Die bischöfliche Gewalt erstreckt sich effektiv so weit, wie das ihr zugeordnete weltliche Territorium reicht. Vor diesem Hintergrund erklärt sich auch der Versuch Julius Echters, das zu seiner Diözese gehörende Territorium des Stifts Fulda seinem Staate einzuverleiben[50]. Der Fürstbischof hätte dann mit seinen eigenen Beamten die Durchführung seiner geistlichen Gebote sicherstellen können.

Die Tendenz zur Territorialisierung des katholischen Kirchenwesens läßt sich auch an den zur Disziplinierung des Klerus ergriffenen Maßnahmen ablesen. Ein Mandat von 1580 an den Klerus des Landkapitels Mergentheim – im Staat des Hochmeisters – kann nur „authoritate nostra ordinaria" befehlen, die Gewohnheiten und Vorschriften der Kirche zu beachten, und notfalls Bestrafung auch in Abwesenheit androhen, ohne freilich die einzusetzenden Zwangsmittel näher zu benennen[51]. Greift dieses Gebot

---

[48] Sammlung I 31.
[49] Bei *Specker*, Reformtätigkeit 110 ff.
[50] *v. Pölnitz*, Julius Echter 129 ff., 135 f.; vgl. a. *Johann Nepomuk Buchinger*, Julius Echter von Mespelbrunn (Würzburg 1843) 96 ff. und die Inhaltsangabe des zwischen dem Würzburger Bischof und dem Kapitel von Fulda geschlossenen Vertrages ebda. S. 96 ff.
[51] Bei *Specker*, Reformtätigkeit 108 f.: „Sin minus non est, quod transgressores impunitatem sibi promittant, sed certo sciant, se statim ubi de transgressione depraehensi aut convicti fuerint, pro

aber immerhin über das Gebiet des Hochstifts hinaus, so offenbaren die vier Jahre später erlassenen Ruralstatuten für den Klerus der ganzen Diözese[52], daß ein solcher Fall nunmehr zu den großen Ausnahmen gehört. Von den ehemals 18 Landkapiteln bestehen noch 11[53]; nur ein einziges – Buchen im Mainzer Oberstift – liegt außerhalb des würzburgischen Territoriums[54]. 1587 konzentriert sich Julius Echter – nach Abschluß der Visitationen – beim Erlaß eines erneuten Mandats an den Klerus auf die Pfarrer des Hochstifts, denen detaillierte Verhaltensregeln und Berichtspflichten auferlegt werden[55]. Sollten sich die Untertanen hinsichtlich Meß- und Predigtbesuch „anders ufhalten, hastu dich dessenhalb unsers beampten hulf und furderunge zu gebrauchen, dem wir die notturfft derwegen haben bevolhen"[56]. Aus dem gleichzeitigen Befehl des Fürstbischofs an seine weltlichen Beamten geht hervor, daß diesen aufgetragen wurde, das eben erwähnte Mandat den Pfarrern auszuhändigen, womit Julius Echter die Verantwortung der Obrigkeit für die innerkirchliche Disziplin drastisch zum Ausdruck brachte; daß die Beamten die Pfarrer auch weiterhin zu beaufsichtigen haben, verwundert nicht[57]. 1589 geht Julius Echter schießlich auch das in der Pfründenhäufung und im Patronatswesen begründete Problem der nicht residierenden Kleriker an[58].

Eine abschließende Regelung hat die disziplinarische Seite der katholischen Reform in der am 2. Januar 1589 erlassenen, 1613 erneuerten Kirchenordnung gefunden[59]. Der Gesetzgeber befiehlt wiederum von „unsers … Bischofflichen Ampts und von Obrigkeit wegen", wozu gehört, daß in Sachen Religion „widerumbgleiche und durchgehende einigkeit angeordnet werden möge". Die Einigkeit wird erzielt durch ein möglichst gleichförmiges Verhalten der Untertanen, die nicht nur den Morgengottesdient, die Mittagspredigt und die Vesper zu besuchen haben, sondern jeweils danach, ohne sich vor der Kirche aufzuhalten, stracks nach Hause streben müssen:

*Fortsetzung Fußnote von Seite 124*
qualitate delicti gravem nostram et severam poenam incursuros, cuiuscunque contumacia in aliquo non obstante."
[52] Bei *Ignatius Gropp*, Collectio Scriptorum et Rerum Wirceburgensium novissimum, Bd. I (Frankfurt 1741) 442 sqq.
[53] Das ergibt ein Vergleich der von *Bendel*, Diözesanmatrikel 1 ff. mitgeteilten Quelle mit der Liste im Statut von 1584, bei *Gropp*, Collectio 445, wo Dettelbach an die Stelle von Kitzingen und Ebern an die Stelle von Coburg getreten ist. Weggefallen sind die Landkapitel von Windsheim, Langenzenn, Crailsheim, Künzelsau, Hall, Weinsberg und Geisa.
[54] Die Landkapitel im Hochstift Würzburg sind Münnerstadt, Gerolzhofen, Iphofen, Schlüsselfeld, Karlstadt, Mellrichstadt, Ochsenfurt, Dettelbach und Ebern. – Das zum Stift Fulda gehörende Diözesangebiet war bereits im Mittelalter eximiert worden, vgl. *Bendel*, Diözesanmatrikel 22.
[55] Bei *Specker*, Reformtätigkeit 112 ff.
[56] Bei *Specker*, Reformtätigkeit 113.
[57] Dazu erging ein ausführlicher Befehl an die Beamten am selben Tage, an dem das Mandat an den Pfarrklerus des Hochstifts erlassen wurde (19. 3. 1587), gleichfalls bei *Specker*, Reformtätigkeit 114 ff.
[58] Sammlung I 38 sqq.
[59] In: *Schneidt*, Thesaurus II, 1262–1301. – Über Kirchenordnungen in anderen katholischen Territorien vgl. *Ludwig Lenhart*, Kirche und Volksfrömmigkeit im Zeitalter des Barock (Freiburg 1956) 48 ff.

„... zu Vorkommung allerhand Unordnung, und damit man mehr Ursach habe, von dem Wort und Gottes und gehörter Predigt, weder von weltlichen Sachen zu reden, auch alles unnütz Geschwetz vermidten bleibt, zumal und mit einander nach Hauß zu gehen, darauf dann die Schultheisse und Dorffsmeister gut Aufsehens haben sollen ..."[60]. Wie von selbst entwickelt sich aus den geistlichen Pflichten ein Normensystem, welches auch das Alltagsverhalten bestimmen soll. Nichts zeigt vielleicht deutlicher das Ziel, den Fortbestand von Räumen unkontrollierter Privatheit zu verhindern, als das Verbot, nach der Erfüllung der geistlichen Pflichten den landesüblichen Schwatz zu halten. Dafür wird man wohl eine spezifisch gegenreformatorische Tendenz verantwortlich machen müssen, bestand doch die Gefahr, daß die gerade zur Kirche Zurückgeführten nach den Gottesdiensten ihrer – durchaus für irrelevant gehaltenen – persönlichen Meinung Ausdruck gaben. Aber völlig zu befriedigen vermag eine solche Deutung nicht. Das in der Kirchenordnung selbstverständlich ausgesprochene Gebot, mindestens einmal im Jahr die Sakramente zu empfangen, andernfalls Strafen verhängt werden[61], offenbart den Ehrgeiz der katholischen Reformpolitik, über die zwangsweise durchgesetzte Erfüllung von außen kontrollierbarer Pflichten die Persönlichkeit des Menschen insgesamt in christlich-katholischem Sinne umzugestalten. Ein Julius Echter vertraute wohl darauf, daß die beharrliche Übung eines äußeren Gebarens über kurz oder lang zu einem Verständnis des Sinnes und damit endlich auch zu Überzeugung und willigem Gehorsam führen würde. Daher enthält diese Kirchenordnung auch einen Katalog von über zwei Dutzend Marien- und Heiligenfesten sowie genaue Regelungen für das Prozessionswesen[62]. Die Sorgfalt, mit welcher die Außenseite der Religion modelliert und immer mehr zu einem komplizierten, barocken Flechtwerk ausgebaut wurde, legt es nahe, von einer gesellschaftsgestaltenden Kraft der katholischen Reform zu sprechen. Was hier mit strafbewehrten Normen eingeführt wurde, prägte derart das Sozialleben in den katholischen Territorien, daß viele Elemente der einst disziplinierenden Regelungen in das Volksbrauchtum übergingen und in Resten bis heute fortleben.

Das Gesagte muß freilich ergänzt und insofern wieder eingeschränkt werden, als zur katholischen Reform unzweifelhaft eine humanistische Komponente gehörte, welche die neugewonnene äußere Form der Katholizität durch ein neues Verhältnis zu Literatur und Wissenschaft aufzufüllen, zu begründen und zu sichern suchte. Selbst in der erwähnten Kirchenordnung von 1589 nimmt die Regelung des Schulwesens einen breiten Raum ein[63]. Anhand zahlreicher anderer Belege ließe sich zeigen, daß der Seminar- und Universitätsgründer Julius Echter in der Tat aus persönlicher Überzeugung an der Förderung der Bildung überhaupt, nicht nur aus konfessionellem Kalkül interessiert gewesen ist[64]. Die Entstehung einer katholischen Variante humanistischer

---

[60] *Schneidt*, Thesaurus II, 1263.
[61] Vgl. dazu auch den von *Specker*, Reformtätigkeit 91 Anm. 33 mitgeteilten Vorgang aus dem Jahre 1592: Befehl an den Schultheiß von Ochsenfurt, die Ungehorsamen auf das Rathaus zu bestellen.
[62] *Schneidt*, Thesaurus II, 1266 f., 1288 f.
[63] *Schneidt*, Thesaurus II, 1291 ff.
[64] Vgl. dazu die Quellen in: Sammlung I 35 sqq. Die „unsers Stifts eingebohrene Jugend" sollte

Bildung war um die Wende vom 16. zum 17. Jahrhundert mit hoher Wahrscheinlichkeit eine vitale Voraussetzung für den Erfolg der Reform, weil nur so die kleinadligen und bürgerlichen Eliten, von deren Unterstützung alles abhing, zu gewinnen waren. Damit aber ist es im Ergebnis doch durchaus zweifelhaft, ob der Disziplinierungsdruck allein zu den gewünschten Ergebnissen hätte führen können.

Um keine Seite dieser Problematik auszuklammern sei schließlich noch die Entwicklung des Polizeiwesens unter Julius Echter kurz gewürdigt. Die von Friedrich von Wirsberg angeprangerten Laster der Gotteslästerung, Unzucht und Völlerei sind auch ein Thema in dem Mandat über die Sonntagsheiligung von 1579[65]; die Kirchenordnung von 1589 scheut sich ebensowenig, mit der Verurteilung des Übermaßes bei Kindtaufen und Kirchweihfeiern polizeiliche Themen aufzugreifen[66]. Wenige Monate vor seinem Tode, am 30. Januar 1617, erließ Julius Echter dann eine umfangreiche Ordnung, welche die weltlichen Feierlichkeiten bei Hochzeiten, Taufen und Begräbnissen regulierte[67]. Der kodifikationsartige Charakter dieses Gesetzes erweckt den Eindruck, daß damit zugleich die Stabilität der sozialen Verhältnisse gesichert werden sollte. Denn diese Ordnung teilt die ganze Bevölkerung – im wesentlichen entsprechend ihrem Einkommen – in vier Stände ein, denen jeweils ein unterschiedlicher Aufwand an Bewirtung, Geschenken usw. zugebilligt wird. Ein späterer Fürstbischof, Philipp Adolf von Ehrenberg (1623–1631), hat dieses Gesetz 1624 zu einer allgemeineren Polizeiordnung ausgeweitet, indem er die standesbezogene Feierordnung durch die ebensolche Kleiderordnung ergänzte[68]. Darauf wiederum baute Johann Philipp von Schönborn (1642–1673) auf, der 1654 zunächst – beklagend, daß den Ordnungen seiner Vorgänger schlecht nachgelebt werde – eine Hochzeits-, Taufs-, Firmungs- und Begräbnisordnung erließ[69], 1664 aber ebenfalls das Regelungsmodell der umfassenderen Polizeiordnung mit einer Kleiderordnung und der Regelung des Aufwandes für private Feierlichkeiten bevorzugte[70]. Ein ähnliches Gesetz wird noch im Jahre 1704 publiziert[71]. Die übersichtlichen Verhältnisse im Hochstift Würzburg machen eines deutlich, was die Polizeigesetzgebung größerer Staaten nicht immer in der gleichen Schärfe zeigt: Die „gute Policey" besteht in ihrem Kern aus Regelungen, welche die

---

*Fortsetzung Fußnote von Seite 126*

die Universität Würzburg besuchen, um „die Principia der freyen Künste, und dann eine oder die andere ihnen gefällige Facultät, dadurch sie künftiglich dem Vatterland und ihnen selbst Nutzen und Rath zu schaffen, zu aller Nothdurfft zu lernen". Daher wurde neben einer Stiftung für Studenten der Theologie, „dieweil aber nicht ein jeder darzu beschaffen ist oder Neigung hat", zwei weitere geschaffen, um den Besuch der anderen Fakultäten und den Erwerb der Principia zu ermöglichen, ebda. 37 sq. – Zur Universitätsgründung vgl. a. die Beiträge von *Günther Spendel* und *Josef Hasenfuß* in: *Merzbacher* (Hrsg.), Julius Echter 149 ff., 175 ff. – Zu den prägenden Einflüssen der Jugendzeit, die Julius Echters Aufgeschlossenheit gegenüber der Bildung seiner Zeit begründeten *v. Pölnitz*, Julius Echter 65 ff.

[65] Sammlung I 32.
[66] *Schneidt*, Thesaurus II, 1271, 1290 f.
[67] Bei *Specker*, Reformtätigkeit 116–125.
[68] *Schneidt*, Thesaurus II, 1318 ff.
[69] *Schneidt*, Thesaurus II, 1375 ff.
[70] *Schneidt*, Thesaurus II, 1914 ff.
[71] *Schneidt*, Thesaurus II, 1522 ff.

Ständeordnung bewahren wollen. Dieses Bestreben, im geschichtlichen Strom der Ereignisse Stabilität zu gewinnen, deckt sich konzeptuell völlig mit dem Ziel der Kirchenordnung, den ein für allemal gültigen Weg zum Heil des einzelnen und zum Wohl des Ganzen festzulegen. Auf diese Beobachtung wird abschließend nochmals einzugehen sein.

Eine zweite, wichtige Gemeinsamkeit von Polizeiordnung und Kirchenordnung kommt hinzu – die Kontinuität. Fürstbischof Johann Philipp von Schönborn hat 1669 eine erneuerte Kirchenordnung erlassen, die den Regelungen Julius Echters nur einige Ergänzungen hinzufügt[72]. Gesetze dieser Art wollten nicht nur auf einen gerade im Augenblick gegebenen Regelungsbedarf reagieren. Indem sie aber Dauerhaftigkeit anstrebten, schufen sie jenem Sachverhalt, den wir heute Sozialdisziplinierung nennen, eine weitere, für den letztlich doch eingetretenen Erfolg mutmaßlich entscheidende Dimension. Es ist ein Unterschied, ob eine noch so harsche Norm nur einer gerade jetzt lebenden Generation auferlegt und für die Kinder und Kindeskinder bereits wieder modifiziert wird oder ob ein und dasselbe Normengerüst über Generationen hinweg Gehorsam einfordert. Dem modernen Betrachter dieser Szenerie aus der Zeit des sogenannten „Absolutismus" fällt es schwer, ernsthaft zu glauben, daß die polizeiliche und kirchenordnende Gesetzgebung jener Zeit normativ in einem Geltungsbegriff verankert war, der eine willkürliche Auswechselung der rechtspolitischen Ziele ausschloß. Diese Verbindlichkeit von Kirchenordnung und „guter Policey" aber dürfte eine wesentliche Bedingung nicht zuletzt auch der Akzeptanz solcher Vorschriften gewesen sein.

Eine großes Maß an Kontinuität läßt sich schließlich bei der Bestrafung der Gotteslästerung und anderer öffentlicher Sünden feststellen. Dieser Fragenkreis soll aber auch deshalb nochmals angesprochen werden, weil ein Mandat Julius Echters aus dem Jahre 1602[73] in seltener Deutlichkeit erkennen läßt, was die Fürstbischöfe in diesem Punkte eigentlich bewegte, warum sie sich zu disziplinierenden Maßnahmen genötigt sahen. Das Mandat wendet sich vor allem gegen das „Vermaledeyen", d. h. gegen das Verwünschen von Sakramenten, Kreuz, Gott, auch Himmel und Sternen, verbunden mit der „Anwünschung" von Krankheit und Unwetter, wodurch „das größeste Unglück zugefügt wird"; man brauche sich nicht zu wundern, daß durch Gottes Zorn „die Menschen in die angewünschten Krankheiten oder Unheil gerathen, als auch die Frucht des Feldes verderben" muß. Die Bestrafung der Delinquenten soll nach der Carolina und den anderen Reichsgesetzen erfolgen. Wer von diesen Kausalitäten zwischen Menschenwelt und Gotteszorn überzeugt ist, für den stellen sich prinzipiell andere Ordnungsaufgaben als für den Rechtspolitiker des nachaufklärerischen Zeitalters. Vielleicht müssen wir den Gedanken, der in Julius Echters Gesetz aus dem Jahre 1602 zum Ausdruck kommt, überhaupt als die verborgene Ursache der Disziplinierungsbemühungen akzeptieren. Es paßt dazu auch die verbissene Verfolgung der Hexerei, die Julius Echter mit der ihm eigenen Konsequenz und daher auch mit größerem „Er-

---

[72] *Schneidt*, Thesaurus II, 1390 ff.
[73] Sammlung I 41.

folg" bekämpfte als seine Vorgänger[74]. Die Gotteslästerung bleibt aus den erwähnten Gründen ein zentrales Thema in der Gesetzgebung des Hochstifts während des ganzen 17. Jahrhunderts[75]. Dasselbe gilt für die Bestrafung der Unzucht und des Ehebruchs, zu deren Verhinderung Fürstbischof Franz von Hatzfeld (1631–1642) ein regelrechtes Beobachtungssystem einzurichten versuchte[76]. Der gedankliche Hintergrund dürfte stets jener selbe sein, der schon bei Julius Echter 1602 zutage tritt. Es handelt sich nach dem Selbstverständnis dieser Gesetzgeber weniger um sozialdisziplinierende als um sozialschützende Maßnahmen, da es gilt, die von Gott zu befürchtenden Strafen abzuwenden.

Damit aber wird eine andere Metaebene sichtbar, als die von der historischen Forschung bevorzugte. Der Verdacht, es könnte der Begriff der Sozialdisziplinierung ideologischen Charakters sein, weil er das zeitgenössische Verhältnis von Religion und Ordnung nicht trifft[77], sondern sich an moderner Massendisziplinierung orientiert[78], bestätigt sich insofern jedenfalls teilweise, als die von Gerhard Oestreich benutzte Kategorie den Disziplinierungsgrund und -zweck nicht artikuliert und sich damit schon per se als ein ausreichendes Erklärungsmodell anbietet. Diese Kritik leugnet den disziplinierenden Charakter der einschlägigen historischen Fakten nicht. Sie erkennt indessen im Selbstverständnis der Zeitgenossen historische Gründe der von ihnen betriebenen Ordnungspolitik, welche die Forschung nicht ignorieren darf.

# V.

Die bisher gewonnenen Eindrücke über die katholischen Reform- und Disziplinierungsmaßnahmen bestätigen sich – und erweisen sich überwiegend zugleich als nicht konfessionsspezifisch –, wenn wir sie mit einschlägigen evangelischen Verhaltensnormen aus benachbarten lutherischen Territorien vergleichen. Selbstverständlich waren den katholischen Strafmandaten gegen Gotteslästerung und Völlerei, Trunksucht, Ehebruch und Unzucht längst ganz ähnliche Verbote lutherischer Landesherren in den sächsischen, hessischen und ansbachischen Nachbarterritorien vorangegangen[79]. Die Entsprechungen reichen aber viel weiter, bis in solche Einzelheiten wie die Bestrafung des Herumstehens auf öffentlichen Plätzen oder des Wirtshausbesuches wäh-

---

[74] Dazu *v. Pölnitz*, Julius Echter 301 ff.
[75] Sammlung I 229 ff. (1641); ebda. 266 f. (1667).
[76] Sammlung I 228 f. (1641); ferner ebda. 237 f. (1648), 267 f. (1667), 294 f. (1673).
[77] So *Hans Maier* in diesem Band.
[78] So *Martin Heckel* in der Diskussion.
[79] Ernestinisches Sachsen: In der Instruktion Herzog Johanns für die Visitatoren vom 16. 06. 1527, in: *Emil Sehling*, Die evangelischen Kirchenordnungen des 16. Jahrhunderts, Bd. I/1 (Leipzig 1902) 147; in der Instruktion für die Visitation von 1529, ebda. 175; im „Ausschreiben ... etlich nöttige stück zu erhaltung christlicher zucht belangend" vom 6. 6. 1531, ebda. 178 ff. Hessen: In der Kirchenordnung des Landgrafen Philipp von 1526, ebda. Bd. VIII/1 (Tübingen 1965) 37 ff. und in desselben Policey- und Kirchenordnung von 1543, ebda. 148 ff.; Ansbach: Im Gottesdienstmandat des Markgrafen Georg von 1531, ebda. Bd. IX/1 (Tübingen 1961) 306 ff.

rend der Gottesdienstzeiten. Dies war im Ernestinischen Sachsen schon 1529[80], im katholischen Stift Fulda 1542[81] und in der diesen beiden Territorien benachbarten Grafschaft Henneberg 1545[82] verboten. Auf den Gedanken, weltliche Kirchweihfeiern gänzlich zu verbieten, ist der hessische Landgraf Philipp schon 1543 gekommen[83]. Er zögerte auch im selben Jahre nicht, das Fernbleiben vom Gottesdienst unter Strafe zu stellen[84], während man in Thüringen noch ein Jahr zuvor für solche Fälle eine Regelung erlassen hatte, die das Instrument des Kirchenbanns reaktivierte[85].

Wenngleich den evangelischen Kirchenordnungen mit ihren weit ausholenden theologischen Reflexionen und zunehmend unabhängiger werdenden innerkirchlichen Organisationsmaßnahmen ein ganz anderer Rang für die Ordnung des Gemeinwesens zukommt, geben die festzustellenden – hier nur mit einigen Beispielen dokumentierten – Parallelen doch zu denken. Denn die Übereinstimmungen betreffen nicht nur Äußerlichkeiten. Die Angst eines Julius Echter, die Sünden seiner Untertanen würden Gottes Zorn erregen und seine Strafen nach sich ziehen, teilten schon ein halbes Jahrhundert zuvor auch evangelische Landesherren. „Wir sehen auch vor augen", so erklärt 1531 ein brandenburgisch-ansbachischer Markgraf, „das ... Gott ... unser ... verschulden hertiglich und grausamlich strafen will", mit Teuerung, mit „zuvor unerhörten krankheiten", mit Kriegen, durch den Türken. Daher müßten die öffentlichen Sünden bestraft werden, weil Gott „allen obrigkeiten und vorsteern troet und dieselben troungen als, der allein warhaftig ist, nit zuruckstelt ..."[86]. Denselben Kausalzusammenhang beschwört im gleichen Jahre auch ein thüringischer Gesetzgeber, wobei dieser zur Begründung nicht so sehr auf den empirischen Befund, als vielmehr auf die in der Heiligen Schrift überlieferten Strafen verweist, was in einem gelehrten Büchlein aus Wittenberg näher nachzulesen sei[87]. Es ist also nicht einfach ein obskurer Aberglaube, der sich hier zu Worte meldet, sondern das Bemühen, mit dem Text der Bibel in der Hand die eigene Gegenwart zu verstehen und zu gestalten. Was die evangelischen Kirchenordnungen dazu zu sagen haben, hätte auch ein Julius Echter unterschreiben können. So heißt es schon 1529 in einer Instruktion aus dem Ernestinischen Sachsen, die Visitatoren sollten „uber die misshandlung und ubeltaten, welche bisher mit ernst gestraft sind worden, als mord, todschlege etc. auch die sachen strafen, die unter den christen nicht zu gedulden ... wie bisanher selden ... gestraft sind worden, alss do sind leichtfertig schweren, und den namen gottes unnutzlich annemen"[88]. Die Zeitgenossen waren sich also bewußt, daß in Zukunft größere Strenge walten sollte und sie insofern einen Schritt zu neuen Ufern taten: nämlich denjenigen

---

[80] *Sehling,* Kirchenordnungen I/1, 175.
[81] *Georg Pfeilschifter* (Hrsg.), Acta Reformationis Catholicae, Bd. IV/2 (Regensburg 1971) 235.
[82] *Sehling,* Kirchenordnungen II/2 (Leipzig 1904, Neudr. Aalen 1970) 284 f.
[83] *Sehling,* Kirchenordnungen VIII/1, 148 ff.
[84] *Sehling,* Kirchenordnungen VIII/1, 151. Noch unpräzise ist eine ähnliche Strafdrohung 1531 bei Markgraf Georg von Brandenburg-Ansbach, ebda. XI/1, 307 f.
[85] *Sehling,* Kirchenordnungen I/1, 206 f.
[86] *Sehling,* Kirchenordnungen XI/1, 307.
[87] *Sehling,* Kirchenordnungen I/1, 180; vgl. a. ebda. 205, wo „die stück, darumb der zorn gottes kömpt", dem 5. Kapitel des Galaterbriefes entnommen werden.
[88] *Sehling,* Kirchenordnungen I/1, 175.

von den Geboten und Verboten des Spätmittelalters zu „christlichen geboten und verboten"[89]. In einer gemeinsamen markgräflich-brandenburgischen und nürnbergischen Kirchenordnung aus dem Jahre 1533 findet sich ein eigenes Rubrum „Vom Gesetze". Darunter heißt es: „Wann wir aber vom gesetz reden, so versteen wir ein jedes Wort Gottes, darin er uns seinen willen anzaigt, den wir sollen tun, mit anhangen der troe seines götlichen zorns und der strafe, die über uns geen soll, wann wirs nicht tun ... Darumb, wo man soliche gepot Gottes mit angehengten troen verfast findet, es sei in den schriften des alten oder des neuen testaments, die soll man für gesetz halten und eben davon reden und urtailen, wie von andern gesetzen."[90]

Um einem angemessenen historischen Verständnis dessen, was in der Forschung Sozialdisziplinierung heißt, näherzukommen, empfiehlt es sich also, ernsthaft die in derartigen Texten zum Ausdruck kommende Mentalität als gemeinsame Überzeugung eines ganzen Zeitalters zu begreifen. Solange wir die Spaltung der ehedem universellen christlichen Kirche beklagen oder als Schritt zur evangelischen Wahrheit begrüßen, ist der Blick auf die zeitbedingten Fixierungen beider Seiten verstellt. Die hermeneutische Aufgabe lautet also, den gemeinsamen Nenner dessen, was sich in der Reformation auf evangelischer und später auf katholischer Seite getan hat, zu finden[91]. Der Aspekt der Disziplinierung gehört zweifellos zu diesem gemeinsamen Fundament der Epoche, ebenso wie die Schriftgläubigkeit des Humanismus. Der Respekt, den uns das hier untersuchte Quellenmaterial abverlangt, aber auch das tiefe Erschrekken, das den modernen Leser bei der Lektüre befällt, legen freilich den Verdacht nahe, daß wir mit dem Stichwort „Sozialdisziplinierung" nur die Außenseite eines viel umfassenderen Phänomens charakterisieren. Die gewaltigen Anstrengungen, die evangelische wie katholische Landesherren unternahmen, um die Lebensweise ihrer Untertanen in entscheidenden Punkten zu bestimmen, muß ja noch einen anderen Grund haben als den, Disziplin herzustellen.

Es ist schwierig, das dahinterstehende Ziel in handlichen Begriffen zu beschreiben. Nichts weniger als die Verwirklichung eines christlichen Programms im irdischen Staatswesen soll erreicht werden. Man möchte sich nicht mehr mit dem menschlichen Auf und Ab von Sünde und Sühne, wie es die mittelalterliche Kirche hinnahm, abfinden. Mit Geboten und Verboten ist vielmehr das Verhalten der Untertanen so zu steuern, daß es von vorneherein christlichen Maximen entspricht. Der Fehltritt soll wegen der ihm nachfolgenden Gefahren verhindert, nicht erst im Wege der Vergebung aus der Welt geschafft werden. Dabei setzten die Obrigkeiten voraus, daß eine der evangelischen bzw. katholischen Wahrheit entsprechende Ordnung geschaffen werden könne. Deren Geltung war somit nicht nur im positiven Recht begründet und daher

---

[89] *Sehling*, Kirchenordnungen XI/1, 306.
[90] *Sehling*, Kirchenordnungen XI/1, 147.
[91] Dazu schon *Zeeden*, Die Entstehung der Konfessionen 95 ff. u. passim, dezidiert in diesem Sinne *Wolfgang Reinhard*, Zwang zur Konfessionalisierung? Prolegomena zu einer Theorie des konfessionellen Zeitalters, in: ZHF 10 (1983) 257 ff.; *Heinz Schilling*, Die Konfessionalisierung im Reich. Religiöser und gesellschaftlicher Wandel in Deutschland zwischen 1555 und 1620, in: HZ 246 (1988) 1 ff.; *ders.*, Nationale Identität und Konfession in der europäischen Neuzeit, in: *Bernhard Giesen*, Nationale und kulturelle Identität (Frankfurt 1991) 192 ff.; *ders.*, „Konfessionsbildung" und „Konfessionalisierung", in: GWU 42 (1991) 337 ff. (ein Literaturbericht).

auf Dauer angelegt. Einer derart unhistorischen Zielvorstellung würde man das Prädikat des Utopischen nicht versagen, wenn diese Charakterisierung nicht irreführende Konnotationen hervorrufen würde: die einer Zukunftsvision, um derentwillen auch Gewalt angewendet werden darf, weil am Ende ein irdisches Reich der Gerechtigkeit steht. Dies ist offensichtlich nicht der Handlungs- und Erwartungshorizont der Kirchenreform. Aber daß es ihren Vorkämpfern mit Ernst und Zuversicht um die Dauerhaftigkeit der christlichen Ordnung, um Beständigkeit bei der Beobachtung der Gebote Gottes – und damit um ein niemals vollständig realisierbares Ziel ging, ist ebensowenig zu leugnen. Die Kirchenreformer vertrauten nicht auf die Eigendynamik der in den Gesellschaften ihrer Zeit lebendigen Moralvorstellungen und Ordnungskräfte. Sie waren überzeugt, selbst Hand anlegen zu müssen, um ein für allemal Richtiges zu schaffen.

Da wir aber natürlich wissen, daß auch dieser Versuch einer endgültigen Gestaltung der menschlichen Verhältnisse nur Ausdruck zeitgebundener Vorstellungen gewesen ist, bleibt uns die Suche nach weiteren, hinter den christlichen Motiven verborgenen Gründen nicht erspart. Vielleicht ist eine größere Annäherung an die historischen Wirkungszusammenhänge möglich, wenn wir die in unseren Quellen vielfach geäußerten Klagen über das Verhalten der Untertanen einmal wörtlich nehmen. Es handelt sich ja hier keineswegs immer um eine topische Redeweise. Landgraf Philipp hat 1543 sehr wirklichkeitsnah Folgen des Alkoholismus geschildert, als er das „vollsaufen" unter Strafe stellte[92]. Auch sonst, auch in würzburgischen Ordnungen, schlagen sich empirische Wahrnehmungen im Gesetzestext nieder. Wenn wir aber für das 16. Jahrhundert von einem höheren Maß an „Unordnung" ausgehen müssen, als es uns aus Friedenszeiten des 19. und 20. Jahrhunderts bekannt ist, dann ergibt sich fast zwingend diese Schlußfolgerung: Die normativen Selbstregulierungsmechanismen der Gesellschaft – Familie, Standessitte, Vertrauen in die Weisungen der Herrschaft – waren in schwerwiegender Weise gestört und daher Verantwortungsbewußtsein und Handlungswille der Obrigkeit herausgefordert. Das führte am Ende zu einem Machtgewinn des Staates und zu Einbußen an Freiheit auf seiten der Untertanen. Die lang andauernden Krisen, welche das Ende des Mittelalters begleiteten, konnten im Rahmen des überlieferten symbolischen Weltbildes offenbar nur noch so verstanden werden, daß dem individuellen Verhalten und der individuellen Schuld ein entscheidender Einfluß auf das Sozialgeschehen zugesprochen wurde. So gesehen, ist die Disziplinierung der Untertanen eine gewissermaßen vernünftige Konsequenz.

---

[92] *Sehling*, Kirchenordnungen VIII/1, 149.

## Pierangelo Schiera

# Disciplina fede e socialità negli emblemi della prima età moderna

A pagina 150 dell'edizione italiana della sua opera *The King's Two Bodies*, Kantorowicz, parlando del «Christus-fiscus», afferma che: «Nella sua raccolta di emblemi del 1531, il grande giurista e umanista italiano Andrea Alciati ne presentò uno che mostrava un re che spremeva fino all'ultima goccia una spugna e il motto *Quod non capit Christus, rapit fiscus*. Il libro di Alciati esercitò una singolare influenza. Sul suo esempio circa 1300 autori pubblicarono più di tremila analoghi libri di emblemi, mentre l'opera originale di Alciati venne tradotta in tutte le lingue europee. Il motto *Christus-fiscus* fece quindi la sua comparsa in un buon numero di quelle raccolte d'emblemi, stemmi e proverbi di cui il Rinascimento tanto si appassionò.»[1]

Non è mia intenzione prendere in parola Kantorowicz e verificare all'interno delle letteratura emblematistica[2] la presenza e la diffusione della triade concettuale che ho posto nel titolo: *disciplina, fede e socialità*. Mi limiterò a sfruttare un materiale che mi è occorso di raccogliere in modo sostanzialmente casuale, lavorando presso la Herzog August Bibliothek di Wolfenbüttel[3], nel corso di una ricerca che sto conducendo sul significato sociale e politico della coppia melancolia/disciplina in Europa durante l'età moderna. Questa precisazione è utile non solo a definire la portata – in verità assai limitata – del mio intervento odierno, ma anche a chiarire il campo d'interferenza – anch'esso non certo esteso – dei miei interessi con quelli, assai più qualificati politicamente, di Paolo Prodi. Si potrà allora comprendere forse meglio qualche considerazione piuttosto eclettica che verrò facendo, fatta salva la possibilità di collegarla, ma dal di fuori, con il discorso specifico sul giuramento.

---

[1] *Ernst H. Kantorowicz*, I due corpi del Re (Torino 1989). Sul punto Kantorowicz torna anche in un saggio del 1955 (ora in Selected Studies, New York 1965) dal titolo Mysteries of State. An Absolutist Concept and its Late Mediaeval Origins, p. 393, nota 65.

[2] Anche se oggi la letteratura sugli emblemi si è molto arricchita anche di repertori ed enciclopedie che faciliterebbero molto il lavoro: cfr. in particolare: *Mario Praz*, A bibliography of emblembooks, in: *Mario Praz*, Studies in seventeenth-century imagery (Second edition considerably increased, Roma 1964) e Studies in seventeenth-century imagery. Part II (Roma 1974). Come pure: Emblemata. Handbuch zur Sinnbildkunst des XVI. und XVII. Jahrhunderts, hrsg. von *Arthur Henkel* und *Albrecht Schöne* (Supplement der Erstausgabe, Stuttgart 1976) soprattutto le «Vorbemerkungen der Herausgeber (1967)».

[3] *Carsten-Peter Warncke*, Emblembücher in der Herzog August Bibliothek. Ein Bestandsverzeichnis, in: Wolfenbütteler Barock-Nachrichten 9 (1982) 346–370.

Occorre però compiere qualche precisazione preliminare, anche se, per gli esperti, si tratterà di cose scontatissime. Mi preme innanzi tutto ricordare che il riferimento agli emblemi si situa comunque in ambito iconologico e rientra dunque nel grande campo della comunicazione, che rappresenta a sua volta, per me, uno degli elementi costitutivi della realtà politica moderna. Con la comunicazione e le sue tecniche divenne possibile perseguire fin dall'inizio (della modernità, appunto) quell'obbiettivo di creazione del consenso e di inclinazione dei sudditi all'obbedienza che doveva essere il necessario presupposto di una concezione del potere indirizzata verso soggetti responsabili. Tutto ciò riguarda, ovviamente, anche il tema del giuramento, ma lo travalica pure, raggiungendo il livello basilare della socialità, cioè dei motivi e dei presupposti per i quali l'uomo si piega, o si adatta, alla politica. *Fides* e *disciplina* furono fra gli strumenti più utili a tali scopi: ed entrambi presupponevano quell'opera di indottrinamento[4] richiamata dal Kantorowicz, a cui rispondeva, nei lunghi ma sintetici secoli della «cristianizzazione»[5] la necessità di comunicazione e, all'interno di quest'ultima, fra gli altri strumenti disponibili o nuovamente inventati, gli emblemi appunto.

Non sistematici come i cicli di affreschi, ma singolarmente efficaci nella loro analitica pedagogia, questi ultimi si distinguevano dal complesso della letteratura iconologica per un loro intento non solamente descrittivo e citativo (dall'antichità classica) ma per una loro vocazione da una parte sperimentale e dall'altra applicativa: quindi per un più o meno manifesto, ma sempre piuttosto intenso, contenuto e obbiettivo morale, mirante ad agire sul comportamento degli uomini[6]. Essi sembrano dunque prestarsi in sommo grado a quella funzione comunicativa e indottrinante cui si faceva cenno appena sopra; la quale a sua volta spaziava attraverso tutto l'arco del sapere, dalla medicina, al diritto, alla politica, all'amore[7] (per tacere della filosofia e della teologia che ne

---

[4] Sullo stretto rapporto fra disciplina e doctrina cfr. *Henri-Irénée Marrou*, «Doctrina» et «disciplina» dans la langue des Pères de l'Eglise, in: Bulletin du Cange 10 (1934) 5–25 e *Marie-Dominique Chenu*, Notes de lexicographie philosophique médiévale, in: Revue des sciences philosophiques et théologiques 25 (1936) 686–692.

[5] Sui cui inizi, con la caduta dell'Impero, cfr. il fondamentale saggio di *Arnaldo Momigliano*, La caduta senza rumore di un Impero nel 476 d.C., in: Annali della Scuola Normale Superiore di Pisa serie III, vol. III, fasc. 2 (1973) 397–418, poi anche in: Sesto contributo alla storia degli studi classici e del mondo antico, t. I (Roma 1980) 159–179. Da un altro punto di vista, si veda però anche Cristianesimo e potere, a cura di *Paolo Prodi* e *Luigi Sartori* (Bologna 1986). Per i nostri scopi immediati, sia consentito citare un pezzo di *Mario Praz*, dalla sua introduzione all'Iconologia del Ripa (cfr. infra nota 14), dal titolo «La tradizione iconologica» (p. 20): «A mediare tra paganesimo e cristianesimo sciamò una schiera di allegorie, quasi sacerdotesse che prestavano un doppio ossequio, uscite da quell'agone tra i Vizi e le Virtù che fu la Psychomachia dello spagnolo Prudenzio, ove il procedimento di personificazione delle potenze dell'anima assunse un'intensità icastica esemplare. Così accanto ai santi e agli dei figurarono un collegio di Virtù e un anticollegio di Vizi, e alle Muse si affiancarono le immagini delle Arti, come può vedersi nella Cappella degli Scrovegni e nel Cappellone degli Spagnoli.» Una riflessione che ben si accorda sia con il carattere «gradualistico» del pensiero medievale che con il carattere «fluido» attribuito al cristianesimo avanti il compimento della cristianizzazione.

[6] «... eine potentielle Faktizität seines Bildinhaltes begründet das Emblem» scrivono i curatori di Emblemata cit. p. XIV delle «Vorbemerkungen».

[7] Si può citare il Theatrum Emblematicum di *Gregorio Kleppis* che, pur essendo a dominantis-

erano gli ambiti di più attiva applicazione, visto il prevalente contenuto «moralistico» degli emblemi stessi). Sull'ispirazione che il nuovo genere letterario ricevette dalla riscoperta degli antichi geroglifici egizi[8] non è qui il caso di intrattenersi. Né merita soffermarsi sul rapporto esistente, ma tutto da ricostruire, fra gli emblemi, gli exempla e le favole che, per un verso e per l'altro costituirono la gran parte del materiale da costruzione, proveniente in buona misura dall'antichità e dall'oriente, da cui sarebbe sorta la moderna «filosofia morale»[9]. Tutto ciò andrebbe, anche, riportato alla specifica mentalità ordinal-analogico-gradualistica medievale, facendo però attenzione agli elementi di modernità insiti nel carattere sperimentale e pratico, sistematico e descrittivo, quasi da «illustrazione scientifica»[10] dei nuovi libri di emblemi. Per tacere infine della grande tradizione simbolica che aveva nutrito a fondo il medioevo, i cui erbarii e bestiarii hanno, non certo a caso, trasmesso una quantità di motivi all'emblematistica rinascimentale[11].

Una differenza più apparente che sostanziale è invece quella fra gli emblemi e le imprese: un genere quest'ultimo che, pur risalendo più indietro nel tempo, finì per sovrapporsi quasi del tutto, in età rinascimentale e moderna, a quello degli emblemi.

*Fortsetzung Fußnote von Seite 134*

sima connotazione etica, nel fare un po' di storia del genere, cita ad esempio sia «Hadrianus Funius, medicus» che «Joachim Camerarius, polyticus».

[8] Si pensi agli Hieroglyphica di Horapollo, probabilmente apparsi nella seconda metà del V secolo d.C., portati in Italia, in versione greca, nel 1419 e iniziati a stampare dall'inizio del '500: dal 1517 anche in versione latina. Si pensi anche a *Giovanni Pierio, Valeriano Bolzani,* Joannis Pierii Valeriani Hieroglyphicorum, ex sacris Aegyptiorum literis libri octo (Fierenze 1556). Per l'importanza che tutto ciò ebbe anche nell'arte contemporanea, si veda, con particolare riferimento ad Albrecht Dürer e all'ambiente umanistico circostante a Massimiliano I da cui emerse la Melancholia I, *Karl Giehlow,* Dürers Stich «Melancolia I» und der maximilianische Humanistenkreis, in: Die Graphischen Künste XXXVI (1903) 29–78.

[9] Emblematico il caso del Directorium humanae vitae di *Johannes a Capua,* traduzione duecentesca dall'ebraico delle antiche favole indiane di Bidpai, poi tradotto in italiano a cura di Agnolo Fiorenzuola nel 1541 col titolo La prima veste de' discorsi degli animali. Ma più significativa fu forse l'altra traduzione, del 1552 (con molte ristampe successive) ad opera di *Anton Francesco Doni,* col titolo La Moral' Filosofia. Tratta da gli antichi scrittori: da essa venne, nel 1601, una traduzione inglese recante il titolo The Morall Philosophie of Doni. Sul tema delle favole in età rinascimentale, cfr. *Christa Riedl-Dorn,* Wissenschaft und Fabelwesen. Ein kritischer Versuch über Conrad Gessner und Ulisse Aldrovandi (Wien, Köln 1989).

[10] *Giuseppe Olmi,* Natura morta e illustrazione scientifica, in: La natura morta in Italia (Milano 1989) vol. I, 69–91.

[11] Emblemata, «Vorbemerkungen» cit., p. XV: «Vor allem gilt dies für den griechischen Physiologus, der im 2. nachchristlichen Jahrhundert vermutlich in Alexandrien zusammengestellt worden ist und dessen Abschriften, Bearbeitungen, Übersetzungen ins Lateinische und in die Nationalsprachen durch das ganze Mittelalter gehen.» Un rimando alla «Symboltheologie» medievale ci consente di sfruttare una significativa battuta di Alanus ab Insulis, che scriveva nel XII secolo: «Omnis mundi creatura, Quasi liber et pictura Nobis est, et speculum»: «So hat diese Deutungsweise über die Reformation hinaus nicht nur im Katholizismus, sondern auch im protestantischen Bereich fortgewirkt und sich mit neuplatonisch-pansophischen Bestrebungen verbunden in dem Versuch, die Bibel, die Natur, die Geschichte, die Kunst als einen Kosmos von Signaturen, die Welt als Mundus Symbolicus zu begreifen.» Un ultimo ma significativo esempio di ciò consiste nell'opera di *Filippo Piccinello,* Mundus symbolicus, in emblematum universitate formatus, explicatus, et tam sacris, quam profanis Eruditionibus ac sententiis illustratus (Colonia 1681).

Ho l'occasione, citando Paolo Giovio[12], di entrare *in medias res.* Non dopo, però, aver
completato il breve inquadramento che sto cercando di fare proprio con le parole dell'il-
lustre comasco, il quale, dopo aver ricondotto all'antichità l'abitudine di «portar cimieri
e ornamenti ne gli elmetti e ne gli scudi» osserva che «Ora in questa età più moderna,
come di Federico Barbarossa, al tempo del quale vennero in uso l'insegne delle famiglie,
chiamate da noi arme, donate da' Principi per merito dell'onorate imprese fatte in
guerra, ad effetto di nobilitare i valorosi cavalieri, nacquero bizzarrissime invenzioni de
cimieri e pitture negli scudi ... Ma a questi nostri tempi, dopo la venuta del Re Carlo Ottavo e di Ludovico XII in Italia, ogniuno che seguiva la milizia, imitando i capitani fran-
cesi, cercò di adornarsi di belle e pompose imprese ...»[13]. Paolo si sofferma anche sulle
«condizioni universali che si ricercano a fare una perfetta impresa» e osserva: «... che l'invenzione o vero impresa, s'ella debba avere del buono, bisogna abbia cinque condizioni:
prima, giusta proporzione d'anima e di corpo; seconda, ch'ella non sia oscura di sorte
ch'abbia mistero della Sibilla per interprete, a volerla intendere, né tanto chiara ch'ogni
plebeo l'intenda; terza, che sopra tutto abbia bella vista: la qual si fa riuscire molto alle-
gra entrandovi stelle, soli, lune, fuoco, acqua, arbori verdeggianti, instrumenti mecca-
nici, animali bizzarri e uccelli fantastichi; quarta, non ricerca alcuna forma umana;
quinta, richiede il motto, che è l'anima del corpo, e vole essere communemente d'una
lingua diversa dall'idioma di colui che fa l'impresa, perché il sentimento sia alquanto più
coperto; vole anco essere breve, ma non tanto che si faccia dubbioso; di sorte che di due
o tre parole quadra benissimo: eccetto si fusse in forma di verso, o integro o spezzato.»
Dopodiché il Giovio passa a descrivere «quelle imprese c'hanno del magnanimo, del ge-
neroso, e del acuto e (come si dice) del frizzante».

Fra queste, interessa qui ricordare in primissimo luogo i richiami alla *fides.* Il primo
s'incontra nell'impresa di Re Ferrante d'Aragona, recante il motto «Malo mori quam
foedari» e la figura di un ermellino bianchissimo, incapace di macchiarsi il manto, anche a costo di morire[14]. Motto rispecchiato dall'altro «Prius mori quam fidem fallere»,
della casa Ursina, espresso nell'icona di un collare di ferro (millus) ripieno di punte
acute. O ancora dall'altro, di Fabrizio Colonna, recitante «Fides hoc uno virtusque pro-
bantur». Mentre, per quanto concerne *disciplina,* merita essere interamente citato il
passo di Paolo sull'impresa da lui inventata «alla elegantissima signora Marchesa del
Vasto, Donna Maria d'Aragona, dicendo essa che, sì come teneva singolar conto del
onor della pudicizia, non solamente lo voleva conservare con la persona sua, ma ancor

[12] Dialogo dell'imprese militari e amorose, pubblicato in numerose edizioni postume, dal 1555
in poi, qui citato in base all'edizione critica (a cura di *Mariagrazia Penco*) contenuta in *Pauli Io-
vii,* Dialogi et Descriptiones, curantibus *Ernesto Travi – Mariagrazia Penco* (Roma 1984) 351 ss.
A prova della diffusione del genere, segnalo che l'edizione del Dialogo da me consultata presso la
HAB (Napoli 1562) conteneva anche il Ragionamento di M. Lodovico Domenichi nel quale si
parla d'imprese d'armi et d'amore, oltre a II Rota. Overo dell'imprese. Dialogo del S. Scipione
Ammirato.
[13] Ibid. 375. Un'altra buona definizione dà Paolo Giovio (385) dicendo: «Furono altri Principi
d'Italia e famosi Capitani che si delettarono di mostrare i concetti loro con varie imprese e divise
...», dove va sottolineato il termine «concetto» che verrà poi attribuito, per secoli, agli Italiani
come loro particolare dote.
[14] Ibid. 384.

aver cura che sue donne, donzelle maritate, per stracuraggine non lo perdessero; e perciò teneva una disciplina nella casa, molto propporzionata a levare ogni occasione d'uomini e di donne che potessero pensare di macchiarsi d'onore e dell'onestà; e così io gli feci l'imprea ... [di] due mazzi di miglio maturo, legato l'un a l'altro, con un motto che diceva: *servari et servare meum est;* perché il miglio di natura sua non solamente conserva se stesso da corruzione, ma ancora mantiene l'altre cose che gli stanno appresso, che non si corrompono; sì come è il reubarbaro e la canfora, le quali cose preziose si tengono alle scatole piene di miglio, alle botteghe degli speziali, acciò ch'elle non si guastino.»

Dalle imprese del Giovio all'*Iconologia* del Ripa[15] il passo non è troppo lungo. Per quanti siano i riferimenti al tema dell'autodisciplina (ammaestramento, dominio di se stesso, esercizio, etica, punizione, ragione, e soprattutto temperanza: figure quasi tutte corredate di redini, lo strumento della nuova arte equestre, metafora per eccellenza dell'educazione dei giovani – nobili e puledri – ma anche, per estensione dell'educazione di sé[16]) o a quello dell'eccesso individualistico (interesse, malinconia, pazzia, ragione di stato, solitudine, e soprattutto ribellione: tutte condizioni tangenti quello, a mio avviso universale, della melancolia), il Ripa non presta soverchia attenzione al tema della fedeltà, limitandosi a tracciarne un profilo di tipo per così dire «privatistico» nel descrivere: «Donna vestita di bianco, con la sinistra mano tiene una chiave, & alli piedi un cane. La chiave è inditio di secretezza, che si deve tenere nelle cose appartenenti alla fedeltà dell'amicitia, il che ancora per singolare instinto di natura la fedeltà si significa per il cane, come si è detto in altre occasioni.»

L'autore più citato dal Ripa, quello da cui egli trae la maggior parte delle sue descrizioni iconologiche è certamente Giovanni Pierio Valeriano Bolzani, autore dei famosi *Hieroglyphica,* apparsi in otto libri, per la prima volta, a Firenze nel 1556 e successivamente più volte ristampati con numerose aggiunte[17]. L'opera, dedicata a Cosimo Medici, contiene la trattazione di sessanta temi, che sono accoppiati ad altrettanti personaggi; il primo è nient'altro che il leone, accoppiato, dal Valeriano, proprio a Cosimo:

[15] Qui citata dalla «Edizione pratica a cura di *Piero Buscaroli* con prefazione di *Mario Praz*» (Torino 1988) la quale è fondata sulla Nova iconologia di Cesare Ripa perugino ... Nella quale si descrivono diverse imagini di virtù, vitii, affetti, passioni humane, arti, discipline, humori, elementi, corpi celesti, province d'Italia, fiumi, tutte le parti del mondo, ed altre infinite materie. Opera utile ad oratori, predicatori, poeti, pittori, scultori, disegnatori ad ogni studioso. Per inventar concetti, emblemi ed imprese, per divisare qualsivoglia apparato nuttiale, funerale, trionfale. Per rappresentar poemi drammatici e per figurare co' suoi proprij simboli ciò che può cadere in pensiero humano ... (Padova 1618). La prima edizione dell'Iconologia è quella di Roma 1593, senza figure. Sul Ripa e la sua straordinaria fortuna cfr. (oltre ai classici *Emile Mâle,* L'art réligieux après le Concile de Trente [Parigi 1932] e *Erna Mandowsky,* Ricerche intorno all'Iconologia di Cesare Ripa [Firenze 1939]) *** *D. J. Gordon,* Ripa's Fate, in: The Renaissance Imagination, ed. by *Stephen Orgel* (University of California Press 1975) 51–74.
[16] *Pierangelo Schiera,* Socialità e disciplina: la metafora del cavallo nei trattati rinascimentali e barocchi di arte equestre, in: Il potere delle immagini. La metafora politica in prospettiva storica, a cura di *Walter Euchner, Francesea Rigotti, Pierangelo Schiera* (Bologna, Berlin 1993) 143–182.
[17] Cfr. nota 8. L'edizione da me consultata è la terza, Basilea 1567, aumentata di altri due libri da Lelio Agostino Curione. Il titolo completo è Hieroglyphica, sive de Sacris Aegyptiorum, aliarumque gentium literis Commentarij.

segno di forza, di vigilanza e attenzione, «terrificus, dominator, summa calliditate ingenii», esso significa anche, sul piano umano «homo qui vel suam vel alienam ferocitatem edomuerit». Da qui vengono certo le numerose figure di leone «frenato» esistenti nell'*Iconologia* ripiana[18]. Subito dopo il leone, s'incontrano altri animali «forti», quali l'elefante e il rinoceronte (simboli di *temperantia ... pietas ... mansuetudo ...* e meticolosità), il toro (anch'esso segno di *temperantia et modestia ... opus et labor, fructus ex laboribus*), e finalmente il cavallo, di cui viene esaltata la «froenata ferocitas», tanto che ne è venuto «vulgatissimum illud argumentum, hominem feroci invictoque animo, imperio tamen et rationi obsequentem, hieroglyphice per frenatum equum significari»[19]. Il tema metaforico del cavallo e degli strumenti per frenarlo è ripreso anche nelle aggiunte del Curione, in cui è presente un paragrafo intitolato «De Fraeno» con due varianti interpretative: la prima dedicata al governo dello stato («Rex: Officium gubernandi regendique»), la seconda dedicata invece alla *temperantia,* come rimedio sia al «turbine puerile» (cioè all'educazione dei giovani) che alla «forte agitazione mentale» (cioè all'educazione di sé)[20]. Così, in un'edizione secentesca della stessa opera intitolata *Hierogliphycorum Collectanea,* organizzata per ordine alfabetico e certamente meno misteriosa e più disciplinante dell'originale, si parla volentieri di «Affectus compescendi, frenandi, moderandi», di «Affectuum tormenta», di «Animi tranquillitas» e via dicendo, e viene citato il *Fedro* di Platone, in cui il doppio geroglifico del cavallo domato e di quello selvaggio vuol significare che l'uomo che non sa padroneggiare la superbia e i suoi altri affetti negativi «rationis rectae quasi vinculo et freno», perde la padronanza di sé ed esce di senno[21].

Vorrei collegarmi qui subito ad un altro topos importante per questi discorsi: quello della *solitudo.* Essa è fatta per i filosofi e non per chi voglia perseguire vizi solitari: «pravum enim est quodammodo tristitia affectis locus secretus et solitarius», e si citano il Petrarca e il Guazzo, che distinguono fra solitudine lodevole e viziosa; e la prima in perfetta (propria dei monaci) e meno perfetta, a sua volta divisa quest'ultima in «solitudinem temporis» (come il silenzio notturno), «solitudinem loci» (come lo studiolo in cui ci si ritira a meditare) e «solitudinem animi» (come la capacità che i più saggi hanno di rinchiudersi in sé ed isolarsi)[22].

---

[18] Alcune belle illustrazioni mostrano (ibid. 14) leoni legati al carro: «leones domitos», segno di una poco plausibile «leonis humilitas», la quale è invece più probabile come effetto della *virtus* di quell'*animi domitor* che dev'essere il vero uomo leonino (Cosimo).

[19] Tutto diverso è il caso del cane, animale melancolico per definizione, a causa anche della piccolezza e gracilità del suo fegato. Per Valeriano, gli antichi Egizii esprimevano col geroglifico del cane un uomo sofferente di fegato e comunque tutto ciò che in generale attieneva a malattie del fegato, comportanti mancanza di allegrezza e melancolia.

[20] Ibid. 355. Notare però che a p. 360, in un paragrafo «De Plumbo», dedicato all'ebetudine, si sottolinea quanto siano plumbei gli stupidi, a differenza di chi «acutionis ingenii laude commendatus fuit», per il quale «... velocissima esse debeat mentis agitatio»: è il solito doppio ruolo della melancolia (tale è l'icona che accompagna il testo).

[21] Hieroglyphicorum Collectanea, ex veteribus etneotericis descripta, in sex libris, ordine alphabetico digesta ... (Lugduni 1926) 17.

[22] Ibid. 177ss. Si potrebbe continuare ancora, dando conto di un'appendice contenente un dialogo «De literatorum infelicitate», ma non è questa la sede. Merita però osservare che gli «autori»

La preoccupazione per i rischi insiti nella vita solitaria, intesa come fuga dal mondo e come mancanza di solidarietà ma forse anche, più semplicemente, di socialità, è espressa chiaramente da un altro autore classico di emblemi nel Cinquecento, Johann Sambucus, il quale fra i suoi *Emblemata*[23] ne inserisce uno, a raffigurazione scopertamente melancolica (ma non è il solo) recante il motto «Dolus inevitabilis», con un verso che esplicita il concetto così: «... Quisque sibi vivit, cuncta regitque dolus». L'inganno governa ogni cosa, poiché ciascuno vive solo per sé; mentre (sempre melancolicamente dal punto di vista iconografico) un altro motto canta: «Alterius indigens perpetua ope», a illustrazione del principio della incapacità del singolo di provvedere a se stesso: infatti «Curis tabescimus omnes», aggiunge nuovamente il Sambuco in un terzo emblema, pur esso melancolico, che però si riferisce essenzialmente ai guai derivanti dall'eccesso di sete di sapere[24]. Mentre solo per chi vuole lasciare davvero il mondo (cioè per l'eremita che intende adorare Dio e basta) c'è la possibilità di una sopravvivenza radicalmente naturale.[25]

Per restare ai grandi padri dell'emblematistica europea, occorrerebbe ora un rapido cenno a quello che ne viene considerato il fondatore: Andrea Alciati. L'altro grande comasco che, prima e insieme al Giovio, coltivò la sofisticata arte degli emblemi era, come tutti sappiamo, giurista di chiarissima fama, non insensibile, da quel punto di vista, ai temi della *fides* e della *disciplina* che c'interessano[26]. Molti sono gli emblemi dedicati al principe, ma nessuno ci porta vicino al tema che abbiamo scelto. Solo si può notare qualche vago interesse per la «condotta di vita», secondo i criteri tipicamente rinascimentali del rapporto fortuna-virtù, o della coppia Eraclito-Democrito (il secondo naturalmente melancolico, come sottolinea il verso: «... aut tecum quomodo splene

*Fortsetzung Fußnote von Seite 138*

citati a proposito della solitudo sono il Petrarca dei «Duo libri de vita solitaria» e il Guazzo della «Civile conversazione»: per entrambi la solitudine si distingue in lodevole e viziosa.

[23] Emblemata, et aliquot nummi antiqui operis, Anversa 1564, ma poi successivamente arricchita a partire dalla seconda edizione del 1566. Quella qui consultata è la quarta del 1576 (un'ulteriore dimostrazione della rapidissima furtuna editoriale di queste opere).

[24] L'esempio portato è quello di Plinio il Vecchio che precipita nel cratere del Vesuvio, per volerne studiare da vicino gli effetti dell'eruzione. Tutti e tre gli emblemi (insieme a molti altri del Sambuco) sono riprodotti in Emblemata cit., rispettivamente 1771, 729 e 1184.

[25] «Relicturo satis» è il motto dell'emblema riprodotto a p. 1185 degli Emblemata e relativo a Paolo l'eremita, ritratto in posizione melancolica sotto la palma che lo protegge e lo nutre.

[26] Rimando qui a un passaggio di *Ernst H. Kantorowicz*, On Transformations of Apolline Ethics, in: Selected Studies, cit. 406: «The Renaissance had a different understanding of the historical as well as the human and ethical backgrounds of Justinian's Prologue. Alciati's historical school of jurisprudence had its drawbacks, to be sure, because it stopped the almost naive and unprejudiced application of Roman Law to existing conditions and thereby dried out a still trickling antique current of life. It was Alciati's great achievement, however, to have recognized that Roman Law had to be understood not from medieval conditions but from its own Roman surroundings and from classical sources at large ... They noticed, for example, that the phrase *utrumque tempus, bellorum et pacis*, may have been stimulated by Aristotle's Politics, where it is said that the *bios politikos* is divided into the activities of war and of peace; they paralleled that statement with the dialectical definition according to which all life is divided into two parts, absence of leisure and leisure, war and peace; nor did they miss the fact that a majesty *armis decorata, legibus armata* reflected the supreme model of all dialectically conceived rulership ...».

iocer»), o infine dell'emblema della gru, col motto «qua ratione hominum vita regenda fuit»[27].

Alla condotta di vita si riferisce essenzialmente anche il contenuto dell'operetta di Juan de Borgia, ambasciatore di Rodolfo II, apparsa a Praga nel 1581. Intitolata assai semplicemente *Emblemata moralia*[28], essa è imperniata sul concetto mediano di virtù, rappresentata dal centro di un cerchio, tracciato col compasso da una mano divina. La virtù dev'essere vera liberalità, a mezzo fra l'avarizia e la prodigalità; essa si conquista con la fatica e il proprio sudore; si consolida nel «Sapientis animus», emblemato in un tetragono cubo e situato «neque summum neque infimum», a metà della ruota della fortuna.

Dalla selvatichezza alla società è il percorso indicato da molti libri di emblemi, miranti a dimostrare, col mirabile intreccio di pittura e poesia, «optimam et vivendi et dicendi rationem»[29]. E' il caso anche degli *Emblemata saecularia, mira et jucunda varietate saeculi huius mores ita exprimentia, ut Sodalitatum Symbolis Insigniisque conscribendis et depingendis peraccomoda sint*, editati da Theodor e Johannes de Bry a Francoforte nel 1596. Fin dal frontespizio si può notare una forte contrapposizione fra un melancolico sdraiato per terra e abbandonato a se stesso e due persone (un maschio e una femmina) nobilmente vestite da società. La *Praefatio* è addirittura intitolata «De Amore» e ironizza sull'eccesso di scritti «de humanae vitae miseriis, de fortunae lubricitate et insanis deliri huius mundi moribus ...». Viva invece l'amore, su cui sono citati Platone, Plotino e Marsilio Ficino; ma non ci si arresta all'amore platonico, essendovi anche un diffuso elogio del coito. Di quest'ultimo viene soprattutto decantata la capacità di ristabilire la pienezza dell'uomo, in quanto, secondo Avicenna, «... curas et cogitationes inhaerentes excludit, audaciam praestat, iram mitigat, gravem in moribus hominem reddit, et atrae bilis, quae plerumque mentes hominum stimulis dementiae vexat, medetur»[30].

Di avviso opposto sembra essere Daniel Cramer, autore di *Octoginta Emblemata moralia nova*[31], il quale nell'*Emblema Morale III,* recante il motto «A muliere malo»,

---

[27] Si tratta dell'emblema XL, mentre i precedenti erano i nn. CXC e LXV: cito dall'edizione di Francoforte 1580.

[28] Un'ultima edizione latina dell'opera si registra a Berlino nel 1697 (e di nuovo nel 1698 in versione tedesca, col titolo Moralische Sinn-Bilder).

[29] Così si esprime, nell'«Epistola dedicatoria», Nicola Reusner, nei suoi Emblemata, partim Ethica et Physica; partim vero Historica et hieroglyphica, sed ad virtutis morumque doctrinam omnia ingeniose traducta et in quatuor libros digesta, cum Symbolis et inscriptionibus illustrium et clarorum virorum, Frankfurt 1581, che contiene anche degli Epigrammata selectiora di Filippo Melantone (tratti da un Epigrammatum Libellum da me non visto), raccolti e pubblicati «... ut pueri in pia institutione proponi et inculcari possint ...». Sul fatto che «Educatio prima bona sit ...» si esprime anche fin dal primo emblema Ianus Jacobus Boissardus (Jean Jacques Boissard) nel suo Emblematum Liber, apparso a Francoforte nel 1593, che si conclude con l'emblema LI proclamando: «Expers fortunae est sapientia».

[30] Emblemata saecularia 5: sul coito vi sono due opinioni opposte: «nam mediocris, saluberrimus; nimius autem perniciosissimus habetur».

[31] Octoginta Emblemata moralia nova (Francoforte 1630). Cramer fu anche autore di Emblemata sacra. Das ist Fünffzig Geistliche in Kupfer gestochene Emblemata, oder Deutungsbilder aus der Heiligen Schrifft ... (Francoforte 1622 [II ed.]).

rappresenta una donna melancolica, con un teschio posto tra le gambe. Anche per lui è importante, piuttosto, la disciplina impartita ai giovani, come risulta con vigore dall'*Emblema Morale XVII,* che reca il motto «Redit frenis natura remotis», spiegato in versi italiani nel modo seguente: «L'indomito cavallo che non admett'il freno, / N'altro gouverno si gett'in precipitio; / Così la gioventù se gli togli la mano / Di buona disciplina, si perde, o corre rischio». Metafora equestre seguita da lì a poco *(Emblema Morale XLIV)* da una tratta dal mondo minerale: «Il ferr'ottuso con la cute s'aguzza, / Il ruginoso su la pietra fregato, / lucido vien, E l'ingenio essercitato, / Quantunch'ottuso, o tardo, a perfettion si drizza» (il motto corrispondente recitava, in latino: «Usu et cura sapientia crescit»). Per finire col richiamo alla socialità operosa, rappresentata dalle formiche che alacri lavorano intorno a un giovane, con la testa d'asino, pigramente sdraiato per terra: il commento dice «En tibi formicarum agmen sociabile quanto ferveat in studio; cur piger ergo riges?», mentre il motto sinteticamente ricorda che «Ignavis Fortuna repugnat» e il testo italiano spiega: «Il pigro altro non aspetti, / Che povertà per ricompensa. / Per schiffar la pur giovinetti, / Travagliate con diligenza».

Un notevole contributo alla soddisfazione dei nostri interessi è prestato da Lodovico Casanova, autore di un *Hieroglyphicorum et Medicorum Emblematum Dodekakroinos,* bellissima opera in folio apparsa a Londra nel 1626 in cui sono rappresentati con molta cura i diversi temperamenti, con i rispettivi simboli. Il IV rappresenta il *Melancholicus*[32], mentre il V (la cui illustrazione richiama immediatamente una scena di Bosch[33]) rappresenta il *Melancholicus aeger.* Al di là delle differenze fra le due icone, e delle osservazioni mediche che accompagnano gli emblemi[34], interessa maggiormente sottolineare gli effetti che ne derivano sull'immaginazione e sulla volontà, per cui gli uomini sono ridotti «melancholicos, latentes, absconsos, solitudinis amantes», oltre che naturalmente taciturni (ma non per vizio di lingua, bensì proprio per difetto di volontà)[35].

Ma non tutto il male vien per nuocere, si potrebbe dire. Un carattere della melancolia è infatti il piombo, il quale appesantisce e rende gli uomini «graves et tardi», ma, nello stesso tempo, consente loro di ragionare meglio e di essere «prudentiores» degli

[32] Così, ad esempio, per la melancolia: «Ista Melancholici sunt Hieroglyphica: *Saturnus,* hier. Melancholici 1, *Terra,* hier. Melancholiae 2, *Index ad os admotus* hier. Silentii 3, *Saturnus,* hier. Temporis 4, *Plumbum,* hier. Melancholiae 5, *Dioptra,* hier. Prudentiae 6, *Polypus,* hier. Tenacitatis 7, Malignitatis et fraudolentiae 8, ecc. *Lepus,* hier. Tristitiae 13, Vigilantiae 14, Timoris 15, ecc., *Decidui rami,* hier. Autumni 19».

[33] L'impressione si spiega col fatto che sono illustrate le immagini «... variorum phantasmatum, quibus agitantur aegri melancholici».

[34] Superba, e difficilmente riscontrabile nei trattati medici dell'epoca, è la descrizione della melancolia, sia come umore che come malattia (fra l'altro il Casanova è uno dei pochi ad avere la chiara percezione delle due realtà distinte). Il melancolico non malato ha, accanto ai molti lati negativi, anche qualche lato positivo: è amante dello studio (cita Marsilio Ficino), è dotato di animo profetico (cita Cicerone), può essere insomma più saggio (prudentior) degli altri uomini (cita Aristotele a Platone).

[35] *Casanova,* Hieroglyphicorum et Medicorum 41: non è privo di importanza il riferimento a Timone, a cui Shakespeare aveva dedicato un'opera tutta impostata, appunto, sulla fuga dalla società! Un altro riferimento poetico il Casanova (di probabile origine francese) compie a Ronsard che «Saturni nomen tristitiae dat».

altri uomini. «Melancholici studi amantes sunt, quia iidem solitudines amantes»: ecco dunque l'aspetto buono della *solitudo* e della *taciturnitas,* per il resto sempre bollate come negative per la loro inrinseca asocialità. Questa prospettiva s'intensifica con l'ulteriore *hieroglyphicum* (come si esprime il Casanova) melancolico: quello del polipo[36]. Tenace e insieme pauroso, meticoloso e timido, il polipo, quando si sente minacciato, spara il suo «atramentum»: «Sic Melancholicus vaporum quodam veluti atramento abundat, quo per cerebrum effuso, multa animus horrenda repraesentantur.» Il polipo tende a nascondersi «… et Melancholicus solitudine maximoque delectatur, quia cum temperies Melancholica spiritum tristitiam generet, et rerum odium ex quibus laetitia promanat: hinc fit ut a Melancholico vitetur societas humana …»[37]. Caratteri analoghi presenta il lepre, che pure è segnato dalla tristezza melancolica: «… sic Melancholia tristitiae parens est, tristitia contra Melancholiae mater, mutuam etiam sibi dant operam.» Il lepre è pavido, quasi la quintessenza del *timor*[38], e ama, come i melancolici, la solitudine («Melancholici solitudinis amantes sunt, quod tristium proprium est»). Il lepre è però anche solerte, come i melancolici «etiam ingegnosi», come hanno dimostrato Aristotele, Platone, Marsilio Ficino, riferendosi però alla sola «atra bile naturale», che non dev'essere né troppa né poca, e mescolata giustamente al sangue, alla bile e allo spirito, che le fanno da «freno»: «… igitur opportune temperata sit atra bilis oportet»[39].

Occorrerebbe ora passare alla vera malattia melancolica, che per Casanova coincide, come per tutta la letteratura medica del tempo, con l'ipocondria. Ad essa egli dedica l'altro emblema di cui abbiamo parlato, relativo appunto al «Melancholicus aeger». Basterà però dire che «Melancholia affectus est mentem laedens cum vehementi tristitia, et amicorum aversione, sine febre. Normalis vero si multa bilis accesserit, stomachum laedit, ita ut vomitione reiiciatur, simulque hoc modo mens vitetur». La conclusione che c'interessa è semplice e lapidaria insieme: «Metus comes esse solet Melancholiae hypochondriacae.»[40]

---

[36] Ibid. 45: «Melancholici propter tenacitatem polypi sunt. Avari, solvere lenti, parci, irae et propositi tenaces, nimirum ob siccitatem quam se habere dixi.» D'altronde, aggiunge il Casanova in questa altalena di effetti positivi e negativi della melancolia, quella del polipo è una carne melancolica, che produce cattivi sogni: «Certe Melancholia somnia gignit terribilia, ut mortis, cadaverum, sepulchrorum, cruciatuum, etiamet daemonum. Ratio est quia atros progenerat spiritus, qui deinde in cerebro horrendas animo imagines exhibent.»

[37] Casanova cita il Salmo 132 («Eheu quam iucundum habitare in unum …») e Cicerone (Oratio ad Quirites: «Amicitiae, consuetudines, vicinitates etc. quid habeant voluptatis, carendo magis intellexi quam fruendo»).

[38] Ibid. 49: «Calor facit homines audaces, promptos, agiles; frigus contra timidos et lentos. Qui frigido sunt temperamento, ut senes, feminae, et qui proxime ad foeminas accedunt eunuchi, timidi sunt, inania etiam formidant, illis levi de causa … Melancholia cum frigida sit non solum cerebrum refrigerat, sed cor etiam, quod generosae facultatis illius qui irascibilis dicitur, sedes est.»

[39] L'esempio è questa volta fornito da Eraclito «lux sicca, anima sapientissima». L'umore che risulta dalla giusta miscela dei tre sopraddetti è color oro tendente alla porpora e, bruciando, produce una specie di iride. E' fonte d'ingegno, perché gli spiriti che libera sono purissimi, come l'acquavite.

[40] L'argomentazione è molto tecnica, dal punto di vista medico. Lineare è la definizione degli ipocondri: «Proprie Hypochondria sunt partes regionis epigastricae, quae notharum costarum cartilaginibus extremis subiacent, uti ex etymologia constat …». Il Casanova si dilunga poi nella

L'impressione che si ricava da questa impietosa descrizione del carattere melanco-lico si può ridurre ad un solo termine, che proprio in quegli anni aveva grande fortuna per tutta Europa: mi riferisco alla «civile conversazione», una sorta di genere letterario di cui è però già stata ampiamente mostrata la profonda attinenza con i temi della so-cialità e della politica moderna. Proprio ad un'opera di questo tipo vorrei ora riferirmi, anche se essa non rientra propriamente fra i libri di emblemi[41]. Nel 1631 viene pubbli-cato in Germania uno scritto di Johann-Martin Husanus che si inserisce nella grande recezione registrata in terra tedesca della *Civil Conversazione* di Stefano Guazzo, do-vuta inzialmente all'opera del Sagittarius[42]. L'opera di Husanus è particolarmente im-portante per lo sforzo che compie di adeguamento ai costumi e alle necessità tedesche dei criteri di comportamento provenienti dalla più evoluta società rinascimentale ita-liana. In lingua tedesca, i temi trattati assumono una coloritura del tutto particolare, proprio nella direzione delle nostre considerazioni odierne. Cominciamo dal titolo: *Po-litischer Weltman* ... è ciò che compare in prima battuta, con una luminosa e fresca proiezione sui significati politici e sociali che il tema presenta in terra tedesca. La spie-gazione viene subito dopo: *So zu Rechtmeßig- und Höfflichem Wandel, Gemeinschaft und Wohlverhalten gegen jedermann* ... Sembra di capire che ciò che più conta è il rap-porto sociale con gli altri uomini, condotto e intrattenuto in modo «giusto e cortese», così da stabilire una comunità. Ciò può avvenire solo tenendo conto delle diverse con-dizione umane: *Oder wie nach Standt, Ehr und Geschlecht ein jeglicher nicht nur zu Hause bei den seynigen, sondern auch außerhalb dessen in öffentlichen Zusammenkunff-ten bey allen andern* ... Solo così l'uomo può essere in pace con se stesso e realizzarsi compiutamente: *... damit er zu vorfallender Gelegenheit in dieser Welt nothwendig um-gehen oder Gemeinschafft haben muß, sich aller Gebühr und Maß zu bezeigen, und also von selbigen ihm völlige Gunst, Lob und Wolgewogenheit zu erlangen* ...

Non meno interessanti sono le ragioni portate a favore della traduzione in tedesco: per favorire una «teutsche Manier» di cui ciascuno possa facilmente appropriarsi. Nella

---

*Fortsetzung Fußnote von Seite 142*

descrizione dei «phantasmata hypochondriacos agitantia»: tutti frutti di un'alterazione dell'imma-ginazione.

[41] Su ciò si veda l'ampia ricostruzione e interpretazione fornita da *Emilio Bonfatti,* La «Civil Conversazione» in Germania. Letteratura del comportamento da Stefano Guazzo a Adolph Knigge 1574–1788 (Udine 1979) 164 ss.

[42] Il titolo dell'opera, pubblicata a Leipzig 1631, presso Mintzeln, è il seguente: Politischer Welt-man, So zu Rechtmeßig- und höfflichem Wandel, Gemeinschaft und Wohlverhalten gegen jeder-man? Oder: Wie nach Standt, Ehr und Geschlecht ein jeglicher nicht allein zu Hause bey den seinigen, sondern auch außerhalb dessen in öffentlichen Zusammenkunfften bey allen andern, damit er zu vorfallender Gelegenheit in dieser Welt nothwendig umgehen oder Gemeinschafft haben muß, sich aller Gebühr und Maß zu bezeigen, und also von selbigen ihm völlige Gunst, Lob und Wolgewogenheit zu erlangen, kürtz- und deutlich Anleitung gibt. Hiervor in frembder Sprach gefertiget und abgebildet, Jetzt aber Jedermänniglich zum besten in unsere Mutter-Sprach, als teutsche Manier verkleidet, auff und dargestellt (l'opera era apparsa in lingua latina, nel 1629, col titolo De Civili Conversatione. Non mi è chiaro se si tratti di una prima edizione la-tina a cura dello stesso Husanus o della traduzione del Guazzo a opera del Sagittarius: il Bonfatti non cita questa edizione, di cui pure è menzione nella lunga traduzione dello Husanus all'edi-zione tedesca del 1631).

*Dedikationsschrift* l'intento appare ancora più chiaro e diretto. Vi si parla infatti degli «allgemeines wolwollen treuer Untertanen gegen Ihre rechtschaffene fromme Fürsten und Vatermessige Regenten und Landesherren ...». La lingua tedesca serve dunque a quei sudditi che, non conoscendo le lingue straniere, nondimeno sono attratti dalla «vita civile» e hanno gran bisogno di intrattenersi con i più dotti e fortunati[43]. Tema centrale della trattazione è la *Gemeinschaft*, del tutto equiparata alla *Conversation:* nella stessa introduzione, in cui Aristotele è citatissimo, si pongono apertamente tre domande: 1° quanto necessaria è la comunità, 2° che vantaggio ne deriva, 3° sua natura e proprietà, e di quante specie essa sia. Gli argomenti portati non sono mai entusiasmanti: il libro, come si è detto, ha un preminente intento divulgativo; basterà dunque scorrerne lo schema di svolgimento, che può essere sinteticamente ricostruito nel modo seguente. Si parla, nella prima parte, «Von der Häuslichen, sonderbaren Conversation oder Gemeinschaft», con l'esame dettagliato e molto precettivo dei diversi rapporti intercorrenti fra i diversi membri di quest'ultima. Si passa poi alla seconda parte, in cui si parla «Von der öffentlichen oder allgemeinen Gesellschaft, Wandel und Wohlverhalten».

Non starò ora ad esagerare lo slittamento, quasi impercettibile e non certo compiutamente teorizzato, dal concetto di *Gemeinschaft* a quello di *Gesellschaft,* anche se risulta sempre interessante scoprire la precocità di concetti e coppie concettuali che sembrerebbero legati solo all'elaborazione «scientifica» dei giorni nostri. Anche qui, infatti, l'attenzione è sempre molto analitica, direi quasi micro-sociologica, con l'accento posto ad individuare le diverse possibilità di relazione, fra stati e condizioni diverse, che possono occorrere in società.

Non è però neppure questa una buona ragione per non apprezzare questo genere di letteratura insieme socievole e antimelancolica, come risulta anche da un'operetta pubblicata in appendice nello stesso volume da me esaminato, da un anonimo che si firma però «Urban-Politico zu Civil-Hausen»[44]. Il tono dell'operetta è scherzoso, perché, come riconosce lo stesso Lutero, scherzare aiuta: prima di tutto «a tener lontana la melancolia e i pensieri tristi, che altrimenti uccidono molte persone»[45]; secondariamente a migliorare la gioventù e i giovani irragionevoli, per modo che essi «dadurch lernen Discretion, Bescheidenheit und *cursum mundi*»; in terzo luogo a rendere più pronto ed intraprendente lo spirito; infine si ottiene anche il risultato di ridimensio-

[43] «... Doch gleichwohl im bürgerlichen Leben Wandel und sowohl öffentlich- als Häuslicher Gemeinschaft mit den Menschen viel Unterrichts und Lehrens höichst nötig haben ...»; cfr. *Bonfatti*, La «Civil Conversagione» 168: «L'oscuro ‹Studiosus› turingio [Husanus], mosso da slancio pedagogico verso gli incolti ai quali media codici di comportamento, ha saputo riscattare un prodotto della consuetudine universitaria in un libro tedesco che conquista nuovi spazi».

[44] Il testo è stato da me consultato presso la Herzog August Bibliothek di Wolfenbüttel: si tratta della Peregrination. Oder Reyse-Spiegel. Aus Anangkylomitens: Eines zwar ziemlich weit, aber nicht gar wol und nützlich gewanderten, groß- und unhöflichen vermeinten Cavalliers oder Alamode Monsieurs aus Frankreich in Teutschland gethanen ... auch zu lesen lustig und nützlichen Reise-Beschreibung, Allen Discreten, Politisch- und höfflichen Cavalliern zu Gedächtnis und Ehren, Grob- unhöfflich und Bäurischen Gesellen aber zu Verweiß-Nachrichtung und Beyspiel neu poliert offgestellt (Leipzig 1631, Großen).

[45] Viene citato Syr. 30: «Mach dich selbst nicht traurig, und plage dich nicht selbst mit deinen eigenen Gedanken. Denn ein frölich Herz ist des Menschen Leben.»

nare quelle persone troppo serie e piene di sé che non vogliono saperne della legge-rezza e della *Hoffart.* Come sanno i veri filosofi, infatti, la disciplina può essere inse-gnata in vari modi: con l'*Ethica* in primo luogo, ma anche con lo *Zuchtbuch,* con le *Fabeln* e con il *Mährlein.*

Il terma della solitudine – che ormai è diventato il nostro tema principale, come impone la logica e il contenuto delle opere che stiamo esaminando – è trattato diffusa-mente, sempre in collegamento con la sindrome melancolica, anche in un'opera em-blematica francese, il *Receuil d'Emblèmes divers. Avec des Discours moraux, philosophi-ques et politiques, tirez de divers Autheurs Anciens et Modernes* di Jean Baudoin. Il tema è presente in vari emblemi, tutti recanti illustrazioni assai melancoliche: da quello spe-cificamente dedicato alla «solitude».[46], a quello «Du reglement de la vie», in cui Apollo e Bacco evocano i temi della temperanza, dell'esercizio e dell'allegria, a quello «De la vie humaine», dove vien fatto riferimento a Eraclito e Democrito, oltre che a Seneca[47]. Non è privo di significato notare l'importanza del collegamento instaurato dall'autore fra virtù e scienze, come base della nuova moralità che deve regolare la vita umana. In un'edizione del 1685, il sottotitolo dell'opera diventa *Tableaux des sciences et des vertus Morales,* senza che vi siano sostanziali mutamenti di contenuto, ma già nella prima edizione nell'emblema col motto «Que l'art aide la Nature» veniva stabilito il rapporto iconografico fra Fortuna/sfera e Mercurio/cubo, con la sottolineatura che quest'ultimo è il dio delle scienze e delle virtù moderne (virtù mercuriali)[48].

Questo interessante tema è contenuto anche nella *Sciographia Cosmica* di Daniel Meisner[49]. Nelle figure 47 e 49 sono infatti rappresentate la «Scientia stabilis», raffigu-rata da una bella Minerva elmata seduta su un cubo (Crure CUBO insistit generosa / Minerva quadrato, / Immobili perstat sic / Vera scientia fulcro) e la «Fortuna variabi-lis», rappresentata da un re in bilico sulla ruota. Nel 1704 appare un'altra opera di Da-niel Meisner che s'intitola *Politica Politica, oder statistisches Städte-Buch*[50]. Aldilà della allusività del titolo latino, va segnalata la sua designazione, in tedesco, insieme come *Staats-Klugheit* e come *Sitten-Lehre,* indicata per gli uomini di ogni condizione ma so-prattutto per coloro che, non potendo viaggiare, possono tuttavia essere informati sulla natura e sulle caratteristiche dei diversi popoli del mondo. A ciò servono appunto gli emblemi: «ad firmandas ideas» per imprimerle nel cuore degli uomini, al fine di mi-gliorare e rafforzare le loro «vivendi rationes»[51]. L'abbinamento alle diverse città è

---

[46] Vol. I, 581 ss. L'opera, in due volumi, apparve a Parigi nel 1638–39 (ed. anastatica Olms 1977).
[47] Entrambi nel II volume, rispettivamente 277 ss. e 361 ss.
[48] Vol. II, 17 ss.
[49] Neues Emblematisches Büchlein, darinnen in acht Centuriis die Vornehmsten Städte, Festun-gen, Schlösser der ganzen Welt (Nürnberg 1637) continuato poi con una Pars Quinta in altro vo-lume, dal titolo più interessante: Libellus Novus Politicus Emblematicus Civitatum (Nürnberg 1638).
[50] Vi è anche un secondo frontespizio, con un titolo latino: Politica politica, id est urbium desi-gnatio, civili prudentiae parandae accomodata ... Quibus singulis locorum insignia et agalmata, praeterea etiam ad Civilem non minus quam Morum Philosophiam apprime facientia Emblemata et Symbola ingeniosa; adjecta videas ... 1700.
[51] Proemio: «Licebit ex adjectis emblematibus acuere ingenium, emendare ex sapientiae prae-ceptis eruditionem, ex prudentiae axiomatibus vivendi rationes.» Ogni pagina del volume con-

naturalmente episodico, ma l'elenco di «ragioni di vita» che si ricavano è impressio-
nante: molte le immagini melancoliche e solitarie, quasi sempre stagliate su sfondi di
ben ordinata e operosa agricoltura. Se è il timore della caducità del tempo a rattristare
la vita dell'uomo, vi sono però anche richiami più strutturali e pessimistici alla naturale
nequizia umana: «Homo Homini Daemon» si legge quasi alla fine: ma il concetto era
già stato anticipato in un «Homo Homini mors».

Neanche la melancolia è assente dal grande repertorio «statistico» del Meisner: si
presenta però in modo articolato e molto utile al nostro discorso. Nell'emblema A63,
dedicato alla città di Würzburg, si scorge in primo piano un malato di melancolia, se-
duto con accanto un medico e un amico («Tristitiae integritate mederi novit amicus /
at morbo Medicus: fidus uterque comes»): sullo sfondo la bella e ordinata città.
Emerge, accanto alla malattia, l'importanza dell'amicizia, cioè della *societas,* come si ve-
drà anche nell'emblema B45 (dedicato a Gröningen) il cui motto recita «Amicus animae dimidium, / vitae medicamentum»[52] e termina con l'affermazione «Solus homo
tandem sit socius socio».

Ancora un paio di notazioni sul Meisner sono indispensabili, perché consentono di
aprire forse su aspetti meno individualistici e più «politici» del problema, nel senso anche del seminario che stiamo conducendo oggi. La prima riguarda la trattazione da lui
fatta, all'emblema B68, della pace. «Pax patet insidiis» dice il motto e la figura ritrae
una pace «melancolica». Il pensiero va subito alla famosa icona di Ambrogio Lorenzetti
in Palazzo pubblico a Siena. Anche là la Pace teme le insidie, tanto che, per non sbagliare, è coricata – in posizione melancolica – su corazze ed armi appena dismesse
(ancora lucide di sudore, si potrebbe dire). La seconda riguarda invece uno degli emblemi più ricorrenti in tutto il genere: quello della gru, continuamente ritratta a simbolo della vigilanza, della costanza e della stessa socialità. In uno dei tre emblemi dedicati al soggetto, Meisner (C1) gli attribuisce il motto «Officio atque fide» e la ritrae
insieme ad un cane (altro simbolo di fedeltà) con in mezzo la *majestas.* Il commento è:
«Officium atque fidem non ulla molestia tendat, / Mitigat impositum, non Deus auget,
onus». Che interessa è naturalmente il nesso *officium-fides* che acquista vigore particolare, in quanto ruotante intorno alla *majestas:* la fedeltà del cane si sposa col senso del
dovere della gru[53] e forma lo zoccolo forte su cui può posare l'esercizio del potere. Vi-

---

*Fortsetzung Fußnote von Seite 145*

tiene due emblemi dedicati a una città, con veduta, più scenetta in primo piano e motto corrispondente.
[52] In primo piano due amici collegati intorno a un pilastro (che potrebbe benissimo essere anche
il pilier inventato da Pluvinel per ammaestrare i cavalli), sullo sfondo città e campagna ordinate. Il
commento prosegue, con questi versi: «Dimidium est animae, vitae medicamen, / amicus, Solus
homo tandem sit socius socio.»
[53] La fonte principale sulla gru è sempre la Historia naturalis di Plinio il Vecchio; due sono gli
attributi principali di quello straordinario animale: il senso del dovere, appunto (quando lo
stormo, di notte, scende a terra per riposare, un individuo veglia a custodia di tutti: per sicurezza
tiene un sasso chiuso in una zampa, cosicché, se dovesse addormentarsi, il sasso cadrebbe e sve-
glierebbe gli altri); il secondo attributo è invece la capacità ordinatoria, che si nota in volo, quando
le gru compiono le loro grandi migrazioni. «Custodia, democratia, prudentia, sublimum rerum in-

gilanza ed esercizio sono caratteri del dovere sociale rappresentato dalla gru. Il tema è sviluppato con richiamo frequente alla funzione della *doctrina*[54], della *temperantia*[55] e della stessa *scientia*, contrapposta, come abbiamo visto poco fa, nella sua stabilità, alla variabilità della fortuna. Non mancano neppure una certa sottolineatura del nesso fra *loquacitas* e *prudentia*, a significare che la saggezza (in particolare quella politica, a cui quest'ultima si riferisce) è frutto della conversazione e non della *rusticitas*, legata invece, come sappiamo, alla melancolia e alla tentazione dell'isolamento sociale[56].

Ma l'emblema forse più riassuntivo di tutto questo insegnamento social-morale è quello che ritrae una Fortuna nuda su sfera, appoggiata melancolicamente a colonna, con violino nell'altra mano. Il senso è chiaramente espresso dal motto: «Non ridente Fortuna». Affidarsi alla fortuna è rischioso, perché essa può anche non «sorridere», e allora sono guai e tristezza; l'intento dell'autore sembra però andare più in là, poiché è il *Melancholicus* il vero soggetto dell'azione e forse dunque si può dire che dipende da lui (dal suo carattere, dal suo comportamento) di non far «sorridere» la Fortuna[57]. La *tristitia* è insomma male grandissimo, da cui gli uomini devono fuggire: lo dice un emblema modernissimo, che potrebbe valere da bandiera alle più recenti correnti di «qualità della vita»: «Quatuor perniciosa homini Tristitia atque Venus, potusque cibique libido, Aer et impurus, multa creata necant»[58].

Virtù e insegnamento delle virtù erano d'altra parte tra le voci più ricorrenti fin dal Rinascimento. Lo ricorda, fra gli altri, Federico Ubaldini, editando, a Roma nel 1640, i *Documenti d'amore* di Francesco Barberino, opera composta in dodici parti, ciascuna dedicata a un tema virtuoso[59]. Il primo è la «Docilità»: ritratta in cattedra, con una bacchetta in mano essa s'identifica pienamente con la disciplina (o con la grammatica, per rimandare alle antiche arti liberali) e con la dottrina, come appare anche dal commento dell'incisione: «Questa è docilitate / A cui l'officio d'insegnar è dato. / E guardate suo stato, / Che negl'antichi regna sapienza: / Dì ch'è veglia sua essenza; / Per magistero bacchetta richiede; / Ne la cattedra siede, / Ch'onor, e riverenza le conviene …». Ma non dissimile è il secondo tema, quello dell' «Industria», così presentato: «Industria ci manda il nostro sire, / E vien per insegnare / Ne le virtù entrare …». Poi vengono

*Fortsetzung Fußnote von Seite 146*

dagator, perseverantissimi mores, ordinis observator, laboris tolerantia, ferocitas, ver et hyems» sono gli attributi, tutti positivi, attribuiti all'emblematico uccello dal già noto Pierio Valeriano.

[54] «Doctrina Fortunam regit» recita l'emblema D3 (e il commento dice: «Dum Fortuna loco nescit consistere certo, / Sic Doctrina vagans navigat ipsa fretum»; mentre l'emblema E50 afferma che «Doctrina acquiritur usu» («Sola sed assiduo doctrina acquiritur use, / Nec decet ignaros docta tiara greges»).

[55] E52 e soprattutto F35: «Appetitus a temperantia Dominatur».

[56] Si vedano gli emblemi D56, D74, D76 sulla *loquacitas* e il H36 sulla *taciturnitas*.

[57] «Saltare haud tutum est, si non Fortuna renidet. / Fata melancholicus tristia nempe subit»: un'interpretazione confortata da un altro emblema, che sembra il reciproco del precedente: E95 «Fortuna et sidere ductu», in cui è di nuovo raffigurata la Fortuna munita di violino, che però ora si muove, suona e «sorride» (cioè non è triste e melancolica).

[58] È l'emblema H88, posto quasi alla fine del volume (che termina con H100).

[59] Opera molto imitata, suggerisce l'editore: «Né solo altri s'è valuto delle voci di questo nostro, ma il suo argomento medesimo è stato imitato. E al certo confrontandosi questi Documenti col Galateo di Monsignor della Casa, apparirà non oscura tale imitazione.»

*Costantia, Discretione, Patientia, Speranza, Prudentia, Gloria, Iustitia, Innocentia, Gratitudine, Eternità.* Siamo di fronte a un miscuglio di virtù e di modi di comportamento che la dicono lunga sulla grande trasformazione in corso nel campo dell'ammaestramento alla vita mondana.

Orientamento peraltro confermato anche in ambito più strettamente religioso, come prova uno fra i numerosi libri d'emblemi composti da membri della Compagnia di Gesù. *Lux Evangelica sub velum sacrorum Emblematum Recondita* s'intitola l'opera di Henricus Engelgrave S.J., pubblicata ad Anversa nel 1648. Apparentemente lontana dai nostri temi, vi rientra invece a pieno titolo coll'emblema XLVIII, dedicato, diremmo noi, alla disciplina di sé[60]. I precetti sono tre e incisivi: 1° «Imperare sibi maximum imperium est», 2° «Quatuor animi passiones fraenare, regium est» (e le quattro passioni sono: «ira, cupiditas, voluptas, timor»), 3° «Quinam passiones fraenando, earum perfectum dominium ac imperium obtinuerint». Consentitemi di soffermarmi, invece che sulla metafora «politica», racchiusa nel riferimento al re e all'*imperium*, su quella «sociale» implicita nel frequente richiamo allo strumento equestre del freno: l'autore sviluppa infatti subito dopo una meravigliosa storia della metafora del cavallo domato che spazia da Ovidio, a Cicerone, a Seneca, attraverso Sant'Agostino fino a Lipsio[61]. E' soprattutto quest'ultimo, molto citato durante tutta l'opera, a far pensare che l'ideale di disciplina a cui s'ispira il nostro Gesuita sia molto più mondana di quanto non appare dall'impianto devozionale del libro.

D'indirizzo invece opposto l'atteggiamento di un'opera anonima del 1673, di sicura impronta riformata. La *Freudenreiche Gemüts-Erquickung. Bey Betrachtung Sinnereicher Gemälde mit schönen auserlesenen Moralien gezieret* indica infatti con grande durezza e precisione la via per raggiungere la gioia vera, che non è di questo ma dell'altro mondo e fissa come criterio principale la Croce, simbolo di *tribolatio* contrapposta alla *consolatio* mondana ed emblema per eccellenza. Può interessare notare che l'opera è dedicata *Allen Weisheit- und Zuchtliebender,* con un accoppiamento di saggezza e di disciplina che riprende temi già più volte incontrati, ma che è qui orientato a scopi principalmente spirituali: essa è cioè ... *zu Erweckung herzlicher Freude vorgestellt.* Una disciplina «alla tedesca», collegata, ad una saggezza «pratica» e molto concreta (pure «alla tedesca», dunque[62]), se si pensa alla rudezza con cui viene bollata quella stessa *Hoffart* (di origine invece notoriamente francese) che pure abbiamo già incontrato sotto spo-

---

[60] *Engelgrave,* Lux Evangelica 432: il titolo dell'opera si completa con l'aggiunta ... in Anni Dominicas selecta, historia et morali doctrina varie adumbrata.

[61] Per Cicerone (De Officiis): «Equos ...; sic homines secundis rebus effraenatos, sibi praesidentes, in gyrum rationis et doctrinae duci oportet, ut perspicacius rerum humanarum imbecillitatem, varietatemque fortunae ferre queant»; per Seneca (Epist. 88): «Quid prodest equum regere, et cursum ejus fraeno temperare, affectibus effraenatissimis abstrahi?»; per Sant'Agostino (Sermo IV de Verbis Domini): «Domas equum: quod daturus es aequo tuo cum te coeperit portare, mansuetus ferre disciplinam tuam, obedire imperio tuo, esse jumentum, hoc est adjumentum infirmitatis tuae? Quid ei retribuis?»

[62] Sulla praticità del pensiero politico tedesco in età moderna, non si può prescindere dalle due classiche ricostruzioni di *Hans Maier,* Ältere deutsche Staatslehre und westliche politische Tradition (Tübingen 1966) e di *Wilhelm Hennis,* Zum Problem der deutschen Staatsanschauung, in: Vierteljahrshefte für Zeitgeschichte 7 (1959) 16 ss.

glie più accattivanti: essa infatti «... verunreinigt all Tugenden und gute Werke und machet sie beedes vor Gott und Menschen gehäßig und abscheulich». Viene invece raccomandata l'umiltà *(Demuth)* come «... Wurzel aller Christlichen Tugenden» e amica della grazia di Dio. La rotazione di prospettiva appare qui molto grande, come appare anche da un icastico ammonimento che precede una serie di emblemi riferiti alla vita mondana. «Bist du dir selbst unangenehm / So wirst du Christo seyn genehm» sembra essere un indiretto invito alla coltivazione della melancolia[63].

Nella stessa direzione si muove un altro libro di emblemi edificanti, pure di ispirazione riformata, dedicato questa volta all'illustrazione dei Salmi: è il *Lust- und Artzeney-Garten des Königlichen propheten Davids* di Johann Gerharden, più o meno coevo del precedente[64]. Curato dalla «Fruchtbringende Gesellschaft», il libretto è in realtà una specie di *Hausbuch,* in cui Salmi, emblemi, preghiere, canti, precetti morali s'intrecciano a un erbario di tipo tradizionale, secondo l'antico schema degli Almanacchi medievali. Vale la pena accennarvi per segnalare lo slittamento semantico appena riscontrato nell'opera precedente: basti l'esempio della gru, non più illustrata per la sua capacità di comando ma, del tutto plausibilmente anche se in modo speculare, per quella reciproca di obbedienza. Ancora la gru serve a mostrare i pregi della *taciturnitas,* quindi della *rusticitas* e dell'isolamento, mentre essa veniva di solito considerata socievolissima, sia quando vola in stormo che quando riposa a terra in schiera[65]. Anche qui, come nell'opera precedente, ritorna frequente l'invito alla disciplina e alla *tribolatio:* basti citare due motti assai significativi, il primo che dice «Qualis labor, talis merces», il secondo (anch'esso riferito alla gru?) «Castigo ne castigetur».

Molto più tranquillizzante la proposta di un altro Gesuita, perdipiù francese, Charles de La Roue, che nel 1680 fa pubblicare a Parigi *Carminum Libri Quatuor,* il cui terzo libro, intitolato *Symbolicus,* contiene emblemi («symbola Heroica») dedicati a personaggi che hanno illustrato il mondo (Luigi XIV, Colbert, Corneille ecc.), ma anche un significativo richiamo alla pace che viene celebrata come grande conquista ma contemporaneamente segnalata nella sua fragilità. L'emblema, bellissimo, consiste di una sfera poggiante su un parallelepipedo (espressione quindi della «solidità» geometrica della ragione) e richiama da vicino il monumento funerario pensato da Goethe per sé medesimo. Il motto impiegato è «Pace ubique constituta»; ma l'insistenza sull'*ubique* a denotare la pienezza della pace raggiunta in Europa è accompagnata dal commento, scientifico e relativizzante, che aggiunge: «orbis in puncto planum tangens»: in un punto solo la sfera tocca il piano. E la sfera, si sa, è il simbolo della Fortuna e della sua instabilità!

Merita segnalare che i casi di emblematistica religiosa sono sempre più numerosi via via che ci si inoltra verso la fine del secolo: a riprova del fatto che i precetti morali si

---

[63] Freudenreiche Gemüts-Erquickung 435: l'opera è apparsa a Francoforte, presso Bourgeat, nel 1673, con le seguenti lettere a designare l'autore in frontespizio: G. A. H. S. P.

[64] Il titolo continua così: Das ist Der ganze Psalter in teutsche Verse übersetzt, sammt anhangenden kurzen Christlichen Gebetlein ... (Regensburg 1675).

[65] Sono, rispettivamente, i Salmi 101 e 120 recanti i motti «Ducentem sequimur» (p. 361) e «Taciturnitas secura» (p. 443), mentre un terzo emblema gruesco è quello relativo al Salmo 77, col motto «Oneror ne onerer» (p. 278).

vanno vieppiù concentrando in una didattica di tipo religioso, mentre è in via di definitiva affermazione una «scienza del mondo»[66] che ha il compito di trovare e fissare criteri puramente mondani – e sempre più scientifici – al riconquistato comportamento sociale. A illustrazione di questa separazione di campi su cui si regge in grande misura la politica «secolarizzata» dell'età moderna e contemporanea, vorrei citare, concludendo, un paio d'opere emblematistiche a carattere quasi enciclopedico, provenienti dal mondo religioso. Si stagliano due opere dell'incisore ed editore di Augusta Johann Ulrich Kraus. La prima è un tardivo ma molto interessante *Biblisches Engel- und Kunstwerk* in cui l'autore approfitta degli angeli per sbizzarrirsi in complicate illustrazioni barocche[67]. La seconda, un po' più interessante ma ormai fuori, comunque, dall'intensità tematica che il genere aveva posseduto in epoca precedente, s'intitola *Heilige Augen- und Demüths-Lust* e costituisce, in pratica, una sorta di Nuovo Testamento a fumetti, in cui il commento a qualche passo del testo sacro s'intreccia con molte immagini sacre e con qualche emblema[68], secondo una cadenza liturgica quotidiana che è già da sola indice di una certa disciplinarietà. Nel giorno del «Kirchen-Lehrers» ad esempio, fra gli emblemi che accompagnano la trattazione si può leggere «Amat victoria curam» e «Regitet corrigit» (con una mano divina che porge, dal cielo, redini). Nel giorno della decollazione di san Giovanni Battista, invece, sono raffigurate la Grammatica (o disciplina) che versa l'acqua in un vaso (con funzione di «contenitore») e la Giustizia col motto «Domino mandante» («Auff Befehl meines Herren» nella versione tedesca). Nel giorno di san Francesco infine vi sono altri due emblemi disciplinanti: «Amara sed salubris» recita il primo, «Sub pondere nitit» il secondo.

Del tutto priva di intenti edificatori è invece la splendida raccolta curata dall'abate Filippo Piccinelli Milanese, nei Canonici regolari Lateranensi Teologo, col titolo *Mondo simbolico*[69]. Si torna con essa alle imprese, da cui eravamo, col Giovio, partiti. Il Piccinelli si dilunga in interessanti definizioni dei vari generi «concettuali», ma non dice altro d'interessante ai nostri fini: il suo è un repertorio come quelli che si potrebbero fare, e si fanno, ancora oggi. Gli emblemi e le imprese sono classificati in modo sistematico. Il loro uso è del tutto funzionale: essi non servono più ad educare direttamente, ma a fornire materiale ai professionisti della comunicazione, che torna ad

---

[66] Su una delle vie di origine della «science du monde», come si affermò in un genere letterario proprio, anche se relativamente ridotto, nella Francia del XVII e XVIII secolo, si veda il saggio, in corso di pubblicazione, di *Nestore Pirillo*, Ragion di Stato e Ragione civile. Studio su Giovanni Della Casa.

[67] *Johann Ulrich Kraus*, Biblisches Engel- und Kunstwerk; Alles dasjenige, was in Heiliger Göttlicher Schrift Altes und Neues Testaments von den heiligen Engeln Gottes, Dero Erscheinungen, Verzichtungen, Bottschaften, Gesandschafften, auf manchlicher art und Weise aus Göttlicher Verordnung zu finden ist (Augsburg 1694).

[68] Il titolo si completa così: ... Vorstellend alle Sonn- Fest- und Feyertägliche, nicht nur Evangelien, sondern auch Episteln und Lectionen, Jene historisch, Diese auch Emblematisch, und mit curieusen Einpassungen, in vielen Kupfer-Stücken von fremder und ganz neuer Invention, sowohl zur Kunst-Übung als Unterhaltung Gottseeliger Betrachtungen wie auch Vermehrung der Kupfer-Biblen, und Auszierung aller Christlichen Postillen dienstlich (Kraus, Augsburg 1703).

[69] Formato d'imprese scelte, spiegate, ed illustrate con sentenze ed eruditioni, Sacre e profane, che somministrano a gli Oratori, Predicatori, Accademici, Poeti etc. infinito numero di concetti (Venezia, Baglioni, 1678).

acquistare, con la pace sociale e all'interno della società civile in rapido sviluppo, uno degli strumenti fondamentali della politica.

Giunti alla fine del complicato percorso che ci ha condotto, attraverso una letteratura di insospettata ricchezza, a porre in evidenza il problema della «socialità» e quello equivalente e complementare della «disciplina» come problemi cruciali del «nuovo mondo» europeo che si andava aprendo, durante il XVI e XVII secolo, all'attenzione e allo studio dei comportamenti dell'uomo nel mondo, non vi sono grandi conclusioni da tirare, quanto piuttosto precisazioni da compiere rispetto al tema più specifico intorno a cui ruotano il seminario e gli interessi prodiani.

Una prima parola vorrei spendere a difesa del tipo di fonte utilizzata. Mi riferisco naturalmente agli «emblemi» che rappresentano qualcosa di assolutamente tipico del periodo da me considerato e che dunque vanno valorizzati anche nel loro significato semiologico. Frutto diretto del clima culturale rinascimentale, essi ne traducono in atto nel modo migliore il carattere fondamentale, consistente, insieme, nel ricorso al passato antico come metro di misura e insieme modello di vita umana e nell'esigenza di ammodernare, di essere moderni, cioè di stabilire con il passato stesso un rapporto non di inerte continuità ma di dialettico distacco e direi anche contrapposizione. Sorge insomma qui il problema della «citazione», intesa nel suo senso letterale di allontanamento di alcunché dalla sua posizione originaria in una posizione nuova. Tal è infatti il ruolo degli emblemi e delle imprese che, facendo ricorso a sapienza antica, la applicano in modo libero ad esigenze attuali.

Ma se, per le imprese, tali esigenze erano, almeno a prima vista, quelle di celebrazione e di comunicazione della qualità di determinati personaggi, per gli emblemi esse si concentrano in un campo più generale ed obbiettivo, che è quello della dettatura di norme di comportamento, sulla base prioritaria di motivazioni di tipo etico. Da ciò deriva che negli emblemi (e nelle stesse imprese, in quanto queste ultime progressivamente vengono acquistando esse stesse finalità di carattere generale e obbiettivo) convivono temi e soggetti tratti o comunque riconducibili, alla cultura «classica», e messaggi invece tutti orientati verso la modernità. Essi sono insomma il canale di un importante slittamento semantico, che investe tutto il gran mondo della metafora rinascimentale e barocca. Loro carattere comune mi sembra essere quello della comunicazione di valori e comportamenti etici, nel senso dell'educazione, del disciplinamento e del controllo dei comportamenti sociali e politici.

Da questo punto di vista, si potrebbe arrivare forse a dire che l'emblematistica si sviluppa all'interno del più generale movimento di formazione e assestamento del moderno pensiero scientifico, che ha di mira – in quello stesso torno di tempo – la registrazione, descrizione analitica (quando non illustrazione grafica), classificazione e sistemazione dei fenomeni naturali. Gli emblemi svolgerebbero allora, sul piano dell'etica, della filosofia morale, per non dire della stessa filosofia politica o scienza sociale in formazione, un ruolo simile a quello in atto, per altre vie, in campo medico, naturalistico e fisico[70]. Si tratterebbe insomma, in certa misura, di una raccolta di ele-

---

[70] Ho già richiamato l'attenzione sull'affinità esistente fra il più grande emblema dell'età moderna, la Melancholia I di Albrecht Dürer (1514) e la Fabrica humani corporis del Vesalio (1543):

menti di base da cui, in modo induttivo, sarà in seguito possibile costruire sistemi di conoscenza e d'interpretazione del comportamento umano – a livello individuale, sociale e politico – che sfoceranno infine nella grande produzione filosofica dell'età moderna. Se l'accostamento può sembrare un po' forzato, non si dimentichi però che intento degli emblemi, rispetto alla precedente trattatistica sulle virtù di epoca medievale, è proprio quello di garantire una certa qual oggettivazione, spersonalizzazione, astrazione dei comportamenti individuali, alla luce della prospettiva direi quasi «statistica» che si andava affermando, in quello stesso periodo, in altri ambiti di trattazione del comportamento individuale[71]. Ciò alla luce, naturalmente, del profondo mutamento intervenuto, grazie alla lunga gestazione medievale e alla rivoluzione rinascimentale, in capo allo stesso concetto di individuo, finalmente riconosciuto come soggetto responsabile di comportamenti, e dunque anche come destinatario dell'opera di «istituzione», educazione e disciplinamento da parte delle strutture pubbliche preposte al buon ordine e funzionamento della vita associata.

Se ciò vale, da una parte, per la Chiesa[72], vale a maggiore ragione per gli ambiti «laici» e «mondani» della vita, secondo il processo di separazione dei due piani che costituisce, anche alla luce dei grandi risultati della ricerca di Paolo Prodi, una delle componenti preliminari ed essenziali dello sviluppo della politicità moderna. Anche la «laicizzazione» del giuramento a partire dalla prima età moderna rappresenta, infatti, un indicatore importante di quel processo: il fenomeno può infatti mettersi in moto e affermarsi solo grazie al consolidamento del dato nuovo dell'esistenza storica di soggetti individuali, fra loro facilmente omologabili, di azione sociale e politica. Si tratta degli stessi soggetti-individui a cui si rivolgono i miei emblemi. La caratteristica principale della loro esistenza consiste nel fatto di poter essere raggiunti direttamente, quasi indistintamente, da messaggi normativi. Alla lunga questi ultimi assumeranno la forma di «norme» nel senso tecnico-positivo dei nostri giorni. A me pare che gli emblemi si muovano già in tale direzione, esprimendo una tendenza di modernizzazione e scientifizzazione dei comportamenti sociali e politici degna di rilievo. In essa occupano un posto rilevante le due funzioni dell'educazione e del disciplinamento, riassumibili in quella, a torto intesa prevalentemente in senso peggiorativo, di indottrinamento, sulla base del ruolo rilevante occupato, nella sempre più complessa vita «moderna», dalle «dottrine», che non a caso in antico coincidevano con le «discipline».

Piuttosto che stare ora a mostrare le differenze, piccole e grandi, intervenute nel

*Fortsetzung Fußnote von Seite 151*

*Pierangelo Schiera*, Melancolia e disciplina: considerazioni preliminari su una coppia di concetti all'alba dell'età moderna, in: Studi politici in onore di Luigi Firpo, a cura di *Silvia Rota Ghibaudi* e *Franco Barcia*, vol. I (Milano 1990) 257–277.

[71] Dalla grande letteratura sull'origine e il ruolo della statistica nella realtà politica moderna mi limito a citare il saggio di *Mohamed Rassem*, Riflessioni sul disciplinamento sociale nella prima età moderna con esempi dalla storia della statistica, in: Annali dell' Istituto storico italo-germanico in Trento 8 (1982) 39–70.

[72] Così si spiega l'enorme e non ancora indagata a fondo produzione emblematistica di tipo religioso, nell'ambito di entrambe le confessioni: cfr. *Carsten-Peter Warncke*, Emblembücher cit., che nell'introduzione parla della «... nur sehr lückenhaft bekannten Erbauungsliteratur beider Konfessionen».

campo della comunicazione istituzionale e politica a partire dai grandi cicli di affreschi o dai piccoli codici miniati medievali fino ai moderni libri di emblemi, in cui poté esplicarsi in tutta la sua ricchezza l'arte dei grandi incisori (e pittori) moderni, conviene insistere sull'efficacia pratica che questi ultimi poterono esplicare nel nuovo sistema di relazioni pubbliche in via di assestamento a partire dalla prima età moderna. Esso si contraddistingue, secondo una ricostruzione «tradizionale» che non appare a mio avviso ancora superata, per l'esistenza riconosciuta di due grandi strutture di «contenimento» dei comportamenti collettivi: lo Stato moderno da una parte, la società (a lungo «per ceti», ma progressivamente sempre più «civile») dall'altra. Strutture di contenimento che, come ci ha insegnato meglio di tutti Gerhard Oestreich, possono facilmente essere intese anche come strutture di «disciplinamento».[73]. La «condotta di vita» dei soggetti politici individuali, infatti, diventa inevitabilmente la funzione primaria della sintesi politica realizzata nello Stato. E la condotta di vita non può prescindere dalla «disciplina», intesa quest'ultima come la valvoa che regola i flussi intercorrenti fra comando del detentore del potere e obbedienza dei sudditi. Gli strumenti per regolare quei flussi furono molteplici: fra essi ebbero un loro relievo anche gli emblemi, proprio per la già accennata possibilità che essi esprimevano di raggiungere i destinatari del messaggio comportamentale direttamente, a titolo individuale, prescindendo dalla necessaria fruizione pubblica e collettiva che esigevano i grandi cicli di affreschi medievali (ma superando anche il semplice livello dell'immagine, che ciascuno possiede già autonomamente nella propria testa e che non è dunque dimensionata in senso sociale).

Ho insistito, nel mio rapporto, su messaggi ben precisi desunti dall'emblematistica europea. Si tratta di alcuni, pochi messaggi fra molti. Non voglio esagerare sulla loro rappresentatività, poiché la mia ricerca si è svolta, in realtà, in modo non specificamente mirato ed è dunque ben lungi dall'essere esaustiva e completa. Mi pare tuttavia che l'insistenza portata al tema della socialità, in contrapposizione a quello dell'isolamento dal mondo, e al tema della disciplina possa essere utile a sottolineare una delle premesse di fondo della moderna vita politica, senza la quale non sarebbe neppure spiegabile il processo di laicizzazione – e di crescente acquisizione di significato meramente politico – del fenomeno stesso del giuramento: mi riferisco alla necessaria disposizione (naturale o artificale che sia) degli uomini individui a praticare vita associata.

Vorrei suffragare questo punto con qualche ultima considerazione dedotta di nuovo, come in apertura, dal Kantorowicz. Nel sua famoso saggio *On transformations of Apolline Ethics,* egli discute il tema della doppia qualifica dell'Imperatore come guerriero e come legislatore. Alla pressante domanda di chiarimento del giovane, l'Imperatore risponde che vi sono, nella sua azione, due tempi: uno di guerra e uno di pace. Nel

---

[73] Di *Gerhard Oestreich* è stata recentemente pubblicata l'antica tesi di abilitazione (1954) dal titolo Antiker Geist und moderner Staat bei Justus Lipsius (1547–1606). Der Neustoizismus als politische Bewegung (Göttingen 1989); ma vanno naturalmente tenuti presenti almeno i tre volumi collettanei: Geist und Gestalt des frühmodernen Staates. Ausgewählte Aufsätze (Berlin 1969), Strukturprobleme der frühen Neuzeit. Ausgewählte Aufsätze, a cura di *Brigitta Oestreich* (Berlin 1982) e Neostoicism and the early modern state, a cura die *Brigitta Oestreich* e *Helmut G. Koenigsberger* (Cambridge 1982).

primo egli opera per mezzo delle armi; nel secondo per mezzo delle leggi ... «And thus he will punish the evil doings of the culprists; and by that he will become a man most religious *(religiosissimus)* and most holy *(sanctissimus)* when he punishes the evil doings; because it is a very religious work and very holy to punish evil doings or evil doers».[74].

Kantorowicz prosegue notando la nuova prospettiva che il discorso di Giustiniano aveva conquistato dallo spirito rinascimentale, «... and the Renaissance emblem books – inseparable from the name of Alciati anyhow – gave the visual recording of a changing mood».[75]. Vengono da lui citati alcuni emblemi che riprendono esplicitamente la formula giustinianea. George Wither, nella sua *Collection of Emblems Ancient and Modern*[76], mostra il principe, in bilico sul globo sormontato dalla croce, con una spada nella mano destra e un codice nella sinistra, col motto «Legibus et armis». Silvestro Petrasanta, *De Symbolis Heroicis*[77], illustra l'impresa dell'Imperatore Federico III con un braccio guantato di ferro reggente una spada al di sopra di un libro aperto, col motto «Hic regit, ille tuetur». Il già citato Wither riprende il «concetto» in un altro emblema raffigurante una spada che protegge le due tavole dei Dieci comandamenti, col motto «Lex regit et arma tuentur». Ma tutto ciò non è, per Kantorowicz, una semplice riedizione della medievale compresenza dei due strumenti delle armi e delle leggi nelle mani del principe, quanto piuttosto un sostanziale passo avanti nella direzione aperta dal Rinascimento, col suo ideale di principe, cultore e padrone insieme delle armi e delle lettere: incarnazione della *Virtus* rinascimentale[78].

Certamente è proprio la *virtus* lo snodo che consente di saldare queste ultime considerazioni con la forte preoccupazione disciplinante che ho sottolineato nel mio intervento. Si tratta d'altra parte di un tema che è giusto porre alla conclusione del discorso, senza pretendere neanche di sfiorarlo nelle sue immense implicazioni. C'è solo da precisare che, nell'epoca che abbiamo considerato, essa trapassa sempre più da *virtus* del principe in *virtus* dei sudditi[79]. Essa sta per diventare «virtù mercuriale», forza creativa, capacità produttiva, impegno diretto nel mondo. Dev'essere però guidata, sorretta, educata, istituita, per divenire «condotta di vita», *Lebensführung*[80]. A ciò servono,

---

[74] *Kantorowicz*, On transformations 405–406 note 35 e 36.

[75] Ibid. 407, che cita, aproposito di una «jurisprudence conquered by humanism», *Domencio Maffei*, Gli inizi dell'umanesimo giuridico (Milano 1956).

[76] London 1635, Book III, 29, 163.

[77] Antwerp, 1634, n. 224.

[78] Ciò risulterebbe in particolare da un'impresa di *Claude Paradin* e *Gabriello Symeoni*, Symbola Heroica (Antwerp 1583) (ma *Kantorowicz* – 407, nota 42 – suggerisce trattarsi probabilmente di un prodotto del Symeoni), recante il motto lapidario «Ex utroque Caesar» e rappresentante Cesare in bilico sul mondo, con nelle due mani una spada e un libro.

[79] Per citare ancora *Kantorowicz*, Mysteries of State 381: «Only the objectives changed, as the center of gravity shifted, so to speak, from the ruling personages of the Middle Ages to the ruled collectives of early modern times, to the new national states and other political communities ... Therewith sociological problems began to shape ecclesiological problems and, vice versa, ecclesiology, sociology ...».

[80] Ibid. 382: «... It is here in these waters – brackish waters, if you prefer – that the new state misticism found its breeding and dwelling place»: da sottolineare l'impiego, da parte di Kantoro-

anche, le armi e le lettere nelle mani del principe, oltre, naturalmente, alle leggi. Il grande processo di disciplinamento che domina l'esordio dell'età moderna ha questo significato. Lo Stato e la società si configurano come apparati di direzione e di controllo. L'intreccio di elementi religioso-sacrali e di elementi pratico-operativi, che aveva condizionato la nascita della politica moderna in età medievale, diventa insieme più esplicito e più misterioso: lo Stato nascente si deve presto munire di suoi propri *arcana*, derivandoli come ci ha insegnato Kantorowicz in gran parte dagli attributi antichi della Chiesa. Fra questi occupa un posto privilegiato quello che fa sì che i sudditi si identifichino col principe, per cui, per usare la felicissima espressione di Maitland, «the nation stepped into the shoes of the Prince».[81]. Nasce così, anche per Kantorowicz, la «teologia politica», all'interno della quale il giuramento svolge il ruolo che ormai, grazie a Paolo Prodi, sappiamo.

Non dunque solo il «mistero» della «King's Prerogative» e del «King's Power»[82], ma anche, almeno allo stesso titolo d'importanza, quello dell'identificazione dei sudditi con il principe[83], in cui consiste il carattere preciso e ineludibile dello «Stato moderno»: «the king in his body politic is incorporated with his subjects, and they with him» affermano i giuristi inglesi all'epoca di Elisabetta e Francesco Bacone parla di «corpus corporatum in corpore naturali, et corpus naturale in corpore corporato»[84]. Per quanto accettabile sia, in chiave storica, la fondazione «legalistica», giuridica e formale, di questo mistero teologico-politico, non si può trascurare neppure la forte tensione «sociale» che un'impostazione del genere dovette comportare. Se la legge è la via maestra lungo la quale il principe riesce a trasformarsi in «body corporate», non pare illegittimo chiedersi per quale via i sudditi possano accettare la loro incorporazione nel «body natural» del principe. Nulla infatti vi è di più misterioso del procedimento per cui i sudditi rinunciano a contestare l'esercizio del potere sovrano, nulla di più misterioso dell'incondizionata obbedienza politica su cui s'installa non solo l'assolutismo moderno ma tutta l'esperienza statale fino ad oggi. Non mi sembra da escludere che l'educazione degli individui alla socialità, attraverso l'esercizio della disciplina, sia una delle vie per comprendere, se non quel mistero, almeno la modalità con cui esso poté venire esercitato. Gli emblemi di cui mi sono servito sono solo una fonte fra le molte che hanno concorso a creare la disposizione alla socialità e all'obbedienza collettiva dei sudditi. Altre ve ne sono che andrebbero esaminate, nel grande mare della letteratura pedagogica minore della prima età moderna. Fonti poco note e ancora meno utilizzate in chiave d'interpretazione politica: eppure fondamentali per la ricostruzione di un *ar-*

*Fortsetzung Fußnote von Seite 154*

wicz, dei due termini ippologici di breeding e dwelling, da intendere proprio nel significato metaforico di dressage, di educazione del cavallo e del cavaliere (cfr. *Schiera*, Socialità e disciplina).

[81] *Frederic William Maitland*, Moral Personality and Legal Personality, in: Selected Essays (Cambridge 1936) 230, citato da *Kantorowicz*, On transformations 382.

[82] È sempre *Kantorowicz*, ibid. 383, a proposito di Giacomo I, nella sua «Proclamation» del 1610.

[83] Se è vera la ricostruzione di *Kantorowicz*, ibid. 383 (nota 13) che riporta l'origine della tradizione «misterica» dello Stato alla legge del 395 degli Imperatori Graziano, Valentiniano e Teodosio secondo cui «Disputari de principali iudicio non oportet: sacrilegii enim instar est dubitare, an is dignus sit, quem elegerit imperator».

[84] *Kantorowicz*, ibid. 391, nota 55.

*canum* che sembra tuttora ben presente e vivo nelle nostre convivenze politiche, anche dopo che la figura sacra del principe è venuta meno ed è venuta meno la stessa portata teologico-politica del giuramento, nella crisi profonda che ha colpito, almeno da un secolo a questa parte, la dominanza millenaria esercitata dal diritto nella fondazione del potere politico[85].

## Zusammenfassung

Die Embleme unterscheiden sich von der Gesamtheit der ikonologischen Literatur der Renaissance dadurch, daß sie nicht nur eine beschreibende und (aus der klassischen Antike) zitierende Eigenschaft aufweisen, sondern daß ihnen (auf sittlicher Ebene) auch eine experimentelle und praktische Bedeutung zukommt.

Die „Embleme" stellen etwas für den untersuchten Zeitraum absolut Typisches dar und müssen ihrer semiologischen Bedeutung entsprechend gewertet werden. In ihnen kommt eine bemerkenswerte Tendenz zur Modernisierung und Verwissenschaftlichung der politischen und gesellschaftlichen Verhaltensweisen zum Ausdruck. Besondere Bedeutung wird dabei den beiden Funktionen Erziehung und Sozialdisziplinierung beigemessen.

Staat und Gesellschaft sind einschränkende Strukturen, die, wie uns besonders Gerhard Oestreich gelehrt hat, leicht als Disziplinierungsstrukturen aufgefaßt werden können.

Von der europäischen Emblematik gehen präzise Botschaften aus: Der Nachdruck, der dem Thema der Sozialität gegenüber dem der Zurückgezogenheit von der Welt sowie der Disziplin verliehen wird, trägt dazu bei, eine der Voraussetzungen des modernen politischen Lebens – und zwar der Bereitschaft des einzelnen zum gesellschaftlichen Zusammenleben – zu unterstreichen.

Schlußfolgerung. Kantorowicz und die *arcana imperii:* nicht nur die des Staates, sondern auch die der Gesellschaft und unter ihnen jene, die den politischen Gehorsam betreffen.

---

[85] In tal senso potrebbe essere aggiornata la conclusione posta da *Kantorowicz* al suo citatissimo saggio, 398: ‹It is from these strata of thought, I believe, that the absolutist concept ‹Mysteries of State› took its origin and that, when finally the Nation stepped into the pontifical shoes of the Prince, the modern ABSOLUTE STATE, even without a Prince, was enabled to make claims like a Church.› Cfr. anche *Pierangelo Schiera,* Da un assolutismo all'altro, in: ‹il Mulino› 224 (1973) 1024–1034.

## Adriano Prosperi

## Fede, giuramento, inquisizione

Non solo l'ambiguità semantica tra fede come impegno a mantenere una promessa e fede come convinzione religiosa, ma anche e soprattutto i complicati legami storici tra questi due aspetti della «fides» ci costringono ad affrontare la questione sotto il profilo delle autorità e delle istituzioni chiamate a tutelare il «bonum fidei» – in primo luogo, l'Inquisizione. Il fatto è che la «fides» come patto, promessa, parola data (eventualmente, ma non soltanto fra uomo e Dio) ha intessuto col giuramento rapporti di vario genere nella storia del cristianesimo europeo. Di volta in volta, prevalendo l'importanza della tutela della fede come legame sacro o quella della fede come patto fra uomini, si sono venute modificando le attribuzioni e le modalità di funzionamento del tribunale che si occupava della fede, l'Inquisizione. Il tema è troppo vasto perché lo si possa esaurire qui. Ma ne affronteremo due momenti: quello dell'importanza del giuramento all'interno della procedura inquisitoriale contro gli eretici e quello dello sforzo di distinguere la «fides» come parola data, patto sociale, dalla fede come adesione dottrinale a una chiesa o a un gruppo religioso.

Per quanto riguarda il primo aspetto, va detto che l'importanza del giuramento nella storia dell'Inquisizione sembra destinata ad accrescersi man mano che procedono gli studi sulle origini e sui caratteri di questa istituzione e di questa forma processuale. La ricostruzione più attendibile delle origini del processo inquisitoriale, quella proposta da Trusen, ci riporta infatti al procedimento per «mala fama» attestato in età carolingia: dalla «mala fama» ci si poteva difendere per mezzo del giuramento pubblico. E, come ha notato Raoul C. van Caenegem, nell' «inquisitio» di età carolingia il giuramento ha un'importanza estrema[1]. Ora, come l' «inquisitio» carolingia, il processo inquisitoriale nasce fondamentalmente dalle voci raccolte dall'inquisitore, questa singolare figura di giudice-poliziotto, che non ha bisogno, per avviare la sua opera, che ci sia una accusa. Gli basta che esista una voce, una pubblica fama. Formalmente, il processo inquisitoriale potrà sempre essere avviato da una precisa accusa, o da testimonianze raccolte in altri procedimenti; ma nella sostanza è l'esistenza della fama pubblica, di voci raccolte qua e là, che legittima l'avvio del procedimento. Il sospettato è subito definito «reus», può essere incarcerato e processato. E, al termine del processo, ritroviamo quel giura-

---

[1] «Serment purgatoire du défendant, parfois serment préalable du demandeur, serment des témoins, serment même en cas de duel judiciaire ... acte rituel et solennel, prêté sur une ‹res sacra›, qui était souvent une rélique de saint». *Raoul C. van Caenegem*, La preuve dans le droit du Moyen Age occidental, in: Recueils de la Société Jean Bodin, XVII, La preuve, II partie: Moyen Age et temps modernes (Bruxelles 1965) 708.

mento tipico del «Defamationsprozess» di età carolingia: solo che il giuramento pubblico si trasforma, nella procedura inquisitoriale matura, nella «abiura». L'abiura è normalmente pubblica; anche l'accusato contro il quale non è stato possibile trovare prove deve tuttavia alla buona fede della comunità in cui vive una pubblica e giurata dichiarazione di rifiuto dell'eresia e di adesione alla dottrina ortodossa. In questo consiste l'abiura. Essa è un omaggio alla «fides publica».

L'abiura è il più importante ma non l'unico tipo di giuramento che si incontra nel processo per eresia. Il giuramento si incontra a ogni passo del processo: l'eretico – chi è sospetto d'eresia, il «reus» – deve giurare sempre, all'inizio del processo; e in genere deve compiere l'operazione analoga e contraria dell' abiurare alla fine del processo. Debbono giurare tutti: i testimoni, ma anche il notaio dell'Inquisizione quando assume l'incarico. Erano atti di grande solennità: toccando i Vangeli, si giurava solennemente, con formule che evocavano grandi e terribili punizioni. Il giuramento iniziale, così come viene riferito nei manuali (p. es. Eymeric) consisteva nel promettere obbedienza alla Chiesa, e promettere altresì di rispondere sinceramente alle domande, di denunziare gli eretici conosciuti e di sottomettersi alle penitenze[2]. Accettare il giuramento era già una prova di obbedienza all'autorità ecclesiastica; rifiutarlo era equivalente a una ammissione aperta di eresia.

Il valore magico del giuramento trovò sulla sua strada, in sede processuale, le opposte resistenze della tradizione giuridica e dei valori religiosi fondati sul letteralismo evangelico. Questi ultimi furono liquidati con l'accusa di eresia. Eretici furono ritenuti coloro che, applicando alla lettera il modello evangelico, si rifiutavano di giurare. Nei loro confronti, il giudice doveva essere pronto a sviluppare un'abile schermaglia, per portarli a giurare senza però offrire loro il destro di considerarsi vittime di una costrizione. Una pagina molto eloquente della *Practica Inquisitionis haereticae pravitatis* di Bernard Gui è destinata a istruire il giudice perché non si faccia mettere nel sacco dall'eretico a questo proposito: si tratta, secondo Gui, di ottenere un libero giuramento, mentre gli eretici sono disposti a giurare ma solo se il giuramento viene loro imposto. Dal punto di vista dell'inquisitore, solo il giuramento liberamente pronunziato consentiva «che se più tardi si venisse a scoprire che [il reo] è stato spergiuro, possa venir consegnato al braccio secolare senza ulteriore interrogatorio»[3]. Ma anche sul terreno della tradizione giuridica sorsero ostacoli e furono avanzate obiezioni: non era forse un diritto fondamentale dell'individuo quello di non essere costretto a danneggiare se stesso? e dunque, se l'accusato era costretto a giurare di dire la verità ma era anche autorizzato a difendere la sua vita e i suoi beni, non si creavano così le condizioni per un uso sistematico dello spergiuro? L'obiezione, diffusa nella letteratura giuridica, trovò orecchie attente tra gli inquisitori che su quella letteratura si formavano e si fondavano. Anche in questo caso, non si risolse realmente il problema ma si ricorse a uno «escamotage»: ne troviamo traccia non nei verbali dei processi ma nelle discussioni dei giuristi. Racconta uno di loro che, per evitare il rischio di spergiuro, si faceva prestare giuramento non toccando davvero i vangeli ma un qualsiasi testo. Il «reus»

---

[2] Cfr. *H. C. Lea*, Storia dell'Inquisizione (Torino 1910) 462–463.
[3] E' riportata anche da *Lea*, 478–481.

credeva di aver toccato il vangelo ma il giudice sapeva che non era così. E, poiché gli ecclesiastici erano capaci di accorgersi del trucco, a loro si chiedeva una forma diversa di giuramento: non dovevano giurare toccando scritture di alcun tipo, ma solo ponendo la mano sul petto[4]. Sono aspetti poco noti del processo inquisitoriale, anche perché si assume normalmente che i verbali dei processi siano quei fedeli specchi della realtà processuale che la manualistica inquisitoriale descrive. In realtà, indizi di questo genere mostrano che non si voleva rinunziare all'effetto che il giuramento aveva sui «rei».

Il processo inquisitoriale è il luogo più alto ed estremo di imposizione del controllo ecclesiastico sui reati di parola e di comunicazione sociale. Se è vero, com'è stato osservato, che la cultura ecclesiastica rafforza nel tardo Medioevo i suoi dispositivi di controllo sulla comunicazione verbale raggruppando sotto l'ottavo comandamento i reati di parola, è vero anche che l'Inquisizione si offre come il braccio armato di quel controllo: la sua lunga lotta per imporre contro i tribunali laici la sua giurisdizione sul delitto di bestemmia ne è una conseguenza[5].

Nella conduzione normale del processo, l'obbligo di dire la verità non era limitato a ciò che veniva detto sotto giuramento: i testimoni che non dicevano tutto ciò che sapevano, correvano il rischio di essere considerati fautori degli eretici anche se deponevano senza giuramento[6]. Ovviamente, ancor più grave e sacro era il vincolo che si stringeva col giuramento. L'atto del giurare aveva conseguenze importanti non solo sul piano giuridico-formale ma anche e soprattutto su quello dell'esperienza vissuta, nel mondo mentale di chi passava attraverso di esso. Sul piano giuridico-formale, quando il sospettato si era sottoposto al giuramento e aveva anche recitato l'abiura, poteva sì essergli risparmiata la pena di morte ma si ponevano le premesse perché, una volta che lo si fosse ritrovato caduto in eresia, lo si potesse consegnare al braccio secolare e mandarlo a morte come spergiuro. Quanto al piano più sfuggente ma non meno importante della mentalità, bisogna rifarsi a quello che potremmo chiamare il valore performativo della parola solenne recitata con rituali appositi. Il giuramento liberamente pronunziato aveva sanzioni immediate per chi lo pronunziava: era una parola «performativa», produceva effetti reali. Dunque, se era un giuramento falso, si assumeva comunemente che avesse conseguenze immediate e terribili su chi lo pronunziava.

La mancanza di ricerche specifiche su questo punto ci impedisce di misurare quanto fosse temuto il potere delle parole e del rituale del giuramento. Va detto che il rituale, così come è descritto nei manuali, aveva forme solenni e impressionanti: «Io N. costituito personalmente in giuditio e inginocchiato avanti di voi, Padre Inquisitore e

---

[4] «Et laici ... iurant non propositis, et tactis Evangeliis et sacris scripturis, sed quavis alia scriptura, ut generali consuetudine inolevit ... Clerici vero iurant manibus ad pectus positis» (*Flaminii Chartarii I. U. C. Urbevetani* Theoricae et praxis interrogandorum reorum libri quatuor [Venetiis apud Ioannem Zenobium 1596] 78; ivi, 76, il rinvio a Giulio Claro).

[5] Cfr. l'importante studio di *C. Casagrande* e *S. Vecchio*, I peccati della lingua. Disciplina ed etica della parola nella cultura medievale (Roma 1987): e v. delle stesse autrici il saggio «Non dire falsa testimonianza contro il tuo prossimo». Il decalogo e i peccati della lingua, in: La città e la corte. Buone e cattive maniere tra Medioevo ed Età moderna, a cura di *D. Romagnoli* (Milano 1991) 83–107.

[6] Cfr. *D. Zanchini Ugolini*, De haereticis (Romae, apud haeredes A. Bladii 1568) 25.

Mons. Vicario etc, avendo avanti gli occhi miei li Sacrosanti Evangelii, quali tocco con
le proprie mani»; e anche i giudici ripetevano una formula analoga al momento della
sentenza: toccavano «li santi Evangelii, acciò dal Volto di Dio proceda il nostro giudi-
cio e gli occhi nostri veggano l'equità».[7] La fede nel potere sacro della parola rituale era
comune al giudice e al giudicato. Era la stessa fiducia nel valore delle formule sacre che
trovava vasto campo per esercitarsi nel mondo della preghiera: le formule di preghiera
si videro lungamente riconosciuto un potere che dipendeva dall'esatta ripetizione di
determinate parole in un contesto rituale dato. Questo potere trovava concordi i
mondi della religione ufficiale e di quella «popolare», «superstiziosa», più o meno so-
spetta e proscritta. Era un valore della parola che, ancora alla fine del '400, impediva a
chi aveva un litigio di pronunziare la formula del «Pater» «et dimitte nobis debita sicut
et nos dimittimus» (se ne ha testimonianza nell'interpretazione del Pater di Girolamo
Savonarola[8]). Nel caso della procedura inquisitoriale, tuttavia, sembra che si possa ri-
scontrare un modificarsi se non delle formule almeno della interpretazione ufficiale
del significato dell'abiura: l'eretico che ha abiurato, se trovato nuovamente colpevole di
eresia, viene condannato a morte senza altro processo non come spergiuro ma come
«relapso», cioè in quanto recidivo. I manuali inquisitoriali della età moderna insistono
su questo aspetto, il che significa che sostituiscono al criterio della infrazione della parola sacra quello di una specie di regola del gioco per cui è possibile sbagliare solo una
volta: e, quando debbono giustificare la necessità di lasciare al braccio secolare il «relapso», argomentano in nome della lezione da dare a chiunque fosse tentato di cadere
in eresia, insistono insomma sul carattere esemplare e terrorizzante della pena. All'eretico che, pentito, ritorna in grembo alla Chiesa e alla vera fede, si chiede non solo di
giurare di dire la verità all'inizio del processo, ma anche di compiere il movimento opposto di «abiurare» l'errore. Colui che, caduto nell'errore, si pente e abiura, può essere
accolto di nuovo nella Chiesa; colui che rifiuta di abiurare, deve essere mandato a
morte come impenitente; colui infine che, avendo già una volta abiurato, si fa di nuovo
sorprendere nell'eresia, mostra che quel suo giuramento non era forse sincero e comunque non era stato mantenuto; per questo, la sua nuova abiura viene sì accettata ma
la pena capitale viene ugualmente eseguita. La giustificazione di questo esito tiene
conto della «salus civilis»: bisogna punire per eliminare lo scandalo, ma bisogna anche
tener conto del sospetto che quel primo giuramento o abiura non fosse sincero. Lungo
questa linea di divisione si incontra il rapporto tra foro interno e foro esterno: il reato
di eresia considerato come «peste» e malattia dissolvente il legame sociale, si configura
come un reato sociale, che non riguarda solo l'anima dell'eretico o sospetto di eresia
ma l'intera società. La necessità di una sanzione pubblica discende da qui.

Intanto, dal mondo dei processati giungono testimonianze che provano il perdurare

[7] La formula dei giudici si veda in *Masini, Sacro Arsenale* ... (Roma 1693) 317–318. Quanto
all'abiura, essa veniva registrata con questa formula: «N... genuflexus coram dictis d. iudicibus, sa-
crosancta Dei Evangelia coram se posita manibus corporaliter tangens, abiuravit ...» (ivi, 319). Il
termine tecnico di «abiuro» si unisce a una intera famiglia linguistica nelle formule processuali:
«abiuravi, iuravi, promisi et me obligavi» (ivi, 323).
[8] Si veda di chi scrive Les commentaires du ‹Pater noster› entre XVe et XVIe siècles, in: Aux ori-
gines du catéchisme en France (Desclée, Paris 1989) 87–105.

di un senso sacro del valore performativo dell'abiura, come qualcosa che operava di per sé una frattura irrimediabile; e se chi abiurava lo faceva sapendo di mentire, gli effetti potevano essere devastanti. Nella storia della Riforma, è celebre il caso di Francesco Spiera, giureconsulto patavino, che nel 1549 cadde in una disperazione profonda dopo essersi lasciato convincere a rinnegare con l'abiura le sue idee. Il suo caso divenne celebre perché intorno a lui si affollarono uomini di diverse convinzioni religiose che cercarono quasi tutti di confortarlo a fidare nella misericordia di Dio: ma tutto fu inutile. Lo Spiera si considerava già morto pur essendo ancora in vita e di fatto morì in brevissimo tempo; la sua vicenda assomiglia a quelle dei primitivi del Pacifico studiati da Robert Hertz e soprattutto da Marcel Mauss nel suo saggio su «l'Effetto fisico nell'individuo dell'idea di morte suggerita dalla comunità»[9]. Il suo caso va letto anche in questo senso, come prova del valore attribuito alle formule di distacco e di rifiuto per la loro efficacia performativa.

Bisognerebbe fare un giorno la storia delle riserve mentali, attenuazioni e riti apotropaici con cui si tentava di ridurre l'efficacia temuta del giuramento per verificare sui processi quanto a lungo si mantenesse nella mente degli inquisiti il valore sacro – o, come abbiamo proposto, «performativo» – attribuito alla formula dell'abiura. Evitare o ridurre l'uso del giuramento era, del resto, anche il consiglio dato da chi aveva responsabilità di governo pastorale; nella stessa direzione, si potevano mobilitare gruppi di laici devoti: a metà '500 nella diocesi di Salerno troviamo in vita delle confraternite «de giuramenti» dove, «per levare questa male usanza, hanno ordinato che quello che giurerà per ogni volta darà una lemosina, et se non ha da darla, farà una croce in terra et la bacierà».[10] E anche questa è una conferma sia del perdurare del valore sacro del giuramento sia del tentativo di «Entzauberung» del linguaggio perseguito a diversi livelli e con diversi metodi dalle stesse autorità ecclesiastiche.

Ma ridurre il ricorso all'uso del giuramento era un modo per salvaguardarne il valore e l'autorità. Ben più rivelatore dell'importanza del giuramento nella coscienza dei fedeli è la serie di artifici messa in opera per offrire una scappatoia a quanti, costretti a contrarre un vincolo basato sul giuramento, volevano incrinare l'efficacia della formula. E' su questa strada che si incontra tutta una serie di distinzioni e di attenuazioni sfociate alla fine nella invenzione del celebre artificio morale della «riserva mentale»; ora, la «riserva mentale», se arrivò col tempo a significare una opposizione tra ciò che si pensa e ciò che si dice, alle origini non incrinò affatto il valore della parola nella sua capacità di modificare la realtà; fu piuttosto un artificio per allargare la sfera della formula solenne alle parole formulate mentalmente e non pronunziate. Si poterono così considerare parte integrante della formula anche le parole pronunziate nel segreto della coscienza: dunque, le parole pronunziate sotto giuramento conservavano il loro valore, ma si doveva tener conto di tutte le parole, anche di quelle che il giudice e gli

---

[9] Il saggio è del 1926; cfr. M. *Mauss*, Sociologie et Anthropologie (Paris 1950) (trad. it. in *M. Mauss*, Teoria generale della magia [Torino 1991] 330–350).
[10] Avvertimenti per le persone ecclesiastiche, et massime per li curati della Diocese metropolitana di Salerno et come si dovranno portare con loro stessi, et ancora con li suoi parochiani in publico, et nel sacramento della Penitentia, fatti per il Reverendiss. Monsignore Gasparo Cervantes de Gaeta Arcivescovo di Salerno (Roma, per li heredi delli Dorici s.a.) c. 34V.

astanti non potevano percepire. Se non le aveva sentite il giudice terreno, ben le aveva
udite il giudice divino, unico garante della efficacia di patti e giuramenti: e poiché il
giudizio di Dio era ben più importante di quello del giudice terreno, si poteva stabilire
una graduatoria di importanza in cui stavano al primo posto le parole segrete e al secondo posto le parole proferite. E' una storia che, com'è noto, ha un passaggio importante nel canone «Humanae aures» che Graziano raccolse dai «Moralia» di Leone Ma-
gno. Fu il celebre dottor Navarro, Martin de Azpilcueta, a portare alle estreme conseguenze questa distinzione, inventando la formula della «oratio mixta»: poiché un discorso può essere fatto di una parte vocale e di una parte mentale, non commette
spergiuro chi giura sulla verità di un'affermazione di cui proferisce vocalmente una
parte riservandosi mentalmente una parte aggiuntiva[11]. Il caso a cui il Navarro si rife-
riva era quello della promessa di matrimonio: non propriamente un giuramento, ma
un contratto, una parola dal valore sacramentale capace di modificare istantaneamente
e per sempre il rapporto tra due persone e tra due famiglie. La questione era delicata:
con lo scambio matrimoniale si modificava il rapporto tra gruppi sociali. E' a questo
livello che anche gli studi antropologici hanno affrontato la questione della «fede giurata» nelle culture primitive[12]. Nella storia europea, il lungo sforzo della Chiesa per
controllare la materia matrimoniale passò dunque attraverso il ricorso al giudizio del
giudice divino, sottraendo così la materia all'accertamento del giudice umano. Ma
l'espediente utilizzato dal dottor Navarro fu importante per lo straordinario successo
che incontrò in generale. In tempi di frattura dell'unità religiosa e di conflitti di coscienza davanti al problema del giurare il falso in tribunale, dovevano moltiplicarsi i
tentativi fatti da moralisti e teologi per giustificare e consentire certe forme di spergiuro: si trattava di lasciare aperte se non delle porte almeno delle fessure, per non
costringere gli spergiuri alla disperazione[13]. Per altre vie, l'immagine negativa di chi
simulava e dissimulava – quelli che Calvino chiamò «monsieurs les nicodémites» – si
poté rovesciare nel suo opposto, fino a diventare un titolo di gloria: i «veri Nicodemi»
che si nascondevano nelle terre soggette al giogo del papa Anticristo venivano evocati
e lodati dai polemisti luterani[14].

Sotterfugi di questo tipo non potevano tuttavia essere offerti al nemico: e il nemico

[11] L'opera del Navarro fu pubblicata a Roma nel 1584 col titolo: Commentarius in cap. Humanae aures, XXII, qu. V. de veritate responsi, partim verbo expresso, partim mente concepti, et de
arte bona et mala simulandi. La questione alla quale il Navarro applica la sua teoria è quella delle
promesse matrimoniali «de praesenti», materia di rilevanza sociale notevole nell'età del Concilio
di Trento.
[12] Cfr. *Georges Davy*, La foi jurée, Etude sociologique du problème du contrat. La formation du
lien contractuel (Paris 1922).
[13] Cfr. sulla storia della riserva mentale e della menzogna lo studio di *Perez Zagorin*, Ways of
Lying. Dissimulation, Persecution, and Conformity in Early Modern Europe (Harvard U. P. 1990)
cap. 8. (153–185).
[14] L'essere un «nicodemita» poteva essere un titolo ignominioso ma anche un titolo di merito; si
veda un singolare opuscolo pubblicato nel 1565 e attribuito a un luterano italiano da *Cyriacus
Spengenberg*, Historia quando primum in Ecclesia orta sit opinio illa ... a viro quodam pio e vero
Nicodemo sub Antchristi tyrannide latitante collecta (Ielebii, excudit Urbanus Gubisius [V. Gau-
bisch, Eisleben] anno 1565).

per eccellenza era il demonio. Gli strumenti del demonio per contaminare il mondo erano il peccato e l'eresia. Per questo, nei due tribunali che si occupavano di peccato e di eresia – il confessionale e l'inquisizione – non fu ammessa la riserva mentale. Bisognava conoscere esattamente la verità, quella dei pensieri e quella degli atti, perché l'operato dei due tribunali potesse avere valore. La confessione auricolare, di cui si ribadì allora l'importanza, si fondava sull'obbligo per il penitente di indicare esplicitamente e con grande esattezza i caratteri e le circostanze del suo peccato. Così fortemente si insistette su questo che fu necessario in un secondo momento attenuare l'obbligo per non scatenare una ricerca infinita di esattezza nella ricostruzione delle colpe commesse con la conseguente disperazione dei fedeli più scrupolosi. Quanto all'accusato nel processo inquisitoriale, le regole imposte dai tribunali dell'Inquisizione imposero a lui e ai testi di dichiarare la pura verità: il giudice doveva avvertirli che chi diceva il falso, incorreva «ipso facto» nella scomunica e non poteva essere assolto dal confessore.

Ma l'eretico non era solo un pericolo per la solidità della comunità cristiana; egli rappresentava una minaccia anche per la stabilità politica e sociale in genere. Quella che si poneva era dunque la questione della «fidelitas» nel suo rapporto col potere religioso e con quello politico. E qui bisognerà tener presente il significato del termine «fides» – un termine chiave dei processi di eresia e delle interpretazioni del giuramento.

«Fides» significa fede – religione accolta e condivisa, che ci si impegna solennemente nel battesimo a mantenere – e significa anche, più genericamente, parola data, impegno solenne. «Fides» come «fiducia», dunque. Ora, se pensiamo all'importanza della «fiducia» nelle riflessioni di sociologi e analisti della politica, abbiamo l'impressione di un percorso che ha condotto la «fede» da legame tra uomo e Dio a legame sociale e politico diretto, da cui la garanzia offerta dal vincolo religioso è scomparsa lasciando il bisogno di motivazioni volontaristiche o comunque un certo senso di vuoto[15]. Ebbene, una larga parte dell'odiosità dell'eretico per la tradizione inquisitoriale derivava dal fatto che l'eresia era concepita come un tradimento, nell'ambito di un rapporto feudale di fedeltà personale. Le ragioni che stanno all'origine della legislazione antiereticale medievale – una legislazione che determinò i caratteri della persecuzione antiereticale della prima età moderna – risiedono proprio nell'ambigua caratterizzazione dell'eresia come rottura di un vincolo di fedeltà che legava, attraverso Dio, l'individuo ai poteri pubblici (che erano poteri fondati sulla volontà divina). Col venir meno dei rapporti di fedeltà feudali, si avanza un argomento strumentale di questo tipo: chi non mantiene la fede è pericoloso perché dalla dissoluzione dei vincoli religiosi può nascere quella dei vincoli politici. Gli eretici erano politicamente pericolosi perché capaci di mancare a ogni impegno politico e sociale dopo aver infranto il vincolo religioso della «fides». Coerente con questa tesi era l'altra, dei penalisti, che equiparavano il «crimen haeresis» al «crimen lesae maiestatis»: l'eresia era da considerare come un crimine di «lesa maestà divina» e pertanto si doveva punire con la pena di

[15] Cfr. Le strategie della fiducia. Indagini sulla razionalità della cooperazione a cura di *Diego Gambetta* (Oxford 1988, trad. it. Torino 1989); *Judith N. Shklar,* Vizi comuni (trad. it. Bologna 1986) cap. IV: le ambiguità del tradimento.

morte, così come avveniva col crimine di lesa maestà terrena. Da questa equiparazione di un crimine religioso a un crimine politico – anzi, al supremo e peggior crimine politico – deriva una tradizione giuridica e politica che dipinge l'eretico come un sedizioso, un ribelle, un mentitore, un infido. E' una tradizione illustrata da molti e importanti documenti emanati dalle autorità ecclesiastiche. Ne vedremo alcuni apparsi nel contesto della Riforma protestante, perché ci aiutano a capire il clima culturale e religioso che si creò allora intorno alla questione della «fides» come fiducia politica, o come rapporto tra chi ha il potere e i sudditi.

Nel 1545 papa Paolo III indirizzò al doge e al senato di Venezia un breve nel quale li invitava a prestare il «braccio secolare» al cardinal Rodolfo Pio da Carpi, vescovo di Vicenza: le notizie sulla diffusione di dottrine ereticali nella città veneta erano allarmanti, l'avvicinarsi della convocazione del Concilio rendeva urgente un deciso intervento inquisitoriale contro gli eretici. Per sollecitare l'aiuto dello stato veneziano, il papa fece ricorso a un argomento che si trova spesso accennato nei documenti ufficiali e nei testi del pensiero politico e teologico, ma di cui nessuno ha mai studiato l'uso nella pratica politica dell'epoca: si tratta dell'argomento secondo il quale gli eretici minacciano l'ordine politico oltre a quello ecclesiastico e possono aggiungere motivi di ribellione e di divisione nelle città. «Come sapete – scrive Paolo III – in molti luoghi questa sola divisione – quella di religione cioè – ha distrutto l'obbedienza e la fedeltà [«... sicut nostis vel hec sola religionis dissensio multis in locis obedientiam ac fidelitatem excusserit»]. Bisogna dunque intervenire presto e non lesinare aiuti alla struttura ecclesiastica poiché non possono essere fedeli agli uomini coloro che hanno violato la fede data a Dio onnipotente» («Ideoque a vobis omnino sananda esset, cum hominibus fideles esse non possint, qui Deo omnipotenti fidem violaverint»)[16].

Non era la prima volta che l'argomento veniva usato: già la bolla di scomunica contro Lutero *Exurge Domine* del 1521 invitava il potere politico a intervenire contro l'eresia nascente con le stesse argomentazioni. La tradizione di simili riferimenti al rapporto di assistenza che il potere temporale doveva avere nei confronti di quello spirituale era antica[17]. E da allora in poi l'uso dell'argomento è del tutto normale. Si tratta anche di un uso efficace; l'invito alla Repubblica di Venezia a operare contro gli anabattisti scoperti nel 1551 fu formulato in questi termini ed ebbe una pronta risposta nell'azione di polizia condotta dalla Serenissima.

Seguire il rapporto tra le due autorità così com'è formulato da parte ecclesiastica e rintracciarne gli echi da parte laica permette di verificare le ragioni della collaborazione tra poteri ecclesiastici e laici ma anche di scoprire possibili dissensi tra i due. L'eresia era rubricata come delitto di «lesa maestà divina e umana» ed era per questo che il tribunale dell'Inquisizione poteva rimettere l'eretico scomunicato al braccio se-

---

[16] Cfr. *Bartolomeo Fontana*, Documenti vaticani contro l'eresia luterana in Italia, in: Archivio della società romana di storia patria XV (1892) 398–400.

[17] Cfr. *C. Henninger*, Beiträge zur Organisation und Competenz der päpstlichen Ketzergerichte (Leipzig 1890) 354n. Vi si può vedere un aspetto particolare della concezione del potere politico come freno alle tendenze al peccato: cfr. *Wolfgang Stürner*, Peccatum und Potestas. Der Sündenfall und die Entstehung der herrscherlichen Gewalt im mittelalterlichen Staatsdenken (Sigmaringen 1987).

colare, che doveva mandarlo a morte. Se il colpevole di lesa maestà umana era colpito
con la pena di morte – così si argomenta normalmente nella letteratura inquisitoriale –
a maggior ragione una simile pena spettava a chi, con l'eresia, offendeva l'autorità divina della fede. Ma il tribunale laico divenne pronto a reclamare il diritto di perseguire
il reato di eresia come rilevante per l'ordine pubblico solo davanti all'ampiezza assunta
dai conflitti religiosi nel corso del '500. Così, il giurista milanese Egidio Bossi riferisce
di una discussione nel Senato dove egli sostenne che, dati i disordini e le agitazioni
nate dalla diffusione della «haeresis Lutheranorum», il giudice secolare doveva occu-
parsene in maniera indipendente rispetto al giudice ecclesiastico: «quia ex tali excessu
proveniunt perturbationes dominii ... de haeresi iudex ecclesiasticus debet procedere,
de seditione vero et perturbatione secularis»[18]. Era una distinzione di campo che trovava consenzienti anche gli inquisitori, purché non portasse il giudice laico a intromet-
tersi in materie ereticali. Il rapporto stretto tra «salus civilis» o «salus politica» da un
lato e «salus aeterna» dall'altro si saldava nella figura del principe: il modello del principe cristiano, consegnato dalla trattatistica medievale al pensiero politico del '500,
aveva il suo carattere fondamentale nell'assicurare la prima, che era comunque un passaggio necessario per la seconda. Su questi tratti cristiani del principe, la cultura umanistica aveva steso la patina antica dell'esposizione delle «virtutes»; e proprio dai cata-
loghi umanistici di «virtutes» era partito Niccolò Machiavelli per proporre la «verità
effettuale» del potere sovrano, dei modi per conquistarlo, accrescerlo, difenderlo. Una
delle virtù era la «fides»: partendo dal modello offerto nel ciceroniano «De officiis», si
esaltava la capacità del principe di mantenere la parola data e si proponevano i modelli
classici di Attilio Regolo e degli altri eroi romani che avevano dato la vita per mantenere la «fides». Se prendiamo, a titolo d'esempio, il «De Principe» di Bartolomeo Platina, troviamo esposto il dovere del principe di mantenere gli impegni presi – la «fides»
– sotto pena di essere spergiuro: gli si concedono solo due casi nei quali la «fides» non
deve essere mantenuta, né dal principe né da altri. Si tratta dei patti fatti coi predoni e
coi pirati, «communes omnium hostes» e di quelli coi «perduelles», i colpevoli di tradimento. A parte questi casi, il dovere del principe è quello di osservare la «fides», soprattutto se è stata rafforzata dal giuramento[19].

Lo stesso tema venne affrontato, ma in termini ben diversi, in un celebre capitolo
del «Principe» di Machiavelli («Quomodo fides a principibus sit servanda», cap. XVIII).
Sulla base dell'esperienza, Machiavelli sostenne che il maggior successo l'avevano
avuto i principi che «della fede hanno tenuto poco conto» e come modello prese Alessandro VI Borgia, di cui fece un ritratto significativo proprio per quanto riguarda i
giuramenti: «E non fu mai uomo che ... con maggiori giuramenti affermassi una cosa,
che l'osservassi meno», gran simulatore e dissimulatore. È questo è il modello che Machiavelli propose ai principi, con la celebre premessa: «se li uomini fussino tutti buoni,
questo precetto non sarebbe buono; ma, perché sono tristi e non la osservarebbono a

[18] Cfr. E. Bossi, Tractatus varii ... (Venetiis 1570): De haereticis, n. 13 (cit. da M. Sbriccoli, Crimen
Lesae maiestatis [Milano 1974] 347).
[19] Cfr. B. Platinae, De Principe, a cura di G. Ferraù (Palermo 1979) 116–119. Su questa tradizione si veda F. Gilbert, Il concetto umanistico di principe e «Il Principe» di Niccolò Machiavelli,
in: Niccolò Machiavelli e la vita culturale del suo tempo (Bologna 1964) 109–146.

te, tu etiam non l'hai ad osservare a loro». Era un discorso rivoluzionario. Un'intera tradizione giuridica oltre che teologico-morale veniva sovvertita. Eppure, anche all'interno del campo giuridico proprio in quegli stessi anni c'era chi avanzava riserve e interpretazioni capziose dell'obbligo dei principi di mantenere la «fides». Nel 1508 il celebre giurista Uldreich Zasius pubblicò un suo parere su di un caso relativo al battesimo dei piccoli ebrei. Il caso era nato durante una guerra tra l'imperatore e il principe del Palatinato: era stato preso prigioniero un ebreo, che aveva pattuito il suo riscatto e in pegno aveva lasciato un figlio minorenne. Quando era tornato col riscatto, aveva scoperto che suo figlio era stato battezzato, nonostante la norma vietasse che si facesse questo contro la volontà del padre. Lo scritto di Zasius è improntato a un feroce spirito antiebraico: gli ebrei sono tollerati dai cristiani per sola umanità; sono bestemmiatori, assetati di sangue cristiano, complottatori contro chi li protegge; dovrebbero essere sterminati o cacciati. E qui citava Alonso de Espinas, l'autore del «Fortalitium fidei» e tutta la letteratura più aspramente antiebraica. A chi obiettava che c'era stato un solenne impegno a restituirgli integro il figlio e che quell'impegno non era stato mantenuto perché il principe lo aveva fatto battezzare, Zasius rispondeva confermando il dovere del principe di mantenere la parola data, ma piegando la norma per seguire il suo odio contro gli ebrei: questi sono da classificare tra i traditori, l'ebreo in questione era certamente un traditore dell'imperatore al quale doveva obbedienza e dunque non si doveva mantenere l'impegno. La cosa scandalizzò il giovane Eck, il futuro polemista antiluterano, che scrisse una rapida e ambiziosa operetta polemica contro Zasius, già suo professore di diritto civile all'università; non che Eck volesse difendere i diritti dei piccoli ebrei di non essere battezzati contro la volontà dei loro genitori. Su questo era d'accordo con Zasius. Quello che Eck voleva ribadire era l'etica umanistica del dovere del principe di mantenere gli impegni presi: e qui troviamo nel suo scritto echi di letture umanistiche italiane (il Beroaldo) accanto ai giuristi: poiché i grandi uomini pagani avevano «constantissime» osservato fedeltà alla parola data, i cristiani dovevano dimostrare di non essere da meno. I cristiani si attribuiscono il nome di «fideles»; e dunque non debbono essere «perfidi» come gli ebrei. Aspra e altezzosa giunse la risposta di Zasius: il giovincello che tenta di dare lezioni al suo maestro è assetato di facile gloria ma mostra di aver poco imparato da lui. Ed ecco una solenne lezione, con tanto di polemica antierasmiana e di puntuali definizioni di cosa sia la «fides», cosa lo «iuramentum» e perché nel caso dell'ebreo non ricorra l'obbligo di osservare l'impegno preso[20]. L'eccezione introdotta da Zasius alla regola dell'obbligo di osservare la «fides» era carica di futuro nell'età delle lacerazioni religiose interne al cristianesimo aperta dalla Riforma. Ma ancor più dovevano agitare le coscienze le osservazioni di Machiavelli. È nota la polemica che si sviluppò immediatamente a propo-

---

[20] La serie degli scritti è questa: a) Questiones de parvulis Judeorum baptisandis a cummuni doctorum assertione dissidentes, in quibus propter stili nitorem rara iucunda et grata invenies, ab excellentiss. viro Udalrico Zasio legum doctore earundemque in Gymnasio Friburgen. Ordinario editae (Argentinae, Joannes Gruniger, 1508); b) Joan. Eckii theologi Ingolstadii procancellarii, ac canonici Eistetten. De materia iuramenti ..., Sigismundus Grimm Medicus et Marcus Vuyrsung (Augustae 1516); c) *Udalrici Zasii LL. Doctoris* Apologetica defensio contra Ioannem Eckium theologum, super eo quod olim tractaverat, quo loco fides non esset hosti servanda (Basilea, Froben 1519). Cfr. *Guido Kisch*, Hulrich Zasius, e *Rowan*, Hulrich Zasio, ed. Klostermann.

sito dell'accusa di Machiavelli al cristianesimo di avere indebolito il valor militare e l'amore di patria; intorno alla questione se il cristianesimo fosse compatibile col valore in guerra si accese molto presto un'aspra discussione e l'onere della risposta toccò soprattutto ai rappresentanti della cultura spagnola, pervasa da ideali guerreschi[21].

La questione degli obblighi reciproci di fedeltà alla parola data tra principe e sudditi fu affrontata invece alla periferia dell'impero spagnolo, quando l'introduzione dell'Inquisizione scatenò la rivoluzione dei Paesi Bassi. Vi fu messa a fuoco la questione del giuramento di fedeltà dei sudditi in rapporto con la «fides» del sovrano. Si tratta di una vicenda in parte già nota negli studi condotti sulla «fortuna» di Machiavelli[22].

Nel 1584 fu edito a Colonia un libro di Johannes Molanus – Jan Vander Moelen, o Van der Meulen. Teologo e professore all'università di Lovanio, oltre che rettore (1578), Molanus è noto per i suoi studi di agiografia e di storia delle immagini, coi quali intervenne in una delle questioni più attuali dell'età tridentina; si occupò anche di storia di Lovanio e di varie altre questioni. Ma questo libro è dedicato a un argomento che riguarda proprio il rapporto tra giuramento e «fides»: il problema è se si debba mantenere la «fides» data agli eretici e ai ribelli[23]. La questione non è nuova nella letteratura sul rapporto tra eretici e autorità, ma è affrontata da Molanus in una forma insolita: vi si tratta infatti del dovere delle autorità ecclesiastiche e politiche di mantenere gli impegni presi con gli eretici. Ci si discosta dunque dal punto di vista della letteratura corrente in materia di eresia, che tendeva invece a vedere le cose unilateralmente dal punto di vista dell'autorità. L'argomento corrente a questo proposito era ribadito ancora in quegli anni in un trattato dedicato a rintracciare le origini storiche e intellettuali delle eresie contemporanee; qui l'autore sosteneva che l'origine dell'eresia risiedeva proprio nella ribellione all'autorità, dato che chi vuole appartenere al «consortium fidelium» si impegnava precisamente all'osservanza di leggi comuni e all'obbedienza alle autorità[24].

[21] Si veda di chi scrive La religione, il potere, le élites. Incontri italo-spagnoli nell'età della Controriforma, in: Annali dell'Istituto storico italiano per l'età moderna e contemporanea XXIX-XXX (1977-78) 499-529.
[22] V. Brants («Le Prince» de Machiavel dans les anciens Pays Bas, in: Mélanges d'histoire offerts à Charles Moeller à l'occasion de son jubilé de 50 années de professorat à l'Université de Louvain [Louvain e Paris 1914] II, 87-99) si occupa delle polemiche su Machiavelli nei Paesi Bassi del primo '600. Sulla battaglia di pamphlet del tardo '500 si deve vedere: *J. D. M. Cornelissen*, De eendracht van het land. Cultuurhistorische studies over Nederland in de zestiende eeuw (Amsterdam 1987) 271-283; *P. H. J. M. Geurts*, Oversicht van Nederlandsche politieke geschriften tot in de eerste helft van de 17e eeuw (Maastricht 1942) e *P. A. M. Geurts*, De Nederlandse opstand in pamfletten 1566-1584 (Utrecht 1978, prima ed. 1956); *Eco Haitsma Mulier,* A controversial republican: Dutch views on Machiavelli in the seventeenth and eighteenth centuries, in: *Gisela Bock, Quentin Skinner* e *Maurizio Viroli,* ed., Machiavelli and Republicanism (Cambridge 1990) 247-263.
[23] D. Ioannis Molani sacrae theologiae Lovanii professoris, pontificii et regii librorum censoris, libri quinque De fide haereticis servanda, tres de fide rebellibus servanda, liber unus, qui est quartus, item unicus De fide et iuramento, quae a Tyranno exiguntur, qui est quintus (Coloniae, apud Godefridum Kempensem, 1584).
[24] De vitis, sectis et dogmatibus omnium haereticorum, qui ab orbe condito ad nostra usque tempora, et veterum et recentiorum authorum monimentis prodita sunt, elenchus alphabeticum ... per Gabrielem Prateolum Marcossium doctorem theologum (Coloniae, apud Gervinum Cale-

Quanto alla questione specifica, se cioè si dovessero mantenere gli impegni e le promesse fatte a eretici, essa era stata affrontata da un teologo della Sorbona Herman Lethmaet. Decano di Santa Maria di Utrecht e vicario generale della diocesi dal 1530, Herman Lethmaet – in versione umanistica diventato Hermas Letmatius – aveva pubblicato un suo grosso trattato sulla «instauratio religionis», dedicato a Carlo V nel 1544: l'eretico è l'equivalente del traditore – «perduellis» – e dunque nei suoi confronti è vietata ogni offerta di aiuto; anzi, chiunque lo abbia in suo potere può ucciderlo. Ma se un potere o un'autorità pubblica si impegna nei confronti di un qualsiasi individuo dandogli una pubblica «fides», allora deve mantenerla (purché naturalmente ciò che ha promesso non sia contro la legge naturale o contro la religione)[25]. Letmatius era ben consapevole della novità del conflitto religioso dei suoi tempi: si trattava, per la prima volta – egli notava –, non di controversie dottrinali con uomini isolati o con piccoli gruppi, ma di vasti incendi popolari. Tuttavia, il suo progetto di instaurare una salda concordia in materia di fede era affidato all'impero di Carlo V e alla sua volontà e capacità di tenere validamente a freno i dissidi religiosi nell'impero. La situazione alla fine del secolo si presentava in termini diversi, soprattutto a chi la osservava da una città dei Paesi Bassi. Per questo il Molanus, che si preoccupava della sopravvivenza della società civile in un regime di dissidio politico-religioso insanabile e fiammeggiante, lasciava da parte le accuse di tradimento agli eretici e si sforzava di persuaderli che da parte cattolica si era disposti a dare e mantenere garanzie.

Nell'epoca di Filippo II, il modello evocato è ancora quello del grande imperatore Carlo V, l'uomo che aveva offerto un salvacondotto – una «fides» – a Lutero e l'aveva poi mantenuto, anzi aveva detto all'elettore del Palatinato che l'obbligo di mantenere le promesse, quand'anche non fosse più valido per nessuno, doveva restare valido per l'imperatore[26]. A Carlo V si oppone il principe di Machiavelli, maestro di menzogna, che insegna a dissimulare il vero e a simulare il falso. Da insegnamenti come questi, sostiene Molanus, è derivato il mondo presente dei dissidi e delle guerre: alla «fides» – cioè alla fede religiosa dei cristiani ma anche alla lealtà dei legami antichi – si è sostituita la «perfidia», che significa violazione di patti e alleanze e annullamento di giuramenti[27]. La «perfidia» non appartiene solo al mondo degli eretici: anche tra i cattolici c'è chi ricorda il detto «dum bella vigent, utendum esse mendaciis»; anche i cattolici

*Fortsetzung Fußnote von Seite 167*

nium et haeredes Joannis Quentel, 1581): secondo l'autore, per il quale «haereses suam ad originem revocasse, refutasse est», tutte le sacre Scritture e in particolare s. Paolo «nihil aliud concinnunt, quam subditorum erga sibi praefectos obedientiam ... Neminem vult in fidelium consortium recipi, nisi qui legibus et canonibus, seu regulis apostolicis prorsus subiici voluerit» (c. a. 4v).

[25] De instauranda religione libri IX, D. Herma Laetmatio autore, quibus alia quam hactenus tentatum est, via, ecclesiasticam concordiam resarcire desiderat, Basileae s.n.t. La dedica a Carlo V è datata 1 sett. 1544. Il capitolo «An haeretico servanda fides», al quale si riferisce Molanus, è alle pp. 34–35. Cfr. su di lui *J. D. M. Cornelissen*, De eendracht van het land (Molani, De fide haereticis servanda) 273–274.

[26] «Interrogatus cur Luthero fidem non violaret, respondit, fidem rerum promissarum, etsi toto mundo exulet, tamen apud Imperatorem consistere oportere» (ibid. 4).

[27] «Tanta autem rerum omnium perturbatio et fundamenti Christianae religionis, quod est fides, eversio, frequentem gignit mutuae fidelitatis praevaricationem, iuramentorum irritationem, foederum ac pactorum violationem» (p. 16).

sostengono che mancare alla parola data non è frode ma astuzia, e che la guerra si vince con l'astuzia. E qui l'autore deve rifarsi allo «ius gentium» per poter affermare che il non mantenere la «fides» è un delitto condannato universalmente. È vero che la «fides» non equivale allo «iuramentum»; nel giuramento si invoca il nome di Dio, nella «fides» si ha un atto solo umano, una promessa tra uomini. E tuttavia, la «fides» negli affari di importanza di Stato ha la stessa forza del giuramento. Il Concilio di Trento ha promesso ai protestanti una «fides» che fu concessa senza giuramenti, con atto notarile, ma questo non ha impedito di osservarla. In un ampio excursus storico, Molanus si sforza di dimostrare che sono del tutto infondate le accuse che gli eretici fanno ai cattolici in materia di fedeltà alle promesse fatte: si sofferma a lungo sul caso del salvacondotto dato a Hus per il concilio di Costanza. Quanto alle posizioni più intransigenti del mondo cattolico, si impegna a dimostrare che la tolleranza («tolerare malum») di una certa libertà concessa agli eretici può essere preferibile a una loro presa del potere e conseguente abolizione di ogni libertà per i cattolici. La conclusione del primo libro è dunque che si debba mantenere la «fides» data agli eretici. Il secondo libro affronta la questione della «fides» nei confronti dei ribelli e dei predoni. Si parte dalla discussione di un passo di Cicerone (De officiis) dove si afferma che è lecito non mantenere gli impegni di pagare il riscatto presi coi pirati. Molanus ricorda che il nome di predoni («freibüters») è quello che si dà ai ribelli dei Paesi Bassi; pur sostenendo la tesi che ciò che è stato strappato con la forza dai ribelli non è obbligatorio che sia mantenuto dalle autorità, si affretta ad aggiungere che i ribelli non debbono dedurne che eventuali promesse di impunità non saranno mantenute, perché certo, in nome della concordia da raggiungere, la chiesa e lo stato saranno disposti a concedere loro anche cose alle quali non sono in via di diritto tenuti. Il difficile obbiettivo di conciliare l'ortodossia cattolica con le necessità imposte dalla rivolta costringe Molanus a affrontare la questione del rapporto tra sudditi e principe e del vincolo che li lega.

Si tratta di un patto – sostiene Molanus – col quale i sudditi rinunciano a ogni diritto e potere in cambio di un governo giusto; questo patto può essere rotto quando il buon principe si trasforma in tiranno. Allora, i sudditi hanno il diritto di resistere al tiranno e finanche, in certi casi, di ucciderlo. Queste idee Molanus le riprende da scritti dei gesuiti tedeschi[28]. Ma non le utilizza per incoraggiare la lotta a ogni costo contro i principi eretici. Il suo proposito è quello di distinguere nettamente il dominio politico da quello religioso: così se sul piano teologico i cristiani veri non dovrebbero rimanere in mezzo agli eretici né offrire loro alcun aiuto, si deve consentire ai cattolici dei Paesi Bassi di restare in mezzo agli eretici e non si debbono in alcun modo criticare, perché dalla loro così penosa e difficile presenza dipende la possibilità di un futuro ritorno all'ortodossia dell'intera popolazione[29].

Ma è alla conclusione dell'opera che se ne intende finalmente il senso, con un riferi-

---

[28] L'autore citato è *Fischler*, De iure Magistratus in subditos et officiis subditorum erga Magistratus (Ingolstadt 1578).

[29] «Itaque nos, qui in aliis peccatis versamur, non confratres nostros catholicos, qui sub iugo seditiosorum hominum gemunt, mordacibus aut amarulentis verbis lapidemus, sed omnibus condoleamus illis, qui inter seditiosos cooperationis tolerant consortium …» (Molani, De fide haereticis servanda 188).

mento esplicito a due giuramenti: uno è quello di Filippo II al momento della presa
del potere, quando aveva dichiarato di voler rispettare e mantenere i privilegi dei Paesi
Bassi; l'altro è quello dei cittadini di Anversa che il 12 aprile 1582 avevano giurato fedeltà a Francesco di Valois, duca d'Alençon. Sull'accusa di spergiuro mossa a Filippo II
dai ribelli Molanus preferisce sorvolare; invece, si impegna in una critica molto ferma
della scelta di quei sudditi cattolici che avevano prestato giuramento ad un altro sovrano e sostenevano di aver fatto bene perché avevano ottenuto migliori condizioni
per i cattolici. Non solo vale in generale, per l'autore, il principio che non si deve fare il
male «ut eveniant bona»; ma la sua tesi è che l'autorità legittima deve essere obbedita e
che non si può rompere l'obbedienza giurata al principe per sceglierne un altro sulla
base di motivi religiosi. L'opera si conclude con un appello ai sudditi dei Paesi Bassi a
tornare alle autorità legittime, che dovranno garantire loro condizioni adeguate; e questi impegni saranno mantenuti, sostiene Molanus, proprio perché gli impegni e i patti
debbono essere rispettati a prescindere da ogni considerazione di convenienza o da
ogni posizione religiosa. Essi appartengono al mondo dei commerci umani, al diritto
delle genti e alle regole della società civile. Solo costruendo su queste basi si potrà garantire una ordinata vita civile e forse, in futuro, tornare all'unità religiosa che per ora è
stata cancellata. Ecco dunque che la tesi dell'obbligo di mantenere le promesse fatte
dal sovrano agli eretici rivelano la loro natura di propaganda per convincere i sudditi
dei Paesi Bassi a tornare senza timore all'obbedienza di Filippo II: ma nello stesso
tempo la sacralità dei vincoli politici e dei patti stesi tra sovrano e sudditi appaiono
come l'unica via per garantire una ordinata vita civile e la continuazione dei commerci
umani in una situazione di pluralità di fedi religiose cristiane.

Abbiamo preso questo testo fra i tanti dell'abbondante produzione a stampa di quegli anni dedicata ai problemi del conflitto religioso e politico perché vi si raccolgono
molti fili contraddittori e perché la questione della «fides» ci portava nell'area semantica o almeno nella famiglia linguistica del «giuramento». Sulla questione specifica
dell'obbligo di osservare i contratti fatti con eretici qualora non andassero a danno
della fede, anche la posizione ufficiale della giurisprudenza inquisitoriale era sulla linea
di Molanus, come è stato osservato[30]. La discussione sulla libertà, allora vivacissima, ha
fatto parlare di un «Machiavellian moment» della libertà repubblicana nei Paesi Bassi[31].
E indubbiamente il tema della libertà – come libertà di commercio, di manifattura, di
traffici – era emerso con prepotenza nelle proteste contro l'accentramento soffocante
dell'età di Filippo II: in queste discussioni si era risaliti ai fondamenti classici del termine e da qui aveva preso spunto il «neostoicismo» di Lipsio. Ma il pensiero di Machiavelli in quanto tale rimase estraneo all'ispirazione della letteratura politica di quegli anni, attenta a modelli repubblicani o principeschi di tipo diverso: un principe
virtuoso (neostoicismo), una serie di repubbliche indipendenti e legate ai loro privilegi.
E le ragioni di quella estraneità, nel contesto dei Paesi Bassi, appaiono chiaramente

[30] Lo nota *J. D. M. Cornelissen*, De eendracht van het land che cita a questo proposito l'opera del
vescovo spagnolo *Jacobus Simancas* De catholicis institutionibus (Roma 1575).
[31] Cfr. *Martin van Gelderen*, The Machiavellian Moment and the Dutch Revolt (The rise of Neostoicism and Dutch republicanism) in: *Gisela Bock, Quentin Skinner, Maurizio Viroli*, ed., Machiavelli and Republicanism 205–223.

dall'opera di Molanus: non è tanto la contrapposizione tra valore militare e cristianesimo – che aveva offeso gli intellettuali spagnoli e che doveva alimentare una lunga tradizione di pensiero, da Bayle a Gibbon – ma è piuttosto la questione del principe simulatore e dissimulatore, che non mantiene i patti, a evocare il comportamento di Filippo II e a far scattare un rifiuto radicale nei confronti di Machiavelli.

Infine, l'opera di Molanus è significativa per il suo sincero sforzo di accordare l'ostilità cattolica nei confronti della tolleranza e della pluralità religiosa con una situazione dove di fatto i cattolici si preparavano a vivere come minoranza. Com'è noto, da questa situazione dovevano nascere problemi specifici abbastanza singolari, come quello se fosse lecito o meno ai cattolici dissimulare la loro identità religiosa. Ma intanto, in un momento in cui la situazione era ancora aperta e incerti i suoi esiti, Molanus si attesta sul riconoscimento di un piano di rapporti politici e sociali indipendente dal conflitto religioso. I patti vanno mantenuti, la «fides» dei contratti deve essere sacra anche se la «fides» cristiana è offesa. Il giuramento perde la sua sacralità religiosa ma acquista solidità di patto civile, che deve essere mantenuto perché altrimenti la società si sfascerebbe.

# Zusammenfassung

Es handelt sich in erster Linie um die Art und Weise, in der der Häretiker in den Schoß der Kirche zurückkehren kann: Hier begegnen wir der Abschwörung, *abiuratio*, einer engen Verwandten des Eides. Diesem Thema sind einige Vorbemerkungen zu Geschichte und Prozedur der kirchlichen Inquisition zwischen Mittelalter und früher Neuzeit gewidmet. Zu Beginn der Neuzeit werfen die Religionskriege und der Aufstand in den Niederlanden das Problem auf, wie eine durch den Bruch der Glaubenseinheit hervorgerufene Zerstörung der politischen und sozialen Beziehungen – Verträge, wirtschaftliche und soziale Bindungen, politische Treuebündnisse – verhindert werden kann. In den Schriften der Theologen und Juristen wird das Problem mit der traditionellen Formulierung *an fides sit servanda heretico* bezeichnet. Aber das traditionelle Problem wird auf neue Weise behandelt: Während es vor den Religionsaufständen der Neuzeit im Inneren des Verhältnisses zwischen orthodoxer Mehrheit und häretischer Minderheit angegangen worden war, kehrt sich dieses Verhältnis nunmehr völlig um: Unter dem Blickwinkel der römischen Kirche ist die Lage in den Niederlanden von einer die Machtposition innehaltenden häretischen Mehrheit gekennzeichnet, mit der die katholische Minderheit Formen des Zusammenlebens finden muß. Jenseits der zur Entkräftung der eingegangenen Verpflichtungen erfundenen Listen (Nikodemismus, Reservatio mentalis) bestätigen Autoren wie Molanus hier klar und deutlich die Verpflichtung, zwischen zivilen und politischen Verträgen einerseits und religiösen Glaubensbindungen andererseits zu unterscheiden.

*Helmut G. Koenigsberger*

# Liga, Ligadisziplin und Treue zum Fürsten im Westeuropa der frühen Neuzeit (Kommentar)

Glaubensbekenntnisse, Treueformeln und Sozialdisziplinierung waren wichtige Aspekte der Staatsbildung im Europa der frühen Neuzeit, und sie wurden auch, mehr oder weniger bewußt, von den leitenden Schichten dieser Staaten dazu benutzt und gepflegt. Sie konnten aber auch für Organisationen und Zwecke eingesetzt werden, die, wenigstens nicht direkt, der Macht des Staates, so wie er sich dann historisch entwickelte, zugute kamen und sich sogar dieser Macht diametral entgegenstellten. Bis mindestens zur Mitte des 16. Jahrhunderts war die Definition des Staates noch keineswegs so eindeutig, daß sich nicht auch andere, über öffentliche Gewalt verfügende Organisationen hätten entwickeln können, als tatsächlich dann geschah[1]. Das gilt besonders von den Bruderschaften und Ligen, die, als Treuezentren aus dem Mittelalter stammend, im 16. Jahrhundert sowohl organisationstechnisch wie psychologisch weiter als die zeitgenössische Staatsorganisation und Fürstentreue ausgebaut wurden. Ihre Stärke lag, erstens, in der Freiwilligkeit der Zugehörigkeit ihrer Mitglieder, die durch einen Bruderschaftseid unterbaut werden konnte, und, zweitens, in der daraus folgenden Gewilltheit der Mitglieder, mehr von ihrer traditionellen Independenz an die Bruderschaft oder Liga abzutreten als an das traditionelle Staatsoberhaupt, den Fürsten. Anders ausgedrückt; wir haben es hier also mit einer Auflösungserscheinung des klassischen Feudalismus zu tun, vergleichbar mit der Entwicklung, die in England *bastard feudalism* genannt wird.

Die erfolgreichste dieser Ligen und schließlich die einzige, die sich auf die Dauer hielt, war die schweizerische Eidgenossenschaft. Es ist aber doch typisch, daß das nur durch die Entwicklung zu einem eigenen Staat geschah. Hier will ich aber nicht weiter über die Schweiz sprechen, sondern über die anderen Ligen, die sich, mit einer Ausnahme, von der Zugehörigkeit eines bestehenden Staates weder zu lösen vermochten, noch es eigentlich auch wollten.

Die typischen Ligen des späten Mittelalters waren die Städtebünde, von denen die langlebigste die deutsche Hanse war. Die Städte konnten sich dabei auch mit benachbarten kleinen Fürsten verbinden, so wie im Schwäbischen Bund. Das Ziel solcher Bünde war erst einmal defensiv: die Verteidigung der Mitglieder gegen übermächtige fürstliche oder hocharistokratische Nachbarn. Das geschah meist dann, wenn die

---

[1] Für die Entwicklung des modernen Staatsbegriffs, besonders in Frankreich, siehe *Howell A. Lloyd*, The State, France and the Sixteenth Century (London 1983).

monarchische Zentralgewalt schwach war – im Heiligen Römischen Reich so schwach, daß der Kaiser selber, als Herr der kleinen Vorderösterreichischen Herrschaften, Mitglied des defensiv gegen Bayern gerichteten Schwäbischen Bundes war.

Die Schwäche der monarchischen Zentralgewalt während eines typischen spätmittelalterlichen dynastischen Bürgerkrieges gab dann auch den Grund und die Möglichkeit zur Organisation der Hermandad in Kastilien. Diese „Bruderschaft" war ein Bund, der 1476 von einigen Städten gegründet wurde, um sich gegen die drohende Beherrschung der Städte durch die kastilische Hocharistokratie zu verteidigen. Die Kronprätendentin Isabella und ihr Mann, Ferdinand von Aragon, begünstigten die Hermandad, gerade weil ein großer Teil des kastilischen Hochadels die Tochter König Heinrichs „des Impotenten" und ihren Gemahl, Alfonso von Portugal, unterstützten. Das gab der Hermandad die Möglichkeit, eine Art Schattenregierung über einen Teil des Landes aufzurichten. Eine von den Städten dazu bestellte Junta leitete die Steuer-, Polizei- und Militärarbeit, und zwar effektiver als es die königliche Regierung zu jener Zeit der internen Wirren konnte. Nachdem Isabella den Kronstreit und den Bürgerkrieg gewonnen hatte, fand sie es aber nützlich, sich mit dem Adel wieder zu versöhnen. Er war für ihre aggressive Außenpolitik militärisch unentbehrlich und auch psychologisch und politisch leichter zu manipulieren als der Städtebund. Die Korregidoren, die königlichen Beamten in den Stadträten, wurden angewiesen, adlige Übergriffe auf städtischen Grundbesitz zu übersehen. Es war mit dieser Politik ganz im Einklang, daß Isabella ihren Gemahl, Ferdinand, zum Großmeister der Ritterorden Santiago, Calatrava und Alcántara wählen ließ, aber nicht zu einem Großmeister oder Präsidenten der Hermandad[2].

Taktisch bedeutete diese Politik einen Sieg des Königtums und des Adels, also der Hauptträger der traditionellen Staatsgewalt im Europa um 1500. Der Sieg hinterließ aber sozialpolitische Spannungen, die 1520–21, zusammen mit dem Haß gegen Karls V. niederländische Gefolgschaft und Kaiserwahl, die Comunerorevolte auslösten. Die Comuneros knüpften organisatorisch und psychologisch an die Tradition der Hermandad an, und politisch steigerten sie deren Ansprüche auf eine Mitbeteiligung der Cortes an der eigentlichen Regierung des Landes[3]. Dabei spielten, zum ersten Mal soviel ich weiß, eine Gruppe von Intellektuellen eine bedeutende Rolle, und das wurde dann typisch für europäische Revolutionsbewegungen. Bei den Comuneros waren es die Letrados, die aus dem unteren Adel und dem städtischen Patriziat stammenden Juristen.

Nicht gleich von Anfang an, aber dann doch rasch im Laufe des nun ausbrechenden Bürgerkrieges, zeigte sich wieder der alte Gegensatz der Hermandad zum Hochadel. Es war dann auch dieser letztere, der die Comuneros militärisch besiegte. Und auch wieder, wie zu Ende des Bürgerkrieges im 15. Jahrhundert, ging das Königtum letzt-

---

[2] *Stephen Haliczer,* The Comuneros of Castile: The Forging of a Revolution 1475–1521 (Madison, Wisconsin 1981) Kapitel 1, 3 und 4.
[3] *José Antonio Maravall,* Las Comunidades de Castilla: Una primera revolución moderna (Madrid 1963).

lich als Sieger aus dem Konflikt hervor. Hier jedenfalls galt Norbert Elias' Königs-mechanismus[4].

Der große neue Faktor in der Politik des 16. Jahrhunderts war die religiöse Partei-leidenschaft, und sie brachte eine neue Gruppe von Intellektuellen und Propagandi-sten, die Geistlichen und Prediger, auf die Bühne. Dabei vermehrten sich die Objekte und Zentren des Loyalitätsgefühls, und es erweiterte sich die aktive Teilnahme ver-schiedener Gesellschaftsschichten am politischen Handeln. Das zeigte sich schon in seinen Anfängen im Schmalkaldischen Bund, der organisatorisch dem Schwäbischen Bund ähnlich war, aber ein weiteres geographisches Gebiet umfaßte und sich politisch und religiös bewußt gegen den Kaiser richtete.

Noch klarer war die geistige Führungsrolle der Intellektuellen, d. h. der calvinisti-schen Geistlichen, in der Propaganda und auch manchmal der Finanzorganisation der Hugenottenbünde in Frankreich. Zuerst war es nicht ein einziger Bund, sondern es waren viele lokale Bünde, die sich dann unter der Leitung Condés und Colignys zu einem nationalen Bund zusammenschlossen. Das war wieder nur möglich wegen der Schwäche des Königtums bei den Minoritäten nach dem Tode Heinrichs II. So orga-nisierte zum Beispiel Condé ein *traité d'association* im Jahre 1562 in Orléans. Dieser Bund bestand aus 10 Chevaliers, 62 kleineren Herren und auch Mitgliedern aus ande-ren Ständen. Ihr vorgegebenes Ziel war die „Freiheit" des Königs und der Religion und Friede im Reich. Das war die Chiffre für die freie Ausübung des calvinistischen Glaubens und die Bevormundung des jungen Königs durch Condé und nicht die Guisen.

Zugleich militarisierten sich die Hugenottenbünde. In der Dauphiné sollten alle lokalen Gemeinschaften ihre waffenfähigen Männer nach Montmélimar schicken, bei Androhung der Strafe, daß sie andernfalls gehängt oder erwürgt und ihr Besitz be-schlagnahmt würde. Damit erschienen (erstlich?) Strafdrohungen gegen verräterische Mitglieder von Ligen. Mit purem Konsens kam man also bei der weiteren Entwick-lung des Bruderschaftsschemas doch nicht aus. (Übrigens verdanke ich meine Bei-spiele Herrn Kingdon[5].)

In den folgenden Jahren wurde die Organisation des Hugenottenbundes in bis da-hin ungekannter Weise ausgebaut. Es lohnt, die Beschreibung eines besonders scharf-sichtigen zeitgenössischen Beobachters, Giovanni Correros Relazione di Francia von 1569, zu zitieren:

„Per ogni provincia di quel regno avevano essi (die Hugenotten) un principale, il quale veniva ad essere contrapposto al governatore, se pure detto governatore non era dei loro: sotto del quale vi erano molti e molti altri subordinati, secondo le condizioni e qualità loro, i quali sparsi per tutto il paese, con l'autorità e con il potere ... favorivano e tenevano in offizio le gente minute. Dopo questi venivano i ministri (d. h. die Prediger), i quali con un'esquisita diligenza istruivano i popoli,

---

[4] *Norbert Elias*, Über den Prozeß der Zivilisation (Suhrkamp Taschenbücher Wissenschaft 159, 1977) Bd. 2., Zweiter Teil, VII.
[5] *Robert M. Kingdon*, Geneva and the Coming of the Wars of Religion in France 1555–1563 (Geneva 1956) 110. Allgemein für die Hugenottenorganisation immer noch *L. Romier*, Le Royaume de Cathérine de Médicis (Paris 1925) Bd. II. *H. G. Koenigsberger*, The Organisation of Revolutionary Parties in France and the Netherlands during the Sixteenth Century, in: *ders.*, Estates and Revolutions (Ithaca N. Y., London 1971) 244–252.

li confermavano in opinione, e con ogni industria s'affaticavano per sedurne degli altri ... Facevano questi bene spesso alle loro chiese alcune collette di denari, alle quali contribuivano prontamente e largamente tutte le genti basse; e di essi denari ne participavano i grandi ed i mediocri. Nè senza questo aiuto averiano i principi potuto far le spese che facevano; le quali non è dubbio che sentivano più di re che di principetti e gentiluomini particolari. Ora da questo ordine e da questi fini così collegati insieme, ne risultava una concorde volontà, un'unione così grande tra loro, che li facevano pronti ad ubbidir presto, e ad intendersi l'un con l'altro, e prestissimi ad eseguire quel tanto che da superiori loro era comandato. Così poterono essi in un giorno e in un ora determinata e con segretezza tumultuare in ogni parte del regno, e dar fuori con una guerra crudele e pericolosa per ciascuno."[6]

Correro hat wohl die Leistungsfähigkeit der Hugenottenorganisation übertrieben, aber das Wesen dieser neuartigen Bundesorganisation hat er genau erfaßt: Und die bestand darin, daß auf speziellen Eiden aufgebaute Bünde effektiver waren als die traditionellen Staatsformen.

Später, als sich die Bewegung territorial beschränken und konzentrieren mußte, organisierten die hugenottischen Provinzen Repräsentativversammlungen, so wie ja auch die Comuneros das Repräsentativsystem der kastilianischen Cortes ausnutzten – wieder ein Zeichen, daß der Konsensfaktor für alle Bünde dieser Art von hoher Bedeutung war. Wie bekannt, gaben die Hugenotten ihre Organisation auch dann nicht auf, als ihr Anführer König von Frankreich geworden war.

Wie in Frankreich traten auch in den Niederlanden im Zeitalter der Glaubensspaltung und bei zeitweiliger Schwäche der Monarchie Ligaorganisationen auf. Die zeitlich erste, die Liga der Seigneurs mit dem Zeichen des Pfeilbündels (also Stärke durch Zusammenschluß) war noch ganz traditionell auf den Hochadel beschränkt, ohne starke religiöse Motivierung und hauptsächlich gegen die Stellung und Politik des ersten Ministers, des Kardinals Granvella, gerichtet. Allerdings scheinen sich auch schon einige der Herren, besonders Wilhelm von Oranien, weitere Ziele gesetzt zu haben[7].

Die zweite niederländische Liga, der Kompromis, war sozusagen negativ-religiös motiviert: ein Bund von Protestanten und Katholiken gegen die Inquisition. Dieses Mal waren auch Bürger aus den Städten Mitglieder, und man warb sogar Soldaten an. Soweit ich weiß, gab es aber keinen spezifischen Eid für Mitglieder und auch keine Strafdrohungen gegen Abtrünnige. Nach dem Bildersturm von 1566, dem Ausbruch der ersten Feindseligkeiten und der Ankunft des Herzogs Alba, 1567, wurde das aber anders. Die Wassergeuzen hatten zwar auch keinen Eid und keine nationale Organisation, so wie die Hugenotten, mit denen sie bald kooperierten, aber Strafdrohungen und Strafvollzug für Abtrünnige führten auch sie aus, und manchmal dehnten sie sie auch als bewußte Terrorakte gegen die neutrale Bevölkerung aus. Die religiöse Motivierung war jetzt eindeutig protestantisch, und die protestantischen Geistlichen lieferten die religiöse Propaganda und die politische Ideologie. Der eigentliche Aufstand wurde aber von den Provinzen und Städten geführt, oft aber nicht immer mit neuem Personal. Die Territorialisierung des Aufstandes vollzog sich viel rascher als in Frank-

---

[6] E. Albèri, Le relazioni degli ambasciatori veneti al senato durante il secolo decimosesto (Firenze 1853) Ser. I. Vol. 4, 183–184.
[7] H. G. Koenigsberger, Orange, Granvelle und Philip II, in: ders., Politicians and Virtuosi (London 1986) 97–119.

reich. Dadurch konnten die traditionellen Behörden mit einigen Reorganisationen weiter fungieren, und dies nicht zuletzt deshalb, weil die Vitalität der Repräsentativversammlungen größer war als in Frankreich.

Am weitesten ausgebaut wurde die revolutionäre Ligaorganisation aber dann doch wieder in Frankreich, und zwar in der katholischen Heiligen Liga oder *Sainte Union.* Wie die Hugenotten und wie auch die niederländischen Aufständischen bis 1581, hielt auch die Heilige Liga an der Fiktion der Treue zum König fest. Das war nützlich sowohl für das Gewissen wie für die erfolgreiche Propaganda. Die Vereinigungsbeschlüsse *(articles d'association)* von 1576 erlegten den Mitgliedern einen Eid auf. Sie mußten „leur propres personnes jusques à la mort" einsetzen. Jeder mußte von allen verteidigt werden. Eidesbrecher und Abtrünnige „seront offensez en leur corps et biens, en toutes sortes qu'on se pourra adviser, comme ennemis de Dieu, rebelles, et perturbateurs du repos public" (Artikel 9). Im Artikel 7 „jureront lesdicts associez toute prompte obéissance et service au chef qui sera depute." Nach dem 8. Artikel „tous catholiques des corps de villes et villages seront advertis et sommez secrettement par les gouverneurs particuliers, fournir deuëment d'armes et d'hommes pour l'execution d'icelle, selon la puissance et faculté de chascun".[8]

Heinrich III. versuchte, diese Ligaorganisation mit ihrem außergewöhnlichen Potential für sich selbst und die Monarchie einzuspannen und ernannte sich zu ihrem Anführer. Das heißt, er versuchte es; aber die Liga löste sich einfach auf. Bei aller vorgegebenen Treue zum König wollte man ihm nicht die Obligationen zugestehen, die man einer Liga mit klar begrenzten Zielen zuzugestehen bereit war.

Als Heinrich von Navarra dann der nächste Thronerbe wurde, organisierte sich die Heilige Liga von neuem. Als der König sich dann mit ihm auch noch verbündete und das Haupt der Liga, den Herzog von Guise ermordete, richtete sich die Heilige Liga offen gegen den König. Wie vorher die Hugenotten und die niederländischen Aufständischen, versuchte jetzt auch die katholische Liga das Repräsentativsystem auszunutzen und die États Généraux in ihre Organisation einzubauen. Die Liga aber verlor schließlich den Bürgerkrieg, teilweise wegen ihrer unüberbrückbaren inneren sozialen Gegensätze, aber vielleicht noch eher, weil die große Mehrheit in Frankreich den Hauptzweck der Liga, nämlich die Aufrechterhaltung der katholischen Monarchie, mit dem Übertritt Heinrichs IV. zum Katholizismus als erfüllt sah. Warum sollte man auch die weitgehenden Obligationen einer Liga einhalten, wenn ihr Endzweck es nicht mehr nötig zu machen schien?

Damit komme ich zu meiner Schlußfolgerung. Die Ligen und Bünde waren im politischen System der frühen Neuzeit erfolgreich durch die Organisation und die Verpflichtungen, die sie ihren Mitgliedern auferlegen konnten und die viel straffer waren und viel weiter gingen als die traditionellen Obligationen von Vasallen und Untertanen einer frühmodernen Monarchie. Da die Ligen, zumindest nicht offiziell, gegen ihre Fürsten gerichtet waren, so sahen einige von diesen eine wundervolle Chance, ihre eigene Autorität weit über den bisherigen Stand hinaus zu verstärken. Das haben

---

[8] *P. V. Palma Cayet,* Chronologie novenaire (Collection des mémoires sur l'histoire de France, Ser. I. XXXVIII. Paris 1823) 255–57.

sowohl Karl V. in Deutschland wie Heinrich III. in Frankreich versucht. Es glückte
aber nicht und konnte es vor der Erfindung des modernen Einparteienstaates auch
nicht, denn die Endziele der Monarchien und der Ligen waren nicht identisch. Die Ligen mit ihren schweren Eiden und grausamen Strafen funktionierten gerade weil ihre
Ziele viel enger und begrenzter als die allumfassenden Ziele der Monarchien waren.
Umgekehrt konnten die Ligen auch nicht weiter existieren, wenn ihre Hauptziele –
im 16. Jahrhundert meistens religiöse – einigermaßen erreicht waren. Die Interessen
der Ligen kollidierten mit viel zu vielen Privatinteressen, und da konnten dann auch
die fürchterlichsten Eide nicht mehr helfen. Daher auch die Auflösung der Heiligen
Liga in Frankreich und das Aufgehen der protestantischen Bünde in den Niederlanden in einem neuen, aber doch traditionell gegliederten Staat. Das war auch schon früher in der Schweiz geschehen, und es ist auch bezeichnend, daß man in den Niederlanden ganz bewußt nach dem eidgenössischen Muster verfuhr.

Zwei große Ligen überlebten: die Hanse, aber eigentlich nur als eine kommerzielle
Genossenschaft, deren Mitglieder politisch und sozial durchaus traditionell, ja vielleicht besonders konservativ blieben; zum anderen die Hugenotten in Frankreich. Für
sie blieb das unumgängliche politisch-religiöse Endziel bestehen. Aber nach dem
Edikt von Nantes wurden sie immer mehr in die Defensive gedrängt, bis schließlich,
fast 100 Jahre später, ihre Organisation vom Königtum aufgehoben und sogar ihr
Glaube verboten wurde. Das war der Endsieg der bodinschen Staatsauffassung über
die partiellen Treueformeln und Eide der frühmodernen Ligen.

## Robert M. Kingdon

## Wie das Konsistorium des calvinistischen Genf zur Unterstützung von konfessioneller Konformität gebraucht wurde

Das Genf Calvins entwickelte ein Modell sozialer Disziplinierung, welches in allen westlichen Gesellschaften beachtlichen Einfluß gehabt hat. Es war für Calvins zahlreiche Anhänger, darunter Puritaner auf beiden Seiten des Atlantiks, ausgesprochen attraktiv und führte nicht selten zu angestrengten Imitationsversuchen. Andere Protestanten hingegen, zum Beispiel Schweizer Zwinglianer, deutsche Lutheraner sowie Anglikaner, fühlten sich davon weitgehend abgestoßen. Zwar hatten sie nicht unbedingt etwas gegen Sozialdisziplinierung an sich, jedoch waren sie der Auffassung, diese falle in den Aufgabenbereich des Staates und nicht der Kirche. In den calvinistischen Disziplinierungsmethoden sahen sie die Rückkehr zu einem ungeliebten Aspekt des Katholizismus, nämlich zu kirchlicher Einflußnahme auf politische und juristische Prozesse. Beide Seiten waren sich aber einig, daß die Calvinisten in der Tat eine eigenständige Methode der Sozialdisziplinierung zu entwickeln suchten. Die vorliegende Arbeit hat zum Ziel, die Entwicklung dieser eigenständigen und umstrittenen Methode an ihren Anfängen, nämlich im Stadtstaat Genf, mit frischer Präzision zu definieren.

Der erste Schritt des neuen protestantischen Regimes in Genf zur Herstellung von Disziplin ähnelte stark den ersten Maßnahmen anderer Gemeinden, die gerade zum Protestantismus übergetreten waren. Er bestand aus der Formulierung und Verkündung eines Glaubensbekenntnisses. Im Jahr 1537, nur ein Jahr, nachdem Genf sich formell zur Reformation bekannt und Johann Calvin als Dozenten für Theologie eingestellt hatte, veröffentlichten Calvin und sein Mentor Wilhelm Farel ein Bekenntnis mit dem Titel „Instruction et confession de foy dont on use en l'eglise de Geneve"[1]. Dieses Bekenntnis war ganz offensichtlich als Unterrichtsmaterial gedacht und hatte viele Merkmale eines Katechismus[2]. Es sollte den gewöhnlichen Genfern helfen, die Grundsätze des christlichen Glaubens im täglichen Leben zu beachten. Die Hauptbestandteile des Bekenntnisses waren Darstellungen der Zehn Gebote aus dem Alten Testament sowie des *Symbolum Apostolicum* und des Vaterunsers aus dem Neuen Te-

---

[1] *Baum, Cunitz & Reuss* (Hrsg.), Ioannis Calvini Opera quae supersunt omnia (Corpus Reformatorum, Braunschweig, 1863–1900) Bd. 22, 25–74.
[2] *Emile Doumergue,* Jean Calvin, les hommes et les choses de son temps, Bd. 2 (Lausanne 1902) 228–235.

stament. Darüber hinaus enthielt es eine Reihe typisch protestantischer Lehrsätze, von denen aus der Sicht des Historikers wohl die Definition der Prädestination der bedeutendste ist[3]. Er enthielt in rudimentärer Form alle Elemente der calvinistischen Lehre dieser Doktrin, die sich später als so kontrovers und spaltend herausstellte. Abgesehen von diesen recht kurzen dogmatischen Ausführungen war das Bekenntnis aber nichts als eine kurze Zusammenfassung elementarer Glaubensgrundsätze, die in jeder christlichen Gemeinde der damaligen Zeit, ob katholisch oder protestantisch, hätte gelehrt werden können. Das wirklich Eigenständige der Genfer Reformation bestand dagegen in der Schaffung von Mechanismen und Institutionen, die sich als höchst effektiv bei der Erzwingung von Konformität mit diesem Glaubensbekenntnis erwiesen.

Diese Disziplinierungsmechanismen wurden in Genf nicht sofort geschaffen. Ganz im Gegenteil: Farel und Calvin scheiterten zunächst bei dem Versuch, sie einzuführen. Beide wurden in der Folge von der Stadt entlassen und mußten 1538 ins Exil gehen. Als Calvin drei Jahre später, im Jahre 1541, zur Rückkehr nach Genf überredet wurde, bestand er auf der Verleihung eines Disziplinierungsrechts. Eine seiner ersten Handlungen nach der Rückkehr bestand darin, unter Zuhilfenahme seiner juristischen Ausbildung eine Reihe kirchlicher Erlasse zu verfassen, die sich als eine effektive Verfassung für die Reformierte Kirche Genfs erwiesen[4]. Eine der wichtigsten durch diese Erlasse geschaffenen Institutionen war ein Disziplinargericht mit der Bezeichnung Konsistorium. Es war eine Art Zwitterinstitution, die sowohl den Staat als auch die Kirche repräsentierte. Mitglieder des Konsistoriums waren ex officio alle fest angestellten Pfarrer, die mit Calvin auf einer gemeinsamen Bank saßen. Darüber hinaus umfaßte das Konsistorium aber auch eine zweite, gleich große Bank mit zwölf sogenannten „Ältesten", durchweg Laien, über die einmal jährlich bei den Wahlen zur Erneuerung der gesamten Genfer Regierung abgestimmt wurde. Der Vorsitzende des Konsistoriums war einer der vier „Syndiki" oder regierenden Magistrate der Stadt für das jeweilige Jahr. Das Konsistorium trat einmal pro Woche zusammen, um Einwohner der Stadt zu vernehmen, denen Verfehlungen vorgeworfen wurden. Dabei hatte es entweder die Funktion eines obligatorischen Beratungsdienstes oder die eines Gerichts der ersten Instanz.

Unter Wissenschaftlern ist seit langem bekannt, daß diesem Konsistorium bei der Schaffung einer unverwechselbar calvinistischen Form der Sozialdisziplinierung große Bedeutung zukam. Nur eine kleine Gruppe von Spezialisten weiß hingegen, daß diese Institution bisher noch nicht Gegenstand einer ihrer Bedeutung entsprechenden Untersuchung war, einer Untersuchung, die auf einer gründlichen Auswertung der Protokolle basiert, die im Genfer Stadtarchiv aufbewahrt werden und Niederschriften der genannten Vernehmungen enthalten. Um diese Lücke zu schließen, betreue ich zur Zeit eine Gruppe von Wissenschaftlern, die eine vollständige Abschrift dieser Proto-

---

[3] Calvini Opera, Bd. 22, 46–47.
[4] Ebd., Bd. 10a, 15–30; *Jean-François Bergier* (Hrsg.), Registres de la Compagnie des Pasteurs de Genève au temps de Calvin, Bd. 1 (Travaux d'Humanisme et Renaissance 55, Genf 1964) 1–13.

kolle für Calvins Amtszeit vornimmt[5]. Die vorliegende Arbeit ist eines von mehreren Nebenprodukten dieses Projekts.

Die meisten bisherigen Untersuchungen zum Genfer Konsistorium hatten dessen Einflußnahme auf Ehe und Sexualverhalten zum Schwerpunkt[6]. Dies ist nicht verwunderlich, weil das Konsistorium die Rolle des vorreformatorischen Bischofsgerichts übernahm, dessen Hauptaufgabe im Lösen von Eheproblemen lag, und weil das Konsistorium in der Tat einen Großteil seiner Zeit mit der Lösung solcher Probleme verbrachte. In den Protokollen, an deren Abschrift wir zur Zeit arbeiten, nehmen Fälle dieser Art auch breiten Raum ein. Es wäre für mich daher ein Leichtes gewesen, ein Referat über diesen Aspekt der Aktivitäten des Konsistoriums zu halten, welche mit einiger Wahrscheinlichkeit interessante Parallelen zu den Vorträgen von Professor Dilcher und Professor Schilling aufgewiesen hätte. Statt dessen habe ich mich aber entschlossen, über die Rolle des Konsistoriums bei der Durchsetzung eines Genfer Glaubensbekenntnisses zu berichten. Meine Arbeit ist somit gedacht als Fallstudie zum zentralen Thema dieses Symposions „Glaubensbekenntnisse und Sozialdisziplinierung".

Als ich mit der Abschrift der Protokolle des Genfer Konsistoriums begann, überraschte mich vor allem die Tatsache, daß am Anfang ein beträchtlicher Teil von dessen Zeit der Durchsetzung von religiöser Konformität gewidmet war[7]. Immer wurden Leute vorgeladen, um sie nach ihrem Verständnis der christlichen Religion zu befragen. Manchmal war dies das einzige Thema der Befragung, manchmal kamen Fragen religiösen Inhalts zu anderen Punkten hinzu. Über die Hälfte der aus rein religiösen Gründen Befragten waren Frauen[8]. Ein großer Teil bestand aus alten Leuten. Viele waren Analphabeten. Die Protokolle des Konsistoriums bieten daher die Möglichkeit faszinierender Aufschlüsse über die religiösen Vorstellungen und Gebräuche einfacher Leute zum Zeitpunkt der beginnenden Reformation, und zwar sind das weit detailliertere Aufschlüsse als sie für die meisten Gemeinden dieser Zeit möglich sind.

Was wir aus diesen Protokollen lernen, steht nicht im Einklang mit Theorien, die von mehreren brillanten Kommentatoren zur Religion im sechzehnten Jahrhundert entwickelt worden sind. Die einfachen Leute Genfs wurden nur selten heidnischer Riten beschuldigt, wie man vor dem Hintergrund der Schriften von Keith Thomas und

---

[5] Dabei handelt es sich um Prof. Dr. Jeffrey Watt und seine Ehefrau Isabella an der University of Mississippi; Glenn Sunshine und Thomas Lambert an der University of Wisconsin-Madison; David Wegener, vormals an der University of Wisconsin-Madison; Mme. Gabriella Cahier an der Universität Genf.

[6] Siehe etwa *Walther Köhler*, Zürcher Ehegericht und Genfer Konsistorium (Quellen und Abhandlungen zur Schweizerischen Reformationsgeschichte 7 & 10, Leipzig 1932–1942) Bd. 2, 505–652.

[7] Die folgenden Ausführungen basieren auf unserer Abschrift von Mikrofilmen der Archives d'Etat de Genève, Registres du Consistoire, Bd. 1, die dem H. H. Meeter Center for Calvin Studies in Grand Rapids, Michigan gehören.

[8] Der von Isabella Watts erstellten und von Thomas Lambert benutzten Computer-Datenbank zufolge waren ungefähr 54% der zur Befragung zu ihrer Teilnahme an Predigten und zu ihren Gebeten vorgeladenen Personen Frauen.

182 Robert M. Kingdon

Jean Delumeau vielleicht erwarten würde[9]. Auch der Häresie oder der Wiedertäuferei wurden sie selten bezichtigt, wie die Arbeiten vieler marxistischer Wissenschaftler vielleicht nahelegen würden. Statt dessen wurden sie meist verdächtigt, praktizierende Katholiken zu sein.

Eine der häufigsten Fragen, die den Vorgeladenen gestellt wurden, lautete: „Was sind deine Gebete?" Die üblichen Antworten waren das *Pater Noster* und das *Ave Maria*, und die Befragten waren oft in der Lage, diese Gebete auf Lateinisch zu rezitieren. Sie erklärten in der Regel, daß ihnen diese Gebete als Kinder beigebracht worden seien, meist von ihren Eltern, manchmal auch von einem Geistlichen. Sie wurden daraufhin aufgefordert, diese Gebete zu erklären und verfielen in verstörtes Schweigen. Offenbar waren die Gebete für die Befragten nichts als mechanische Rituale ohne jeden intellektuellen Gehalt. Am Ende der Vernehmungen standen Anweisungen des Konsistoriums, grundsätzlich in der Muttersprache zu beten und alle Gebete an Gott allein zu richten, nie an die Jungfrau Maria oder an die Heiligen. Die meisten Leute lernten daraufhin geduldig, in ihrer Muttersprache zu beten. Nur wenige verteidigten ihre Gebete zu den Heiligen, aber einige waren über das Verbot des Betens zur Jungfrau Maria ziemlich erregt. Eine nicht ungewöhnliche Antwort könnte lauten: „Aber ist sie nicht Gottes Mutter? Würde er nicht auf seine eigene Mutter hören?"[10]

Eine andere häufig wiederholte Frage lautete: „Woran glaubst du?" Die erwartete Antwort bestand aus einem Aufsagen des *Symbolum Apostolicum*. Auch hier rezitierten viele einen lateinischen Text, konnten dessen Bedeutung aber nicht erklären. Ihnen wurde auch in diesem Fall aufgetragen, den Text in ihrer Muttersprache zu lernen und in der Lage zu sein, ihn zu erklären.

Andere Fragen befaßten sich mit den vom Protestantismus anerkannten Sakramenten, also mit Taufe und Abendmahl, sowie mit etablierten katholischen Ritualen, wie dem Fasten zu bestimmten Jahreszeiten und der Gabe von Weihgeschenken in Notzeiten, etwa bei einer ernsten Krankheit in der Familie. Die meisten Leute waren bereit, auf den Großteil der katholischen Gebräuche zu verzichten. Die wichtigste Ausnahme war dabei die Heilige Messe. Es fiel den Leuten schwer zu verstehen, warum die katholische Messe schlecht und eine götzendienerische Abscheulichkeit, der protestantische Gottesdienst dagegen gut und ein notwendiger Schritt auf dem Weg zur Erlösung sein sollte. Die beiden religiösen Gebräuche, deren Aufgabe den einfachen Leuten Genfs am schwersten fiel, waren somit das Gebet zur Jungfrau Maria und die Teilnahme an der Messe.

Die vom Konsistorium vorgeschriebenen Regeln zur Bekämpfung dieser religiösen Verirrungen beinhalteten fast immer irgendeine Form von Erziehung. Fast jeder, der vor das Konsistorium zitiert wurde, mußte mindestens einmal wöchentlich, wenn nötig aber auch öfter, zur Predigt gehen. Wenn die Leute den Einwand vorbrachten, sie könnten die Predigt nicht verstehen, wurde ihnen befohlen, häufiger, in ernsten Fällen jeden Tag, hinzugehen.

[9] *Keith Thomas*, Religion and the Decline of Magic (New York 1971); *Jean Delumeau*, Le catholicisme entre Luther et Voltaire (Paris 1971).
[10] Zitiert aus der Erwiderung von Donne Janne Pertennaz in den Registres du Consistoire, Bd. 1, fol. 13v., 4. April 1542.

Terminkonflikte mit beruflichen oder häuslichen Pflichten wurden nicht als Entschuldigung akzeptiert. Denjenigen, die des Lesens mächtig waren, wurde befohlen, sich eine Bibel oder andere religiöse Bücher zu besorgen und sich damit zu beschäftigen. Diejenigen, die besonderer Hilfe bedurften, mußten an den wöchentlichen Katechismus-Treffen teilnehmen, die in jeder Pfarrkirche nach dem sonntäglichen Gottesdienst abgehalten wurden. Einigen, die noch mehr Hilfe brauchten, wurde privater Unterricht angeboten, der in einem bewegenden Fall von einem Kind[11], häufiger aber von einem älteren Schüler oder von einem Geistlichen abgehalten wurde.

Hervorzuheben ist die Tatsache, daß von allen vor das Konsistorium zitierten Leuten Vertrautheit mit den Hauptbestandteilen des Glaubensbekenntnisses von 1537 erwartet wurde. So sollten alle das Vaterunser und das *Symbolum Apostolicum* kennen, welche den Großteil des Textes ausmachten. Hervorzuheben ist auch, daß der Katechismus eines der Hauptinstrumente war, die ihnen das Lernen dieser Texte erleichtern sollten. Daher war das Konsistorium eines von mehreren Instrumenten, mit denen die Konformität mit einem Glaubensbekenntnis gesichert werden sollte, und die Anzahl von Erziehungsprogrammen hatte dabei eine unterstützende Funktion.

In diesen ersten Jahren wurden präzise Glaubensfragen nie gestellt. Die Mitglieder des Konsistoriums erwarteten von den einfachen Genfern keine Vertrautheit mit den theologischen Feinheiten, die damals schon die Gemeinden Europas zu trennen begannen. So wurde keine Kenntnis der verschiedenen Versionen der eucharistischen Doktrin erwartet, der Frage also, ob die verschiedenen Bestandteile des Abendmahls transsubstantiiert werden, ob Leib und Blut Christi beim Abendmahl mitgegenwärtig sind oder ob Christus in einer anderen Form repräsentiert ist. Von ihnen wurde auch nicht erwartet, die Details der Dreieinigkeitsdoktrin zu kennen, also die genaue Beschaffenheit der drei Personen, aus denen die Dreieinigkeit besteht, und deren Verhältnis zueinander. Sie wurden auch nie nach den Einzelheiten des Prozesses gefragt, dem die gerettete Seele auf dem Weg zur Erlösung folgt, so finden wir zum Beispiel keine Erwähnung der Doktrin, die üblicherweise als der charakteristischste Bestandteil der calvinistischen Lehre angesehen wird, nämlich der Prädestination.

Dies änderte sich jedoch in späteren Jahren. Als das protestantische Regime erst einmal sicher etabliert war und der Calvinismus sich zunehmenden Angriffen anderer Gemeinden ausgesetzt sah, erwartete man von den Leuten mehr als nur die Kenntnis des Vaterunser und des *Symbolum Apostolicum*. In zunehmendem Maße wurden auch die Kenntnis und Anerkennung anderer Teile des Bekenntnisses von 1537 erwartet und vorgeschrieben. Schlagende Beispiele dafür sind mehrere Fälle, die sich um die Doktrin der Prädestination drehen und die im Prozeß gegen Jerome Bolsec im Jahre 1551 ihren Anfang haben[12].

Bolsec war ein in Paris ausgebildeter Karmelitermönch. Er trat zum Protestantismus über, heiratete und wurde Arzt, um seinen Lebensunterhalt zu verdienen. Er zog in ein Dorf in der Nähe von Genf und wurde Privatarzt der Familie eines reformierten

[11] Jaques Emyn in Ebd., Bd. 1, fol. 9, 23. März 1542.
[12] Eine ausführlichere Version der folgenden Ausführungen erscheint demnächst in *W. van 't Spijker* (Hrsg.), Calvin: Erbe und Auftrag, Festschrift für Wilhelm Neuser (1991), als *Robert M. Kingdon*, Popular Reactions to the Debate between Bolsec and Calvin 138–145.

Adligen, M. de Falais. Er fuhr häufig nach Genf, interessierte sich mehr und mehr für theologische Auseinandersetzungen und nahm an mehreren von ihnen auch aktiv teil. Im Jahre 1551 verursachte er großes Aufsehen, als er die calvinistische Version der Prädestinationsdoktrin bei einem Treffen der „Congrégation", einer regelmäßig unter der Leitung eines Genfer Pfarrers zusammentretenden Bibelgruppe für Erwachsene, frontal angriff. Er erklärte, er könne alle Lehren der Genfer Pfarrer guten Gewissens akzeptieren, nur die Doktrin der Prädestination nicht. Hartnäckig bestritt er die Behauptung, von Beginn der Schöpfung an habe Gott das Schicksal jeder einzelnen Seele vorherbestimmt, entweder die ewige Glückseligkeit oder die ewige Verdammnis. Er bestand darauf, daß eine solche Doktrin Gott zum Urheber alles Bösen mache, zu einer Art von Tyrannen, zum christlichen Gegenstück des heidnischen Jupiter. Bolsec mußte unverzüglich ins Gefängnis und wurde während der nächsten Monate von der Compagnie des Pasteurs einem intensiven Kreuzverhör unterzogen. An dessen Ende wurde er vom regierenden Kleinen Rat der Stadt, der die Funktion eines obersten Gerichtshofes hatte, der Verbreitung falscher Doktrinen „gegen die Heilige Schrift und die reine evangelische Religion" für schuldig befunden. In einer öffentlichen Zeremonie wurde er zu ewiger Verbannung verurteilt und aus der Stadt vertrieben[13].

Die theologischen Feinheiten der Debatte zwischen Bolsec und den Geistlichen von Genf interessieren mich hier nicht. Ich überlasse deren Analyse den Spezialisten für Dogmengeschichte. Was mich dagegen interessiert, ist die öffentliche Reaktion auf das Verfahren. Ungefähr ein Dutzend Leute wurde vor das Konsistorium zitiert und einem Kreuzverhör unterzogen, um ihre Sympathiebezeugungen für Bolsec zu erklären. Einige davon wurden während des Gerichtsverfahrens vorgeladen, die meisten aber in den folgenden Monaten und Jahren. Die Protokolle dieser Verhöre ermöglichen höchst wertvolle und bisher vernachlässigte Einblicke in die Reaktionen einfacher Genfer auf die theoretischen Debatten ausgebildeter Theologen. Diese Reaktionen lassen sich in drei Kategorien unterteilen:

1. Viele von Bolsecs Anhängern beurteilten ihn weniger nach seinen Doktrinen als nach seinem Charakter. Oft nannten sie ihn einen *homme de bien*, einen Ausdruck, der sich nur schwer in andere Sprachen übersetzen läßt. Er bedeutet, daß sie ihn nicht nur für einen guten Mann hielten, sondern auch für einen Mann von Vermögen und Eigentum, der einen respektierten Status in der Gemeinde verdiente und der nicht dadurch gequält werden sollte, daß man ihn zum Angeklagten in einem langwierigen und demütigenden Verfahren machte.

Einige priesen Bolsec auch für seine humanitäre Arbeit als Arzt. Sie sagten, er habe in dieser Eigenschaft viel Gutes getan, sowohl in seiner Heimatstadt Paris als auch in der Genfer Gegend. Eine besonders engagierte Zeugin, eine Frau namens Andrue Pierrisson, sagte sogar aus, Bolsec habe sie von einem lästigen Brustproblem befreit[14]. Sie war offensichtlich eine seiner Patientinnen gewesen. Diese Genfer stimmten mit Bolsecs Arbeitgeber M. de Falais überein, der während des Verfahrens zwei Briefe an den Genfer Stadtrat schrieb, in denen er auf einen schnellen Abschluß des Falles hin-

---

[13] Für das Protokoll dieses Verfahrens siehe Calvini Opera, Bd. 8, 141–48; Registres de la Compagnie des Pasteurs de Genève au temps de Calvin, Bd. 1, 80–131.
[14] Registres du Consistoire, Bd. 6, fol. 78v., 25. [24.] Dezember 1551.

zuwirken suchte, so daß Bolsec an seinen Wohnort zurückkehren und sich wieder der Erfüllung seiner medizinischen Pflichten widmen könnte[15]. De Falais war vor dieser Episode ein enger Vertrauter Calvins gewesen; die Behandlung Bolsecs durch die Stadt Genf kühlte ihre Beziehung stark ab.

Mehrere von Bolsecs Anhängern wurden beschuldigt, in der Öffentlichkeit ein Lied gesungen zu haben, das er im Gefängnis komponiert hatte. Dies war beispielsweise der Hauptanklagepunkt gegen Jehan de Cortean, einen Apotheker[16]. In dem Lied, von dem eine Niederschrift erhalten ist, stellt sich Bolsec als einen wegen der Verteidigung wahrer Lehren ungerechterweise Verfolgten dar[17]. Offensichtlich regte das Lied die Vorstellungskraft eines Teils der Bevölkerung an. Es ist gut möglich, daß es vor allem diejenigen besonders ansprach, die in der Vergangenheit selbst mit der Obrigkeit in Konflikt gestanden hatten.

Die Tendenz, einen Verkünder religiöser Botschaften mehr nach seinem Verhalten als nach seinem Glauben zu beurteilen, war zu dieser Zeit wahrscheinlich weit verbreitet. Sie hilft bei einer Erklärung für die Strenge der moralischen Richtlinien, die in Calvins kirchlichen Edikten von 1541 für reformierte Pfarrer festgelegt wurden, und für die Tatsache, daß diese Richtlinien mehrmals bei der Entlassung von Pfarrern angeführt wurden, die diese Erwartungen weitgehend nicht erfüllten. Donatismus blieb im Prinzip eine christliche Häresie, und bei der Reformation ging es vorgeblich um Doktrinen und nicht um persönliches Verhalten, aber einfache Leute legten an ihre Geistlichen trotzdem strengere Verhaltensmaßstäbe an als an andere Leute.

2. Die meisten Anhänger Bolsecs sahen dessen Schwierigkeiten als Teil einer persönlichen Auseinandersetzung mit Johann Calvin. Oft verglichen sie Bolsec mit Calvin. Sie beklagten auch häufig, Calvin sei persönlich entschlossen gewesen, Bolsec zu verfolgen. Jacques Goddard soll gesagt haben, das Verfahren sei eine ungerechte Behandlung Bolsecs, und Bolsec habe bessere Ideen als Calvin[18]. Andrue Pierrisson wird mit der Aussage zitiert, Calvin habe skandalöse Ideen verfaßt und gepredigt und habe sich mit dem Angriff auf Bolsec der Verleumdung schuldig gemacht[19]. Calvins Anhänger im Konsistorium waren demgegenüber der Auffassung, Calvin werde ungerechtfertigt angegriffen und seine persönliche Ehre stehe auf dem Spiel.

In Wahrheit hatte Bolsec Calvin nicht persönlich angegriffen. Sein Angriff war auf eine Doktrin, nicht auf eine Person gerichtet, eine Doktrin, die von der ganzen Compagnie des Pasteurs Genfs gelehrt wurde und nicht nur von Calvin. Am Anfang des schicksalhaften Treffens der „Congrégation", bei dem Bolsec seine zu seiner Verhaftung führenden Ansichten ausgedrückt hatte, war Calvin noch nicht einmal anwesend. Der den Vorsitz führende Geistliche war Jean de Saint-André, und das Diskussionsthema war eine Passage aus dem Johannes-Evangelium, 8:47: „Wer von Gott ist, der höret Gottes Worte; darum höret ihr sie nicht, denn ihr seid nicht von Gott." Mit diesem Thema hatte Bolsec einen Anlaß gefunden, eine Doktrin anzugreifen, eine Sicht-

---

[15] Calvini Opera, Bd. 8, 200–203.
[16] Registres du Consistoire, Bd. 6, fol. 76, 10. Dezember 1551.
[17] Calvini Opera, Bd. 8, 225–27.
[18] Registres du Consistoire, Bd. 6, fols. 68–69, 5. November 1551.
[19] Ebd., Bd. 6, fols. 78v., 79, 25. [24.] Januar 1551.

weise der Prädestination. Dabei handelte es sich natürlich um eine Doktrin, die mit Calvin in Verbindung gebracht würde. Calvin selbst erschien bei dem besagtem Treffen erst, als die Diskussion schon in vollem Gange war. Gegen Ende der Diskussion stand er auf, um aus dem Stegreif eine ausführliche Gegenposition zu Bolsecs Ausführungen zu begründen, welche die Zuhörer durch ihre Sorgfalt und ihren Nachdruck verblüffte.

Außerdem war Bolsec im Zuge der rechtlichen Schritte gegen ihn nicht von Calvin allein angegriffen worden. Jedes Kreuzverhör und jede Sachverständigenanhörung in den überlieferten Verfahrensakten wurde von allen Mitgliedern der Genfer Pfarrersgemeinschaft unterzeichnet. Personen, denen man ihre Unterstützung Bolsecs vorwarf und bei denen man zusätzlichen Unterricht für nötig hielt, wurden oft nicht zu Calvin, sondern zu anderen Geistlichen geschickt. Auch wurde zum Beispiel Raymond Chauvet angewiesen, den Fall des François Descassines vor den regierenden Kleinen Rat der Stadt zu tragen[20]. Jean Fabri wurde aufgetragen, Zeugen im Falle des Jaques Symond zu vernehmen und das Konsistorium im Falle des Ehemanns von Andrue Pierrisson vor dem Rat zu vertreten[21].

Trotzdem scheint es klar zu sein, daß die gewöhnlichen Leute die Doktrin der Vorherbestimmung mit der Person Calvins gleichsetzten. Viele sahen sogar jedwede theologische Autorität als identisch mit Calvin persönlich an. Obwohl Calvin eigentlich nur ein einfaches Mitglied der Gemeinschaft der Pfarrer und Lehrer war, wurde ihm offensichtlich bei weitem die größte öffentliche Aufmerksamkeit zuteil. Dies ist ein herausragendes, zeitgenössisches Indiz für sein persönliches Charisma und das Ausmaß von Respekt – oder Angst –, das die Genfer Bevölkerung vor ihm hatte. Es zeigt auf eindrucksvolle Weise die gewaltige Kraft seiner Persönlichkeit.

3. Die gewöhnlichen Hausfrauen und Handwerker konnten offensichtlich den theologischen Nuancen der Debatte über die Prädestination nicht folgen und neigten dazu, sich den Urteilen der Geistlichen in solchen Fragen zu fügen. Keiner von ihnen war sich des Unterschieds zwischen einfacher und doppelter Vorherbestimmung oder zwischen den supralapsarischen und infralapsarischen Arten der Vorherbestimmung bewußt. Trotzdem hatten sie alle ein paar theologische Prinzipien aufgenommen. Sie hatten sich überzeugen lassen, daß jede theologische Auseinandersetzung unter Berufung auf die Heilige Schrift gelöst werden mußte und hatten damit ein grundsätzliches Prinzip des Protestantismus übernommen. Wenn sie Bolsecs Standpunkt für richtig hielten, dann deswegen, weil sie sich hatten überzeugen lassen, daß dieser die Heilige Schrift mit noch größerem Sachverstand interpretierte als ihre eigenen Genfer Geistlichen. Dies war sicherlich die Jaques Goddard und Andrue Pierrisson zugeschriebene Position.

Einige dieser Leute begriffen auch die grundsätzlichen Streitpunkte der Auseinandersetzung um die Prädestination, wenn auch nicht in allen Einzelheiten. Mme. Pierrisson soll Bolsecs Satz verteidigt haben, dem zufolge Gott kein Gott der Ungerechtig-

---

[20] Ebd., Bd. 6, fol. 83, 7. Januar 1552; Registres du Conseil, Bd. 46, fol. 134v., 11. Januar 1552 sowie fol. 207, 17. Mai 1552.
[21] Registres du Consistoire, Bd. 7, fol. 2, 3. März 1552 (der Fall Symond); fol. 24, 15. April 1552 und Registres du Conseil Bd. 46, fol. 189v., 18. April 1552 (der Fall Pierrisson).

keit ist[22]. Jaques Quattremeaux wurde vorgeworfen, er glaube, Gott und nicht der Mensch sei der Urheber der Sünde – eine Position, die Bolsec den Genfer Geistlichen zugeschrieben hatte[23]. Kurz gesagt, diesen Leuten war bewußt, daß sich die Auseinandersetzung um die Allmacht Gottes drehte. Einige von ihnen fanden Bolsecs Argument einleuchtend, die calvinistische Sichtweise mache Gott zur letztendlichen Quelle alles Bösen, und hielten diese Sichtweise für inakzeptabel. Mit anderen Worten, Bolsec hatte eine Formel oder eine Reihe von Klischees gefunden, die für die breite Masse der Bevölkerung zu verstehen waren.

Dieses Resultat der Bolsec-Affäre erregte Calvin, wie ich vermute, so sehr, daß er sich verpflichtet fühlte, seine Doktrin der Prädestination weiter auszuarbeiten und ihr einen weit wichtigeren Platz in seiner Lehre einzuräumen als zuvor. Innerhalb eines Jahres veröffentlichte er „De aeterna Dei praedestinatione"[24]. In späteren Ausgaben seiner „Institutes" wurden die Abschnitte zur Prädestination (III.xxi-xiv) beträchtlich ausgeweitet. Wir können auch ziemlich sicher sein, daß die Prädestination immer häufiger Thema der Predigten von den Kanzeln Genfs war. Bolsec hatte einen Aspekt von Calvins Lehre aufgedeckt, der für die breite Masse des Volkes eine Angriffsfläche bot, und solche Angriffe konnten von Calvin nicht toleriert werden, noch weniger als Attacken, die nur von ausgebildeten Theologen verstanden werden konnten. Denn Calvins Genfer Reformation war ganz entscheidend von öffentlicher Unterstützung abhängig. Wenn diese Unterstützung je ausgehöhlt würde, so fürchtete er, dann würde sich sein gesamtes, der Errichtung von Gottes Königreich gewidmetes Lebenswerk in nichts auflösen. Daher nahm er in der Frage der Prädestination eine Extremposition ein, die seitdem mit seinem Namen und seiner Anhängerschaft gleichgesetzt wird.

Die vom Konsistorium in Verbindung mit Bolsec und seinen Ansichten zur Prädestination behandelten Fälle sind nur eine Gruppe von Beispielen, wie diese Institution zur Verteidigung eines bestimmten Teils des Genfer Glaubensbekenntnisses von 1537 gebraucht wurde. Man könnte weitere Fälle, in denen Konformität mit anderen Teilen des Bekenntnisses durchgesetzt werden sollte, als zusätzliche Beispiele anführen. Ich bin jedoch der Auffassung, daß die hier beschriebenen Fälle gut darüber Aufschluß geben, wie die halb-kirchliche Institution des Konsistorium auf sehr effektive Weise zur Durchsetzung von konfessioneller Konformität im Calvinschen Genf benutzt wurde. Die vielen anderen Gemeinden, die Genf als Beispiel ansahen, ließen sich dies eine Lehre sein. Darin liegt ein Teil der Erklärung, warum viele von ihnen so entschlossen waren, Genf zu imitieren. Auf der anderen Seite hilft diese Tatsache aber auch zu erklären, warum viele genauso entschlossen waren, dem Genfer Beispiel nicht zu folgen.

[22] Registres du Consistoire, Bd. 6, fol. 79, 25. [24.] Dezember 1551.
[23] Ebd., Bd. 6, fol. 87, 28. Januar 1552. Zitiert aus Registres de la Compagnie des Pasteurs de Genève au temps de Calvin, Bd. 1, 86, item 11.
[24] Calvini Opera, Bd. 8, 249–366.

*Gerhard Dilcher*

# Religiöse Legitimation und gesellschaftliche Ordnungsaufgabe des Eherechts in der Reformationszeit

## I.

Ehe und Familie sind nach einem alten Topos die Keimzelle des Staates. Sie werden darum auch in modernen liberalen Rechtsordnungen, obwohl grundsätzlich dem Privatrecht zugewiesen, ausdrücklich verfassungsmäßig garantiert und geschützt[1]. Das zivilrechtliche Ehe- und Ehescheidungsrecht enthält deutlich öffentlich-rechtliche Elemente, die die Ordnungsaufgabe des Staates in diesem Bereich bezeugen[2]. Die Konfliktbereiche sind brisant deshalb, weil einerseits mit der Sexualität der elementare Triebbereich des Menschen rechtlich verfaßt wird, zum anderen die besondere und langfristige Verantwortung für die Kinder in Frage steht. Es handelt sich also um einen Problembereich rechtlicher und sozialer Disziplinierung, der für jede Gesellschaft konstituierend und ihr Menschenbild prägend ist.

Bekanntlich hat die christliche Kirche durch ihr Bild von Ehe, Familie und Ehescheidung diesen Bereich bis heute, in ein säkular-staatliches, von liberal-individualistischen Prinzipien geprägtes Eherecht, in fast zwei Jahrtausenden geformt; dabei haben sich die Formen und Gewichtungen allerdings sehr gewandelt[3]. Im katholischen Eherecht steht dies unter dem Zeichen der Auffassung, die sich zu Anfang des 2. christlichen Jahrtausends durchsetzt, daß die Ehe ein Sakrament im strengen kir-

---

[1] Im Grundgesetz der Bundesrepublik Deutschland Art. 6.[1]: Ehe und Familie stehen unter dem besonderen Schutz der staatlichen Ordnung.

[2] Im preußischen Allgemeinen Landrecht von 1794 ist das Ehe- und Familienrecht nicht dem das Recht des Individuums regelnden Teil I, sondern dem Aufbau von Staat und Gesellschaft gewidmeten Teil II eingeordnet. Zuvor war in Europa das Eherecht Teil des Kirchenrechts. Seit dem Code civil von 1804 ist es mit dem übrigen Familienrecht den privatrechtlichen Kodifikationen eingefügt. Die „öffentlich-rechtlichen" Elemente zeigen sich heute von der Eheschließung vor dem Standesbeamten bis zur Ehescheidung mit verbindlicher Regelung der Unterhaltsfragen und des Sorgerechts für die Kinder durch ein Gericht.

[3] Einen Aufriß der Entwicklung im Spannungsfeld von religiös-kirchlicher Begründung und Säkularisierung in meinem Aufsatz: *Gerhard Dilcher*, Ehescheidung und Säkularisation, in: *ders.* u. *Ilse Staff* (Hrsg.), Christentum und modernes Recht (stw 421) Frankfurt/M. 1984 (urspr. in: *Luigi Lombardi-Vallauri* u. *G. Dilcher* (Hrsg.) Cristianesimo, Secolarizzazione e diritto moderno. Quaderni Fiorentini [Milano u. Baden-Baden 1981]).

chenrechtlichen Sinne sei, mit der Konsequenz kirchlicher Rechtszuständigkeit und der Unauflöslichkeit[4]. In diesem Sakramentscharakter liegt ein Punkt enger Berührung zum Thema des Eides als Gesamtthema dieser Tagung, der ja auch *sacramentum* heißt, durch die darin ausgesprochene Bindung an Gott dem Kirchenrecht unterliegt, ohne doch Sakrament im engeren Sinne zu sein. Eine Verbindung zum Eid liegt aber auch darin, daß durch die christliche Heiligung der Ehe, die alle christlichen Zeiten und Konfessionen den Worten Alten und Neuen Testaments entnehmen, dem Vertrag = *consensus* und damit dem ehelichen Versprechen eine unvergleichliche Bindungswirkung zukommt, die im Religiösen wurzelt[5]. Auf die vielen Berührungspunkte mit dem Problemaufriß, den Paolo Prodi an den Anfang der Tagung gestellt hat, soll darum hier schon insgesamt verwiesen werden.

Unter diesen Aspekten, die die Verbindung zu dem Gesamtthema herstellen, soll der Umbruch im Eherecht im 16. Jahrhundert, der durch Reformation und Tridentinum bezeichnet ist, betrachtet werden. In dieser Skizze kann dabei allerdings das tridentinische katholische Eherecht nicht im einzelnen analysiert werden; es bleibt aber im Hintergrund des Bildes gegenwärtig in dem Sinne, daß es auf der alten sakramentalrechtlichen Grundlage den gleichen sozialen Belangen gerecht zu werden versucht, die die dargestellte Entwicklung des protestantischen Eherechts prägen. Was das Eherecht betrifft, wird dabei auf Bekanntes zurückgegriffen. Doch ist das Problem vor allem von Rechtshistorikern – das gilt nicht ganz für Historiker – nicht so sehr von den gesellschaftlichen Wirkungen (und damit als Problem der Sozialdisziplinierung) denn als Stufe in der Säkularisierung und Verstaatlichung des Eherechts und der Ausbildung moderner Prinzipien, etwa Scheidung aufgrund von Verschulden oder Zerrüttung, gesehen worden[6]. Die Verbindung des Eherechts, seiner Sakralität oder Heiligkeit mit Fragen der Sozialdisziplinierung soll daher im Vordergrund der Überlegungen stehen – wenn auch meist nur in eher thesenhafter Form ausgeführt.

[4] Die katholische Lehre ist ausführlich dargestellt bei *Klaus Mörsdorf*, Lehrbuch des Kirchenrechts aufgrund des Codex Juris Canonici [begr. v. E. Eichmann], II. Band (München – Paderborn – Wien [11]1967) III. Abschnitt: Das Eherecht 128 ff.

[5] Religion in Geschichte und Gegenwart (RGG), 2. Bd. (Tübingen [3]1958) Art. Ehe; Lexikon für Theologie und Kirche (LThK), 3. Bd. (Freiburg 1959) Art. Ehe. Daß Eheversprechen im Mittelalter auch von Eidesleistungen begleitet waren, zeigen etwa die Entscheidungen Alexanders III. c. 4,5 X 4,1.

[6] Vgl. vor allem die protestantischen Beiträge in der 2. Hälfte des 19. Jahrhunderts: *E. Richter*, Beiträge zur Geschichte des Ehescheidungsrechts der ev. Kirche (Berlin 1858); *E. Friedberg*, Das Recht der Eheschließung in seiner geschichtl. Entwicklung (Leipzig 1805); *A. Stölzel*, „Zur Geschichte des Ehescheidungsrechts", in: Zs. für Kirchenrecht XVIII (1883) 1–53; *Dove* u. *Sehling*, Art. „Scheidungsrecht", in: Realenzyklopädie für prot. Theologie und Kirche, hrsg. v. *Albert Hauck*, 21. Bd. (Leipzig [3]1908) Sp. 858. Das gilt aber auch noch für *Hans-Gert Hesse*, Evangelisches Ehescheidungsrecht in Deutschland (Bonn 1960). Die katholische Lehre kann von einer Kontinuität ihrer theologischen Grundlagen ausgehen, die keiner unmittelbaren Rückfrage nach den sich wandelnden gesellschaftlichen Verhältnissen bedarf.

## II.

Das mittelalterliche kanonische Eherecht, mit dem Luther vor allem durch das mönchische Zölibatsversprechen wie aufgrund seiner Beichtpraxis zusammenstieß, verwies die Fragen des Ehebandes, des *vinculum matrimonii*, eindeutig und ausschließlich an die kirchliche Zuständigkeit, während Fragen des Ehegüterrechts, des Kindschaftsrechts, des Erbrechts vom weltlichen Recht geregelt waren und weltlichem Gericht unterstanden, naturgemäß aber von der Vorfrage einer gültigen Ehe weitgehend abhängig waren[7]. Damit kam der Frage der Rechtsverbindlichkeit der Eheschließung eine große Bedeutung zu. Das wurde natürlich verschärft durch die Unlösbarkeit des sakramental gültigen Ehebandes[8].

Das auf so festen dogmatischen Grundlagen errichtete kanonische Eherecht enthielt nun gerade hier einen erheblichen Unsicherheitsfaktor. Der Kirche war es gelungen, gegenüber der germanischen Sippenvertragsehe sich weitgehend mit ihrer Ehekonzeption durchzusetzen, auch den Eheschluß mit vorausgehendem Aufgebot in den kirchlichen Bereich zu ziehen[9]. Doch spenden nach kirchlicher Lehre die Eheleute selbst das Sakrament, so daß die kirchliche Mitwirkung nicht zwingend ist[10]. Bei der Konsenslehre wurde Verlöbnis und ehebegründender Konsens theoretisch unterschieden, ohne daß dieser Unterschied in der Praxis stets nachvollziehbar war[11]. Mit dem wie immer festzustellenden Konsens und der körperlichen Vereinigung – *copula carnalis* – war die Ehe gültig und unscheidbar geschlossen[12]. Unter dem Stichwort der *matrimonia clandestina* oder Winkelehe ergab sich aus dieser eherechtlichen Grundlage eine Situation, in der bei einer Vielzahl von Paaren unklar war, ob sie in gültiger Ehe lebten, ob Konkubinat, ob eventuell Bigamie vorlag, mit Folgewirkung für die

---

[7] Dazu *Friedrich Merzbacher,* Art. „Ehe, kirchenrechtlich" in: Handwörterbuch z. deutschen Rechtsgeschichte, hrsg. v. *Adalbert Erler* u. *Ekkehard Kaufmann* (HRG), Bd. 1 Sp. 835; *Hans-Erich Feine,* Kirchliche Rechtsgeschichte. Die katholische Kirche (Köln – Graz [4]1964) bes. § 34 II, S. 433 ff.; *Willibald Plöchl,* Geschichte des Kirchenrechts, Bd. II (Wien – München [2]1962) IV. Kap. § 5 S. 305 ff.

[8] *J. Fahrner,* Geschichte des Unauflöslichkeitsprinzips u. der vollkommenen Scheidung der Ehe im kanonischen Recht (Freiburg 1903) 15 ff.

[9] Übersicht *Paul Mikat,* Art. „Ehe" in: HRG. Bd. 1 Sp. 809 ff.

[10] Die ältere, noch mehrdeutige kirchliche Lehre wird durch päpstliche Gesetzgebung im Liber Extra c. 3 X 4,4 im Sinne des Sakramentscharakters der durch verbalen Konsens *(consensus facit nuptias)* der Partner begründeten Ehe festgelegt, vgl. *Feine,* a.a.O. Das Beilager als Teil des germanischen Eheritus begründet dann kirchenrechtlich die volle Unauflöslichkeit.

[11] Es wurde unterschieden der Konsens über das Verlöbnis = *sponsalia de futuro* vom eigentlichen Ehekonsens = *sponsalia de presenti.* Vor allem wenn das Beilager = *copula carnalis* dazukam, waren sowohl die Unterscheidung wie der Übergang von einem zum anderen fließend. Weil die Kirche die älteren, volkstümlichen mittelalterlichen Formen der Eheschließung nicht zu verdrängen vermochte, aber doch auf sie die kanonistischen Rechtsbegriffe anwandte, trug sie zu den eherechtlichen Unklarheiten bei.

[12] Vgl. die Lit. Anm. 7 bis 9. Eine Zusammenfassung der differenzierten spätmittelalterlichen Lehren bietet die grundlegende Studie von *Dieter Schwab,* Grundlagen und Gestalt der staatl. Ehegesetzgebung der Neuzeit (Bielefeld 1967).

erwähnten Bereiche von Güterrecht, Kindschafts- und Erbrecht[13]. Außerdem konnte auf diese Weise der Begriff der Sünde und Schuld, ohnehin in der christlichen Tradition mit der Sexualität eng verbunden, den Bereich der Ehe noch mehr umlagern und die kirchliche Beicht- und Bußpraxis fordern. Die Seelsorge suchte diese Probleme zu bewältigen, selbst durch Duldung gebeichteter bigamischer Beziehungen, konnte aber vom Ansatz her die gesellschaftlichen Verhältnisse nicht ordnen und die Verstrickung der Menschen in so definierte Schuld nicht aufheben[14]. Die Sozialverhältnisse basierten auf der Haltung vor allem der unteren Mittel- und Unterschichten des Spätmittelalters, spontan und ohne langfristige Lebensplanung zu leben, ferner auf der Möglichkeit, jenseits der Grenzen einer Stadt oder eines Kleinterritoriums einen neuen Lebens- und Rechtskreis zu finden, in welchem man – und das heißt hier wohl fast ausschließlich Mann! – unter Zurücklassung alter Bindungen eine neue Existenz aufbauen konnte – kurz, auf dem Fehlen allgemeiner Sozialdisziplinierung oder der vorneuzeitlichen Stufe im Prozeß der Zivilisation individueller und kollektiver Triebhaftigkeit[15].

## III.

Genau an diesem Punkt, der mangelnden Fähigkeit zur Ordnung der menschlichen Verhältnisse, setzte Luthers Auseinandersetzung mit dem bestehenden Eherecht an, die natürlich seine Ablehnung des kanonischen Rechts bestätigte und bestärkte. Ich kann die einzelnen Phasen der Entwicklung der Ehelehre Luthers überschlagen – sie kamen aus theologischen und seelsorgerlichen Erwägungen und waren schon darum im Rechtlichen keineswegs klar, oft widersprüchlich[16]. Doch schufen sie das insgesamt von den Kirchen der Reformation, also auch Zwinglianern und Calvinisten, anerkannte Fundament des protestantischen Eherechts – die Ehe als *eusserlich weltlich Ding*, wie Haus und Hof, Kleider und Speise, wie Ackerbau und Handwerk, wie von allen Reformatoren in vielfältigen Wendungen wiederholt wird[17]. Das bedeutet Verneinung des Sakramentscharakters der Ehe, damit Verneinung der zwingenden kirchlichen Zuständigkeit für das materielle Recht der Eheschließung und Ehescheidung sowie der Zuständigkeit kirchlicher Gerichte. Das Ehe- und Ehescheidungsrecht war

[13] Das Problem wird jetzt unter weiterer Angabe älterer Lit. ausführlich erörtert von *Karl Michaelis,* Das abendländische Eherecht im Übergang vom späten Mittelalter zur Neuzeit (Nachr. d. Akad. d. Wiss. Göttingen, phil.-hist. Kl., Göttingen 1989).
[14] Diese Verhältnisse werden mehr oder minder intensiv in allen Darstellungen der Problematik angeleuchtet. Vgl. etwa die zitierten Arbeiten von Köhler, Lähteenmäki, Michaelis.
[15] Im folgenden werden ohne Erörterung im einzelnen die Begriffe Sozialdisziplinierung oder Disziplinierung in einem wertungsfreien Sinn zur Kennzeichnung jener Veränderungen der Lebensführung verwandt, die Norbert Elias von dem Gesichtspunkt der Haltung zu Sinnlichkeit und Triebhaftigkeit als Prozeß der Zivilisation beschrieben hat.
[16] Die Entwicklung der Ehelehre Luthers aus seinen inneren Auseinandersetzungen ist eingehend beschrieben von *Olavi Lähteenmäki,* Sexus und Ehe bei Luther (Turku 1955).
[17] Die vielzitierten Stellen kurz angeführt bei *Schwab,* a.a.O. 105 f. Ausführlicher *Walther Köhler,* Die Anfänge des protestantischen Eherechts, in: Zs d. Savigny-Stftg. f. Rechtsgeschichte (ZRG) Kan. Abt. 61 (1941) 271 ff.

damit in dem Sinne säkularisiert, daß es aus kirchlicher Rechtszuständigkeit entlassen war. Das Eherecht ist, so wieder Luther, Calvin, Bucer u. a., nicht der Kirche, die das Predigtamt zu verwalten hat, zugeordnet, sondern dem weltlichen Regiment, den Juristen: es ist *res politica*. Christus selbst habe in den Aussagen zur Ehe als Prediger die Gewissen angesprochen, nicht als Gesetzgeber gehandelt[18].

Aus diesen Predigerworten jedoch leitet Luther den Charakter der Ehe als eines heiligen, geistlichen Standes ab, woraus er auch eine grundsätzliche Ablehnung der Scheidung, ein entschiedenes detestari, herleitet. Doch fordert dieser geistliche Charakter keine Ordnung durch kirchliches Recht, denn geistlich ist bei Luther kein Begriff rechtlicher Zuordnung[19]. Allerdings geht er davon aus, daß die weltliche Obrigkeit seiner Zeit eine christliche Obrigkeit sei, also im Rechtsbereich christliche Grundsätze befolge und damit im wesentlichen ein christlich geprägtes Eherecht garantiere.

Die Reformation vollzieht also hier eine Entkoppelung von Religion und Recht im Bereich der Ehe und damit eine Änderung grundsätzlicher Art gegenüber dem kanonischen Recht. Für Luther spielt dabei die Bejahung der Sexualität als Teil der menschlichen Natur eine große Rolle, der Sexualität, die in der Ehe ihre Ordnung findet[20]. Hieraus leitet er ja auch seine Absage an das mönchische Leben und an die Bindung des Zölibats ab. Der Gedanke, daß die Ehe und alleine die Ehe ein christliches, d. h. geheiligtes Leben mit der Sexualität ermöglicht und nach dem Schöpferwillen Gottes ermöglichen soll, prägt nun sehr stark Luthers Stellungnahmen zum Scheidungsrecht. Eine Scheidung dem Bande nach mit der Folge der erneuten Eheschließung muß zumindest dem unschuldigen Teil möglich sein, um ihm oder ihr einen Partner zu geben und sie nicht tiefer in Konflikte zu verstricken. Die Ermöglichung geordneter geschlechtlicher Beziehungen unter Vermeidung der Unzuträglichkeiten, die das kanonische Recht verursacht hatte, wurde damit Grundlage der protestantischen Ehelehre.

Vor allem Luther versuchte lange, in diesem Sinne als Prediger, geistlicher Lehrer, als Seelsorger und nicht als Gesetzgeber zu handeln, etwa, wenn er dem Landgrafen von Hessen die Bigamie als Ehe vor Gott, als „Gewissensehe" also erlaubt[21]. Doch hatte seine Ehelehre ein Rechtsvakuum geschaffen. In diesem Vakuum versuchten nun die Menschen in den der Reformation sich zuwendenden Städten und Ländern selber die Probleme abzuwickeln, die sich angestaut hatten: zerrüttete Ehen, neu eingegangene Verbindungen, die Einbeziehung von ehemaligen Mönchen und Nonnen in die Gesellschaft. Die krisenhaften sozialen Erscheinungen des Spätmittelalters verschärften sich noch, vor allem in den Städten als Orten größerer Bevölkerungszusam-

---

[18] Nachweise wie Anm. 16 und 17. Vgl. auch meine Studie, wie Anm. 3.

[19] *Schwab*, Grundlagen 107; *Johannes Heckel*, Lex charitatis (München 1953) 62.

[20] Vgl. vor allem Lähteenmäki, cit.

[21] Die vielzitierte Stellungnahme Luthers u. a. bei *Lähteenmäki*, 87. Luther wollte als Rat eines Beichtvaters bei der fehlenden Möglichkeit zur Scheidung Philipp von Hessen die Bigamie mit Margarete von der Sale in heimlicher Ehe gestatten, dieser vollzog aber eine öffentliche Trauung. *William W. Rockwell*, Die Doppelehe des Landgrafen Philipp von Hessen (Marburg 1904); *Hastings Eells*, The attitude of Martin Bucer toward the bigamy of Philipp of Hesse (1924).

menballungen, in denen nicht die sozialen Beziehungen selbst normierend wirkten.
Auf den städtischen Rat kamen Fragen des Ehegüter- und Kindschaftsrechts, auf den
Pfarrer Fragen der erlaubten Trauung und Wiedertrauung zu – insofern fand die alte
getrennte Zuordnung zum weltlichen und geistlichen Gericht ihre Verlängerung.

Die Unsicherheit im Eherecht war zunächst groß. Selbsttrauungen aufgrund des allgemeinen Priestertums fanden statt, bloße Gewissensehen fanden eine neue Begründung, die Protokollnotiz aus Ulm *zu Laupheim scheiden sie sich selbst* verrät die Unsicherheit in Scheidungssachen nach Wegfall des kanonischen Rechts und die erupti-
ven Lösungen dieser Probleme durch eine „befreite" Gesellschaft[22]. Die Feindschaft
Luthers gegen das kanonische Recht führte binnen kurzem zu einer Verschärfung all
jener krisenhaften Erscheinungen, die das spätmittelalterliche Kirchenrecht nur unge-
nügend zu ordnen vermocht hatte. Luthers Reaktion blieb schwach, 1530 in der
Schrift „Von Ehesachen" hält er an der nichtjuristischen Rolle des Seelsorgers fest,
und erst 1539 wird in Wittenberg das erste Konsistorium als Ehe- und Disziplinargericht errichtet[23]. Doch hat schon zuvor im Bereich der Reformation ein sehr schneller
Wandel zu einer neuen Ordnung der ehelichen Verhältnisse stattgefunden. Bereits
1525 gibt es im Zürich Zwinglis ein evangelisches Ehegericht, zunächst noch halb
geistlichen Charakters. Nach Zürcher Vorbild schaffen die reformierten Städte der
Schweiz und Südwestdeutschlands – Basel, Konstanz (Blarer), Straßburg (Bucer), Lin-
dau, Isny, Kempten, Memmingen, Ulm, Augsburg u. a., schließlich Württemberg
(Brenz) Ehegerichte[24]. Sie waren von der weltlichen Obrigkeit bestellt, und die Einrichtung eines Ehegerichts wird, wie W. Köhler treffend festgestellt hat, ein Stück
reformatorischer Territorialhoheit[25]. In Genf hält der Rat gegen Calvin die Zuständigkeit in Ehesachen gegen die geistliche Behörde des Consistoire, besetzt mit Ältesten
und Pfarrern, aufrecht – doch Calvin führt in das protestantische Eherecht den kanonistischen Begriff der *res mixta* als Anspruch geistlicher Mitsprache ein[26].

Ehesachen waren also, gemäß der Einordnung der Reformatoren als *res politica,* in
die Kompetenz weltlicher Behörden übergegangen. Freilich blieb dem Pfarrer jedenfalls Beichte, Seelsorge und Beratung in Ehesachen – und darüber hinaus die Fragen
von Aufgebot und Trauung, damit aber von Ehehindernissen und der Wiedertrauung
von, wie und von wem auch immer, Geschiedenen.

Auf diese Weise kommt neben dem Problem der Zuständigkeit die Frage zum
Zuge, nach welchen materiellen Normen Eherecht und Ehescheidung sich richten.
Die mittelalterliche Kirche hatte es erreicht, daß die Mitwirkung des Geistlichen
üblich – wie wir sahen: nicht zwingend – wurde. Die gewöhnliche Abfolge war Eheschluß als Konsens vor Zeugen, sodann das Beilager, schließlich die Trauung durch

---

[22] Vgl. *Stölzel,* cit.; *Walther Köhler,* Zürcher Ehegericht und Genfer Konsistorium, Bd. 1 (Leipzig 1932).
[23] *W. Köhler,* (wie Anm. 17) 272; *Küngolt Kilchenmann,* Die Organisation des zürcherischen
Ehegerichts zur Zeit Zwinglis (Zürich 1946).
[24] *Köhler,* (wie Anm. 22); *ders.,* Zürcher Ehegericht und Genfer Konsistorium, Bd. 2 (Leipzig
1942).
[25] *Köhler,* ZRG Kan. 61, 272.
[26] *Köhler,* ZRG Kan. 61, 279 u. ö.

den Geistlichen[27]. Diesem von der alten Kirche übernommenen Modell fügte sich der Kirchgang der Protestanten ein, von Zwingli selbst erst nach längerer heimlicher Ehe vollzogen. Er war aber wie im kanonischen Recht nur Öffentlichmachung, nicht konstitutiv für die Ehe. Hier findet aber um die Mitte des Jahrhunderts ein Umschlag statt. In Genf wird das Beilager vor dem Kirchgang im Wege der Sittenzucht bestraft; damit fehlt ein konstitutiver Akt vor der kirchlichen Trauung. Ähnlich verläuft es anderswo. Für die Frauen bot dies die größere Sicherheit, nicht mit einem Kind sitzengelassen zu werden; erst die öffentlich gemachte Ehe war ja unbezweifelbar. Die Trauung schiebt sich immer mehr an den Anfang der Eheschließung. Über sie wird eine Urkunde oder Eintragung gefertigt, und *innerhalb* des kirchlichen Aktes wird jetzt der Konsens gegeben – die kirchliche Trauhandlung wird zum öffentlichen, nicht mehr bezweifelbaren ehebegründenden Akt. Die endgültige rechtliche Fixierung findet dies erst bei Justus Henning Böhmer (1674–1749); die Realität entspricht dem weit früher[28].

Der Kern altkirchlichen Eherechts bestand im Sakramentalcharakter der Ehe und damit der Unscheidbarkeit, gemildert durch die breite Palette von Nichtigkeitsgründen, Dispens und der Rechtsfigur der Trennung von Tisch und Bett[29]. Nach reformatorischem Verständnis entfiel diese Rechtsgrundlage, damit trat das erwähnte Vakuum auf. Wie konnte es gefüllt werden? Das Neue Testament kannte als Trennungsgrund – nur bei Matthäus – den Ehebruch und bei Paulus die Glaubensverschiedenheit[30]. Damit waren aber viele der Probleme, die Luthers Kritik am kanonischen Recht hervorgerufen hatte, nicht zu bewältigen. Als Rechtsordnung stand außerdem das römische Recht zur Verfügung, das in seiner älteren Form die freie Scheidung, in der Gesetzgebung der christlichen Kaiser eine relativ breite Scheidungsmöglichkeit kannte[31]. Für das römische Recht sprachen darum die Humanisten der Zeit, auch manche Reformatoren, und die Anerkennung des römischen Rechts als des Reichs gemeines Recht hätte auch die protestantischen Obrigkeiten gegenüber Kaiser und Reich gedeckt, hätte also keine politischen Reaktionen der katholischen Seite unter Berufung auf die Treue zum Reich heraufbeschwören können. Die Anwendung des römischen Rechts hätte auch der reformatorischen Einordnung der Ehe als *res politica* entsprochen[32].

Dennoch setzte sich das römische Recht als Eherecht nicht durch. Statt dessen bildete sich ein protestantisch-kirchliches Eherecht, das von den städtischen Ehegerichten und den Konsistorien der Territorien angewandt wurde, dessen strenge Richtung in Scheidungssachen dominant war und das weitgehend das kanonische Recht rezi-

---

[27] *Köhler,* a.a.O. 291 ff. (293).
[28] Zum vorhergehenden die Darstellung bei *Köhler,* ZRG Kan. 61, 293 f.; *Schwab,* (wie Anm. 12) 111.
[29] Auch in den historischen Grundlagen dargestellt bei *August Knecht,* Handbuch des katholischen Eherechts (Freiburg i. Br. 1928).
[30] Die Quellengrundlagen u. a. bei *Dilcher,* (wie Anm. 3).
[31] *Köhler,* (wie Anm. 22) 10 f.
[32] Vgl. *Köhler,* a.a.O.; *Hesse,* (wie Anm. 6) 11, 23 ff.; *Schwab,* a.a.O. 116 ff.

pierte. Der einzige wesentliche Unterschied blieb, daß das protestantische Eherecht die Trennung des Ehebandes kannte[33].

Die Folge war, daß die Scheidung einer Ehe schwer zu erreichen, aber möglich war. Die normative Grundlage für das neue protestantische Scheidungsrecht bildeten vor allem die Texte des Neuen Testaments, also entgegen der Einordnung als *res politica* wieder Texte religiöser Autorität, die Luther dem Predigeramt zugeordnet hatte. Darum war es unentbehrlich, neben Juristen auch Theologen für Verfahren in Ehesachen heranzuziehen, entweder als Beisitzer der Ehegerichte oder als Gutachter – so wie in anderen Rechtssachen Juristenfakultäten als Autoritäten Gutachten erstatteten. Diese inhaltliche Zuordnung bildete die Grundlage für die Ausgestaltung der landesherrlichen Kirchenverwaltung in den Konsistorien[34].

Die säkulare Obrigkeit im Bereich des Protestantismus hatte die Gestaltung des materiellen Ehe- und Ehescheidungsrechts, die ihr die Ehelehre Luthers zugespielt hatte, nicht übernommen, sondern die Kirche wieder in den Dienst der Legitimation des Eherechts genommen. Zürcher Ehegericht und Genfer Konsistorium, die Verbindung reformierter Sittenzucht mit Eheordnung und -gerichtsbarkeit hat hier schon zu Beginn der reformatorischen Bewegung die Grundlage für die neue Ordnung gelegt[35].

Wie ist diese Erscheinung, die erst im 18. Jahrhundert durch eine zunächst polizeirechtliche Einwirkung des Staates auf das materielle Ehe- und Ehescheidungsrecht abgelöst wird[36], zu erklären, widerspricht sie doch der Vermutung nach einem Macht- und Kompetenzhunger des frühmodernen Staates, der auch die Reformation mitgetragen hat?

Für einen wichtigen Teil der Sozialordnung, der den einzelnen im innersten Bereich der persönlichen Lebensgestaltung betrifft, den Bereich von Ehe und Familie also, war wohl eine nur vom Staat geschaffene und erzwungene Ordnung damals nicht vollziehbar. In einer langen, sich durch das ganze Mittelalter ziehenden Tradition schien offenbar die Kirche zur Legitimation und Durchführung eherechtlicher Ordnung unverzichtbar. Dagegen griff der Staat – oder die Stadtobrigkeit – gerne zu der Möglichkeit, den institutionellen Rahmen, die Ehegerichte, zu organisieren, und auch auf die Mitwirkung der staatlich-säkularen Juristen keinesfalls zu verzichten. Sie waren es, die ein protestantisches Eherecht entwickelten. Aus diesem protestantischen Eherecht sollte in Deutschland dann erst nach den rechtspolitischen Kämpfen des 19. Jahrhunderts endgültig ein staatlich-säkulares Ehe- und Ehescheidungsrecht im Bürgerlichen Gesetzbuch von 1896/1900 hervorgehen; die alten gemeinsamen Grundlagen im kanonischen Recht ermöglichten es dem Zentrum damals wohl, diesem Eherecht und damit dem BGB zuzustimmen.

[33] Vor allem in der „strengen Richtung" des protestantischen Eherechts galten die kanonistischen Gründe der Trennung von Tisch und Bett nunmehr als Scheidungsgründe.
[34] *Stölzel,* (wie Anm. 6) für die Städte *Köhler,* op. cit., *Schwab,* cit., 111 ff., *Dilcher,* (wie Anm. 3) 319 f.
[35] Das ist das Ergebnis der zitierten Studien von W. Köhler. Das Problem wird vertieft und weitergeführt durch die Studien von Robert M. Kingdon und Heinz Schilling in diesem Bande.
[36] Hier sind vor allem die zunächst polizeirechtlichen Anordnungen des aufgeklärten Preußen im 18. Jahrhundert zu nennen, die dann in die Regelungen des preußischen Allgem. Landrechts von 1794 münden. Nachweise bei *Dilcher,* 328.

Wenden wir uns zum Abschluß noch einmal der Ausgangsfrage nach der sozial-disziplinierenden Wirkung des Eherechts zu, des Eherechts, in dem, wie wir sahen, Kirchliches und Weltliches, Geistliches und Profanes, Religion und Gesellschaft in besonderer Weise in der europäisch-christlichen Geschichte verbunden war.

Zunächst ist hier daran zu erinnern, daß wir unter der Fragestellung der Sozialdisziplinierung – der Begriff kann hier schon im Blick auf die ehelich so „undisziplinierte" Gesellschaft des Spätmittelalters und ihre sozialen Nöte keine bloß negative Konnotation haben – nicht nur das eigentliche Eherecht betrachten dürfen. Dies ist häufig deshalb in rechtshistorischen Untersuchungen geschehen, weil diese sich um eine Klärung der historischen Grundlage zum Zwecke der rechtspolitischen Gestaltung der Gegenwart bemühten. Das geschah aber im Hinblick auf ein nunmehr seit dem 19. Jahrhundert dem Privatrecht zugeordnetes Eherecht. Diese Form der Differenzierung und Zuordnung verfehlt aber jedenfalls den vollen Blick auf die sozialen Wirkungen für die ältere Zeit. Hier müssen wir hinzunehmen den Bereich kirchlicher Sittenzucht im Bereich vorehelicher, außerehelicher und ehelicher Sexualität und der allgemeinen Eheführung. Hier müssen wir ferner hinzunehmen das Sexualstrafrecht, vor allem die Bestrafung des Ehebruchs[37]. Es ist offensichtlich, daß hier ein rechtlich gefestigter und überprüfbarer Bestand der Ehe Voraussetzung und Grundlage der Wirksamkeit der beiden genannten Sanktionssysteme darstellt. Diesem Wechselspiel kann hier nicht mehr im einzelnen nachgegangen werden. Der erste Eindruck besagt aber, daß Kirchenzucht und Strafrecht zunächst im 16. und frühen 17. Jahrhundert sehr massiv die Ordnung der gesellschaftlichen Verhältnisse um das neue Eherecht abschirmten. Danach gewinnen nicht nur die „milderen" Richtungen im protestantischen Eherecht an Bedeutung, sondern die für unsere Auffassungen extrem harte Abschirmung durch die genannten Sanktionsmechanismen schwächt sich ab – vielleicht, weil eine höhere Stufe selbstverständlicher sozialer Disziplin im Prozeß der Zivilisation der europäischen Gesellschaften erreicht war. Schon im Eherecht zeigt sich die wachsende Höherbewertung der Person und ihres subjektiven Bereiches gegenüber objektiven Ordnungsstrukturen; das wird sich wohl im Bereich der Sittenzucht und des Strafrechts noch verstärkt erweisen.

Diese Hypothese wäre an einem Vergleich protestantischer und katholischer Territorien und Städte, vor allem zunächst Deutschlands, zu überprüfen. Das katholische Eherecht hatte durch die Reformen des Tridentinum ja die geschilderte spätmittelalterliche Phase sozialer Unsicherheit in bezug auf den Bestand der Ehe überwunden und konnte deshalb in ähnlicher Weise wie das protestantische die Sicherung sozialer Ordnung im Bereich der Familie übernehmen. Der einzige deutliche Unterschied

---

[37] Die Studien von W. Köhler haben diese Verbindung exemplarisch aufgezeigt, ohne daß die rechtshistorische Forschung diesem wegweisenden Forschungsansatz bisher gefolgt wäre. Zum Strafrecht wäre etwa von den Art. 116–123 der Carolina auszugehen, in denen widernatürliche Unzucht, Blutschande, Entführung, Notzucht, Ehebruch, Bigamie, Kuppelei in Zusammenhang behandelt werden. Die Partikularrechte und die Rechtspraxis weichen aber hier weit voneinander ab. Die für Ehebruch „eigentlich" verdiente Todesstrafe wird auch als Argument für Scheidung und Wiederverheiratung des unschuldigen Partners herangezogen.

blieb die Unzulässigkeit der Scheidung dem Bande nach und damit einer legalen Begründung einer neuen Verbindung.

Interessanterweise blieb im Recht der Eheschließung vortridentinisch-kanonisches Eherecht im englischen Common Law als protestantisches Eherecht wirksam[38]. Hier scheint es, daß die Übernahme des vortridentinischen Zustandes so weitgehend war, daß die sozialdisziplinierende Wirkung des kontinentalen Rechts beider Konfessionen nicht eintrat.

Auch die weltlichen Obrigkeiten im Bereich des Protestantismus, wo das Eherecht nicht wie im kanonischen Recht als Bereich eines „Sakralrechts" (nämlich in der Begründung auf *ius divinum*) vor dem Zugriff des Gesetzgebers abgeschirmt, sondern vielmehr zur *res politica* erklärt war, zögerten bis ins 18. und 19. Jahrhundert mit einer staatlichen Regelung der Materie. Die Erklärung kann nur sein, daß sie im Jahrhundert der Reformation noch nicht die innere Legitimität – und damit auch nicht eine ausreichende Zwangsgewalt zur Durchsetzung im persönlichsten Bereich des Lebens der Menschen – besaßen, um die Ehe und das Scheitern der Ehe durch Normen inhaltlich zu regeln. Gerade um hier einen höheren Grad disziplinierter, geordneter und verantwortlicher Lebensführung in der Gesellschaft zu erreichen, war offenbar die Rückführung der rechtlichen Normen auf religiös begründete Werte, ja auf die Textgrundlage der heiligen Schrift unentbehrlich. Damit aber waren Eheschließung und Eheführung der Aufsicht und Seelsorge der Kirche weiterhin zugeordnet. Entgegen Luthers Ausbruchsversuch aus der Rechtsverantwortung haben die übrigen Reformatoren, vor allem Zwingli und Calvin, in Übereinstimmung mit den städtischen und den langsamer nachziehenden fürstlichen Obrigkeiten die religiöse „Heiligkeit" der Ehe zur inhaltlichen Begründung des Rechts und zur Begründung seiner Durchsetzung herangezogen. Die Grundfrage des Kolloquiums, ob der Bereich des *Sacrum* im Sinne der religiösen, von der Kirche verwalteten Bindungskraft historisch unentbehrlich war, um die Veränderung der Lebensführung am Beginn der Neuzeit, die man mit dem Begriff „Sozialdisziplinierung" oder auch mit den Kategorien von Norbert Elias als Stufe im Prozeß der Zivilisation bezeichnen kann, in entsprechende Normierungen zu fassen, kann für den Bereich der Ehe voll bejaht werden.

---

[38] Vgl. *Giesen*, Grundlagen und Entwicklung des englischen Eherechts in der Neuzeit bis zum Beginn des 19. Jahrhunderts (Bielefeld 1983).

## Heinz Schilling

# Frühneuzeitliche Formierung und Disziplinierung von Ehe, Familie und Erziehung im Spiegel calvinistischer Kirchenratsprotokolle

## I. Das Problem

Mein Beitrag befaßt sich mit zwei für das Tagungsthema einschlägigen Teilaspekten innerhalb des frühneuzeitlichen Wandlungs- und Formierungsprozesses der europäischen Ehe[1] – *erstens* mit dem *Treueversprechen* als Entstehungsgrund und bleibender

---

[1] Aus der umfangreichen Literatur sei nur genannt: Der Artikel Ehe, Eherecht, Ehescheidung, in: TRE 9 (Berlin/New York 1982) 308–362, und zwar *Henri Crouzel* (Alte Kirche), *Leendert Brink* (Mittelalter), *Maurice E. Schild* (Reformation); *Neithard Bulst, Joseph Goy, Jochen Hoock* (Hrsg.), Familie zwischen Tradition und Moderne. Studien zur Geschichte der Familie in Deutschland und Frankreich vom 16. bis zum 20. Jahrhundert (Kritische Studien zur Geschichtswissenschaft 48, Göttingen 1981); *Hermann Conrad,* Das Tridentinische Konzil und die Entwicklung des kirchlichen und weltlichen Eherechtes, in: *Georg Schreiber* (Hrsg.), Das Weltkonzil von Trient. Sein Werden und Wirken, Bd. 1 (Freiburg/Br. 1951) 257–324; *Werner Conze* (Hrsg.), Sozialgeschichte der Familie in der Neuzeit (Industrielle Welt 21, Stuttgart 1976); *Hartwig Dieterich,* Das protestantische Eherecht in Deutschland bis zur Mitte des 17. Jahrhunderts (Ius ecclesiasticum 10, München 1970); *Manfred Erle,* Die Ehe im Naturrecht des 17. Jahrhunderts. Ein Beitrag zu den geistesgeschichtlichen Grundlagen des modernen Eherechts (Göttingen 1952); *Jean-Louis Flandrin,* Familien. Soziologie, Ökonomie, Sexualität (Frankfurt/M./Berlin/Wien 1978); *Lawrence Stone,* The Family. Sex and Marriage on England 1500–1800 (London 1979); *Walter Köhler,* Die Anfänge des protestantischen Eherechts, in: ZSRG (KA) 30 (1941) 271–310; *René König,* Ehe und Ehescheidung, in: *Wilhelm Bernsdorff* (Hrsg.), Wörterbuch der Soziologie (Stuttgart ²1969) 197–207; *Niklas Luhmann,* Liebe als Passion. Zur Codierung von Intimität (Frankfurt/M. ⁴1984); *Kurt Lüthi,* Das Eheverständnis des Protestantismus, in: ThPQ 127 (1979) 33–44; *Paul Mikat,* Ehe, in: Handwörterbuch zur Deutschen Rechtsgeschichte 1 (Berlin 1971) 809–833; *Heinz Reif* (Hrsg.), Die Familie in der Geschichte (Göttingen 1982); *Michael Schröter,* „Wo zwei zusammenkommen in rechter Ehe ..." Sozio- und psychogenetische Studien über Eheschließungsvorgänge vom 12. bis 15. Jahrhundert (Frankfurt/M. 1985), zu lesen mit der Rezension von *Johannes Fried,* in: HZ 242 (1986) 681–684; *Dieter Schwab,* Grundlagen und Gestalt der staatlichen Ehegesetzgebung in der Neuzeit bis zu Beginn des 19. Jahrhunderts (Schriften zum deutschen und europäischen Zivil-, Handels- und Prozeßrecht 45, Bielefeld 1967); *ders.,* Familie, in: Geschichtliche Grundbegriffe 2, 253–301, *ders.,* in: Handwörterbuch zur Deutschen Rechtsgeschichte 1, 1067–1071; *Edward Shorter,* Die Geburt der modernen Familie (Reinbek bei Hamburg 1977); *Anneliese Sprengler-Ruppenthal,* Zur Rezeption des Römischen Rechts im Eherecht der Reformatoren, in: ZSRG (KA) 99 (1982) 363–418; *Ulrich Stutz,* Zu den ersten Anfängen des evangelischen Eherechts, in: ZSRG (KA) 22 (1983) 288–331;

Basis der für das Leben oder gar darüber hinaus konzipierten Gemeinschaft zwischen Mann und Frau und *zweitens* mit den Mechanismen von *Selbst-* und *Fremdkontrolle*, die nach Einschätzung der Zeit angesichts der Unvollkommenheit oder – in der Terminologie christlicher Anthropologie – der Sündhaftigkeit des Menschen nötig war, um jene eidesähnliche Grundlage zu erhalten und die darauf beruhende Ehe samt der aus ihr hervorgewachsenen Familie zu schützen. Entsprechend den spezifischen Strukturbedingungen alteuropäischer Vergesellschaftung[2] übernahmen Religion und Kirche sowohl bei der Definition der Grundlagen als auch bei der Kontrolle der Ehe die führende Rolle, und zwar in enger Abstimmung und Zusammenarbeit mit den aufsteigenden Instanzen frühmoderner Staatlichkeit im Territorium oder in den Städten. Zeitlich gesehen setzte der frühneuzeitliche Formierungsprozeß der Ehe im späten Mittelalter ein, und zwar parallel und in enger Verschränkung mit dem allgemeinen gesellschaftlichen Wandel der werdenden Neuzeit. Wie jener erreichte die Umformung der Ehe ihren Höhepunkt in der zweiten Hälfte des 16. und im frühen 17. Jahrhundert, als der „gesellschaftliche Fundamentalprozeß" der Konfessionalisierung[3] das menschliche Zusammenleben auch und gerade an der Basis erfaßte und tiefgreifend umgestaltete.

Die Entstehungsgeschichte der neuzeitlichen Ehe ist somit weitgehend die Geschichte des Eheverständnisses und der Ehepraxis der aus der Reformation hervorgewachsenen drei großen Konfessionskirchen, längerfristig und im verborgenen wirkend auch der Dissidenten, vor allem der Täufer. Bei der historischen Wirkung der Konfessionen ist allerdings stets der Einfluß des eng mit ihnen verbundenen frühmodernen Staates zu beachten. Wie für die Konfessionalisierung allgemein, so gilt auch für deren Anteil an der neuzeitlichen Formierung der Ehe, daß die gesellschaftlichen Funktionen und Konsequenzen im Prinzip dieselben waren. Zwischen den beiden protestantischen Konfessionen gab es so gut wie keine Unterschiede[4]. Dagegen ging die katholische Konfessionalisierung insofern eigene Wege, als der im Tridentinum festge-

---

*Fortsetzung Fußnote von Seite 199*

als einschlägige Fallstudie: *François Wendel*, Le Marriage à Strasbourg à l'époque de la Réform, 1520–1692 (Straßburg 1928); *Lyndal Roper*, The Holy Household. Women and Morals in Reformation Augsburg (Oxford 1989); *Stephan Buchholz*, Recht, Religion und Ehe. Orientierungswandel und gelehrte Kontroversen im Übergang vom 17. zum 18. Jahrhundert (Frankfurt/M. 1988); *Marie-Odile Métral*, Die Ehe (Frankfurt/M. 1981); *Philippe Aries*, Liebe in der Ehe, in: *ders., André Béjin, Michel Foucault* u.a., Die Masken des Begehrens und die Metamorphosen der Sinnlichkeit (Frankfurt/M. 1986) 165–175. – Für redaktionelle Hilfe bei den Anmerkungen danke ich Fräulein Henrike Clotz.

[2] Wie dies gemeint ist, habe ich wiederholt dargelegt, etwa in: *Heinz Schilling*, Konfessionskonflikt und Staatsbildung (Gütersloh 1981) Kap. 1; oder zuletzt *ders.*, Nationale Identität und Konfession in der europäischen Geschichte der Neuzeit, in: *Bernhard Giesen* (Hrsg.), Nationale und kulturelle Identität in der europäischen Neuzeit (Frankfurt 1991) 192–253.

[3] Hierzu sei auf nähere Erläuterungen an anderer Stelle verwiesen, etwa *Heinz Schilling*, Die Konfessionalisierung im Reich – religiöser und gesellschaftlicher Wandel in Deutschland zwischen 1555 und 1620, in: HZ 246 (1988) 1–45.

[4] Hierzu demnächst eine Fallstudie zu den reformierten und lutherischen Teilen Hessens von *Uwe Sibeth*, einstweilen als maschinenschriftliche Dissertation: Ehegesetzgebung und Ehegerichtsbarkeit in Hessen (Hessen-Kassel) in der frühen Neuzeit (Gießen 1993).

schriebene Sakramentscharakter der Ehe eine Säkularisierung grundsätzlich ausschloß. Daraus ergab sich eine originäre Verantwortlichkeit der Kirche in Ehesachen und eine Selbständigkeit gegenüber dem Staat, die nach der Entlassung der Ehe aus dem Kreis der Sakramente im Protestantismus theoretisch nicht mehr gegeben waren. Indem aber die protestantischen Konfessionen davor zurückschreckten, als Konsequenz aus ihrem im Prinzip entsakralisierten Eheverständnis Ehe und Familie ganz in den Zuständigkeitsbereich des Staates zu übergeben, blieb in der Praxis auch im protestantischen Umfeld die Rolle von Religion und Kirche prägend. Eine Ausnahme machten nur die nördlichen Niederlande sowie zeitweilig England, wo im ausgehenden 16. Jahrhundert bzw. für einige Jahre zu Mitte des 17. Jahrhunderts eine von kirchlichem Einfluß freie Zivilehe eingeführt wurde[5].

Die folgende Untersuchung befaßt sich mit dem Beitrag der reformierten oder calvinistischen Konfessionskirche. Konkretes Beobachtungsfeld sind zwei nordwesteuropäische Gemeinden – eine deutsche in der ostfriesischen Stadt Emden und eine niederländische in der nur wenige Kilometer entfernten Nachbarstadt Groningen. Quellengrundlage sind Synodalbeschlüsse, Kirchen- und Eheordnungen und vor allem die Kirchenratsprotokolle der beiden genannten Gemeinden, die seit dem 16. Jahrhundert fast lückenlos vorhanden sind[6]. Die serielle Protokollüberlieferung ist besonders wertvoll. Denn sie belegt nicht nur die calvinistische Normierung und Kontrolle der Ehe, sondern bietet darüber hinaus und vor allem Einblick in die alltägliche Realität des frühmodernen Ehelebens.

Angesichts zahlreicher historischer Gemeinsamkeiten waren Verfassung und Spiritualität der beiden Schwestergemeinden sehr verwandt[7]. In der Behandlung von Ehe- und Familienangelegenheiten traten aber wegen der erwähnten Sonderentwicklung des niederländischen Eherechts gewisse Unterschiede zutage. In einem ersten Teil (§ II) werden die Hauptzüge der zu Ende des 16. Jahrhunderts im Zuge reformierter Konfessionalisierung erfolgten organisatorischen Neuformierung von Ehe und Familie behandelt. Der zweite, längere Teil (§ III) versucht ein möglichst detailliertes Bild von den Bemühungen der Presbyter zu zeichnen, durch Zucht und Kontrolle im Alltag ihrer Gemeinden die Normen neuzeitlich christlichen Ehe- und Familienlebens zur Geltung zu bringen.

---

[5] Nähere Ausführungen mit Literaturangaben dazu in: *Heinz Schilling*, Religion und Gesellschaft in der calvinistischen Republik der Vereinigten Niederlande – „Öffentlichkeitskirche" und Säkularisation; Ehe und Hebammenwesen; Presbyterien und politische Partizipation, in: *Franz Petri* (Hrsg.), Kirche und gesellschaftlicher Wandel in deutschen und niederländischen Städten der werdenden Neuzeit (Köln/Wien 1980) 197–250, hier 222 ff.

[6] Die ersten Jahrzehnte dieser Protokollüberlieferung sind jetzt ediert: *Heinz Schilling, Klaus-Dieter Schreiber* (Bearbeiter), Die Kirchenratsprotokolle der reformierten Gemeinde Emden, 1557–1620, 2 Bde. (Köln 1989 und 1992).

[7] Hierzu mit der einschlägigen Literatur zu Groningen und Emden zuletzt *Heinz Schilling*, Civic Calvinism in Northwest Germany and the Netherlands (Kirksville 1991); *ders.*, Einleitung zur unter Anm. 6 zitierten Protokolledition.

## II. Normierung im Zuge der Konfessionalisierung

In Emden, wo das reformierte Gemeindeleben spätestens mit dem Wirken Johannes a
Lascos in den 1540er Jahren einsetzte, wurden Ehe und Familie formell erst Mitte der
neunziger Jahre im calvinistischen Sinne neu geordnet. Diese Verzögerung um ein
halbes Jahrhundert hatte äußere, politische Ursachen. Das Datum zeugt aber zugleich
von der formierenden Dynamik der kurz zuvor in Emden zum Sieg gelangten reformierten oder calvinistischen Konfessionalisierung[8]. Die Eheordnung wurde am
26. Juni 1596 vom Magistrat erlassen und 1607 unter Mitwirkung des Kirchenrates
erstmals revidiert[9]. Sie stützte sich auf das römische und das kanonische Recht sowie
auf die 1561 von Calvin selbst entworfene Genfer Ordnung. In unserem Zusammenhang sind an dieser Neuordnung drei Punkte besonders wichtig – das Eheschließungsverfahren, die Regelung der verbotenen Verwandtschaftsgrade und die Ehescheidung.

Mit der *Eheschließung* hatte sich der Emder Kirchenrat bereits zuvor immer wieder
befaßt, und zwar in zweifacher Hinsicht – mit der Qualität des rechtlich und sittlich
konstitutiven Aktes und mit der Form des Verfahrens. Dabei hatte er sich mit einer in
Friesland offensichtlich seit Generationen gültigen Eheschließungstradition auseinan-
derzusetzen, die weniger durch religiös-sittliche und kanonisch-rechtliche Normen
der mittelalterlichen Kirche als durch germanisch-rechtlich geprägte Einstellungen
und Verhaltensweisen bestimmt wurde. Worum es bei diesem „truwe" genannten
Eheschließungsverfahren ging, zeigt das Verfahren Gebbeke Schutemakers contra
Abel Schipper von September 1557, also gleich aus den ersten Wochen der Protokollüberlieferung. Die Frau gab an, daß sie Abel „... truwet heft", und zwar seien sie in ihrer „Schwester und Schwagers Haus des abends beieinander gekommen und (hätten)
beieinander geschlafen. Doch sagt sie, ihre Schwester habe ihn zuvor ermahnt, daß er
sie nicht betrügen sollte. Darauf habe er gesagt, man solle ihn nicht für so einen ansehen, er wolle seinen Hals lieber verlieren. Darauf haben sie zusammengeschlafen ohne
weitere Worte"[10]. Die „truwe" war somit ein ohne Beteiligung der Kirche abgeschlos-
senes Verlöbnis innerhalb der Familie, das durch die consummatio carnalis besiegelt
wurde und als rechtlich einklagbares Eheversprechen galt[11]. Der Kirchenrat verur-

---

[8] Ausführlich hierzu *Heinz Schilling,* Reformation und Bürgerfreiheit, Emdens Weg zur calvinistischen Stadtrepublik, in: *Bernd Moeller* (Hrsg.), Stadt und Kirche im 16. Jahrhundert (Gütersloh
1978) 128–168.
[9] Gedruckt in *Emil Sehling* (Hrsg.), Die evangelischen Kirchenordnungen des 16. Jahrhunderts,
Bd. 7, zweite Hälfte, erster Halbband, Niedersachsen: Die außerwelfischen Lande (Tübingen
1963) 527–536, mit ausführlicher Annotation und einleitenden Bemerkungen (S. 348) durch die
Bearbeiterin *Anneliese Sprengler-Ruppenthal.*
[10] Kirchenratsprotokolle Emden (im folgenden gekürzt als KRP mit dem jeweiligen Sitzungsda-
tum, bis 1620 in der unter Anm. 6 angegebenen Edition nachzulesen) 13.9. und 21.12.1557. –
Bei den Zitaten handelt es sich um Übersetzungen aus dem Niederdeutschen in heutiges Hoch-
deutsch.
[11] Auch andere Länder kannten dieses germanisch-rechtliche Verfahren, so insbesondere die
Niederlande und England vgl. etwa *George Elliot Howard,* A History of Matrimonial Institution,
Chiefly in England and the United States, 3 Bde. (Chicago/London 1904), hier vor allem Bd. 1,
308–320; *Robert von Friedeburg,* Sozialdisziplinierung in England? Soziale Beziehungen auf dem

teilte dieses Verfahren moralisch und religiös, indem er Gebbeke nachdrücklich wegen ihrer Sünde und Liederlichkeit ermahnte. Die Rechtsgültigkeit stellte er jedoch nicht in Frage. Im Gegenteil, er forderte die widerstrebende Braut ausdrücklich auf, ihrem in dieser Weise angetrauten Mann tatsächlich in die Ehe zu folgen „und nicht Unrecht gegen ihn zu tun, es sei denn, sie könne beweisen, daß er sich in der Zwischenzeit, seitdem sie sich verlobt hatten, nicht wohl gehalten hat"[12].

Die Eheordnung von 1596/1607 paßte sich insofern an dieses alte, germanische truwe-Verfahren an, als sie bei der Eheanbahnung den Familien der Brautleute eine entscheidende Rolle zuwies[13], dazu den „Freunden" und der „Nachbarschaft", die den ordentlichen Hergang der Verlobung bezeugen sollten[14]. In einem nicht weniger zentralen Punkt setzte sie dagegen das ältere Verfahren außer Kraft: Unter Androhung der außergewöhnlich hohen Strafsumme von 20 Goldgulden und der Androhung weiterer Strafen war fortan in Emden verboten, daß „zur Ehe verlobte Personen ehelichen Beischlaf halten und machen, ehe und bevor ihr Ehestand von den Predigern dieser Kirchen ordentlich *bestätigt* (Hervorhebung H. Sch) ist"[15]. Gleichzeitig wurde die Verlobungszeit auf sechs Wochen begrenzt[16], was gleichermaßen der besseren Kontrolle wie der Realisierbarkeit diente. Die neue Bestimmung wurde alljährlich von den Kanzeln verlesen. Bei der Prüfung der Ehevoraussetzung durch Ratsbeamte oder einen Prädikanten wurde den verlobten Paaren jeweils ausdrücklich eingeschärft, sich vor der „Copulation der ehelichen bywohnung" zu enthalten[17]. Abgerundet wurde das neue Verfahren durch die formelle Einführung des öffentlichen Aufgebots[18].

Zu den *ehehindernden Verwandtschaftsgraden* enthielt die Emder Ordnung ausführliche Regelungen, die im großen und ganzen dem kanonischen Recht entsprechen, auch hierin der Genfer Ordnung folgend[19]. Wo die Ordnung, wie bei Ehen zwischen

---

*Fortsetzung Fußnote von Seite 202*
Lande zwischen Reformation und „Great Rebellion", 1550–1642, in: ZHF 17 (1990) 385–418, hier vor allem 387f., 404ff. – Interessantes Material volkskundlicher Seite in: *J. J. Voskuil*, Van onderpand tot teken. De geschiedenis van de trouwring als voorbeeld van functieverschuiving, in: Volkskundige Bulletin 1 (1975) 47–79; *K. R. V. Wikman*, Die Einleitung der Ehe (Abo 1937).
[12] KRP, 13.9.1557.
[13] Die Kirchenordnung Emden, in *Sehling*, Kirchenordnungen (wie Anm. 9) 527, „niemand unter den jungen Leuten, der noch in der Gewalt seiner Eltern oder Vormünder steht, soll sich ohne deren Vorwissen, Rat und Bewilligung mit Jemandem ehrlich verloben, damit das Recht, welches den Eltern und denjenigen, die ihre Stelle bekleiden, von Gott und der Natur zukommt, geschwächt werde".
[14] Ebd., 530, §§ 1–3.
[15] Ebd., 532, § 6.
[16] Ebd., 531, § 1. Diese Bestimmung ist der Genfer Eheordnung entnommen. Nach *Walter Köhler*, Züricher Ehegericht und Genfer Konsistorium, 2 Bde. (Leipzig 1932 und 1942) Bd. 2: Das Ehe- und Sittengericht in den süddeutschen Reichsstädten, dem Herzogtum Württemberg und in Genf (Leipzig 1942) 642.
[17] Vgl. allgemein die Übersicht bei *J. C. Stracke*, Verlobung und Trauung – Gebräuche und Ordnungen, in: Emder Jahrbuch 58 (1978) 5–21.
[18] Emder Kirchenordnung, (wie Anm. 13) 531, dazu auch die Kirchenordnung von 1594, abgedruckt ebd., hier 495f.
[19] Emder Kirchenordnung, (wie Anm. 13) 528–529.

Geschwisterkindern, d.h. zwischen Cousin und Cousine, die im römischen Recht erlaubt, im kanonischen aber verboten war, nicht den Normen der mittelalterlichen Kirche folgte, verlangte sie ein formelles Prüfungs- und Zulassungsverfahren durch die
Obrigkeit. Man wollte in einer solchen delikaten Frage den Katholiken nicht Hand-
habe zum Vorwurf der Leichtfertigkeit geben. Dagegen beinhaltete die Kirchenordnung keine allgemeine Regelung der Entscheidungskompetenz bei Streit- und Ausnahmefällen. Daraus ergaben sich vor allem in den ersten Jahrzehnten heftige Kontroversen zwischen Stadtrat und Presbyterium. Vor allem bei Ehen eines Witwers oder
einer Witwe mit Blutsverwandten des verstorbenen Ehepartners, die laut Emder Ordnung und kanonischem Recht verboten waren, neigte der Magistrat zu Ausnahmen,
während der Kirchenrat, und zwar die Prädikanten, strikt auf die Erfüllung des Buch-
stabens achteten. Die Ehe des Buchbinders Johann Hindricks mit der Schwester seiner verstorbenen Frau führte sogar zu einem schweren Grundsatzkonflikt, der das
Presbyterium über ein Jahrzehnt lang beschäftigte und zeitweilig die staatliche Führung der jungen Stadtrepublik lahm zu legen drohte[20].

Unter Führung des Ersten Predigers Menso Alting, der in seinen letzten Lebensjah-
ren zu prophetisch-theokratischer Größe aufgestiegen war, erklärte der Kirchenrat das
Ehepaar Hindricks für Blutschänder und verlangte vom Magistrat seine sofortige Ausweisung. Dagegen hielt die Mehrheit im Rat eine Ehe zwischen Schwägern nach pro-
testantischem Eherecht für erlaubt. Dabei stützte sie sich auf die gültige Praxis in der
Provinz Holland. Da keine Seite nachgab, herrschte in Emden vom Sommer 1608 bis
Dezember 1609 zwischen Konsistorienkammer und Rathaus der Kriegszustand. Führer der antipresbyterialen Ratsfraktion war der Ratsherr Peter van Eeck, der Syndikus
Althusius scheint im Hintergrund agiert zu haben[21]. Der Verfassungskonflikt wurde
am 4. Dezember 1609 beigelegt, als van Eeck sich nach langen Verhandlungen über
Mittlerpersonen mit dem Kirchenrat aussöhnte. Seine Grundauffassung, daß der
Stadtrat in dieser Frage der Verwandtschaftsgrade unabhängig vom Kirchenrat entscheiden dürfe, hatte er beibehalten. Das Presbyterium hat das Zuchtverfahren gegen
das Ehepaar Hindricks schließlich dann auch eingestellt. Nach jahrelangem Taktie-
ren forderte es nur noch eine formelle Versöhnung mit der Gemeinde, was Johann
Hindricks, der längst nach Groningen verzogen war, jedoch schlichtweg verweigerte[22].

---

[20] *Schilling/Schreiber,* Emder Protokolle (wie Anm. 6), Sitzungen der Jahre 1606–1619 passim,
mit Höhepunkt im Juni 1608 bis September 1609. – Einen ähnlichen Fall referiert *Sprengler-
Ruppenthal* in *Sehling,* Kirchenordnungen (wie Anm. 9) 529, Anm. 26. – Auch in späteren Jahren
ist es zu Konflikten zwischen Stadt- und Kirchenrat über Auslegung und Anwendung der Ehe-
und Hochzeitsordnung gekommen. Vgl. dazu etwa *Heinz Werner Antholz,* Die politische Wirksamkeit des Johannes Althusius in Emden (Leer 1955) 90. – Später scheinen sich die Verhältnisse
dann dahingehend geklärt zu haben, daß die Entscheidung beim Stadtrat lag, der sich dabei aber
auf Gutachten der Prädikanten stützte. Eine Reihe solcher Gutachten befindet sich im Emder
Stadtarchiv, etwa Manuskriptabteilung, Nr. 29, so eine Heirat zwischen Schwager und Schwägerin aus dem Jahre 1713.
[21] Vgl. KRP, Emden 23.9.1611, auch *Antholz,* Wirksamkeit (wie Anm. 20) 74f.
[22] KRP, Emden 30.8.1619.

Zur *Scheidung* machte die Emder Eheordnung anders als ihr Genfer Vorbild[23] keine Ausführungen. In Ostfriesland wurden Scheidungsverfahren im Rahmen der ordentlichen Eheprozesse abgehandelt. Im Unterschied zur Kirchenzucht war hierfür nicht die Kirche, sondern der Staat zuständig. In Übernahme der Kompetenz des bischöflichen Offizials und Sendgerichtes der mittelalterlichen Kirche berief der Landesherr „commissarii in matrimonialibus" sowie – darin die Kompetenz des mittelalterlichen Offizials in Ehesachen überschreitend – „verordnete richter" speziell für Scheidungsangelegenheiten[24]. Als 1595 Emden weitgehend unabhängig wurde, waren auch die Zuständigkeiten bei den weltlichen Eheprozessen neu zu regeln. Das erfolgte im Osterhusischen Akkord von 1611, der für die Stadt Emden ein eigenes Ehegericht berief, zusammengesetzt aus drei gräflichen Kommissaren, zwei Emder Ratsherren und einem vom Stadtrat dazu verordneten Emder Prädikanten[25].

Der Emder Kirchenrat besaß somit in Scheidungsangelegenheiten keinerlei Befugnisse. Nach Ausweis der analysierten Protokolle hat er das im großen und ganzen auch akzeptiert. Gemeindemitglieder, die sich mit einem Antrag auf Scheidung an ihn wandten, verwies er an den Magistrat – so etwa Martien Jansen, die um Auflösung eines Verlöbnisses mit dem Seemann Jan Mattheysen bat, weil sie drei Jahre von ihrem Bräutigam nichts mehr gehört habe[26]. Ungachtet des eindeutigen Mitwirkungsrechts des Landesherrn, scheint der Magistrat in Einzelfällen eigenständig Scheidungen zugelassen zu haben, jedenfalls als Trennung „met de wooninge"[27]. Der Kirchenrat erkannte solche Entscheidungen nicht immer an und leitete bisweilen gegen einen oder

[23] Die Genfer Eheordnung wurde erlassen im Rahmen der Ordonnances Ecclesiastiques von 1561, abgedruckt in: Corpus Reformatorum, Bd. 38,1 (Braunschweig 1871) 105 ff., Scheidung hier 110 ff.

[24] Diese Regelung erfolgte bereits in der Polizeiordnung der Gräfin Anna von 1545, abgedruckt in: *Sehling*, Kirchenordnungen (wie Anm. 9) 198–413, hier 404. Vgl. dazu auch den Kommentar der Bearbeiterin *Sprengler-Ruppenthal* 348, 355, 404, Anm. 75, sowie *Joseph König*, Verwaltungsgeschichte Ostfrieslands (Göttingen 1955) 275–283, 385, wo die im einzelnen komplizierten Verhältnisse detailliert beschrieben werden. – Allgemein zur Ehescheidung vgl. *A.-P. Hecker*, Ehescheidungsprozeß, in: Handwörterbuch zur Deutschen Rechtsgeschichte 1, 843–846; *Hans Gert Hesse*, Evangelisches Ehescheidungsrecht in Deutschland (Bonn 1960); *A. Stölzel*, Zur Geschichte des Ehescheidungsrechts, in: ZKR 18 (1883), 1–53; *Thomas M. Safley*, Let No Man Put Asunder. The Control of Marriage in the German Southwest (Kirksville 1984); *Gerhard Dilcher*, Ehescheidung und Säkularisation, in: *Luigi Lombardi Vallauri, Gerhard Dilcher* (Hrsg.), Cristianesimo Secolarizzazione e Diritto Moderno (Baden-Baden/Mailand 1981) 1021–1080; *ders.,* Ehescheidung und Säkularisation, in: *ders.* und *Ilse Staff* (Hrsg.), Christentum und modernes Recht: Beiträge zum Problem der Säkularisation (Frankfurt a. M. 1984) 304–359.

[25] Neu ediert von *Harm Wiemann*, Die Grundlagen der landständischen Verfassung Ostfrieslands. Die Verträge von 1595–1611 (Aurich 1974) 212–262, hier 243. Der Vertragstext legt ausdrücklich fest, daß Ehesachen von dieser Kommission „namens S. G.", also des Landesherrn entschieden würden. Er legt eine klare Definition vor: „Als Ehesachen gelten die Fragen des Rechts und der Gültigkeit oder Ungültigkeit von Verlöbnissen und Ehen sowie der Ehescheidungen." – Im ostfriesischen Territorium außerhalb des Emder Hoheitsbereiches gelangten Ehegerichtsbarkeit und Scheidungsangelegenheiten schließlich in die Hand des 1643 gegründeten landesherrlichen Konsistoriums.

[26] KRP, Emden 10.12.1696/5.

[27] KRP, Emden 13.2.1699.

beide Ehepartner ein Zuchtverfahren ein. Das lag aber jenseits der weltlichen Rechtssphäre. Es war Sündenzucht, nicht Matrimonialjurisdiktion.

Auf derselben theologischen Basis reformiert-calvinistischen Eheverständnisses zeigt die Beschäftigung des Nachbarpresbyteriums in Groningen einige bemerkenswerte Abweichungen von der Emder Praxis. Denn infolge der eingangs erwähnten besonderen staatskirchenrechtlichen Verhältnisse wurde in den Niederlanden die Ehe entschieden zu den weltlich-staatlichen Angelegenheiten gezählt[28] und nicht – wie in Deutschland – zu den res mixtae, für die beide, Staat und Kirche, verantwortlich waren. Rechte und Kompetenzen in Eheangelegenheiten wurden den Gemeinden der niederländischen Öffentlichkeitskirche gleichsam erst sekundär durch staatliche Instanzen, d.h. die Stadträte oder die Provinzialstände, verliehen. In Groningen geschah das in der bereits am 16. September 1594 vom Magistrat erlassenen Kirchenordnung[29]. Ihre im vorliegenden Zusammenhang wichtigsten Bestimmungen waren die staatliche Anerkennung des innerkirchlichen Trauverfahrens der Calvinisten als privilegierter Öffentlichkeitskirche, ohne ihr ein gesamtgesellschaftliches Ehemonopol zuzugestehen, sowie ihre Beauftragung mit gewissen Dienstleistungen für die Gesamtstadt wie namentlich die Eheregistratur und die öffentliche Proklamation aller Brautleute gleich welcher Konfession an drei aufeinanderfolgenden Sonntagen von der Kanzel herab[30].

Das Groninger Presbyterium fand sich mit dieser Neuregelung weitgehend problemlos ab. Es beharrte nicht darauf, daß die Ehe – wie in Emden und Deutschland allgemein – eine res mixta sei. Vielmehr wurde sie von den Groninger Calvinisten durchgehend als „politische Angelegenheit" behandelt[31]. Normierung, Beaufsichtigung und Sanktionierung dieser säkularisierten Form von Ehe überließ man ganz den Magistraten. Wo man, wie im Falle der Proklamation und der Führung der Eheregistratur allgemein-gesellschaftliche Funktionen ausübte, geschah das eindeutig im Auftrage der weltlichen Obrigkeit, war abgeleitete und nicht originäre, theologisch begründete Gewalt in Eheangelegenheiten. Angesichts dieser klaren Kompetenzabgren-

---

[28] *Schilling*, Religion (wie Anm. 5) 222 ff. mit der älteren Literatur, dazu die jüngeren einschlägigen Darstellungen bei *Donald Haks*, Huwelijk en gezin, in: Holland in de 17e en 18e Eeuw (Assen 1982); *Herman Rodenburg*, Onder zensuur (Hilversum 1990) 90–95.

[29] Abgedruckt ist die Kirchenordnung in *H. H. Brucherus*, Geschiedenis van de opkomst der Kerkhervorming in Groningen (Groningen 1821) 425–470. Zu den historischen Hintergründen vgl. *C. H. van Rhijn*, Templa Groninga ... en het beheer van de Nederduitsch Hervormde Gemeente te Groningen (Groningen 1910) 127 ff.; *Wiebe J. Formsma et alii* (Hrsg.), Historie van Groningen, Stad en Land (Groningen 1976) 207 ff.

[30] Kirchenordnung Groningen (wie Anm. 29), §§ 59–62, 461–468. – Der § 62 verwies pauschal auf die eherechtlichen Bestimmungen der großen niederländischen Synoden in Dordrecht, Middelburg und Den Haag sowie auf Theodor Bezas Buch „De Divortiis", deren Bestimmungen auch für Groningen gelten sollten. Die niederländischen Synodalakten sind ediert bei *C. Hooijer*, Oude kerkordeningen der Nederlandsche Hervormde Gemeenten, 1563–1638 (Zaltbommel 1865), die jeweils einschlägigen eherechtlichen Bestimmungen dort 157, 207, 277, 457.

[31] Das zeigt der folgende Vorgang: Bevor sich ein todkranker Mann noch daheim von einem Prädikanten trauen lassen darf, muß die Zustimmung des Bürgermeisters vorliegen, da es sich hier um eine politische Angelegenheit handle, wie das Presbyterium festgestellt hatte. KRP, Groningen 24.8.1597.

zung blieben Konflikte zwischen Kirche und Staat nach Art der Emder Grundsatzkonfrontation bei den ehehindernden Verwandtschaftsgraden weitgehend aus, und auch die Scheidung überließ man unbestritten der weltlichen Obrigkeit[32].

Die unter calvinistischen Vorzeichen erfolgte frühneuzeitliche Formierung der Ehe besaß, so lassen sich unsere Beobachtungen *zusammenfassen,* drei Hauptpfeiler, die sich auch in calvinistischen Gemeinden anderer Regionen nachweisen lassen. Die Basis bildete das *Treueversprechen* der Verlobten, das eidesähnlichen Charakter besaß. Wie im überkommenen mittelalterlichen Verfahren, sollte das Treueversprechen im Kreis der Familien und Freunde stattfinden. Die Emder Synode von 1571 hatte zwar zusätzlich festgelegt, daß es „auch nötig (ist), das jemandts von den dieneren oder eltesten der kirchen dabey seye"[33]. Das galt aber nur für die Flüchtlings- und Kreuzkirchen unter feindlicher Obrigkeit. Wo sich, wie in Emden, eine offizielle calvinistische Gemeinde etabliert hatte, waren Kirchenvertreter in der Regel an der Verlobung nicht mehr beteiligt. Auf jeden Fall mußte, und das ist der zweite Pfeiler, der *Eltern- oder Sippenkonsens* vorliegen. Fehlte er, konnte das anders als im tridentinischen Katholizismus die Gültigkeit sogar einer vollzogenen Ehe in Frage stellen[34]. Allerdings waren Eltern und Vormünder ihrerseits bei ihrer Entscheidung an die Normen christlicher Verantwortung gebunden[35].

Dem nicht-sakramentalen Eheverständnis entsprechend, war eine *Scheidung* prinzipiell möglich. Synodalbeschlüssen und den Kirchenratsprotokollen ist aber zu entnehmen, daß die calvinistische Kirchenleitung in der Praxis gegen eine Auflösung der Ehe sehr hohe Hürden errichtet hatte. Im Prinzip wurde eine Ehescheidung mit dem Recht zur Wiederverheiratung nur akzeptiert, wenn der Ehepartner Ehebruch begangen hatte und dieses in einem ordentlichen Verfahren „amtlich vor der Obrigkeit bewiesen wurde"[36]. Bei anderen gravierenden Schwierigkeiten, etwa wenn ein Paar in schwerem Zerwürfnis lebte, wurde nur die „Trennung von Tisch und Bett" erlaubt, d. h. die Auflösung der Lebensgemeinschaft ohne Recht zur Wiederverheiratung. Nicht selten verweigerte das Presbyterium sogar die Anerkennung einer staatlichen Scheidung und nahm die Betroffenen in die Kirchenzucht. Diese sehr restriktive Haltung war eine Konsequenz des eidesähnlichen Treueversprechens als Basis christlichen Zusammenlebens von Mann und Frau. Denn bereits die Verlobung konnte nach calvinistischem Eherecht selbst „mit beyderseits bewilligen nicht aufgeloset wer-

---

[32] *Hooijer,* Kerkordeningen (wie Anm. 30), 157, Kanones der Synode von Dordrecht 1578, § 90, auch § 91.

[33] *J. F. Gerhard Goeters* (Hrsg.), Die Akten der Synode der Niederländischen Kirchen zu Emden vom 4. bis 13. Oktober 1571 (Beiträge zur Geschichte und Lehre der Reformierten Kirche 34, Neukirchen/Vluyn 1971) 29.

[34] Calvin hatte es als eine für die menschliche Gesellschaft äußerst schädliche Folge der katholischen Sakramentslehre herausgestellt, daß dadurch Ehen zwischen Jugendlichen, die ohne Einwilligung der Eltern geschlossen wurden, unveränderbar Gültigkeit hätten (Institutio Christianae Religionis IV, 19, 37).

[35] So ausdrücklich in der Emder Kirchenordnung, *Sehling,* Kirchenordnungen (wie Anm. 9) 528, § 3.

[36] Kanones der niederländischen Nationalsynode von Middelburg, 1581, § 57, abgedruckt bei *Hooijer,* Kerkordeningen (wie Anm. 30) 207.

den"[37]. An die Stelle des „ewig" bindenden Ehesakraments war das Treueversprechen getreten, das wie der Eid bindenden Charakter besaß. Das war eine Entsakralisierung, ohne Zweifel. Indem das Treueversprechen aber zurückgebunden wurde an das Prinzip christlicher Zuverlässigkeit und Verantwortlichkeit für den Mitmenschen, das die Grundmaxime presbyterialer Kirchenzucht schlechthin ausmachte[38], war dieser säkulare Treueeid nicht weniger stabil als das sakramentale Eheband des tridentinischen Katholizismus[39]. Ja, es steht zu vermuten, daß ein Vergleich der tatsächlichen Scheidungspraxis der bischöflichen Matrimonialgerichte und der Römischen Rota einerseits und der Haltung calvinistischer Synoden und Presbyterien in dieser Frage andererseits zu dem Ergebnis käme, daß das säkulare Versprechen als Basis protestantischer Ehen in der Praxis stabiler war als die katholische Sakramentsehe, deren Voraussetzung im Einzelfall für ungültig erklärt werden konnte, womit faktisch eine Ehescheidung vollzogen wurde[40].

Als dritter Pfeiler, und das ist das Kardinalmerkmal neuzeitlicher Eheschließung, kamen *öffentliche Proklamation* und *öffentliche Dokumentation* der Eheschließung sowie deren Beurkundung im Eheregister hinzu, im Falle der calvinistischen Stadtrepublik Emden in der Kirche und in kirchlicher Registratur, in Groningen für Mitglieder der calvinistischen Gemeinde in der Kirche, für die übrigen auf dem Rathaus. Ergänzt wurde dieser Kanon der für eine gültige Ehe unerläßlichen Elemente durch die Stigmatisierung der seit alters üblichen consummatio carnalis unmittelbar nach dem Verlöbnis im Familienkreis. Dieses Verbot war eher eine Stütze des dritten Grundpfeilers, des Öffentlichkeitsgebotes, als daß es eine eigene originäre Qualität besaß. Denn Befolgung oder Nichtbefolgung berührten die Gültigkeit einer Ehe nicht. Allerdings wurde das zunächst eher pragmatisch gemeinte Enthaltsamkeitsgebot für Verlobte im Laufe des 18. Jahrhunderts zunehmend sittlich-moralisch verstanden und erhielt dadurch schließlich *die* zentrale Rolle in der alltäglichen „Ehe- und Familienpolitik" der Presbyterien[41].

---

[37] *Goeters*, Akten (wie Anm. 33), Generalia §§ 23, S. 29.

[38] Hierzu ausführlich *Heinz Schilling*, Sündenzucht und frühneuzeitliche Sozialdisziplinierung. Die calvinistische presbyteriale Kirchenzucht in Emden vom 16. bis 19. Jahrhundert, in: Stände und Gesellschaft im Alten Reich, hrsg. v. *Georg Schmidt* (Veröffentlichungen des Instituts für Europäische Geschichte Mainz, Universalgeschichtliche Abteilung, Stuttgart 1989) 265–302; *ders.,* Reformierte Kirchenzucht als Sozialdisziplinierung? – Die Tätigkeit des Emder Presbyteriums in den Jahren 1527–1562 (Mit vergleichenden Betrachtungen über die Kirchenräte in Groningen und Leiden sowie mit einem Ausblick ins 17. Jahrhundert), in: *Wilfried Ehbrecht, Heinz Schilling* (Hrsg.), Niederlande und Nordwestdeutschland (Köln/Wien 1983) 261–327.

[39] Das Bindende des protestantischen Eheversprechens prägte noch die bürgerliche Gesellschaft des 19. Jahrhunderts stark. Welche seelischen Qualen der einseitige Bruch dieses Versprechens vor allem bei Frauen hervorrufen konnte, zeigt Ibsens Tragödie „Die Frau vom Meere".

[40] Eine quantitative und qualitative Auswertung im diözesanen Rahmen bei *A. Lottin*, Vie et mort du couple. Difficultés conjugales et divorces dans le Nord de la France au 17e et 18e siècles, in: 17e siècle 102–103 (1974) 59–78; *ders.* und *J. R. Machnelle et alii*, La desunion du couple sous l'Ancien Régime. L'example du Nord (Lille 1975).

[41] Zur Intensivierung der Verfolgung der Antizipation vgl. *Schilling*, Sündenzucht (wie Anm. 38) 298 ff. – Im Rahmen der territorialen Matrimonialgerichtsbarkeit scheint eine entsprechende Intensivierung bereits Ende des 17. Jahrhunderts eingesetzt zu haben, jedenfalls kam es in den

# III. Die alltägliche „Ehepolitik" der Presbyterien, vor allem im Rahmen der Kirchenzucht

### 1. Beaufsichtigung der Ehe außerhalb der Kirchenzucht

Den Protokollen der beiden Gemeinden ist zu entnehmen, daß die Presbyterien über die Jahrhunderte hin bemüht waren, das alltägliche Eheleben ihrer Gemeindemitglieder an die Normen der im Zuge der Konfessionalisierung vollzogenen Formierung der Ehe anzupassen. Dazu diente das formalisierte Verfahren kirchlicher Eheschließung ebenso wie die christliche Beratung und Fürsorge durch Älteste und Prädikanten, aber auch eine allgegenwärtige Beaufsichtigung und Kontrolle im Rahmen der Kirchenzucht. Diese auf „Ehe, Familie und Erziehung" gerichtete Tätigkeit der Presbyterien in Groningen und Emden wurde im Rahmen einer Langzeitanalyse untersucht, beginnend zu Mitte des 16. und endend im ersten Drittel des 19. Jahrhunderts. In Abständen von etwa fünfzig Jahren wurden jeweils fünf Protokolljahre erfaßt, und zwar in einer Totalerhebung, die alle Tätigkeiten der Presbyterien berücksichtigte – die Kirchenzucht ebenso wie die Administration und das Kirchenregiment oder die Seelsorge und theologisch-dogmatische Diskussionen[42]. Dem dabei erschlossenen qualitativen und statistischen Material ist in Bezug auf die Formierung der neuzeitlichen Ehe zu entnehmen, daß die erwähnte Anpassung an die Normen der neuzeitlichen Konfessionskirchen ein Prozeß von Jahrhunderten war. Erst gegen Ende des 18. Jahrhunderts scheint die Gemeinde die neuen Normen als richtungsweisend für ein christliches Ehe- und Familienleben akzeptiert zu haben[43], ohne sich natürlich immer tatsächlich danach zu richten. Auf dieser Basis konnte dann das 19. Jahrhundert das moderne Ehe- und Familienkonzept entwerfen.

Vor allem die *Emder* Protokolle zeigen, wie Älteste und Prädikanten Rechte und Pflichten, die ihnen mit der Eheordnung von 1596/1607 für die Gesamtstadt zugewachsen waren, energisch wahrnahmen, um in der calvinistischen Stadtrepublik Ehe und Familie im reformierten Sinne neuzeitlich zu christianisieren. Das gilt vor allem für den Kampf gegen Eheschließungen ohne Familienkonsens oder öffentliches Auf-

---

*Fortsetzung Fußnote von Seite 208*

1690er Jahren zu Beschwerden der Landstände gegen die Praxis des gräflichen Ehekommissars, „ehrbare Frauen, die mit dem 8. Monat nach der Heirat ein Kind zur Welt gebracht hatten, und Eheleute, die schon 10 und mehr Jahre verheiratet gewesen waren, wegen vorzeitigen Beischlafes vor sich (zu) laden". *König,* Verwaltungsgeschichte (wie Anm. 24) 279. – In anderen Teilen Europas scheinen kirchliche und weltliche Gerichte bereits seit Ende des 16. Jahrhunderts energisch gegen die Antizipation eingeschritten zu sein, womöglich als Reaktion auf die demographische Krise. Vgl. dazu *von Friedeburg,* Soziale Beziehungen (wie Anm. 11) 387 f., 404, 406.

[42] Näheres zum methodischen und theoretischen Ansatz sowie zur Technik des Verfahrens in den unter Anm. 38 angegebenen Aufsätzen des Verfassers sowie in *ders.,* „History of Crime" or „History of Sin"?, in: *E. J. Kouri, Tom Scott* (Hrsg.), Politics and Society in Reformation Europe (London 1987) 289–310, in deutscher Fassung erschienen in: Annali dell' Istituto storico italo germanico in Trento 12 (1986) 169–192.

[43] Der zähe Widerstand gegen die neuen Ehenormen läßt sich etwa an dem noch Mitte des 18. Jahrhunderts weit verbreiteten Unverständnis gegenüber dem Verbot der Antizipation ablesen. Vgl. dazu *Schilling,* Sündenzucht (wie Anm. 38) 299.

gebot und gegen sogenannte „klandestine Ehen", d. h. heimlich oder auswärtig voll-
zogene Ehen. Umgekehrt achtete das Presbyterium darauf, daß Eheversprechen eingehalten und nach einer Verlobung die Ehe tatsächlich geschlossen wurde[44]. In all
diesen Fällen bediente es sich notfalls der Hilfe des weltlichen Armes.

Das *Groninger* Presbyterium erörterte Eheangelegenheit weit seltener, in den Erhebungsjahrfünften des 18. Jahrhunderts gar nicht mehr[45]. In einigen Verhandlungen
ging es um rein innerkirchliche Fragen des kirchlichen Trauungszeremoniells[46]. Gelegentlich wurden konkrete Anfragen aus der Gemeinde über die Verwandtschaftsgrade
oder eine Scheidung behandelt, und zwar ausschließlich als seelsorgerliche, religiöse
Beratung, die die Grenzen staatlicher Kompetenz stets achtete[47]. Den Löwenanteil
machten Probleme der Proklamation aus. Dabei ging es nur gelegentlich um grundsätzliche Verfahrensfragen – etwa um die Ausdehnung der Proklamationspflicht auf
Militärangehörige[48], was sicherlich nicht ohne Abstimmung mit der Obrigkeit erfolgte. Meist waren Formalia konkreter Einzelfälle zu entscheiden – etwa ein Antrag
auf Verkürzung der Proklamation auf zwei Sonntage, weil der Bräutigam eine Verset-
zung durch die Westindische Companie erwartete[49], oder Anträge auf Einstellung
bzw. – im Falle eines Einspruchs – Fortsetzung der Proklamation. Einspruch gab es
zum Beispiel, weil die Braut eine Tochter des Scharfrichters und bereits einmal verheiratet gewesen sei, weil einer der Brautleute nicht standesgemäß sei und die Eltern
nicht zugestimmt hätten, weil der Bräutigam noch ein halbes Kind und von der Braut
unredlich „angelockt" worden sei, weil das Aufgebot Formfehler habe und ohne Wissen des Bräutigams eingereicht worden sei. Urheber solcher Einwände waren entweder einer der Brautleute selbst oder deren Eltern, bisweilen auch Freunde und ferne

[44] KRP, Emden 24.8.1699/6; 6.11.1699/1.
[45] Es ist natürlich nicht auszuschließen, daß Eheangelegenheiten in den nicht untersuchten Jahren erörtert wurden.
[46] Sie wurden nicht der Kirchenzucht zugezählt, sondern dem Aktionsfeld 2 „Calvinistische Gemeinde und Kirchenverband", und zwar als Merkmal 2.2.14: „Traugottesdienst".
[47] Die niederländischen Synoden hatten bereits im 16. Jahrhundert anerkannt, daß die weltlichen Magistrate über Scheidungsbegehren und über ehehindernde Verwandtschaftsgrade zu entscheiden hatten, wobei sie ggf. von den Bestimmungen des kanonischen und kaiserlichen Rechtes abweichen konnten. Das Groninger Presbyterium befaßte sich daher nur ausnahmsweise mit
solchen Fragen – einmal auf Antrag von Bürgermeister Gruy hin, der offenbar privat um einen
Rat bat (KRP, Groningen 6.1.1602/2), ein anderes Mal anläßlich der Ehe zwischen Jan Hendrix
und der Witwe seines Onkels väterlicherseits, worin das Presbyterium gemäß der Bestimmungen
des kanonischen Rechtes eine manifeste Blutschande sah (KRP, Groningen 1.1.1648/6). Es han-
deltes sich somit um eine ähnliche Konstellation wie bei der Ehe des Buchbinders Hendriks, mit
seiner Schwägerin, die in Emden zu einer schweren Verfassungskrise geführt hatte. Dazu kam es
in Groningen nicht; die Entscheidung hatte hier der Magistrat. – Mit einer Scheidung befaßte
sich das Groninger Presbyterium nur während des ersten Erhebungsjahrfünftes: Ein Mann bat
um Bestätigung für die Scheidung seiner bereits einmal verheirateten Braut, die von einem wohl
katholischen Dekan ausgesprochen worden war. Der Kirchenrat mißbilligte die Entscheidung
des Dekans, erklärte sich aber zugleich für nicht zuständig. Zu einem Gutachten war er erst bereit, als der Stadtrat die Angelegenheit übernommen hatte und formell um die Meinung des
Presbyteriums nachfragte. KRP Groningen, 12. und 27.7.1603.
[48] KRP, Groningen 15.4.1646/5.
[49] KRP, Groningen 29.9.1647/2.

Verwandte, die die geplante Ehe als eine Mesalliance ansahen und gegen den Willen des Betroffenen verhindern wollten[50]. Bei offenkundigen Formfehlern setzte das Presbyterium die Proklamation ab; bei gegensätzlichen Aussagen lud man alle Teile zur mündlichen Verhandlung[51]. In schwierigen Fällen, zu denen bezeichnenderweise Standesfragen zählten, verwies man die Parteien an den Stadtrat[52].

## 2. Die Ehezucht allgemein

Die *Ehedisziplin* im eigentlichen Sinne, das heißt die individuelle Kirchenzucht in Eheangelegenheiten, wurde vom Emder Presbyterium von Anfang an energisch wahrgenommen. Dagegen greifen wir sie in Groningen erst seit Mitte des 17. Jahrhunderts, und zwar mit deutlich geringerem Gewicht als in Emden.

Hierin spiegeln sich die unterschiedlichen staatskirchenrechtlichen Rahmenbedingungen in Deutschland und den Niederlanden wider. Ungeachtet der im ersten Teil erwähnten Spannungen mit dem Magistrat war in Emden die Mitzuständigkeit des calvinistischen Kirchenrates in Ehefragen unbestritten, und zwar in bezug auf die Gesamtstadt, also auch für die lutherischen, täuferischen oder katholischen Einwohner. Demgegenüber beschränkte sich die Ehezucht des Groninger Presbyteriums von vornherein auf die Calvinisten. Sie war innergemeindliche Sündenzucht ohne gesamtgesellschaftlichen Einfluß. Die Emder Ehezucht war daher umfassender und profilierter als die Groninger, ohne jedoch inhaltlich wesentlich andere Akzente zu setzen. Wir können uns daher auf eine ausführliche Behandlung des Beispiels Emden konzentrieren.

Welches Gewicht das Emder Presbyterium Ehe und Familie zumaß, läßt sich an dem Anteil ablesen, den Eheangelegenheiten am Gesamtaufkommen der Kirchenzucht stellten. Nimmt man alle Erhebungsjahrfünfte des Ançien Régime (16. bis 18. Jahrhundert) zusammen, so bezogen sich rund 19% aller Zuchtverfahren auf Verfehlungen gegen die christlichen Normen im ehelichen und familiären Zusammenleben *(Tabelle 1, 4.03, vorletzte Spalte)*. Nimmt man denjenigen Teil der gesondert gezählten Sexualzucht hinzu, der Ehepaare betraf *(Tabelle 3, vor allem 4.04.11 bis 13)*, so wird deutlich, daß Ehe- und Familienangelegenheiten im Zuchtprofil des Emder Presbyteriums beherrschend waren, übertroffen nur von Verfehlungen im Bereich „Gesellschaftliches Zusammenleben"[53]. In den Erhebungsjahrfünften des 16. und Mitte des 17. Jahrhunderts weniger stark ausgeprägt, war der Zuchtsektor „Ehe und Familie" 1695–99 mit 31% eindeutig der stärkste, sogar vor dem Sektor „Gesellschaftliches Zusammenleben" mit 26%. Es war die Zeit des Pietismus, der auch andernorts den christlichen Ehenormen besondere Aufmerksamkeit schenkte. Auch als Mitte des

[50] KRP, Groningen 27.5.1646; 14.4.1647/7; 15.10.1645.
[51] KRP, Groningen 22.8.1649/4; 15.10.1645; 27.5.1646/4; 28.7.1647.
[52] KRP, Groningen 10.6.1643/3; 14.4.1647.
[53] Es wären zu addieren aus Tabelle 1 der Wert für 4.03 = 19,4% mit den Werten 4.04.11–13 aus Tabelle 3 (das sind 28,7% von den 14,2%, die in Tabelle 1 als Anteil der Sexualzucht an der Gesamtzucht ausgewiesen sind, also rund 4%), womit sich für Eheangelegenheiten insgesamt 19,4% plus 4%, also rund 23% ergeben, gegenüber gut 28% für den Sektor „Gesellschaftliches Zusammenleben" (4.05 in Tabelle 1).

Tabelle 1: Delikte bei der Kirchenzucht

| EMDEN 4.00 (1) Sektorenverteilung im Tätigkeitsfeld 4: Individuelle Kirchenzucht | 1558–1562 | | 1596–1600 | | 1645–1649 | | 1695–1699 | | 1741–1745 | | 1791–1795 | | Durchschnitt Erh. Jahrf. 1–6 | | 1821–1825 | |
|---|---|---|---|---|---|---|---|---|---|---|---|---|---|---|---|---|
| | n | % | n | % | n | % | n | % | n | % | n | % | n | % | n | % |
| 4.01 Religions- und Gottesdienstzucht | 179 | 27,6 | 16 | 14,0 | 46 | 11,0 | 70 | 8,3 | 8 | 6,0 | – | – | 319 | 14,3 | 2 | 0,9 |
| 4.02 Abfall von der Gemeinde | 34 | 5,2 | 3 | 2,6 | 3 | 0,7 | 5 | 0,6 | – | – | – | – | 45 | 2,0 | – | – |
| Zwischensumme 4.01 bis 4.02 | 213 | 32,8 | 19 | 16,6 | 49 | 11,8 | 75 | 8,9 | 8 | 6,0 | 0 | 0 | 364 | 16,3 | 2 | 0,9 |
| 4.03 Ehe, Familie, Erziehung | 48 | 7,4 | 14 | 12,3 | 73 | 17,5 | 263 | 31,3 | 27 | 20,1 | 7 | 8,9 | 432 | 19,4 | 4 | 1,8 |
| 4.04 Sexualität | 52 | 8,0 | 10 | 8,8 | 45 | 10,8 | 160 | 19,1 | 50 | 37,3 | – | – | 317 | 14,2 | 3 | 1,3 |
| 4.05 Gesellschaftliches Zusammenleben | 174 | 26,9 | 59 | 51,8 | 156 | 37,4 | 219 | 26,1 | 24 | 17,9 | 3 | 3,8 | 635 | 28,5 | – | – |
| 4.06 Wirtschaft und Beruf | 80 | 12,3 | 6 | 5,3 | 34 | 8,2 | 63 | 7,5 | 5 | 3,7 | 11 | 13,9 | 199 | 8,9 | 3 | 1,3 |
| 4.07 Politisches Verhalten | – | – | – | – | – | – | – | – | – | – | – | – | – | – | – | – |

*Tabelle 1* (Fortsetzung)

| | n | % | n | % | n | % | n | % | n | % | n | % | n | % | n | % |
|---|---|---|---|---|---|---|---|---|---|---|---|---|---|---|---|---|
| 4.08 Kapital-verbrechen | 8 | 1,2 | 2 | 1,8 | 4 | 1,0 | 12 | 1,4 | 2 | 1,5 | – | – | 28 | 1,3 | – | – |
| 4.09 Sonstige Sittenzucht | – | – | – | – | – | – | – | – | – | – | – | – | – | – | – | – |
| Zwischensumme 4.03 bis 4.09 | 362 | 55,9 | 91 | 80,0 | 312 | 74,8 | 717 | 85,5 | 108 | 80,6 | 21 | 26,6 | 1611 | 72,2 | 10 | 4,4 |
| 4.10 Leumundszeugnis und allgemeine Beaufsichtigung | 15 | 2,3 | – | – | 10 | 2,4 | 25 | 3,0 | 6 | 4,5 | 58 | 73,4 | 114 | 5,1 | 215 | 91,3 |
| 4.11 Selbstzucht des Presbyteriums (censura morum) | 22 | 3,4 | – | – | 7 | 1,7 | 15 | 1,8 | 11 | 8,2 | – | – | 55 | 2,5 | – | – |
| 4.00 Nicht spezifizierbar | 36 | 5,6 | 4 | 3,5 | 39 | 9,4 | 7 | 0,8 | 1 | 0,7 | – | – | 87 | 3,9 | 1 | 0,4 |
| n insgesamt | 648 | 100,0 | 114 | 100,0 | 417 | 100,0 | 839 | 100,0 | 134 | 100,0 | 79 | 100,0 | 2231 | 100,0 | 228 | 100,0 |
| Valid cases | 407 | | 83 | | 298 | | 609 | | 115 | | 78 | | 1590 | | 227 | |

*Tabelle 2:* Delikte bei der Kirchenzucht (Groningen)
Tabelle 4.00 Sektorenverteilung im Tätigkeitsfeld 4: „Individuelle Kirchenzucht"

| | 1594–1600 n | % | 1601–1605 n | % | 1645–1649 n | % | 1695–1699 n | % | 1741–1745 n | % | 1791–1795 n | % | Durchschnitt n | % | 1821–1825 n | % |
|---|---|---|---|---|---|---|---|---|---|---|---|---|---|---|---|---|
| 4.01 Religions- und Gottesdienstzucht | 1 | 5,4 | 7 | 25,4 | 5 | 3,5 | 9 | 5,5 | 5 | 7,5 | – | – | 27 | 5,0 | – | – |
| 4.02 Abfall v. d. Gemeinde | 1 | 5,9 | – | – | 3 | 2,1 | 6 | 3,7 | 4 | 6,0 | – | – | 14 | 2,6 | – | – |
| Zwischensumme 4.01–4.02 | 2 | 11,8 | 7 | 25,9 | 8 | 5,6 | 15 | 9,1 | 9 | 13,4 | – | – | 41 | 7,6 | – | – |
| 4.03 Ehe, Familie, Erziehung | 1 | 5,9 | 2 | 7,4 | 36 | 25,4 | 10 | 6,1 | 3 | 4,5 | 6 | 5,0 | 58 | 10,8 | – | – |
| 4.04 Sexualität | 2 | 11,8 | 1 | 3,7 | 18 | 12,7 | 72 | 43,9 | 6 | 9,0 | 17 | 14,3 | 116 | 21,6 | 16 | 94,1 |
| 4.05 Gesellschaftliches Zusammenleben | 6 | 35,3 | 13 | 48,1 | 21 | 14,8 | 12 | 7,3 | 5 | 7,5 | 1 | 0,8 | 58 | 10,8 | – | – |
| 4.06 Wirtschaft und Beruf | 4 | 23,5 | 2 | 7,4 | 6 | 4,2 | 8 | 4,9 | – | – | 5 | 4,2 | 25 | 4,7 | – | – |
| 4.07 Politisches Verhalten | – | – | – | – | – | – | – | – | – | – | 1 | 0,8 | 1 | 0,2 | – | – |
| 4.08 Kapitalverbrechen | – | – | – | – | – | – | 1 | 0,6 | 1 | 1,5 | – | – | 2 | 0,4 | – | – |
| 4.09 Sonstige Sittenzucht | – | – | – | – | – | – | – | – | – | – | – | – | – | – | – | – |
| Zwischensumme 4.03–4.09 | 13 | 76,5 | 18 | 66,7 | 81 | 57,0 | 103 | 62,8 | 15 | 22,4 | 30 | 25,1 | 260 | 48,5 | 16 | 94,1 |
| 4.10 Leumundszeugnis und allg. Beaufsichtigung | 1 | 5,9 | 2 | 7,4 | 10 | 7,0 | 5 | 3,0 | 6 | 9,0 | 67 | 56,3 | 91 | 17,0 | – | – |
| 4.11 Selbstzucht d. Presbyteriums (censura morum) | 1 | 5,9 | – | – | 43 | 30,3 | 41 | 25,0 | 37 | 55,2 | 22 | 18,5 | 144 | 26,9 | 1 | 5,9 |
| 4.00 Nicht spezifizierbar | – | – | – | – | – | – | – | – | – | – | – | – | – | – | – | – |
| n insgesamt | 17 | 100,0 | 27 | 100,0 | 142 | 100,0 | 164 | 100,0 | 67 | 100,0 | 119 | 100,0 | 536 | 100,0 | 17 | 100,0 |
| Valid cases | 8 | | 19 | | 122 | | 129 | | 60 | | 105 | | 443 | | 17 | |
| Missing cases | 131 | | 86 | | 301 | | 229 | | 229 | | 389 | | 1364 | | 101 | |

*Tabelle 3:* Delikte innerhalb der „Sexualzucht" (EMDEN)

| EMDEN 4.04 Sexualität | 1558–1562 | | 1596–1600 | | 1645–1649 | | 1695–1699 | | 1741–1745 | | 1791–1795 | | Durchschnitt Erh. Jahrf. 1–6 | | 1821–1825 | |
|---|---|---|---|---|---|---|---|---|---|---|---|---|---|---|---|---|
| | n | % | n | % | n | % | n | % | n | % | n | % | n | % | n | % |
| 11 Ehebruch | 15 | 28,8 | 2 | 20,0 | 11 | 24,4 | 10 | 6,3 | 1 | 2,0 | – | – | 39 | 12,3 | – | – |
| 12 Ehebruch mit Hausgesinde | 6 | 11,5 | – | – | 3 | 6,7 | 1 | 0,6 | – | – | – | – | 10 | 3,2 | 1 | 33,3 |
| 13 Coitus anticipatus | – | – | – | – | 3 | 6,7 | 4 | 2,5 | 35 | 70,0 | – | – | 42 | 13,2 | – | – |
| 21 Unzucht, Hurerei | 22 | 42,3 | 5 | 50,0 | 16 | 35,6 | 91 | 56,9 | 4 | 8,0 | – | – | 138 | 43,5 | – | – |
| 22 Kuppelei, Bordellbetrieb | – | – | – | – | 1 | 2,2 | 15 | 9,4 | 1 | 2,0 | – | – | 17 | 5,4 | – | – |
| 23 Homosexualität, Sodomie | 2 | 3,8 | – | – | – | – | 1 | 0,6 | – | – | – | – | 3 | 0,9 | – | – |
| 24 Empfängnisverhütung | 1 | 1,9 | – | – | – | – | – | – | – | – | – | – | 1 | 0,3 | – | – |
| 32 Abtreibung | – | – | 1 | 10,0 | – | – | – | – | – | – | – | – | 1 | 0,3 | – | – |
| 33 Uneheliches Kind | 3 | 5,8 | 1 | 10,0 | 8 | 17,8 | 28 | 7,5 | 6 | 12,0 | – | – | 46 | 14,5 | 2 | 66,7 |
| 41 Sonstiges | 1 | 1,9 | 1 | 10,0 | 2 | 4,4 | 6 | 3,8 | – | – | – | – | 10 | 3,2 | – | – |
| 42 Nicht spezifizierbar | 2 | 3,8 | – | – | – | – | 1 | 0,6 | 3 | 6,0 | – | – | 6 | 1,9 | – | – |
| Nicht spezifizierbar | | | | | 1 | 2,2 | 3 | 1,9 | | | | | 4 | 1,3 | | |
| n insgesamt | 52 | 100,0 | 10 | 100,0 | 45 | 100,0 | 160 | 100,0 | 50 | 100,0 | 0 | | 317 | 100,0 | 3 | 100,0 |
| Valid cases | 43 | | 10 | | 39 | | 139 | | 47 | | 0 | | 277 | | 3 | |
| Missing cases | 863 | | 189 | | 555 | | 1154 | | 358 | | 472 | | 3592 | | 2162 | |

Tabelle 4: Delikte innerhalb der Ehezucht, geschlechtspezifisch (EMDEN)

| 4.03 Ehe, Familie, Erziehung (geschlechtspezifisch) | 1558–1562 | | | | 1596–1600 | | | | 1645–1649 | | | | 1695–1699 | | | |
|---|---|---|---|---|---|---|---|---|---|---|---|---|---|---|---|---|
| | m | | w | | m | | w | | m | | w | | m | | w | |
| | n | % | n | % | n | % | n | % | n | % | n | % | n | % | n | % |
| 11 Ehestreit | 6 | 18,2 | – | – | 4 | 33,3 | – | – | 19 | 48,7 | 16 | 47,1 | 52 | 36,9 | 30 | 24,8 |
| 12 Bigamie, Verdacht a. Bigamie | 2 | 6,1 | – | – | 2 | 16,7 | 1 | 50,0 | 1 | 2,6 | – | – | 6 | 4,3 | 4 | 3,3 |
| 13 Ehetrennung, Verlassen des Partners | 11 | 33,3 | 2 | 13,3 | – | – | – | – | – | – | 7 | 20,6 | 16 | 11,3 | 16 | 13,2 |
| 14 Ehescheidung | – | – | 1 | 6,7 | – | – | – | – | 2 | 5,1 | 5 | 14,7 | 13 | 9,2 | 7 | 5,8 |
| 15 Nicht eingehaltenes Eheversprechen | – | – | – | – | 1 | 8,3 | – | – | 1 | 2,6 | 1 | 2,9 | 8 | 5,7 | 4 | 3,3 |
| 16 Heimliche Heirat | – | – | – | – | – | – | – | – | 5 | 12,8 | – | – | 4 | 2,8 | 4 | 3,3 |
| 21 Konkubinat | 1 | 3,0 | 1 | 6,7 | 2 | 16,7 | – | – | 3 | 7,7 | 3 | 8,8 | 10 | 7,1 | 8 | 6,6 |
| 22 Konfessionsversch. Ehe | 1 | 3,0 | 2 | 13,3 | – | – | – | – | – | – | 1 | 2,9 | 1 | 0,7 | 3 | 2,5 |
| 31 Sonstige Eheverfehlungen | 5 | 15,2 | 5 | 33,3 | – | – | – | – | 3 | 7,7 | – | – | 6 | 4,3 | 11 | 9,1 |
| Zwischensumme 4.03.11–4.03.31 | 26 | 78,8 | 11 | 73,3 | 9 | 75,0 | 1 | 50,0 | 34 | 87,2 | 33 | 97,1 | 116 | 82,3 | 87 | 71,9 |
| 41 Unordentl. Haushaltsführung | 1 | 3,0 | 1 | 6,7 | 3 | 25,0 | 1 | 50,0 | 4 | 10,3 | – | – | 5 | 3,5 | 10 | 8,3 |
| 42 Vernachlässigung der Kindererziehung | 1 | 3,0 | 1 | 6,7 | – | – | – | – | – | – | – | – | 4 | 2,8 | 6 | 5,0 |
| 43 Ungehorsam gegen Eltern/Vormünder | – | – | – | – | – | – | – | – | – | – | 1 | 2,9 | 5 | 3,5 | 1 | 0,8 |
| 44 Verfehlungen geg. Verwandte (Versagen der Hilfe u.a.) | 1 | 3,0 | – | – | – | – | – | – | – | – | – | – | 1 | 0,7 | 10 | 8,3 |
| 45 Sonstige Verfehlungen im familiären Bereich | 3 | 9,1 | – | – | – | – | – | – | – | – | – | – | 7 | 5,0 | 5 | 4,1 |
| Zwischensumme 4.03.41–4.03.45 | 6 | 18,1 | 2 | 13,4 | 3 | 25,0 | 1 | 50,0 | 4 | 10,3 | 1 | 2,9 | 22 | 15,6 | 32 | 26,4 |
| 00 | 1 | 3,0 | 2 | 13,3 | – | – | – | – | 1 | 2,6 | – | – | 3 | 2,1 | 2 | 1,7 |
| n insgesamt | 33 | 100,0 | 15 | 100,0 | 12 | 100,0 | 2 | 100,0 | 39 | 100,0 | 34 | 100,0 | 141 | 100,0 | 121 | 100,0 |
| Valid cases | 32 | | 13 | | 11 | | 2 | | 36 | | 33 | | 120 | | 99 | |
| Missing cases | 451 | | 98 | | 115 | | 9 | | 216 | | 98 | | 432 | | 218 | |

*Tabelle 4 (Fortsetzung)*

| 4.03 Ehe, Familie, Erziehung (geschlechtsspezifisch) | 1741–1745 | | | | 1791–1795 | | | | Erh. Jahrf. 1–6 | | | | 1821–1825 | | | |
|---|---|---|---|---|---|---|---|---|---|---|---|---|---|---|---|---|
| | m | | w | | m | | w | | m | | w | | m | | w | |
| | n | % | n | % | n | % | n | % | n | % | n | % | n | % | n | % |
| 11 Ehestreit | 11 | 73,3 | 9 | 81,8 | – | – | – | – | 92 | 37,9 | 55 | 29,4 | – | – | – | – |
| 12 Bigamie, Verdacht a. Bigamie | – | – | 1 | 9,1 | – | – | – | – | 11 | 4,5 | 6 | 3,2 | – | – | – | – |
| 13 Ehetrennung, Verlassen des Partners | O | O | – | – | 2 | 66,7 | 3 | 75,0 | 31 | 17,8 | 28 | 15,0 | – | – | – | – |
| 14 Ehescheidung | – | – | – | – | 1 | 33,3 | 1 | 25,0 | 15 | 6,2 | 14 | 7,5 | – | – | – | – |
| 15 Nicht eingehaltenes Eheversprechen | 1 | 6,7 | – | – | – | – | – | – | 15 | 6,2 | 5 | 2,7 | – | – | – | – |
| 16 Heimliche Heirat | – | – | – | – | – | – | – | – | 4 | 1,6 | 4 | 2,1 | – | – | – | – |
| 21 Konkubinat | – | – | – | – | – | – | – | – | 16 | 6,6 | 12 | 6,4 | 1 | 100,0 | 3 | 100,0 |
| 22 Konfessionsversch. Ehe | – | – | – | – | – | – | – | – | 2 | 0,8 | 6 | 3,2 | – | – | – | – |
| 31 Sonstige Eheverfehlungen | 1 | 6,7 | – | – | – | – | – | – | 15 | 6,2 | 16 | 8,6 | – | – | – | – |
| Zwischensumme 4.03.11–4.03.31 | 13 | 86,7 | 10 | 90,9 | 3 | 100,0 | 4 | 100,0 | 201 | 82,7 | 146 | 78,1 | – | – | – | – |
| 41 Unordentl. Haushaltsführung | – | – | – | – | – | – | – | – | 13 | 5,3 | 12 | 6,4 | – | – | – | – |
| 42 Vernachlässigung der Kindererziehung | – | – | – | – | – | – | – | – | 5 | 2,1 | 7 | 3,7 | – | – | – | – |
| 43 Ungehorsam gegen Eltern/ Vormünder | – | – | – | – | – | – | – | – | 5 | 2,1 | 2 | 1,1 | – | – | – | – |
| 44 Verfehlungen geg. Verwandte (Versagen der Hilfe u.a.) | – | – | – | – | – | – | – | – | 2 | 0,8 | 10 | 5,3 | – | – | – | – |
| 45 Sonstige Verfehlungen im familiären Bereich | 2 | 13,3 | 1 | 9,1 | – | – | – | – | 12 | 5,0 | 6 | 3,2 | – | – | – | – |
| Zwischensumme 4.03.41–4.03.45 | 2 | 13,3 | 1 | 9,1 | – | – | – | – | 37 | 15,3 | 37 | 19,7 | – | – | – | – |
| 00 | – | – | – | – | – | – | – | – | 5 | 2,1 | 4 | 2,1 | – | – | – | – |
| n insgesamt | 15 | 100,0 | 11 | 100,0 | 3 | 100,0 | 4 | 100,0 | 243 | 100,0 | 187 | 100,0 | 1 | 100,0 | 3 | 100,0 |
| Valid cases | 16 | | 12 | | 3 | | 3 | | 216 | | 167 | | 1 | | 3 | |
| Missing cases | 108 | | 59 | | 51 | | 23 | | 1527 | | 505 | | 151 | | 70 | |

*Tabelle 5:* Delikte innerhalb der Ehezucht (EMDEN)

| EMDEN 4.03 Ehe, Familie, Erziehung | 1558–1562 n | % | 1596–1600 n | % | 1645–1649 n | % | 1695–1699 n | % | 1741–1745 n | % | 1791–1795 n | % | Durchschnitt Erh. Jahrf. 1–6 n | % | 1821–1825 n | % |
|---|---|---|---|---|---|---|---|---|---|---|---|---|---|---|---|---|
| 11 Ehestreit | 6 | 12,5 | 4 | 28,6 | 35 | 47,9 | 82 | 31,2 | 21 | 77,8 | – | – | 140 | 34,3 | – | – |
| 12 Bigamie, Verdacht a. Bigamie | 2 | 4,2 | 3 | 21,4 | 1 | 1,4 | 10 | 3,0 | 1 | 3,7 | – | – | 17 | 3,9 | – | – |
| 13 Ehetrennung, Verlassen des Partners | 13 | 27,1 | – | – | 9 | 12,3 | 32 | 12,2 | O | – | 5 | 71,4 | 59 | 13,7 | – | – |
| 14 Ehescheidung | 1 | 2,1 | – | – | 6 | 8,2 | 21 | 8,0 | – | – | 2 | 28,6 | 30 | 6,9 | – | – |
| 15 Nicht eingehaltenes Eheversprechen | – | – | 1 | 7,1 | 6 | 8,2 | 12 | 5,3 | 1 | 3,7 | – | – | 20 | 4,6 | – | – |
| 16 Heimliche Heirat | – | – | – | – | – | – | 8 | 3,0 | – | – | – | – | 8 | 1,9 | – | – |
| 21 Konkubinat | 2 | 4,2 | 2 | 14,3 | 6 | 8,2 | 18 | 6,8 | – | – | – | – | 28 | 6,5 | 4 | 100,0 |
| 22 Konfessionsversch. Ehe | 3 | 6,3 | – | – | 1 | 1,4 | 4 | 1,5 | – | – | – | – | 8 | 1,9 | – | – |
| 31 Sonstige Eheverfehlungen | 10 | 20,8 | – | – | 3 | 4,1 | 17 | 6,5 | 1 | 3,7 | – | – | 31 | 7,2 | – | – |
| Zwischensumme 4.03.11–4.03.31 | 37 | 77,1 | 10 | 71,4 | 67 | 91,8 | 204 | 78,3 | 24 | 88,9 | 7 | 100,0 | 349 | 80,8 | – | – |
| 41 Unordentl. Haushaltsführung | 2 | 4,2 | 4 | 28,6 | 4 | 5,5 | 15 | 5,7 | – | – | – | – | 25 | 5,8 | – | – |
| 42 Vernachlässigung der Kindererziehung | 2 | 4,2 | – | – | – | – | 10 | 3,8 | – | – | – | – | 12 | 2,8 | – | – |
| 43 Ungehorsam gegen Eltern/Vormünder | – | – | – | – | 1 | 1,4 | 6 | 2,3 | – | – | – | – | 7 | 1,6 | – | – |
| 44 Verfehlungen geg. Verwandte (Versagen der Hilfe u.a.) | 1 | 2,1 | – | – | – | – | 11 | 4,2 | – | – | – | – | 12 | 2,8 | – | – |
| 45 Sonstige Verfehlungen im familiären Bereich | 3 | 6,3 | – | – | – | – | 12 | 4,6 | 3 | 11,1 | – | – | 18 | 4,2 | – | – |
| Zwischensumme 4.03.41–4.03.45 | 8 | 16,7 | 4 | 28,6 | 5 | 6,8 | 54 | 20,6 | 3 | 11,1 | – | – | 74 | 17,1 | – | – |
| 00 | 3 | 6,3 | – | – | 1 | 1,4 | 5 | 1,9 | – | – | – | – | 9 | 2,1 | – | – |
| n insgesamt | 48 | 100,0 | 34 | 100,0 | 73 | 100,0 | 263 | 100,0 | 27 | 100,0 | 7 | 100,0 | 432 | 100,0 | 4 | 100,0 |
| Valid cases | 45 | | 13 | | 69 | | 220 | | 29 | | 6 | | 382 | | 4 | |
| Missing cases | 861 | | 186 | | 525 | | 1073 | | 376 | | 466 | | 3487 | | 2161 | |

18. Jahrhunderts die Kirchenzucht bereits deutlich geschrumpft war[54], wurden Ehe- und Familiendelikte weiterhin verhandelt, nämlich in 27 Tagesordnungspunkten oder zu einem Anteil von 20% an der Gesamtzucht dieses Jahrfünftes. Abgesehen vom Erhebungsjahrfünft zu Ende des 18. Jahrhunderts, das wegen der geringen Gesamtzahl statistisch insignifikant ist, wurden stets mehr Männer als Frauen wegen Verstößen gegen die Ehe- und Familiennormen in die Kirchenzucht genommen, und zwar 216 gegenüber 162 in allen Erhebungsjahrfünften der Frühneuzeit, besonders deutlich im 16. Jahrhundert mit 32 gegenüber 13 bzw. 11 gegenüber 2 Fällen *(Tabelle 4: valid cases)*.

Bei den weitaus meisten Verfahren ging es um Streit und Gewaltanwendung in der Ehe – 148 Erörterungen mit einem Anteil von 34% *(Tabelle 5: 4.03.11)*. Das Eheleben fügt sich somit ein in das Bild einer Gesellschaft, in der Auseinandersetzungen, Wortstreit und Gewaltanwendung beinahe alltäglich waren[55]. 59mal (14%) ging es um Fälle, bei denen ein Partner den anderen verlassen hatte (4.03.13). Über andere Verfehlungen wurde nur ausnahmsweise verhandelt – sei es, weil es sie selten gab, sei es, weil die Presbyter sie nicht verfolgten – so nur jeweils acht mal (1,9%) über „konfessionsverschiedene Ehen" und „heimliche Heirat" oder 28mal (6,5%) über „Konkubinat". Das könnte so gedeutet werden, daß die neuen Eheschließungsnormen mit ihrem Zusammenspiel von Kirche und Familie bzw. Verwandtschaft und Freundschaft im frühneuzeitlichen Emden offensichtlich weitgehend funktionierten. Nur 29mal (6,2%) war „Ehescheidung" Gegenstand eines Zuchtverfahrens – weil, wie erwähnt, die Zuständigkeit bei weltlichen Instanzen lag, aber sicher auch weil aufgrund der sozialen und mentalen Gegebenheiten in der alteuropäischen Welt Scheidungsbegehren überhaupt selten waren.

Die geschlechtsspezifische Erhebung *(Tabelle 4)* zeigt bei mehreren Verfehlungsarten ein erstaunlich ausgeglichenes Verhältnis von Verfahren gegen Männer und gegen Frauen – so wegen Verlassens des Partners (31 zu 28), Ehescheidung (15 gegenüber 14), heimlicher Heirat (4 zu 4) oder Konkubinats (16 zu 12). Das ist Ausdruck der Tatsache, daß der Kirchenrat in Eheangelegenheiten – anders als bei der Sexualzucht[56] – in der Regel beide Partner vor sich lud, auch wenn scheinbar die Schuld bei einem lag. Unausgeglichen war dagegen die Geschlechterrelation bei Ehestreit (92 Männer gegenüber 55 Frauen), Bigamie (11 gegenüber 6) und bei nicht eingehaltenem Eheversprechen (15 zu 5): Bigamie und Eheversprechen waren offensichtlich typische Männervergehen; im Falle von Ehestreit kam es vergleichsweise häufig vor, daß Frauen das Presbyterium um Hilfe ersuchten, vor allem wenn Alkohol im Spiel war. Insgesamt wurden 10% dieser Verfahren nicht vom Kirchenrat, sondern von Betroffenen veranlaßt (16 von 156 erfaßten Fällen) – lediglich bei Verfahren wegen konfessionsverschiedener Ehe war der Anteil von Frauen deutlich höher als derjenige von Männern

---

[54] *Schilling*, Sündenzucht (wie Anm. 38) 276.
[55] Ebd., v. a. 285 f., 288 f.
[56] Nämlich bei der Zucht gegen uneheliche Mütter, in die nur ausnahmsweise auch der männliche Delinquent zur Rechenschaft gezogen wurde. Vgl. *Schilling*, Sündenzucht (wie Anm. 38) 298 ff.

(6 gegenüber 2) – womöglich die Konsequenz eines Frauenüberschusses innerhalb der reformierten Gemeinde.

Verstöße gegen die christlichen Prinzipien im Familienleben und bei der Erziehung *(4.03.41 bis 45)* wurden insgesamt 74mal erörtert. Das sind 17% der Verfahren des gesamten Zuchtsektors. Zwölfmal ging es um die Vernachlässigung der Kindererziehung; siebenmal um die umgekehrte Verfehlung, nämlich Ungehorsam von Kindern gegenüber Eltern und Vormündern; zwölfmal um Mangel an Solidarität mit Verwandten; am häufigsten, nämlich 25mal, um „unordentliche Verhältnisse" im Haushalt und in der Familie. 18 Fälle waren nicht genau zu spezifizieren. Insgesamt also kein sehr hohes Zuchtaufkommen, was wohl darauf zurückzuführen ist, daß Probleme mit Haushalt, Verwandtschaft oder Kindern möglichst innerhalb der Familien und Sippen geregelt wurden und nur in extremen Ausnahmefällen nach außen drangen.

Umso bemerkenswerter erscheint der geschlechtsspezifische Befund: Er ist weitgehend ausgeglichen, nämlich je 37 Erörterungspunkte bei Männern und Frauen. Nimmt man die eben erwähnte höhere Delinquenz der Männer in den engeren Eheangelegenheiten hinzu, ergibt sich, daß Frauen etwas häufiger als Männer wegen Verstößen gegen „Familie und Erziehung" (19,7% gegenüber 15,3%), Männer dagegen häufiger wegen Verstößen gegen die „Ehe" (82,7% gegenüber 78,1%) herangezogen wurden. Interessant ist die Verteilung der konkreten Verfehlungen innerhalb des Bereiches „Familie und Erziehung": Wegen „unordentlicher Haushaltsführung" wurden nicht nur Frauen, sondern gerade auch Männer zur Verantwortung gezogen (13 gegenüber 12 Erörterungspunkten), ebenso wegen Vernachlässigung der Kinder (5 gegenüber 7 Erörterungspunkten). Demgegenüber hatten Frauen häufiger Probleme mit der Verwandtschaft (10 gegenüber 2); vielleicht fiel es den Presbytern bei Frauen auch nur häufiger auf.

Beim Vergleich der einzelnen Erhebungsjahrfünfte fällt wiederum das Jahrfünft des pietistischen Kirchenrates auf: Mit 54 Verfahren und rund 21% *(Zwischensumme 4.03.41 bis 4.03.45)* waren „Familien- und Erziehungsangelegenheiten" 1695–99 so stark ausgeprägt, wie nie zuvor und nie danach. Im einzelnen ging es 15mal um unordentliche Haushaltsführung, 10mal um Vernachlässigung der Kinder, 6mal um Ungehorsam gegenüber den Eltern und 11mal um Unstimmigkeiten in der weiteren Verwandtschaft. Die pietistische Durchdringung aller Lebensbereiche hatte der Kirchenzucht nun auch verstärkt Zugang zu Problemen des Hauses, der Familie und der Sippe verschafft. Das war jedoch nicht von Dauer, wie die ganz vereinzelten Verhandlungen über „Haus und Familie" in den späteren Erhebungsjahrfünften belegen.

*3. Ehestreit*

Namentlich die Verfahren wegen Ehestreit geben Einblicke in einen Alltag, der geprägt wurde durch die – heute bisweilen idealisierte – enge Verschränkung von Berufs- und Familienleben im vormodernen „Haus", die in Kleinstädten wie Emden bis ins 19. Jahrhundert hinein noch die Regel war. Die in der Emder Gesellschaft allgemein verbreitete Bereitschaft zu Wortstreit und Gewaltanwendung prägte häufig auch das Eheleben. Auch Frauen übten Gewalt aus, der umgekehrte Fall war aber häufiger und in der Regel auch brutaler. Die Männer neigten dazu, ihre Frauen eher als Teil des weiteren Berufs- und Nachbarschaftslebens denn eines engeren, durch Innerlichkeit bestimmten Familienbereichs zu sehen. Das ließ Ehekonflikte rasch bekannt werden und erleichterte das Einschreiten des Kirchenrates.

Zwei Beispiele aus dem 16. Jahrhundert: Hans van Emecke, der bereits wegen Gewalt gegen Tiere und Nachbarn einschlägig bekannt war, schleuderte – wahrscheinlich in der Schmiderwerkstatt – seiner Frau die Zange an den Kopf, „daß sie wie tot zu Boden fiel"[57]. Und Uffo aus dem Flecken Borsum, offenbar ein Großbauer, verursachte den Tod seiner Frau im Kindbett, weil er den Mägden, die sie „in ihrer äußersten Not" ins Bett schicken wollten, dieses untersagte mit der Feststellung, eine Schonung seiner Frau sei noch nicht nötig[58].

Überwiegend, aber nicht ausschließlich waren es Angehörige der Handwerker- und Lohnarbeiterschichten, dazu häufig Soldaten und ihre Frauen[59], die wegen Ehestreites vor dem Konsistorium erscheinen mußten. Häufig gingen Streit und Gewalt einher mit zerrütteten Sozialverhältnissen.

So im Haushalt des in der Vorstadt Faldern wohnenden Gelegenheitsarbeiters Quirinus, der zu Mitte des 16. Jahrhunderts immer aufs neue vor den Kirchenrat geladen wurde[60]. Die Zustände in seiner Ehe wurden erstmal offenbar, als Quirinus um finanzielle Unterstützung bat. Da der Streit auch in der Öffentlichkeit ausgetragen wurde, konnte man die widersprüchlichen Aussagen der Eheleute, die sich auch vor dem Kirchenrat anfeindeten, durch Zeugenaussagen überprüfen. Dabei kam heraus, daß Vorwürfe, schlimme Beschimpfungen und Tätlichkeiten, bei denen das Ehepaar sich gegenseitig Haare zerzauste und Kleider zerriß, zum Alltag dieser Ehe gehörten. Der Grund lag offensichtlich darin, daß Quirinus, dessen Namen auf eine akademische Ausbildung hinweist, keine feste Stelle hatte und es ablehnte, durch Gelegenheitsarbeiten sich für seine Frau und die Kinder – wie er gesagt haben soll – „die Glieder abzuarbeiten". Bei einem seiner regelmäßigen Zornesausbrüche, die er – nach Aussage seiner Frau – „nicht kühlen kann, dann auf ihr", bot er sarkastisch an, „mit ihr ein Bordell zu eröffnen", da sie sowieso eine Hure sei. Die Ermahnung des Kirchenrats, in der gegenwärtigen Erntezeit[61], in der Arbeitskräfte gesucht sind, zu arbeiten und dann etwas zu lernen, womit er seine Kost verdienen kann, bleibt fruchtlos. Da aber auch seine Frau immer aufs neue in der Wunde ihres Mannes bohrt, kommen die Zeugen zu dem Ergebnis, „daß er die meiste Schuld hat, doch ist auch sie nicht ohne Schuld". Daher wurde vom Presbyterium sowohl die Frau „gestraft, daß sie nicht so geduldig nicht ist und gehorsam, wie sie sein sollte, sondern seinen angeborenen Zorn reizt", als auch der Mann, der „sehr gestraft (wurde) in allem, vornehmlich in solch einem unmäßigen Zorn, den man weder bei einem Diener, noch bei einem Glied der Gemeinde dulden könne. Darüber hinaus ermahnte man ihn, daß er weder zu einem Prediger noch zu einem Schulmeister tauge. Er solle daher ein Handwerk lernen". Beide nahmen die Vermahnung an, versprachen Besserung, versöhnten sich und willigten ein, sich auch mit „allen zu versöhnen, die das wissen". Geändert haben sich die Eheverhältnisse aber nicht. Quirinus kehrte vorübergehend in die Niederlande und zum Katholizismus zurück, tauchte dann aber wieder in Emden auf, wo er sich bußfertig in die calvinistische Gemeinde einfügte.

Daß solche unerfreulichen Zustände keineswegs auf Unterschichten oder Randgruppen beschränkt waren[62], zeigt das Verfahren gegen Daniel Hodo oder Haudeau und seine Frau zu Ende

---

[57] KRP, Emden 17.1.1558.
[58] KRP, Emden 3.4.1559.
[59] KRP, Emden 28.7. und 4.8.1647; 29.12.1645.
[60] Wiederholte Eintragungen hierzu in den KRP, Emden, v.a. 27.6., 25.7., 27.7., 22.8. und 10.10.1558; 6.2. und 24.4.1559; 12.2., 5.3., 11.3. und 4.6.1565.
[61] KRP, Emden 27.6.1558, 4.6.1565, 5.2.1567.
[62] Bei den Ehedelikten waren Status- oder Berufsangaben relativ häufig: Speziell für das Delikt

des 17. Jahrhunderts. In dieser Familie, die zu den Honoratioren der vornehmen französischen Gemeinde und zur politischen Elite des Emder Bürgertums zählte, waren es nicht die materiellen Unwägbarkeiten des Lebens, sondern mangelnde Liebe und Hochachtung, die ein tiefes Zerwürfnis und geradezu groteske Verhältnisse herbeigeführt hatten[63]: Die Frau zerfetzte ihrem Mann die Perücke, der Mann verfluchte seine Frau im Gebet und forderte von Gott, er möge sie vom Teufel holen lassen. Selbst vor dem Konsistorium gingen die beiden wie Furien aufeinander los, wobei als einzig Konkretes der Vorwurf auftauchte, die Frau liebe ihre Mutter mehr als ihren Ehemann und wolle diesen und seine Tochter (offenbar aus einer früheren Ehe) nicht mehr dulden. Der Kirchenrat untersuchte diesen nachgerade lächerlichen Fall mit großem Ernst und großer Geduld (24 Verhandlungen zwischen Oktober 1697 und März 1699), wobei ihn offensichtlich auch die Rücksicht auf die gesellschaftliche Stellung des Paares leitete. Man verzichtete zunächst auf eine Vorladung und setzte stattdessen eine vom Präses und zwei Honoratioren-Ältesten gebildete Kommission ein. Als das nicht fruchtete, blieb dem Paar der Weg zur Konsistorialkammer und der Ausschluß vom Abendmahl nicht erspart. Dem Scheidungsbegehren der Frau gaben die Presbyter nicht statt. Sie bestanden auf Schuldbekenntnis und Bußfertigkeit vor allem des Mannes und auf einem neuen gemeinsamen Anlauf zu einem christlichen Ehe- und Familienleben. Als Daniel nach langem Ringen endlich Anzeichen der Sanftmut zeigte, hob man zwar die Kirchenstrafe nicht sogleich auf, beschloß aber „in Liebe das Beste" abzuwarten und das Paar im Auge zu behalten.

Ein weiterer Fall, das Zuchtverfahren gegen das Ehepaar Aaldricks wegen eigenmächtiger Trennung[64], zeigt besonders deutlich die in vielen Verfahren wegen Ehestreit aufleuchtende Unfähigkeit der Paare, existentielle Lebenslagen zu bewältigen, die nur zu häufig Notlagen waren. Am Anfang stand ein übler Ehestreit, in dessen Verlauf der Mann seine schwangere Frau als Hure beschimpft und ihr gedroht hatte, den Mund aufzuschneiden, womit er eine gewaltsame Abtreibung (Muttermund) oder die Nennung des Kindsvaters gemeint haben mag. Die Frau hatte ihren Mann daraufhin einen Schelm und Dieb geschimpft und kurzer Hand - wie Aaldricks später aussagte - sein Gut aus dem Schrank genommen und aus dem Haus gebracht, um - so ist wohl zu ergänzen - für sich und ihr Kind eine Existenz außerhalb des gemeinsamen Haushaltes zu gründen.

In den beschriebenen wie in allen anderen Fällen waren die Presbyter stets bemüht, die Ursachen des Ehezerwürfnisses sorgfältig zu erforschen. Dazu dienten Befragungen sowohl der Betroffenen selbst als auch von Nachbarn, Freunden und anderen Zeugen. Von den Schuldigen verlangte man Reue und Aussöhnung mit dem Partner, häufig auch „mit der Gemeinde". Hinzu kamen Kirchenbußen und presbyteriale Beaufsichtigung, die auch nach der Versöhnung aufrecht erhalten wurden, bis es sicher war, daß die Ehe wieder im Lot war[65]. In der Regel wurden beide Partner vom Abendmahl ausgeschlossen[66]; die Wiederzulassung erfolgte erst nach Bewährung der Aussöhnung. Dahinter stand die Vorstellung, daß die Abendmahlsgemeinschaft durch die Teilnahme zerstrittener Gemeindemitglieder entheiligt werde, galt doch die Pflicht zu

*Fortsetzung Fußnote von Seite 221*

„Ehestreit" (4.03.11) sind folgende Angaben überliefert: Bartscherer, Blechschläger, Brillenmacher, Capitän, Corporal, Schulmeister, Fähnrich, Herbergier, Holzsäger, Kupferschläger (2 ×), Leutnant, Niedergerichtsherr (Hodo), Töpfer, Prokurator, Schuster, Schiffszimmermann, Schneider, Schreiber, Seiler (Touwslager), Sergeant, Tambour, Zimmermann.
[63] Hierzu zahlreiche Eintragungen in den KRP, Emden zwischen Oktober 1697 und März 1699, und zwar vor allem am 18.8. und 21.11.1698; 12.3.1699.
[64] KRP, Emden 24.1., 4. und 31.3.1698.
[65] Beispiele: KRP, Emden 29.11.1557; 3.1., 27.6. und 25.7.1558.
[66] KRP, Emden 19.9.1698 u.a.

christlicher Liebe und Friedfertigkeit für Eheleute doppelt. So wurde es Hermen Holtsager als besondere Sünde angerechnet, daß er während der Vorbereitungszeit auf das Abendmahl, d. h. zwischen Ankündigung und Durchführung des Abendmahlsgottesdienstes, seine Frau geschlagen hatte und dennoch zusammen mit den anderen Gemeindemitgliedern zum Tisch des Herrn gegangen war[67].

Eine Trennung oder gar eine Scheidung des Ehepaares kam für den Kirchenrat so gut wie nie in Betracht. Und auch daß – wie in den beschriebenen Ehefällen Daniel Hodo und Aaldricks[68] – einer der Streitenden selbst die Trennung wünschte oder gar eigenmächtig vollzog, war die Ausnahme, nicht die Regel – im Falle der Frau Aaldricks bedingt durch die konkrete Androhung eines Anschlages auf Leib und Leben. Doch selbst hier war der Kirchenrat unnachgiebig und strafte beide wegen willkürlicher Ehetrennung. Im Gegensatz zu unserem modernen Eheverständnis galten in der vorsäkularisierten Welt Alteuropas Streit und Gewalt offensichtlich nicht als Verhaltensweisen, die eine Ehe im Kern treffen konnte. Sie wurden gleichsam als der Sünde Soll begriffen, als etwas, das der irdisch-menschlichen Existenz anhängt und dem sich beide Partner zu stellen hatten – in Wachsamkeit, aber auch in der Bereitschaft zur Vergebung. Die existentielle Grundlage ihres vor Gott und den Menschen eingegangenen Bundes sahen die Presbyter dadurch nicht berührt.

Die meisten Ehepaare scheinen ähnlich gedacht zu haben, so etwa Frau Ter Brake, die sich über Schläge ihres Mannes beklagte und dies bemerkenswerterweise damit erklärte, daß sie eine solche Behandlung nicht ertragen könne, weil sie schwanger sei. Zudem versicherte sie, daß die Schläge kein Grund für die Lösung der Ehe sein könnten. Sie war dann auch sogleich zur Versöhnung bereit, obgleich ihr Mann keineswegs Reue zeigte, sondern sarkastisch erklärte, es sei ihm ganz unverständlich, wie seine Frau zu dem „blauen Auge" gekommen sei. Der Kirchenrat akzeptierte die Versöhnung und verzichtete auf die weitere Klärung der Schuldfrage[69].

Diese bei Presbytern und bewußten Gemeindemitgliedern religiös begründete Einstellung konnte auch in profanem Anstrich auftreten und sich gegen die presbyteriale Ehezucht wenden. Das zeigt das Verfahren des pietistischen Kirchenrates gegen das Ehepaar Mensenborg, das mit 14 Verhandlungen nicht weniger langwierig, im Ausmaß der Gewalt sogar noch krasser war als der bereits geschilderte Streit im Hause Hodo[70]. Der Fall ist auch insofern interessant, als es sich um eine „Mischehe" zwischen einem reformierten Mann und einer mennonitischen Frau handelte. Das Ehepaar lag nicht nur untereinander im häufig handgreiflichen Streit, so daß auch ein Zivilverfahren vor dem Magistrat anhängig wurde. Es kam schließlich soweit, daß die Frau ihrem Mann mit dem Messer „über die Hand schnitt, ja drohte, ihn damit ins Herz zu stechen". Trotzdem hielt das Ehepaar zusammen. So weigerte sich der reformierte Mann aus Rücksicht auf die religiösen Anschauungen seiner mennonitischen Frau, das gemeinsame Kind taufen zu lassen. Den Messeranschlag seiner Frau kommentierte er damit, daß ihr Eheleben nicht außergewöhnlich sei, nur daß bisweilen aus bestimmten Gründen harte Worte fielen. Als endlich beide bereit waren, vor dem Kirchenrat zu erscheinen, antwortete die Frau auf die Frage, „wo es zwischen ihr und ihrem Mann hapere", sie sei „nicht gehalten ..., die Heimlichkeiten (secreten) ihrer Haushal-

---

[67] KRP, Emden 24.1.1648.
[68] Vgl. hierzu die Beschreibung der Fälle weiter oben.
[69] KRP, Emden 27.3. und 8.5.1699.
[70] KRP, Emden, 14 Sitzungen zwischen dem 10.2.1696 und dem 4.12.1699. Das Folgende nach den Sitzungen vom 29.6., 6.7. und 3.8.1696; 8.11.1698, 16. und 23.1., 4.12.1699.

tung hier zu offenbaren" und verließ kurzerhand die Konsistorialkammer. Doch der Kirchenrat
sah das anders. Für ihn war Streit in der Ehe ein öffentliches Ärgernis, das Heil der Gemeinde
und das Wohl der städtischen Gesellschaft bedrohte. Das Ehepaar Mensenborg wurde daher der
strengen Aufsicht unterstellt. Es spricht einiges dafür, daß es eher diese lästige Beaufsichtigung
als eine grundlegende Veränderung in der Einstellung zum Streit in ihrer Ehe war, die Frau Mensenborg ein knappes Jahr später veranlaßte, beim Stadtrat formell die Scheidung zu beantragen –
allerdings ohne Erfolg. Denn statt eines Scheidungsgerichtes nahm eine aus Magistratsbeamten
und Kirchenältesten zusammengesetzte Kommission die Arbeit auf, um erneut zu schlichten
und zu versöhnen.

Ein komplexer, ja widersprüchlicher Befund also, insofern einerseits der Kirchenrat
für eine Versittlichung des Ehelebens kämpft, ohne jedoch die logische Konsequenz
der Scheidung zerrütteter Ehen voll zu akzeptieren, und insofern andererseits bei vielen Ehepaaren offensichtlich kein Bedürfnis für eine solche Versittlichung bestand.
Die kollektiven Einstellungen waren nur längerfristig zu verändern; und es gab offensichtlich eine längere Übergangsphase, in der alte und neue Verhaltensweisen und
Einschätzungen koexistierten.

### 4. Ehetrennung und Ehescheidung

Ehetrennung *(4.03.13)* und – davon nicht immer genau abhebbar – Ehescheidung
*(4.03.14)* waren als solche kein Anlaß für ein Zuchtverfahren, eröffnet das reformierte
Eheverständnis doch durchaus die Möglichkeit einer formell vom Magistrat auszu-
sprechenden Ehescheidung[71]. Dennoch leitete der Emder Kirchenrat in der Regel sogleich eine Untersuchung ein, sobald er erfuhr, daß sich ein Ehepaar mit Scheidungs-
absichten trug oder gar bereits getrennt lebte (etwa 15.7.1695/4). Dahinter stand der
Wille, jede leichtfertige Scheidung zu unterbinden: So wurden Hans Hindriks und
seine Frau, die eigenmächtig die Wohn- und Lebensgemeinschaft aufgelöst hatten,
vom Abendmahl ausgeschlossen, weil „eine solche angemaßte Ehescheidung dem
Christen nicht geziemt"[72]. Und Margarete, die Frau des Sergeanten Jakob, wurde
scharf vermahnt, weil sie durch die Trennung „die einer Frau geziemende christliche
Sanftmut und eheliche Pflicht gegenüber ihrem Mann schwer vernachlässigt" habe[73].
Im Streitfall Uden stellte sich heraus, daß die Frau ein halbes Jahr lang die „ehelichen
Pflichten" verweigert hatte, um eine Scheidung von ihrem Mann zu erzwingen, der in
berufliche Schwierigkeiten geraten war. Das Presbyterium vermahnte die Frau und
machte ihr klar, daß sie auch nach einer eigenmächtig vollzogenen Trennung verpflichtet sei, für ihren Mann zu sorgen[74].
  Bereits der Wunsch auf Scheidung führte zu Zuchtmaßnahmen, und zwar auch,
wenn erst eine Verlobung (trouwe) bestand[75]. Wyert Folckerts mußte sich belehren
lassen, daß unordentliche Haushaltsführung und die Weigerung, das Essen zu kochen,

[71] Die oben erwähnte Empfehlung an die Frau eines Alkoholikers, „sich dieses Mannes zu enthalten", ist eindeutig ein Sonderfall, zumal nicht sicher ist, ob es sich um ein Ehepaar handelte.
[72] KRP, Emden 15. und 22.7.1695.
[73] KRP, Emden 28.10.1695.
[74] KRP, Emden 18.12.1699/4.
[75] KRP, Emden 6.9.1697/5.

für ein Scheidungsbegehren keineswegs hinreichten[76]. In einem ähnlich gelagerten Fall wurde Hendrik Classen eine liederliche, „beinahe jüdische Auffassung" von der Scheidung vorgehalten. Denn ein solches Begehren setze Anzeichen von Ehebruch voraus[77]. Die einzige Verfehlung, die es rechtfertigte, eine Scheidung anzustreben, war demnach der Verstoß gegen die eheliche Treue, die als Grundlage christlicher Lebensgemeinschaft zwischen Mann und Frau galt. Selbst die Scheidungserlaubnis des Magistrats schützte nicht immer vor der Kirchenzucht: So hatte der Stadtrat in dem bereits ausführlich beschriebenen Eheverfahren zwischen Daniel Hodo und seiner Frau, das nun doch wirklich ganz und gar unerfreuliche Verhältnisse zutage gefördert hatte, dem Mann erlaubt, sich von seiner Frau „te scheiden met de wooning". Als Hodo um kirchliche Anerkennung dieser Scheidung bat, nannte der Kirchenrat diesen Wunsch extravagant und verlangte ein öffentliches Schuldbekenntnis[78].

Häufig wurde der Kirchenrat durch Betroffene auf Fälle vollzogener oder geplanter Scheidung aufmerksam gemacht. Vor allem in den 1640er Jahren scheint er als eine Art letzte Zufluchtsstätte für Leute gedient zu haben, deren Ehen oder Familien in den Sog des nicht enden wollenden Krieges geraten waren: Zweimal erschienen Frauen, die sich über die Untreue ihrer Ehemänner beklagten und ihnen zugleich vorwarfen, sie „mit einer abscheulichen Krankheit" angesteckt zu haben, die sie sich bei unreinen Frauen geholt hätten. Um sich vor schlimmen Folgen zu schützen, verlangten sie die Scheidung. Als einer der beklagten Ehemänner die Krankheit bestritt und anbot, sich von den Presbytern „besichtigen" zu lassen, verwies man ihn an den „doctorem medicum" und forderte ihn auf, sich bis zum Abschluß der Untersuchung seiner Frau zu enthalten. Das Scheidungsbegehren seiner Frau wurde abgelehnt, da sie keinen Ehebruch jüngeren Datums nachweisen könne[79]. Der Sohn des Ehepaares Garbrandet aus Norden offenbarte dem Kirchenrat empört und bekümmert zugleich, daß der Vater die Mutter ohne Grund verlassen habe und daß diese daraufhin wochenlang von zu Hause weggeblieben sei; und Honke Claesen wurde für die Tochter vorstellig, die während des Wochenbettes von ihrem Mann verlassen wurde[80]. Besonders gefährdet waren natürlich Soldatenehen: So ergab der Soldat Johann Geerdes zwecks Vorlage vor dem weltlichen Gericht eine Bescheinigung des Kirchenrates, daß er von seiner Frau grundlos verlassen worden sei[81]. Und wenig später ließ Oberst Schwarzenberg anfragen, ob er einen Soldaten von der Ehe „absolvieren" dürfe, dessen Frau von seinem Leutnant geschwängert worden sei. – In den meisten dieser Fälle beschränkte sich der Kirchenrat nicht auf Zuchtmaßnahmen, sondern bemühte sich um Hilfe, häufig in Zusammenarbeit mit dem Magistrat[82].

---

[76] KRP, Emden 15.3.1697/2.
[77] KRP, Emden 31.7.1699/3.
[78] KRP, Emden 13.2.1699.
[79] KRP, Emden 10.3.1645 (Sara Kistenmaker), 16.11.1646 (Clara Heenks).
[80] KRP, Emden 28.4.1645 und 2.12.1649.
[81] KRP, Emden 8.3.1646.
[82] Verweigerung der Ehepflichten durch die Frau war bisweilen Gegenstand der Verhandlungen. Der Kirchenrat mahnte in der Regel ihre Erfüllung an, bestand aber ebenso unmißverständlich auf gleichzeitiger Wiederherstellung der sozialen Harmonie in der Ehe (z.B. 6.10.1645).

Trennung und Scheidung waren die einzigen Delikte innerhalb der Ehezucht, die auch im letzten Erhebungsjahrfünft des Ancien Régime noch in den Protokollen erscheinen. Es handelt sich um das Verfahren gegen den Hauptmann Haike Hindriks Schmid und seine Ehefrau, die sich getrennt hatten. Das Presbyterium beauftragte eine Kommission, die Ursachen zu erkunden und eine Einigung herbeizuführen. Als sie damit scheiterten, gab sich der Kirchenrat zufrieden; ein Zuchtverfahren im eigentlichen Sinne wurde nicht mehr durchgeführt[83]. In dem 1820er Erhebungsjahrfünft kamen Scheidungsfragen dann gar nicht mehr vor.

### 5. Bigamie, Konkubinat, heimliche Eheschließung, nicht eingehaltenes Eheversprechen

Im ersten Erhebungsjahrfünft Mitte des 16. Jahrhunderts waren *Bigamie* und *Konkubinat* meist Folge des Exils:

Mann und Frau wurden auf der Flucht getrennt, oder sie trennten sich später, um eigene Wege zu gehen. Viele lebten ohne formelle Eheschließung zusammen. Johann, zunächst in Aachen, dann in Emden Mitglied der Exulantengemeinde, ging zurück nach Kampen und „in die Papisterei", während seine schwangere Frau Tyeske in Emden blieb und die Presbyter um Hilfe bat. Nach einem Jahr kam die schriftliche Aufforderung (des Kampener Bürgermeisters), die Frau solle zu ihrem Mann kommen. Der Emder Kirchenrat verlangte daraufhin eine schriftliche Zusicherung, daß Tyeske billig aufgenommen und nicht in die „Papisterei" gezwungen werde. Ein weiteres Jahr später ist der Mann wieder in Emden und wird wegen treulosen Verhaltens gegen seine Frau und die Gemeinde in die Kirchenzucht genommen. Wenig später ist er wieder auf und davon, so daß Tyeske erneut durch die Gemeinde unterstützt werden muß[84]. – 1558 wurde der Maurer Fedde in die Kirchenzucht genommen, weil er seine Frau Hille mit dem Argument verlassen hatte, deren erster Mann lebe noch, und sogleich selbst eine weitere Ehe eingegangen war. Die Presbyter legten fest, daß Hille solange als Feddes Ehefrau zu gelten habe, bis dieser bewiesen habe, daß ihr erster Mann tatsächlich noch lebt, und zwar durch eine offizielle Bestätigung durch den Richter des Wohnortes[85].

Der Kirchenrat war stets bemüht, durch nötigenfalls zeitraubende und weitgespannte Untersuchungen und Nachfragen die durch Flucht oder andere Umstände zerrütteten Ehe- und Familienverhältnisse aufzuklären. Orientiert an dem Ideal der reinen Abendmahlsgemeinde, das nach seiner Ansicht gerade auch das klare und von gegenseitiger Bedrückung freie Partnerschaftsverhältnis in einem christlichen Ehebund zur Voraussetzung hatte[86], strebte er eine rasche Wiederherstellung geordneter Verhältnisse im Ehewesen an. Der Erfolg blieb jedoch begrenzt, so daß die holländischen Stände noch 1580 in ihrem neuen Ehereglement auf die Unregelmäßigkeiten hinweisen mußten, die durch Kriegsereignisse und Flucht in die Familienstandsangelegenheiten mancher Niederländer gekommen waren[87].

Auch nach Ende der Flüchtlingszeit war es offensichtlich einzelnen Personen mög-

[83] KRP, Emden 13.11. und 9.12.1791, 6.1.1792.
[84] KRP, Emden 26.8.1560, 23.6.1561, 1.6. und 24.8.1562, 16.4.1565.
[85] KRP, Emden 18. und 25.4., 13. und 24.6., 25.7.1558.
[86] Hierzu ausführlich *Schilling*, Kirchenzucht (wie Anm. 38); *ders.*, Sündenzucht (wie Anm. 38).
[87] Kerkelyk Plakaat Boek, Behelzende de Plakaaten, Ordonnantien, Ende Resolutien, Over de Kerkelyke Zaken, gesammelt von N. Wiltens, 4 Bde., Den Haag 1722–1798, hier Bd. 1, 804. Vgl. dazu *Schilling*, Religion (wie Anm. 5, 223 ff.).

lich, die Lücken in der Personenregistratur bzw. die Schwierigkeiten bei dem Austausch entsprechender Daten zwischen Städten und Staaten zu nutzen, um mehrere
Ehen einzugehen. Das Presbyterium setzte in solchen Fällen das überregionale Kom-
munikationsnetz der calvinistischen Gemeinden ein, um sich die nötigen Informatio-
nen zu verschaffen und der Unordnung zu steuern.

In den 1590er Jahren eröffnete der Kirchenrat ein Zuchtverfahren gegen den aus Leiden einge-
wanderten Leineweber Levin Jansen Koppenholl, weil ruchbar geworden war, daß er neben seiner Emder Familie eine Ehefrau in Leiden hatte. Man hielt den Fall zunächst geheim, vielleicht,
um eine Lösung dieses schwierigen Familienproblems nicht zu verbauen. Erst als das Ehepaar
aus der Stadt floh, wurde der Fall öffentlich bekannt gegeben[88]. Ein Jahrhundert später hatte sich
ein noch nicht verheiratetes Paar, das ein Kind erwartete, zu verantworten, weil Beweise fehlten,
daß der vorige Mann der Frau wirklich gestorben war. Und im selben Erhebungsjahrfünft wurde
ein Verfahren gegen einen Seemann eröffnet, dessen Emdener Frau und Schwiegermutter Beweise vorlegten, daß er in Groningen und Danzig ein zweites und drittes Mal geheiratet und darüber hinaus auch in Amsterdam ein Kind in die Welt gesetzt hatte[89]. Das letzte Mal wurde 1743
über einen Bigamieverdacht verhandelt, und zwar gegen eine Frau, die eine Ehe mit einem offensichtlich wesentlich jüngeren Mann eingegangen war, ohne den Tod ihres Mannes beweisen zu
können. Der Fall wurde dem Magistrat übergeben[90].

Zuchtverfahren wegen *Konkubinats* wurden nur gelegentlich und ohne besonderen
Nachdruck durchgeführt. So wurden 1645 ein Mann und eine Frau, die „bei Tag und
Nacht als vertraute Personen mit Essen, Trinken, vertraulichstem Umgang und Haus-
haltung" zusammenwohnten, lediglich zur „Ehelichen Trauung" aufgefordert und vor
Schaden an der Seele gewarnt[91]. Eine Ausnahme machte der pietistische Kirchenrat
in den 1690er Jahren, der im Rahmen einer systematisch betriebenen Sexualzucht[92]
die Lebens- und Wohnverhältnisse „gefährdeter" Gruppen, das heißt in erster Linie
junger Leute, aber auch von Witwen und Witwern, erfaßte.

So erfuhr man, daß ein junger Mann seit drei Jahren im Haus seiner Nichte wohnte und daß
beide mit Wissen des Vaters wie Braut und Bräutigam lebten. Das Paar wurde vor das Konsistorium zitiert, wo ihm eröffnet wurde, es sei zusammen in einem Bett gesehen worden. Obgleich
die Beschuldigten glaubhaft machen konnten, daß ein auf Wein- und Tabakgenuß zurückzufüh-
render Schwächeanfall des Jünglings die Ursache gewesen und nicht „Unreines" geschehen war,
forderte sie das Presbyterium auf, fortan getrennt zu wohnen[93]. – Ein anderes Verfahren betraf
einen alten Mann und dessen Sohn, die sich jeweils ein junges Mädchen ins Haus genommen
hatten. Beide gaben das vor dem Kirchenrat zwar zu, wollten aber den Vorwurf von „Unkeusch-
heit und Hurerei" nicht gelten lassen[94]. – Die Witwe Hasekam und der Soldat Jan Brands wurden zitiert, weil sie sich zwar dreimal hatten proklamieren lassen, aber nicht an den Kirchgang
dachten. Die Frau bestritt den Vollzug der Ehe und verweigerte die Trauung mit dem Argument,
man könne nicht den Lebensunterhalt verdienen. Für die Presbyter dagegen war das Verhältnis

[88] KRP, Emden 31.10.1597 mit dem Text der öffentlichen Kanzelankündigung vom
14.11.1597.
[89] KRP, Emden 29.7.1697.
[90] KRP, Emden 5.8.1743/3.
[91] KRP, Emden 12. und 24.11.1645.
[92] *Schilling,* Sündenzucht (wie Anm. 38) 290–302.
[93] KRP, Emden 19. und 26.4.1697.
[94] KRP, Emden 7. und 14.2.1698.

bereits so weit gediehen, daß sie es für unabdingbar erachteten, es durch „solemne proclamata" in den „huweliken staat te vobrengen"[95].

In den Erhebungsjahrfünften des 18. Jahrhunderts kümmerten sich die Presbyter um solche Verhältnisse nicht. Umso bemerkenswerter ist es, daß im Kontrolljahrfünft des 19. Jahrhunderts immerhin wieder vereinzelt Konkubinate erörtert wurden. Im Falle der Banke Theetje Bort, die in „fortdauerndem Konkubinat" mit einem Lutheraner lebte, erstattete man sogar Meldung beim königlichen ostfriesischen Konsistorium[96].

Kirchenzucht wegen *heimlicher Heirat* kam nur im 1690er Erhebungsjahrfünft vor:

Nachdem Heilke Hiskes mit dem Mennoniten Jan Hindriks, einem Brauer, die Stadt verlassen und außerhalb heimlich geheiratet hatte, wurde sie bei ihrer Rückkehr in die Kirchenzucht genommen, und zwar weil sie gegen den Willen ihrer Vormünder und ungeachtet eines ratsherrlichen Verbots die Ehe eingegangen war[97]. Die Gültigkeit der vollzogenen Ehe wurde indes nicht in Frage gestellt. Um dem vorzubeugen, verlangten manche Eltern oder Verwandte bereits in dem Moment ein Zuchtverfahren, wenn ihr Kind zu erkennen gab, daß es „gegen ihren Willen und Dank trauen wollte"[98]. Selbst von längst erwachsenen Männern in geachteter Stellung wurde erwartet, daß sie bei einer Eheschließung zuvor das Einverständnis der Eltern herbeiführten: Als Dr. Mejer heiratete, wurde er vom Abendmahl ausgeschlossen. Erst als er sich zur Versöhnung mit dem Vater bereit zeigte, erhielt er Aussicht auf Wiederzulassung[99].

Unerlaubte Eheschließung galt somit als gravierendes Vergehen, das mit der höchsten Kirchenstrafe zu ahnden war. Diese Einschätzung war offensichtlich auch über das Presbyterium hinaus in der Gesellschaft verwurzelt. Denn als der Kirchenrat Lysabeth aus Friesland im Rahmen eines Lehrzuchtverfahrens wegen privater Konventikel nach den Ursachen ihres schlechten Rufes befragte, erklärte diese ihre Außenseiterposition damit, daß sie vor Jahren ihren inzwischen verstorbenen Ehemann gegen den Willen seiner Mutter geheiratet habe[100].

Verfahren wegen *nicht eingehaltener Eheversprechen* ergaben sich entweder durch die Sexualzucht oder durch Anzeige der Geschädigten. Häufig waren solche Verfahren vor allem im 1640er Erhebungsjahrfünft womöglich eine Folge des kriegsbedingten „Überangebots" an heiratswilligen Frauen, die es Eheschwindlern leichtmachten[101]. Auffallend häufig waren Witwen und Soldaten in solche Zuchtverfahren verwickelt[102]. Der umgekehrte Fall, daß ein Mann eine Frau wegen eines nicht eingehaltenen Eheversprechens verklagte, kam nur einmal vor[103]. Man gewinnt den Eindruck, daß der Kirchenrat die Nichteinhaltung von Eheversprechen mehr als Rechts- denn als Sittenverfehlung behandelte. Das mag mit dem eingangs beschriebenen Eheschließungsverfahren der „truwe" zusammenhängen, das bis ins 18. Jahrhundert fortbestand und

---

[95] KRP, Emden 14. und 28.8.1699.
[96] KRP, Emden 3.10.1823.
[97] KRP, Emden 22.7. und 5.8.1695/2.
[98] KRP, Emden 23.5.1698/4.
[99] KRP, Emden 5.12.1598/7 und 9.1.1699/1. Ein ähnlicher Fall 29.9.1696/2.
[100] KRP, Emden 28.9.1696/2.
[101] KRP, Emden 17.3.1645; 25.3. und 5.9.1646; 15.2.1647; 24.1.1648.
[102] KRP, Emden 3.6.1599; 17.3.1645; 19.8.1695; 10.12.1696; 4.4.1698.
[103] KRP, Emden 4. und 18.4.1698: Der Soldat Matthias Everhard gegen die Dienstmagd des Dr. Stael.

den Vollzug des Beilagers nach gegenseitiger Absprache vorsah. Der Kirchenrat schaltete wiederholt den Magistrat ein und verlangte von ihm, die Eheordnung so zu handhaben, daß solche Betrügereien ausgeschlossen seien[104]. Die kirchlichen Zuchtmaßnahmen waren eher milde. Zu einer Exkommunikation kam es in diesem Zusammenhang nur ganz selten, so etwa gegen eine Witwe, deren unüberlegtes Verhältnis mit einem Soldaten als öffentlicher Skandal empfunden wurde[105]. Gegenstand der Zucht war meist nicht der Bruch des Eheversprechens oder die sexuelle Tat, sondern die „Leichtfertigkeit", mit der die Eheangelegenheit behandelt wurde[106].

## 6. Unordentliche Haushaltsführung, Vernachlässigung von Kindern und Verwandten

*Unordentliche Haushaltsführung* war nur selten Gegenstand eines Zuchtverfahrens – mit einem guten Dutzend Fällen am häufigsten im pietistischen Jahrfünft, und zwar wiederum vor allem gegen Frauen (10 gegenüber 5). Das entspricht der verschärften Sexualzucht der pietistischen Presbyter, die ebenfalls in erster Linie die Frauen traf[107]. Die Frau wurde für die gute Haushaltsführung verantwortlich gemacht, ohne daß man ihr aber Dispositionsfreiheit zugestand.

Das belegt etwa das Zuchtverfahren gegen das Ehepaar Claassen. Von ihrem Mann beschuldigt, sein Vermögen und dazu noch 200 Gulden ihres eigenen Vaters leichtfertig verwirtschaftet zu haben, gestand Frau Claassen zwar Fehler ein, machte aber geltend, daß die schlechten Zeiten die Haushaltsführung erschwerten. Die Presbyter nahmen die Partei des Mannes: Wenn eine Frau ohne sein Wissen etwas ausgibt, sei das Diebstahl[108]. Ähnlich urteilten sie im Streit des Ehepaares Ter Braak. Das Übel sei das Streben der Frau, im Haushalt „puure de mester (te) spelen" und Briefschaften wie Verträge eigenmächtig zu erledigen[109].

Wegen *Vernachlässigung von Kindern* wurden im ersten Erhebungsjahrfünft zu Mitte des 16. Jahrhunderts zwei Zuchtverfahren durchgeführt. Es ging jeweils darum, daß Eltern bzw. Vormünder nicht bereit waren, ihren Kindern eine Ausbildung zu ermöglichen („ein Amt zu erlernen")[110]. Diese Verfahren zeigen, daß die von Staat und Kirche, der reformierten nicht anders als der lutherischen, getragene „Bildungsrevolution" zu Mitte des 16. Jahrhunderts bis zu den Leitungsgremien der Einzelgemeinde durchgedrungen war. Zugleich belegt die Statistik aber auch, daß diese Bemühungen zahlenmäßig kaum zu Buche schlugen, jedenfalls in Emden nicht, wo sich nur drei von insgesamt rund 650 Kirchenzuchtsverhandlungen des Jahrfünfts darauf bezogen. Und sie zeigt, daß kein längerfristig wirksames Interesse an der Stellung der Kinder innerhalb der Familie geweckt wurde. Denn weder im 1590er noch im 1640er Erhebungsjahrfünft oder in denjenigen des 18. und des 19. Jahrhunderts wurde die Betreuung von Kindern in der Familie erörtert. Lediglich der pietistische Kirchenrat hatte das Problem nochmals vor Augen. Gegenüber den 1550er Jahren war aber eine be-

---

[104] KRP, Emden 17.3.1645; 25.3.1646.
[105] KRP, Emden 3.6.1597.
[106] KRP, Emden 5.9.1646; 7.4. und 11.5.1696; 15.3.1697.
[107] *Schilling*, Sündenzucht (wie Anm. 38) 293.
[108] KRP, Emden 31.7.1699.
[109] KRP, Emden 8.5.1699.
[110] KRP, Emden 17. und 24.1.1558; 22.11.1557/4.

zeichnende Akzentverschiebung eingetreten – von der Sorge um die schulische oder berufliche Ausbildung hin zur Sicherung der religiösen und sittlichen Erziehung und Beaufsichtigung. In einigen Fällen übte das Presbyterium eine ähnliche Funktion aus wie heute die Jugendämter, die gegen drohende Verwahrlosung einschreiten:

Antje Vroumeurs wurde wegen der unehelichen Schwangerschaft ihrer Tochter Mette in die Zucht genommen, eine andere Frau, weil sie ihrer Tochter abgesehen vom Vaterunser die Grundlagen der Christenlehre nicht beigebracht hatte[111]. Frau Folckers, die bereits getadelt worden war, weil sie ihrem Mann nicht das Essen kochen wollte, wurde vermahnt, weil sie sich nicht um das Gebetsleben ihrer Kinder kümmerte[112]. In weiteren Fällen ging es um Vernachlässigung der materiellen Grundbedürfnisse der Kinder, etwa wegen Trunksucht, oder um allgemeine Lieblosigkeit[113].

Bei dem Verfahren wegen *„Ungehorsam gegen Eltern oder Vormünder"* (4.03.43) und wegen *„Verfehlungen gegen Verwandte",* die abgesehen von je einem Einzelfall nur in den 1690er Jahren belegt sind, ging es meist um allgemeine Strukturprobleme der alteuropäischen Familien- und Sippenverhältnisse.

So wenn die Tochter des Abel Schipper die ihr zugedachte Stiefmutter solange übel traktierte, bis diese den Eheplan aufgab, oder wenn eine Pastorenwitwe wegen der kecken Ansprüche ihrer Tochter, alle neuen Moden mitmachen zu können, ins Elend geriet und straffällig wurde[114]. – Auch die Abhängigkeit selbst erwachsener Kinder vom elterlichen Ehekonsens führte immer wieder zu familiären Unzuträglichkeiten: Der Bäcker Willem Christoffers, seine Mutter und ein Mädchen hatten sich zu verantworten, weil der junge Mann gegen das Verbot seiner Mutter das Mädchen besuchte. Das Abendmahlsverbot beeindruckte ihn nicht – das Problem sei leicht zu beheben, indem seine Mutter ihn nämlich heiraten ließe[115]. – Häufig resultierten die Konflikte aus dem engen Zusammenleben mehrerer Generationen, ein Tatbestand, der manche moderne Romantisierung alteuropäischer Verhältnisse korrigiert: Zwei Schwiegermütter wurden in die Zucht genommen, weil sie im Haus ihrer Kinder ständig den Ehestreit schürten und sich dann über ihn beklagten[116]. Ein Mann verbündete sich mit seiner Mutter gegen die Ehefrau, lauerte ihr „an der gierigen Seite" auf, wie es drastisch im Protokoll heißt[117]. Ein alter Mann klagt über die Behandlung von Schwiegertochter und Sohn, die ihn nicht einmal mehr grüßten[118]. Zahlreiche Männer lagen mit ihren Schwiegereltern oder Schwiegermüttern im Dauerstreit[119]. Eine Tochter schlug ihre im Haushalt lebende alte Mutter; zu ähnlichen Handgreiflichkeiten kam es zwischen Schwägern, Geschwistern, zwischen Schwager und Schwägerin[120].

Wiederum waren es ganz überwiegend Frauen (in den 1690er Jahren 10 zu 1), die wegen Konflikten in der Verwandtschaft vor dem Kirchenrat erscheinen mußten. Das wird aber weniger die Folge einseitiger Verfolgungspraktiken gewesen sein als der Tatsache, daß die häuslichen und familiären Verhältnisse Frauen offensichtlich stärker belasteten als die Männer, die ihrem Beruf nachgingen. – Neben kirchlichen Bußen ging

---

[111] KRP, Emden 21.10.1695; 29.6.1696/2.
[112] KRP, Emden 29.6.1696 bzw. 15.3.1697/2.
[113] KRP, Emden 16.1. und 20.2., 4.12.1699 bzw. 13.1.1696.
[114] KRP, Emden 21.12.1597 bzw. 2.12.1695/6.
[115] KRP, Emden 24. und 31.10.1698.
[116] KRP, Emden 2.9.1695.
[117] KRP, Emden 17.6.1695/6.
[118] KRP, Emden 15.8.1698/5.
[119] KRP, Emden 13.1.1696 bzw. 10.8.1696 bzw. 30.8.1698/7.
[120] KRP, Emden 14.3.1698 bzw. 8.4.1561 bzw. 10.6.1695 bzw. 6.7.1696.

es den Presbytern in diesen Verfahren vor allem darum, die Betroffenen zu Einsicht und Versöhnung zu bringen, um so den Haus- und Familienfrieden auf Dauer wieder herzustellen. Die pietistischen Kirchenräte taten sich auch hier besonders hervor, während ihre Nachfolger im 18. und 19. Jahrhundert sich um „kindlichen Gehorsam" und „Hochachtung vor den Verwandten" nicht mehr kümmerten.

*7. Ehe und Sexualzucht*

Zur Abrundung des Bildes ist abschließend ein kurzer Blick auf die mit Verheirateten befaßten Verfahren der Sexualzucht nötig. Sie wurden in unserer Statistik nicht dem in den vorangehenden Passagen beschriebenen Zuchtsektor „Ehe, Familie, Erziehung" zugerechnet, sondern der Sexualzucht[121]. Die Protokolle lassen keinen Zweifel, daß für die Presbyter Ehe und Sexualität unlösbar zusammengehörten und demzufolge jedes gegen diese Grundmaxime gerichtete Handeln Sünde war, die Zucht und Buße bedurfte. Bei der quantitativen und qualitativen Analyse der Emder Sexualzucht springt als wichtigster Charakterzug ins Auge, daß diese Monopolisierung der Sexualität in der Ehe zu einem deutlichen Unterschied nicht in der Beurteilung, wohl aber in der Behandlung von Sexualvergehen von Verheirateten und Nichtverheirateten führte.

Bei der Sexualzucht gegen Unverheiratete stand zunehmend der Straf- und Abschreckungscharakter im Vordergrund. Das gilt vor allem für die Verfahren gegen uneheliche Mütter im pietistischen Erhebungsjahrfünft. Wenn je die Sündenzucht des Emder Presbyteriums in der Gefahr stand, zur reinen Straf- oder gar zur Kriminalverfolgung zu degenerieren, so an diesem Punkt. Dagegen hatten die Verfahren wegen Sexualdelikten Verheirateter einen deutlich anderen Charakter: Ohne Zweifel war Ehebruch für die Presbyter ein ernstes Vergehen und eine schwere Sünde. Das belegt das in der Regel ausgesprochene Abendmahlsverbot. Die Verfahren gegen Ehebrecher zielten jedoch weniger auf Abschreckung und Strafe ab. Vielmehr waren sie durch das Bemühen geprägt, dem oder der Angeklagten die Sündhaftigkeit des Geschehens vor Augen zu stellen und zur Versöhnung mit dem Ehepartner zu bewegen. Es ging um die Wiederherstellung und Befestigung des bei der Trauung gegebenen Versprechens gegenseitiger Achtung und christ-brüderlicher bzw. christ-schwesterlicher Verantwortlichkeit. Vor diesem Hintergrund wird auch der zunächst erstaunliche Befund verständlich, daß der Emder Kirchenrat trotz des erwähnten eindeutigen Verbotes, die Ehe vor dem Kirchgang zu vollziehen, fast zwei Jahrhunderte lang keine entschiedenen Schritte gegen die Antizipation unternahm. Wenn ein Paar gemäß altgermanischem truwe-Brauchs gleich nach der Verlobung das Eheleben aufnahm, so verstieß das zwar gegen die Normen des neuzeitlich formierten, öffentlich von Staat und Kirche kontrollierten Eheschließungsverfahrens. Insofern die Consummatio carnalis aber auf die Ehe hin erfolgt war, hatte das Paar das Prinzip christlicher Wahrhaftigkeit und christlicher Verantwortlichkeit nicht verletzt. Und das war für die calvinistischen Ältesten offensichtlich das Entscheidende. Eine vollständige Anpassung der kirchlichen

---

[121] Diese ist ausführlich beschrieben in *Schilling*, Sündenzucht (wie Anm. 38), wo auch die Belege zu dem im folgenden kurz Zusammengefaßten zu finden sind.

Sündenzucht an die vor allem im staatlichen Interesse errichteten Eheschließungsnormen erfolgte erst während des 18. Jahrhunderts. Die Reaktion wegen Antizipation belangter Ehepaare zeigt, daß es nochmals einige Jahrzehnte dauerte, bis dieser Mentalitätswandel auch die Gemeindeglieder erreichte. Im vorliegenden Fall war es somit ein weiter Weg von der alteuropäisch-frühneuzeitlichen Normierung und Formierung von Ehe und Eheschließung im Zuge der Konfessionalisierung hin zum Ehe- und Sexualkodex des 19. und der ersten Hälfte des 20. Jahrhunderts, der eine schwangere Braut stigmatisierte und Eltern wie Verwandte mit Scham und sozialer Verachtung strafte.

## IV. Fazit: Auf dem Weg zur bürgerlichen Innerlichkeit in Ehe und Familie?

Auf die für den Historiker interessanteste Frage nach den längerfristigen gesellschafts-geschichtlichen Konsequenzen der presbyterialen Tätigkeit lassen sich nur ganz vorsichtig Antworten finden. Denn die dabei zu berücksichtigenden methodischen und quellenmäßigen Probleme sind erheblich. Immerhin ist deutlich, daß es sich um keine rasche und einlinige Entwicklung handelte und man mit langen, in sich widersprüchlichen Übergangsphasen rechnen muß. Das zeigt die eben skizzierte Behandlung der Antizipation ebenso wie die Statistik über den Erhebungspunkt „Ehestreit" (Tabelle 5, 4.03.11). Trotz von Anfang an intensiver Zuchttätigkeit nahmen diese Verfahren nicht ab, sondern sprunghaft zu, von weniger als 10 auf 35 und gar 82 im letzten Erhebungsjahrfünft des 17. Jahrhunderts. Auch der Wortlaut der Protokolle läßt nicht erkennen, daß sich in den von Streit erschütterten Ehen irgend etwas änderte. Beschimpfungen und Beleidigungen übelster Art und Gewalt selbst gegen schwangere Frauen belegen, daß die neuzeitliche Affektenkontrolle auch Ende des 17. Jahrhunderts noch nicht weit verbreitet war. War somit in Emden der Zivilisationsprozeß verzögert? War er vom 16. zum 18. Jahrhundert gar rückläufig? Oder ist der Anstieg dieser Zuchtverfahren genau umgekehrt zu interpretieren, nämlich als Beleg einer zunehmenden Sensibilisierung gegenüber Ehestreit, jedenfalls bei den Presbytern? Berücksichtigt man, daß das gesamte Zuchtfeld „Ehe und Familie", also nicht nur der Ehestreit, während des 17. Jahrhunderts immer entschiedener ins Blickfeld des Kirchenrates rückt, so spricht einiges für die zweite Alternative. In diesem Falle wäre dem Verhaltenswandel eine Veränderung in der Einstellung gegenüber „Ehe und Familie" vorausgegangen, und zwar zunächst bei der religiösen und politischen Führungs-gruppe. Das paßt durchaus zu der Vorstellung von einem Zivilisationsprozeß, für den es typisch ist, daß sich zuerst die Einstellungen veränderten, und zwar nicht selten phasenverschoben zunächst bei den kulturellen oder politischen Eliten und dann bei den anderen Schichten. Erst danach änderten sich auch die realen Verhaltensweisen. Wann letzteres in Emden der Fall war, läßt sich unseren Quellen nicht entnehmen.

Einen ähnlichen Eindruck hinterläßt die Zuchttätigkeit, die auf den weiteren Kreis der Kinder, des Haushalts und der Familie bezogen war. Die Verfahren wegen *unordentlicher Haushaltsführung* (Tabelle 5, 4.03.41) dienten ohne Zweifel der Verbreitung neuzeitlich rationaler und disziplinierter Lebensführung, gerade auch bei mittleren und unteren Bevölkerungsschichten. Aufs ganze gesehen bezogen sie sich aber auf relativ wenige Extremfälle, vor allem auf Alkoholikerfamilien. Die Kirchenzucht war somit kaum ein allgegenwärtiges Kontroll- und Erziehungsinstrument zu ordentlichem, nüchternem und zielgerichtetem Handeln und Wirtschaften. In den beschriebenen Zuchtfällen dokumentiert sich somit der „calvinistische Geist" der Presbyter; als Beweis für reale und durchschlagende Einwirkungen dieses Geistes auf die Gemeinde oder gar alle Stadtbewohner lassen sie sich dagegen kaum anführen.

Dasselbe gilt für Zuchtverfahren wegen *Vernachlässigung von Kindern* (Tabelle 5, 4.03.42). Ihr Gewicht war zahlenmäßig und inhaltlich erstaunlich gering. Kinder besaßen in der alteuropäischen Gesellschaft so gut wie keinen besonderen Rechtsschutz. Der Emder Befund deutet darauf hin, daß auch die frühneuzeitlichen Konfessionskirchen, die sich in Verordnungen und Katechese sowie im pastoralen und pädagogischen Schrifttum intensiv mit der Erziehung der Kinder befaßten, dieses Defizit real nicht auszugleichen vermochten. Selbst die calvinistische Kirchenzucht, eine der intensivsten und tiefgreifendsten Einwirkungsmöglichkeiten der Konfessionskirchen, respektierte offensichtlich die Autonomie der alteuropäischen Familie in einem stärkeren Maße, als man erwartet hätte.

Auch bei der *Sexualzucht* geben die Kirchenratsprotokolle wohl kaum direkten Aufschluß über kollektive Verhaltensänderung, wohl aber über den Geist und die Maxime calvinischen Einwirkens auf das Sexualverhalten: Sexualität sollte auf die Ehe beschränkt sein, und sie hatte sich nach den Grundprinzipien christlichen Zusammenlebens zu richten, die die Presbyter auch in allen anderen Lebensbereichen durchzusetzen bestrebt waren, nämlich Aufrichtigkeit, Zuverlässigkeit in den Wechselfällen des Lebens und Verantwortlichkeit für den Nächsten. Diese Leitlinien, die dem Christen allgemein eine Zügelung seiner Lebensführung abverlangten, sollten auch seine Sexualität und allgemein sein Eheleben lenken. Zusätzliche Forderungen gab es im Calvinismus offensichtlich nicht – weder die Zeugungsbereitschaft, noch magisch-sakral begründete Beschränkungen in bezug auf bestimmte Tage im kirchlichen Wochen- und Jahreszyklus.

Mit der Einhegung der Sexualität in der Ehe stand die Emder Kirchenzucht auf dem Boden der alteuropäischen Gesellschaft, in der Mann und Frau eingebunden waren in Familie und Sippe. Sie ordnete sich aber zugleich ein in den frühneuzeitlichen Zivilisationsprozeß, der diese Gesellschaft umgestaltete. Denn es waren nicht die naturgegebenen Zwänge des alteuropäischen Lebens und Wirtschaftens, die den einzelnen in die Familie und Ehe einbinden sollten, sondern die in seinem Gewissen und in seiner Seele verankerte christliche Verantwortlichkeit für den ihm von Gott anvertrauten Nächsten. In dieser Hinsicht trug die Sexualzucht zur neuzeitlichen Verinnerlichung bei. Der Höhepunkt des presbyterialen Bemühens um Ehe und Familie fiel nicht von ungefähr ins Zeitalter des Pietismus: Pietistisch verinnerlichte Frömmigkeit und Sensibilisierung für die Probleme im Zusammenleben von Mann, Frau und Kindern entsprachen sich offensichtlich.

Der Höhepunkt markierte zugleich einen entscheidenden Wendepunkt. Zwar wurde in den 1740er Jahren noch vergleichsweise häufig über Ehestreit verhandelt

*(Tabelle 5, 4.03.11)*[122]. Dem Wortlaut der Protokolle, die nur noch ganz allgemein von „unordentlichem Leben" oder „Streit" sprechen[123], ist aber unschwer zu entnehmen, daß das Engagement für den Einzelfall bereits erheblich abgenommen hatte. In den späteren Erhebungsjahrfünften kamen Verfahren wegen Ehestreit gar nicht mehr vor. Verhandlungen über *Haushaltsführung, Kinder* und Probleme in der *Verwandtschaft (Tabelle 5, 4.04.41–44)* gab es in den Erhebungsjahrfünften des 18. Jahrhunderts überhaupt nicht mehr. Und selbst die Art, wie in den 1790er Jahren nochmals ein Scheidungsfall behandelt wurde[124], zeigt eindeutig, daß die Presbyter das Interesse an der religiösen Sanktionierung von Verfehlungen in Ehe und Familie weitgehend verloren hatten. Es hat somit den Anschein, als ob die Intensivierung der Ehezucht im Pietismus gleichsam dialektischer Qualität war. Es mag zu einer Spannung gekommen sein zwischen der Hochschätzung der traditionellen Institution Ehe einerseits und der neuen Innerlichkeit bei den Ansprüchen an die persönliche Lebensführung innerhalb dieses überkommenen Rahmens andererseits. Das mag dann die neue Einstellung gefördert haben, daß nämlich Ehe und Familie eine private Sphäre ausmachten, auf die Kirche und Staat nur indirekt einwirken sollten. Rechnet man hinzu, daß der Pietismus ein Gutteil der religiösen und sittlichen Normenkontrolle an das Individuum selbst übertrug, so wird der statistisch-quantitativ belegte Umschwung hin zur Überwindung der frühmodernen presbyterialen Ehe- und Familienzucht inhaltlich plausibel.

Im Verlaufe des 18. Jahrhunderts wird dann die in Ostfriesland, und zwar vor allem im Emder Kirchenrat, durchaus stark vertretene Aufklärung[125] ihren Teil zur Entstehung neuer Einstellungen beigetragen haben – bei den Presbytern ebenso wie bei den einfachen Gemeindemitgliedern: In der frühneuzeitlichen Ehezucht wie in der Sittenzucht allgemein war stets ein Rest des eschatologischen und prophetischen Denkens präsent geblieben. Sünde und Unfrieden waren nicht nur private und subjektive Verfehlungen, und sie betrafen auch nicht nur die kirchliche Gemeinde im engeren Sinne. Sie waren auch und vor allem öffentliches Skandalon, das – wenn nicht ernsthaft verfolgt und gesühnt – den Zorn Gottes über Stadt und Land heraufbeschwor. Das galt in einem besonderen Maße für Sünde und Unfrieden innerhalb von Ehe und Familie als der von Gott eingesetzten und durch einen religiös sanktionierten Treueeid befestigten Basiszelle der christlichen Gesellschaft. Unter dem neuen, im Pietismus aufgebrochenen und durch die Aufklärung verbreiteten Denken wurde die entscheidende Trennung vollzogen – zwischen Ordnung und Friede in Staat und Gesellschaft einerseits, die nicht mehr heilsgeschichtlich gedeutet wurden, und verträglichem, sittlich verantwortlichem Zusammenleben in der Ehe andererseits. In christlicher Perspektive waren auch unter dieser neuen Einstellung Verfehlungen, die zu einem Scheitern der Ehe führten, Sünde. Nach dem Ende der presbyterialen Kirchenzucht hatte

---

[122] Die Tabelle 5 weist 21 Verhandlungen über Ehestreit für die Jahre 1741–45 aus, das sind knapp 78% des Sektors „Ehe, Familie, Erziehung", und damit fast $\frac{1}{5}$ aller der in diesem Jahrfünft noch durchgeführten 115 Zuchtverfahren (Tabelle 1, Spalte 1741–55 valid cases).

[123] So etwa KRP Emden 11.3. und 11.11.1743.

[124] Vgl. oben Kapitel III, 4, letzter Absatz.

[125] *Menno Smid,* Ostfriesische Kirchengeschichte (Leer 1974) 402 ff.

aber der einzelne Christ mit dieser Sünde alleine fertig zu werden. Und auch die Buße war verinnerlicht, fand im Privaten, nicht in der Öffentlichkeit statt. Scheidungen wurden auch späterhin als „Skandal" empfunden. Das war nun aber der säkulare Skandal der bürgerlichen Gesellschaft, nicht mehr das gleichermaßen religiöse wie gesellschaftliche Ärgernis der alteuropäischen calvinistischen Stadtrepublik.

Es ist nicht die Aufgabe des Historikers, moralisch zu urteilen oder gar zu verurteilen. Wo er seine Erkenntnisse in die Diskussion um die historisch-politische oder die ethisch-sittliche Kultur der Gegenwart einbringt, werden zwei Kardinalbeiträge im Vordergrund stehen – der Nachweis des historisch Gewordenen und das Aufzeigen von Alternativen, und zwar sowohl bei den Formen der Vergesellschaftung als auch bei den Möglichkeiten individueller Lebens- und Glücksgestaltung. Beide Beiträge relativieren die Strukturen der Gegenwart und machen sie damit veränderbar. Unser konkretes Untersuchungsfeld „Ehe und Familie" wäre hierfür ein besonders einprägsames Beispiel. Denn aus dem historischen Befund ließen sich durchaus einige „befreiende" Erkenntnisse ableiten, und zwar sowohl zur genetischen Dimension der gegenwärtigen Probleme in den Beziehungen zwischen Männern und Frauen als auch zu deren Relativierung in der Konfrontation mit historischen Alternativformen. Das kann im vorliegenden Zusammenhang nicht mehr geschehen. Wichtig erscheint mir aber, abschließend daran zu erinnern, daß jede Form dieser Beziehungen ihre Nutzen und Kosten hat, gesellschaftliche und vor allem sehr individuelle und subjektive. Diese Einsicht ist wichtig um der historischen „Gerechtigkeit" willen, aber auch für die Selbstbescheidung, die den bisweilen arrogant auffahrenden Diskussionen der Gegenwart gut anstünde, wenn es um die Kernfragen humaner Lebens- und Gesellschaftsentwürfe geht. Die Kosten der alteuropäischen Ehezucht sind nur zu präsent – in der Diskussion der Historiker, mehr noch in der amorphen Vorstellung von „Repressionen und Zwängen", die angeblich noch die Ehen der Elterngeneration bestimmten. Dagegen werden die Kosten der neueren Konfigurationen in den Beziehungen zwischen Männern und Frauen erst allmählich bewußt, in dem Maße nämlich, in dem deutlich wird, daß der Verzicht auf eindeutige Normen und Formen in der Geschlechterbeziehung nicht nur zum Guten ausschlägt. Es sind die Psychoanalytiker, die uns hierüber am klarsten Auskunft erteilen, etwa jüngst Wolfgang Schmidbauer, der Autor des Buches „Du verstehst mich nicht", das nicht von ungefähr auf den Bestseller-Listen ganz oben steht: „Wir haben es nicht nur mit individuellem Versagen, sondern auch mit historischen Veränderungen zu tun. Heute ist Liebe quasi die zentrale Illusion geworden. Der Gestaltungsspielraum für die Menschen moderner Industriegesellschaft hat sich enorm erweitert. Die Paare müssen heute aushandeln, wie sie ihre Zweierbeziehung gestalten wollen, sie haben mehr Wahlmöglichkeiten als früher, aber damit auch mehr Entscheidungszwänge. Sie fühlen sich mit ihren Partnerschaftsproblemen oft allein gelassen. Ich glaube, daß die Psychologie hier manchmal die Funktion einer Ersatzreligion einnimmt."[126]

---

[126] *Wolfgang Schmidbauer*, „Du verstehst mich nicht" (Hamburg 1991); Zitat aus: „Illusion der Gleichheit", Spiegel-Gespräch mit Wolfgang Schmidbauer, in: Der Spiegel, Jahrgang 1991, Heft 18, S. 231.

## Hans Maier

# Sozialdisziplinierung – ein Begriff und seine Grenzen (Kommentar)

Am Ende dieses Kolloquiums will ich noch einmal zum Ausgangspunkt zurücklenken. Erlauben Sie mir bitte fünfzehn Minuten für einen Kommentar zum Thema „Sozialdisziplinierung – ein Begriff und seine Grenzen".

Der Begriff „Sozialdisziplinierung" geht, wie bekannt, auf Gerhard Oestreich zurück. In seinem Aufsatz „Strukturprobleme des europäischen Absolutismus" (1969) bemerkt er, der Absolutismus habe „dem feudalistisch-konservativen Prinzip der ständischen Freiheiten ... eine Bändigung und Zügelung aller Betätigungen auf den Gebieten des öffentlichen, aber auch des privaten Lebens entgegen(gestellt)". Dadurch sei eine „fundamentale soziale Veränderung von Staat, Gesellschaft, Volk" eingeleitet worden. „Die Fundamentaldisziplinierung stellt sich uns als ein genereller Vorgang dar, der durch den monarchischen Absolutismus bewußt gefördert oder unabhängig gelenkt wurde und sich auf den verschiedensten Gebieten abspielte. Er gestaltete die Grundstrukturen des politischen und gesellschaftlichen Lebens in ihrem weitesten Sinne um ... Das zuerst greifbare und allen sichtbare administrative und institutionelle Ergebnis war die Gewalt und Autorität des frühmodernen absolutistischen Staates selbst. Die Verstaatlichung vieler Gebiete älterer ,staatsfreier' Herrschaftsbezirke und Rechte, die Erweiterung des äußeren Umfanges der staatlichen Herrschaftssphäre durch die Übernahme neu entstandener Aufgaben der sich erweiternden sozialen Kreise wurde dabei ergänzt durch den Wandel der Staatsgesinnung, eine neue politische Auffassung der Institutionen und ihrer Träger. Der geistige Prozeß war ebenso wichtig wie der materielle. So entstand die Andacht zum Staate und die Staatsbesessenheit, gegen die sich im Namen des Individuums und der persönlichen Freiheit die geistige und politische, die soziale und wirtschaftliche Revolution nach 1789 wandte. Der postabsolutistische Staat wurde in Auseinandersetzung mit den negativen Folgen des politischen Disziplinierungsprozesses errichtet, ohne auf andere Ergebnisse jenes säkularen Vorganges zu verzichten oder verzichten zu können."[1]

---

[1] *Gerhard Oestreich*, Geist und Geschichte des frühmodernen Staates (Berlin 1969) 179 ff. (187, 195). – Erst nach dem Münchner Kolloquium ist mir der Aufsatz von *Winfried Schulze*, Gerhard Oestreichs Begriff ,Sozialdisziplinierung in der frühen Neuzeit', in: Zeitschrift für historische Forschung 14 (1987) 265 ff., bekanntgeworden, der im ersten Teil Oestreichs Konzept anhand seiner Aufzeichnungen rekonstruiert; viele Punkte dieser sorgfältigen Analyse bestätigen meine kritischen Anmerkungen. Vgl. ferner: *Mohammed Rassem*, Bemerkungen zur „Sozialdisziplinie-

Überraschend schnell hat sich der Begriff „Sozialdisziplinierung" – Oestreich spricht auch von „Fundamentaldisziplinierung" – in der Geschichtswissenschaft durchgesetzt. Dafür dürfen vor allem zwei Gründe genannt werden. Einmal führte der neue Begriff aus einer Forschungs-Aporie bezüglich des Absolutismus heraus (so schien es jedenfalls): Hatten sich staatliche wie ständische Sicht des Absolutismus in einen Streit um die „Grenzen der Wirksamkeit des Staates" verbissen, so konnte man mit Hilfe des Begriffs der „Sozialdisziplinierung" zeigen, daß entscheidende Wirkungen des Absolutismus jenseits der politisch-institutionellen Strukturen lagen – und daß sie sowohl „nach oben" wie „nach unten" wirkten; hatte doch Oestreich seinen Blick nicht nur auf das „disziplinierte" Volk, sondern ebenso auf das „disziplinierte" Fürstentum gerichtet! Sodann fügte sich „Sozialdisziplinierung" mühelos ein in einen seit den sechziger Jahren zunehmenden Trend zur Analyse zivilisatorischer Prozesse: Im gleichen Jahr wie Oestreichs Aufsatz erschien die zweite Auflage von Norbert Elias' Pionierwerk „Über den Prozeß der Zivilisation", die im Unterschied zur ersten, 1939 in der Schweiz erschienenen, weltweit rezipiert wurde. In der Folgezeit verschmolzen Oestreichs Anstöße mit Elias' soziogenetischen Überlegungen (in deren Mittelpunkt ja gleichfalls Disziplinierungsvorgänge standen) – gewiß ein Grund für die breite Wirkung des neuen Konzepts in der Historie der siebziger und achtziger Jahre.

Gerade dieses Münchner Kolloquium hat gezeigt, wie fruchtbar und ergiebig der hier eröffnete Forschungsansatz sein kann: Lange unterschätzte Institute wie Eide, Treueformeln, Verschwörungen, Wahlkapitulationen, Bekenntnisbindungen wurden in ihrer die Geschichte fundierenden und strukturierenden, konditionierenden und gliedernden Wirkung deutlich. Indem sie – als Selbstbindung oder Bindung anderer – Berechenbarkeit erzeugen und größere Zeitperioden überblickbar und gestaltbar machen, schaffen sie erst den Raum, in dem die vermehrten und verdichteten Aktivitäten des frühmodernen Staates wirksam werden können. Insofern ist seine „Rationalität" (Max Weber) an eine wachsende Verhaltenskonstanz immer größerer Teile der Bevölkerung gebunden. Diese Erwägung war es wohl, die Oestreich neben die Webersche Rationalisierung von Lebensgestaltung und Lebenshaltung die „Sozialdisziplinierung" stellen ließ.

Freilich, ist das hier Gemeinte mit dem Begriff der Sozialdisziplinierung wirklich abschließend und befriedigend bezeichnet?

Hier möchte ich unterscheiden. Überzeugend, ja zwingend ist wohl der von Oestreich herausgearbeitete Zusammenhang der Sozialdisziplinierung mit den staatlichen Maßnahmen zur Beilegung des konfessionellen Bürgerkriegs – klassisch formu-

*Fortsetzung Fußnote von Seite 237*
rung" im frühmodernen Staat, in: ZfP 30 (Neue Folge) (1983) 217 ff.; *Robert Jütte,* Disziplinierungsmechanismen in der städtischen Armenfürsorge der Frühneuzeit, in: *Christoph Sachße* und *Florian Tennstedt* (Hrsg.), Soziale Sicherheit und soziale Disziplinierung (Frankfurt 1986); *Martin Dinges,* Frühneuzeitliche Armenfürsorge als Sozialdisziplinierung, in: Geschichte und Gesellschaft. Zeitschrift für Historische Sozialwissenschaft 17 (1991) 5 ff.; dort auch 92 ff. ein Diskussionsbeitrag von *Robert Jütte:* „Disziplin zu predigen ist eine Sache, sich ihr zu unterwerfen eine andere" (Cervantes). Prolegomena zu einer Sozialgeschichte der Armenfürsorge diesseits und jenseits des Fortschritts.

liert in François de Clarys, des obersten französischen Justizbeamten, 1591 geäußerter Devise: Non crudelitas, sed disciplina[2]. (Nur hier, nebenbei gesagt, löst Oestreich auch das Gebot der Quellennähe von Begriffen ein: disciplina taucht vielfältig auf im Kontext von Frieden, Sicherheit, innerer Ordnung.) Jetzt tritt der moderne Staat als macht-sammelnde und -monopolisierende Autorität in Erscheinung – er tut es, weil der Streit der Konfessionen ihn in die Rolle des Zwangsschlichters drängt. Und da sich religiöse Positionen vielfältig mit ständischen Privilegien mischen, ist das Autoritätsproblem grundsätzlich gestellt: Die Bändigung der ständisch-konfessionellen Kräfte führt mit innerer Notwendigkeit zur absoluten Monarchie. – So weit, so gut; ich meine aber, daß in diesem Prozeß noch andere Antriebe wirksam sind, und ich stelle die Frage, ob für sie der Begriff der „Sozialdisziplinierung" am Ende nicht doch zu eng ist.

Für stehende Heere mit Exerzierreglements, für rationalisierte Zentralverwaltungen, für religiös-politisch domestizierte Fakultäten, für die Erziehung zu Tugend, Arbeitsamkeit und Zucht – für all das mag man den Begriff mit Nutzen verwenden. Aber gehen nicht zum Beispiel schon in den Polizeiordnungen jener Zeit „disziplinierende" Bestimmungen mit „zivilisierenden", bindende Vorschriften mit „entbindenden" Hand in Hand? Ist das Sich-Regen einer Gesellschaft von Gleichen oder doch „Gleicheren" im Schoß der staatlichen Machtstrukturen denn ein Vorgang, der auf „Sozialdisziplinierung" – oder meinetwegen auf „Selbstdisziplinierung" – zurückgeführt werden könnte? Ich meine, hier war man mit Paul Joachimsens Formel der „aus dem Staat entlassenen Gesellschaft" schon weiter; denn sie impliziert, daß die Bildung einer Gesellschaft nicht nur Produkt von „Disziplinierung", sondern auch von Freisetzung ist. Erinnern wir uns daran, daß selbst die „Policey" – Inbegriff der formenden, reglementierenden und disziplinierenden Kräfte des modernen Staates – vom 17. zum 18. Jahrhundert eine Wandlung nach Form und Inhalt durchmacht: an die Stelle der in hartem Eingriff geordneten Gesellschaft treten verbindlichere Bilder: die „gut polizierte" Gemeinde, der „polite und galante" Mensch, das „policirte" Jahrhundert. Polizei bedeutet hier nicht mehr nur Ordnung, sie meint in der Sprache des 18. Jahrhunderts soviel wie Zierlichkeit, Höflichkeit, Schönheit, Gemächlichkeit, Anständigkeit. Selbst die Herkunft des Wortes wird neu gedeutet – man führt es jetzt nicht mehr auf politeia, politia zurück, sondern auf polire, glätten, stellt es in Parallele zu frz. poli und politesse[3]. Kurzum, die zivilisatorischen, kulturellen Aspekte treten jetzt in den Vordergrund, die von Anfang an, wenn auch noch nicht dominierend, vorhanden gewesen waren – und dafür ist ein Begriff wie „Sozialdisziplinierung" nun gänzlich ungeeignet.

Kant faßte am Ende des 18. Jahrhunderts – eine lange Diskussion resümierend – in seiner Vorlesung über Pädagogik den Inhalt von Erziehung in drei Stichworten zusammen: der Mensch soll diszipliniert, kultiviert und zivilisiert werden[4]. Diszipliniert:

[2] *Gerhard Oestreich*, Geist und Geschichte (Anm. 1), 190.
[3] Einzelheiten in: *Hans Maier*, Die ältere deutsche Staats- und Verwaltungslehre (München [3]1986) 102 ff.
[4] *Immanuel Kant*, Über Pädagogik (1803), in: Schriften zur Anthropologie, Geschichtsphilosophie, Politik und Pädagogik (= Werke in sechs Bänden, hrsg. von *Wilhelm Weischedel*, Bd. VI), (Darmstadt 1964) 691–761, 706 f.

das meint die unterste, freilich grundlegende Stufe persönlicher Selbstbeherrschung;
modern gesprochen, handelt es sich um Triebhemmung und Triebverzicht, um die
Meisterung der Affekte, um die Fähigkeit zur Zeit- und Handlungsdisposition. Kultiviert: Das besagt, daß die innere Gestalt, die Individualität, das Unverwechselbare der
Person hervortreten muß; ohne solche „Kultivierung" blieben sowohl der Mensch wie
die Gesellschaft unvollendet und fragmentarisch. Und endlich zivilisiert: Das bedeutet
in der Sprache des 18. Jahrhunderts die Einfügung in den sozialen Zusammenhang
durch die Ausbildung „ziviler" Sitten und Umgangsformen, sozialer Tugenden, also
das, was wir heute „Sozialisation" nennen; freilich mit einem fast verschwundenen
Nebenton auf Höflichkeit, Geselligkeit, Verständnis für den anderen[5].

Ich meine, daß man den Begriff der „Sozialdisziplinierung" in der von Kant umris-
senen Weise differenzieren muß, wenn er seine Bedeutung für das ganze, von
Oestreich ins Auge gefaßte Zeitalter – vom 16. bis zum 19. Jahrhundert – behalten
soll. Das gilt in besonderem Maße für das 17. und 18. Jahrhundert. Aber auch in den
Anfängen europäischer „Sozialdisziplinierung" sind die Elemente des Kulturellen und
Zivilisatorischen, der Selbsterziehung, der Aufnahme humanistischer Überlieferungen
nicht zu übersehen. Vielleicht kann dieses Kolloquium dazu beitragen, durch die Betrachtung von Eid, Bekenntnis, Treueformeln eine ganz ursprüngliche und fundamentale Seite der „Sozialdisziplinierung" in den Blick zu rücken: die Erkenntnis nämlich,
daß jedes Versprechen, indem es über Zukunft verfügt, den Raum freien Handelns erweitert, für den einzelnen wie für den Staat.

---

[5] Zur Interpretation: *Hans Maier*, Staat – Kirche – Bildung (Freiburg 1984) 94.

# Register

bearbeitet von Stefan Mauerer

## Personenregister

(Verfassernamen kursiv)

Jakob I., König v. England XXIII
Jansen, Martien 205
Jason de Maino 35 f., 38
Jesus Christus 47, 193
*Joachimsen, Paul* 239
Johann 226
Johann Kasimir, Pfalzgraf 27
Johanna „Beltraneja" 174
Johannes Chrysostomos XI
Juan de Segovia 43
Julius II., Papst 40
Justinian XI, 154

Kant, Immanuel XXIV, 239 f.
*Kantorowicz, Ernst H.* 133 f., 153–156
Karl der Große XII, 15, 50
Karl VIII., König v. Frankreich 136
Karl V., Kaiser 2, 5, 43, 72, 168, 174, 178
Karl Ludwig, Kurfürst v. d. Pfalz 28
Katzenelnbogen
– Graf Dieter v. 16
– Graf Philipp v. 16
– Gräfin Ottilie v. 16
*Köhler, Walther* 194
Konrad von Megenberg 65
Konrad II., der Salier, Kaiser 1
Koppenholl, Levin Jansen 227
Kraus, Johann Ulrich 150
*Kuttner, Stephan* XV

La Roue, Charles de 149
Lascos, Johannes a 202
*Le Bras, Gabriel* XV
Leo der Große, Papst 162
Leo II., Papst 4
Leo X., Papst 40
Lethmaet, Herman 168
Lipsius, Justus 148, 170
Livingston 47
Locke, John XXIV, 40, 47
Lorenzetti, Ambrogio 146
Ludwig, Herzog v. Württemberg 28
Ludwig XII., König v. Frankreich 136
Ludwig XIV., König v. Frankreich 149
Luther, Martin XVIII, 24, 72, 85, 89 f., 92, 144, 164, 168, 191–196, 198
Lykurg IX
Lysabeth 228

Machiavelli, Niccolò 165, 167 f., 170 f.
*Maine, Henry* 33
*Maitland, Frederic William* 155
Manegold von Lautenbach 31
Marbach, Johann 28

Margarete 224
Maria von Aragon 136
Marsilius von Padua 66
Martire Vermigli, Pier 45
Matthäus (Evangelist) 195
Mattheysen, Jan 205
*Mauss, Marcel* 161
Maximilian I., Kaiser 15, 73
Maximilian II., Kaiser 93
Medici, Cosimo 137
Meisner, Daniel 145 f.
Melanchthon, Philipp 88 f., 93
Mensenborg 223 f.
Molanus, Johannes 167, 169–171
Mornay, Philippe de, Seigneur Du Plessis-Marly 45, 47
Moulin, Charles de 100, 109

Nikolaus II., Papst XVI
Nikolaus Cusanus 42
Noët, Johannes de 56

*Oestreich, Gerhard* 129, 153, 156, 237 f., 240
Ovid 148

Panormitano (d. i. Niccolo dei Tudeschi) 8, 35, 102, 104 f.
Paschasius Radbertus XII
Paul III., Papst 164
Paulus de Castro 36, 102
Paulus (Evangelist) X, 195
Petrarca, Francesco 138
Petrasanta, Silvestro 154
Petrus Damiani XVI
Philip II., König v. Spanien 43 f., 168, 170 f.
Philipp der Großmütige, Landgraf von Hessen 130, 132, 193
Photios XI
Picinelli Milanese, Filippo 150
Pierisson, Andrue 184–186
Pio da Carpi, Rodolfo 164
Pius II., Papst XXII
Pius IV., Papst XXIII, 6
Pius X., Papst XXV
Platina, Bartolomeo 165
Platon IX, 138, 140, 142
Plotin 140
*Pocock, John Greville Agard* 38
Poll, Hermann 57
Pontanus, Ludovicus Romanus 36
Porcius, Christophorus 39
*Prodi, Paolo* 133, 152, 155, 190

# Orts- und Länderregister

## Schriften des Historischen Kollegs: Kolloquien

1 *Heinrich Lutz* (Hrsg.): Das römisch-deutsche Reich im politischen System Karls V., 1982, XII, 288 S. ISBN 3-486-51371-0

2 *Otto Pflanze* (Hrsg.): Innenpolitische Probleme des Bismarck-Reiches, 1983, XII, 304 S. ISBN 3-486-51481-4

3 *Hans Conrad Peyer* (Hrsg.): Gastfreundschaft, Taverne und Gasthaus im Mittelalter, 1983, XIV, 275 S. ISBN 3-486-51661-2

4 *Eberhard Weis* (Hrsg.): Reformen im rheinbündischen Deutschland, 1984, XVI, 310 S. ISBN 3-486-51671-X

5 *Heinz Angermeier* (Hrsg.): Säkulare Aspekte der Reformationszeit, 1983, XII, 278 S. ISBN 3-486-51841-0

6 *Gerald D. Feldman* (Hrsg.): Die Nachwirkungen der Inflation auf die deutsche Geschichte 1924–1933, 1985, XII, 407 S. ISBN 3-486-52221-3

7 *Jürgen Kocka* (Hrsg.): Arbeiter und Bürger im 19. Jahrhundert. Varianten ihres Verhältnisses im europäischen Vergleich, 1986, XVI, 342 S. ISBN 3-486-52871-8

8 *Konrad Repgen* (Hrsg.): Krieg und Politik 1618–1648, Europäische Probleme und Perspektiven. 1988, XII, 454 S. ISBN 3-486-53761-X

9 *Antoni Mączak* (Hrsg.): Klientelsysteme im Europa der Frühen Neuzeit, 1988, X, 386 S. ISBN 3-486-54021-1

10 *Eberhard Kolb* (Hrsg.): Europa vor dem Krieg von 1870. Mächtekonstellation – Konfliktfelder – Kriegsausbruch, 1987, XII, 220 S. ISBN 3-486-54121-8

11 *Helmut Georg Koenigsberger* (Hrsg.): Republiken und Republikanismus im Europa der Frühen Neuzeit, 1988, XII, 323 S. ISBN 3-486-54341-5

12 *Winfried Schulze* (Hrsg.): Ständische Gesellschaft und soziale Mobilität, 1988, X, 416 S. ISBN 3-486-54351-2

## Schriften des Historischen Kollegs: Kolloquien

Ausführliche Angaben zum Inhalt der Kolloquiumsbände 1 bis 15 enthält Nr. 7 der Dokumentationen.

*Sonderpublikation*

*Horst Fuhrmann* (Hrsg.): Die Kaulbach-Villa als Haus des Historischen Kollegs. Reden und wissenschaftliche Beiträge zur Eröffnung, 1989, XII, 232 S. ISBN 3-486-55611-8

**R. Oldenbourg Verlag München**

## Schriften des Historischen Kollegs: Vorträge

1 *Heinrich Lutz:* Die deutsche Nation zu Beginn der Neuzeit. Fragen nach dem Gelingen und Scheitern deutscher Einheit im 16. Jahrhundert, 1982, IV, 31 S.
*vergriffen*

2 *Otto Pflanze:* Bismarcks Herrschaftstechnik als Problem der gegenwärtigen Historiographie, 1982, IV, 39 S. *vergriffen*

3 *Hans Conrad Peyer:* Gastfreundschaft und kommerzielle Gastlichkeit im Mittelalter, 1983, IV, 24 S. *vergriffen*

4 *Eberhard Weis:* Bayern und Frankreich in der Zeit des Konsulats und des ersten Empire (1799–1815), 1984, 41 S. *vergriffen*

5 *Heinz Angermeier:* Reichsreform und Reformation, 1983, IV, 76 S. *vergriffen*

6 *Gerald D. Feldman:* Bayern und Sachsen in der Hyperinflation 1922/23, 1984, IV, 41 S.

7 *Erich Angermann:* Abraham Lincoln und die Erneuerung der nationalen Identität der Vereinigten Staaten von Amerika, 1984, IV, 33 S.

8 *Jürgen Kocka:* Traditionsbindung und Klassenbildung. Zum sozialhistorischen Ort der frühen deutschen Arbeiterbewegung, 1987, 48 S.

9 *Konrad Repgen:* Kriegslegitimationen in Alteuropa. Entwurf einer historischen Typologie, 1985, 27 S. *vergriffen*

10 *Antoni Mączak:* Der Staat als Unternehmen. Adel und Amtsträger in Polen und Europa in der Frühen Neuzeit, 1989, 32 S.

11 *Eberhard Kolb:* Der schwierige Weg zum Frieden. Das Problem der Kriegsbeendigung 1870/71, 1985, 33 S. *vergriffen*

12 *Helmut Georg Koenigsberger:* Fürst und Generalstände. Maximilian I. in den Niederlanden (1477–1493), 1987, 27 S.

## Schriften des Historischen Kollegs: Vorträge

13 *Winfried Schulze:* Vom Gemeinnutz zum Eigennutz. Über den Normenwandel in der ständischen Gesellschaft der Frühen Neuzeit, 1987, 40 S.

14 *Johanne Autenrieth:* „Litterae Virgilianae". Vom Fortleben einer römischen Schrift, 1988, 51 S.

15 *Tilemann Grimm:* Blickpunkte auf Südostasien. Historische und kulturanthropologische Fragen zur Politik, 1988, 37 S.

16 *Ernst Schulin:* Geschichtswissenschaft in unserem Jahrhundert. Probleme und Umrisse einer Geschichte der Historie, 1988, 34 S.

17 *Hartmut Boockmann:* Geschäfte und Geschäftigkeit auf dem Reichstag im späten Mittelalter, 1988, 33 S.                                                      *vergriffen*

18 *Wilfried Barner:* Literaturwissenschaft – eine Geschichtswissenschaft? 1990, 42 S.

19 *John C. G. Röhl:* Kaiser Wilhelm II. Eine Studie über Cäsarenwahnsinn, 1989, 36 S.                                                                      *vergriffen*

20 *Klaus Schreiner:* Mönchsein in der Adelsgesellschaft des hohen und späten Mittelalters. Klösterliche Gemeinschaftsbildung zwischen spiritueller Selbstbehauptung und sozialer Anpassung, 1989, 68 S.

21 *Roger Dufraisse:* Die Deutschen und Napoleon im 20. Jahrhundert, 1991, 43 S.

22 *Gerhard A. Ritter:* Die Sozialdemokratie im Deutschen Kaiserreich in sozialgeschichtlicher Perspektive, 1989, 72 S.

23 *Jürgen Miethke:* Die mittelalterlichen Universitäten und das gesprochene Wort, 1990, 48 S.

24 *Dieter Simon:* Lob des Eunuchen (in Vorbereitung)

25 *Thomas Vogtherr:* Der König und der Heilige. Heinrich IV., der heilige Remaklus und die Mönche des Doppelklosters Stablo-Malmedy, 1990, 29 S.

## Schriften des Historischen Kollegs: Vorträge

Die Vorträge und Dokumentationen erscheinen nicht im Buchhandel; sie können über die Geschäftsstelle des Historischen Kollegs (Kaulbachstraße 15, 80539 München) bezogen werden.

CPSIA information can be obtained
at www.ICGtesting.com
Printed in the USA
BVOW08*2228021017

496470BV00007BB/59/P

9 783486 559941